U0819856

“十四五”职业教育河南省规划教材

市场营销理论与方法

主　编　朱雪芹　李丰威　王　娟
副主编　王丽霞　郭卫萍

中国财经出版传媒集团
中国财政经济出版社
·北京·

图书在版编目（CIP）数据

市场营销理论与方法 / 朱雪芹，李丰威，王娟主编. 北京：中国财政经济出版社，2024. 8.（2024.12重印）-- （“十四五”职业教育河南省规划教材）. -- ISBN 978 -7 -5223 -3299 -4

Ⅰ. F713. 50

中国国家版本馆 CIP 数据核字第 202428DP78 号

责任编辑：田明晖　　　　责任校对：徐艳丽
封面设计：陈宇琰　　　　责任印制：史大鹏

市场营销理论与方法
SHICHANG YINGXIAO LILUN YU FANGFA

中国财政经济出版社 出版

URL：http：//www. cfeph. cn
E - mail：tianmh@ cfeph. cn

社址：北京市海淀区阜成路甲 28 号　邮政编码：100142
营销中心电话：010 -88191522　编辑部门电话：010 -88190670
天猫网店：中国财政经济出版社旗舰店
网址：https：//zgczjjcbs. tmall. com
北京密兴印刷有限公司印刷　各地新华书店经销
成品尺寸：185mm ×260mm　16 开　20 印张　520 000 字
2024 年 8 月第 1 版　2024 年 12 月北京第 2 次印刷
定价：49. 00 元
ISBN 978 -7 -5223 -3299 -4
（图书出现印装问题，本社负责调换，电话：010 -88190548）
本社质量投诉电话：010 -88190744
打击盗版举报热线：010 -88191661　QQ：2242791300

前　　言

职业教育是我国高等教育的重要组成部分，职业院校是培养我国职业技能型人才的重要阵地，也是我国由“制造大国”向“制造强国”转移的重要保障。为了培养具有“工匠精神”技术技能型人才，突出技术技能应用的教材就成为体现高等职业教育特色的知识载体，也是培养高技能型人才的重要保障。高等职业专业教材应该反映我国人才培养模式改革方向，将知识、能力和正确价值观的培养有机结合，适应专业建设、课程建设、教学模式与教学方法改革创新等方面的需要，满足项目学习、案例学习、模块化学习等不同学习方式要求，有效激发学生学习兴趣和创新潜能。

本书被评为高职本科层次“十四五”职业教育河南省规划教材。全书的编写旨在让学生掌握必要的基础理论和专业知识的基础上，重点培养学生掌握从事本专业相关实际工作的基本技能。因此，本教材主要以“工学结合”“实践应用能力提升”为编写理念，根据企业市场营销工作开展流程及具体任务，设计教学内容和教学活动，以实现营销理论学习与营销工作实践的有机结合，达到“在学习中实践，在实践中学习，在学习实践中提高”的目的。本教材以“理论为实践服务”为基础，根据“工学结合”的要求，突出实践教学，通过任务导入和分析，学习完成典型工作任务所必需的知识和技能，实现了教材的“教、学、做、练”一体化。

《市场营销理论与方法》规划教材共设计了11章内容。逻辑清晰，体系完整，包括学习目标、完成任务所必备的知识基础、实训活动、工作任务、课程小结和课后练习，在基础知识中穿插有导入案例、小链接等栏目，既能提高学生的综合素质，又能增强学生实际职业技能的综合应用能力，达到提升学生的就业竞争力与岗位适应能力的目标。

本书的编写深入贯彻习近平总书记关于学校思政课建设的重要指示，将课程思政融入教材和各章节之中。本书至少在6个方面融入了课程思政内容，具体包括：一是营销与人生。人生的过程就是营销的过程。塑造个人“品牌”，打造个人“名牌”，炼好内功，不断提高与完善自身素质。二是社会营销理念。强调企业应积极承担社会责任，企业在创造利润的同时也要考虑到社会需要，不能仅考虑自身利益，应在利己的同时利他，并回报社会。三是文化营销。通过分析文化环境对人、对企业的影响，使文化能够深深地扎根在每一名学生的心中，对学生产生潜移默化的影响，树立文化自信。四是环境保护理念。产品设计和包装要注重绿色环保，树立“绿水青山就是金山银山”的理念。五是渠道、人员推销与就业。渠道就是企业招聘与大学生应聘的场所，学习渠道，帮助大学生借助渠道找到自己的工作岗位，也可以借助人员推销在应聘中营销自己，一展大学生的才华，找到最合适自己的岗位。六是创新意识。“创新，是一个民族发展不竭的动力”，要树立创新意识，积极参与到创新中来，才能成为行业领头羊，并屹立于世界创新之林。

《市场营销理论与方法》规划教材根据市场营销管理的基本环节与流程，合理布局章节内容，主要特色及创新表现在5个方面：

第一，形成了完善的市场营销管理任务体系。本书主要是根据市场营销管理的任务目标及管理流程设计章节，按照市场营销管理任务给章节命名，并安排相应内容，符合市场营销管理决策工作流程，充分体现了市场营销管理工作的统一性及任务性。

第二，设立营销情景，注重营销实践。本书以项目开展教学，如给学生一个营销情景，让学生自己创设店铺或品牌，设计调研、分析消费者行为、分析竞争者，制定战略及策略，将所学知识与开展的实训项目相结合，直至最终完成自己所创设的组织的整体营销管理过程，具有非常强的实践性。

第三，教材延伸材料丰富。本书正文中穿插许多营销案例，配合每章所讲知识，扩大学生的知识面。

第四，教材融合了新媒体营销的相关实践。新媒体营销作为近几年来非常火热的营销方式，融合营销渠道策略与促销策略的功能，在实践上走在了理论的前列，本教材总结新媒体营销实践的相关内容，形成实践方法与技巧，融合在相应章节之中，一方面能提升学生的学习兴趣，另一方面能够提升学生营销的理念与基本技能。

第五，教材建设资源丰富。本书配套的资源有电子课件、电子教案、参考答案等内容，能够通过扫描封底二维码进行浏览。

本书由朱雪芹教授、李丰威教授和王娟副教授担任主编，并负责全书的框架设计、总纂工作，王丽霞副教授和郭卫萍副教授担任副主编。其中：李丰威教授编写第一章、第十章（共同编写），朱雪芹教授编写第二章、第七章（共同编写），王娟副教授编写第三章、第六章和第十章（共同编写），王丽霞老师编写第四章、第五章，郭卫萍老师编写第七章（共同编写）、第八章、第九章和第十一章。另外，在本教材编写过程中，中国财政经济出版社的同志为本书的编写和出版也做了大量工作，特此感谢。

在本书编写过程中，我们参阅了大量文献，得到了国内营销专家的指导和建议，并借鉴了其部分研究成果，除已注明出处外，不能一一列出，在此表示感谢。同时，本书的出版也得到了中原科技学院、开封职业学院、郑州商学院、华北水利水电大学和郑州航空工业管理学院等院校的大力支持，我们在此一并表示感谢。

本书既可作为应用型本科、专科高校的管理类专业教材，也可供企业培训和自学用书。

最后，书中如有不妥之处，恳请广大读者批评、指正！谢谢！

编　者

2024年5月

目　录

第一章　市场营销理论与方法导论

学习目标

1. 了解市场营销学的学科体系；
2. 熟悉并正确理解市场营销及核心概念；
3. 掌握并能够合理运用市场营销的基本指导思想。

导入案例

新东方集团转型电商直播案例

2021 年“双减”政策出台之后，新东方公司受到很大冲击，开始寻求转型，转型的业务包括：校内业务（围绕作业等核心教学应用场景的 SaaS 软件服务商）、海外教育、电商直播等。2021 年 12 月 28 日，俞敏洪带领团队开启了东方甄选的直播首秀，全场 GMV 460.4 万元。但没了俞敏洪在场，直播间 12 月 29 日 GMV 仅 2 万元。仍每天从早上 6：45 一直播到第二天凌晨 1 点，坚持每天直播数十个小时。随着 2022 年 6 月董宇辉的出名，东方甄选直播间开始走红，火爆出圈。

东方甄选直播间跟别的直播间不一样，别的直播间卖东西，最多就是先介绍货品，然后炒噱头，最后大家喊一二三上架，但是新东方的直播间没有坑位费，对于佣金来说也比其它直播间少，没有很多的套路，新东方的主播都是老师，他们在卖大米、卖大虾的同时也教英语，讲故事。东方甄选不仅激发了全网用户对知识的渴求，还成为直播界的新标杆。比如在直播间，围绕产品的使用场景，使用感受，或关联点即兴发挥，进行丰富而生动的知识说明；边卖牛排边讲英语；卖玉米时讲童年的回忆；卖桃子时就输出跟桃花桃树相关的唐诗宋词，还让人能因为陆游的诗潸然泪下，他们把直播间变成了一个有知识、有深度、有温度的地方。

资料来源：东方甄选爆火出圈，到底是偶然还是必然？砾石商业评论，2022 - 6 - 17

点评：

营销即为顾客创造价值。顾客需要产品价值，需要知识，需要乐趣，东方甄选将顾客需要的产品价值、知识、乐趣融合在一起，为顾客创造了巨大的价值。老师和营销人员一样，都需要把“观众”（学生）引向有价值的“东西”（知识），并且告诉“观众”这些“东西”有多么的令人惊艳、有多重要的价值、有多样的使用场景和深远的社会影响。东方甄选精心打造产品，同时拥有言语幽默、富有人格魅力的老师，他们能快速地把人带入美妙的知识海洋，给消费者不一样的购物体验。

第一节　什么是市场营销？为什么要学习市场营销？

一、市场营销及相关概念

市场营销是一门科学，也是一门艺术，不同的人出发点不同，站的角度不同，给市场营销下的定义也不同。因此，理论界和企业界对市场营销的定义各有千秋。

1. 美国市场营销协会（American Marketing Association：AMA）的定义。其定义在不同时代也是不同的。

（1）1960（AMA）的定义是：引导货物和劳务从生产者引向消费者或用户所进行的一切企业活动。

（2）1985（AMA）的定义是：为创造交易和满足个人与组织目的而对主意、产品和服务的创意、定价、促销和分销进行计划和实施的过程。

（3）2004（AMA）的定义是：市场营销既是一种组织职能，也是为了组织自身及利益相关者的利益而创造、传播、传递客户价值，管理客户关系的一系列过程。

2. 现代营销学之父、美国著名营销学家菲利普·科特勒（Philip Kotler）教授认为：市场营销是个人和群体通过创造并同他人进行交换产品和价值，以获得其所需所欲之物的一种社会活动和管理过程。

如何理解这一定义呢？第一，营销活动的出发点和目的是需要和需求。第二，满足需要和欲望的是产品和价值。第三，“交换”是市场营销的核心。第四，市场营销是一种社会活动和管理过程。

二、市场营销相关概念解析

尽管关于市场营销的定义很多，但无论是哪种定义，一般而言，市场营销的内含包括下列一些相关概念：需要、欲望和需求；产品或服务；费用、满足和效用；交换、交易和关系；市场；市场营销者。如图 1－1 所示。

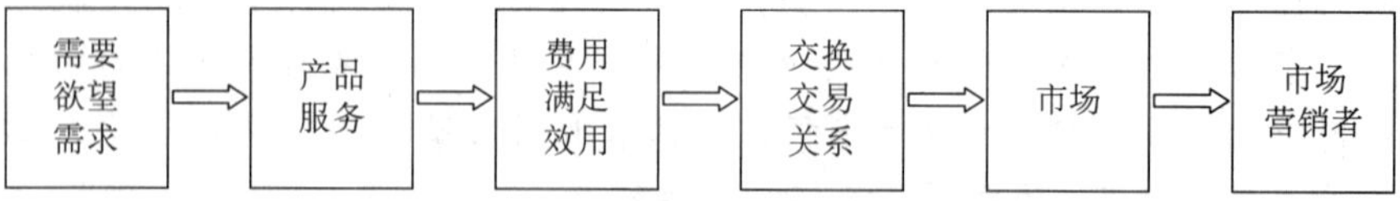

图 1－1　市场营销的相关概念

（一）需要、欲望和需求

需要和欲望是市场营销活动的出发点。

需要是指没有得到某些基本满足的感受状态。如人们为了生存和繁衍，需要食品、衣服、住所等，这些是人类的生理需要。此外，人类还有安全、归属、受人尊重、自我实现等的需要。我们可以将这些需要划分为生理性需要和社会性需要。需要存在于营销活动出现之前，市场营销者不能凭空创造它们。

欲望是指想得到能够满足需要的具体产品的愿望。欲望受个人所处的不同文化及社会环境的影响而不同。如为满足“解除饥饿”这种生理需要，一个南方人可能去饭店买一碗米饭，而一个北方人则可能去拉面馆买一碗拉面。同时，欲望也有强烈之分。有的消费者买不买无所谓，但有的消费者则买不到不罢休。虽然营销者不能创造需要，但是可以影响消费者的欲望。

需求是指人们有能力购买并且愿意购买某个具体产品的欲望。某个消费者想要交通工具，这是他的需要；他想要一辆奔驰轿车，这是他的欲望；如果他有能力购买奔驰轿车的话，那么我们可以认为他对奔驰轿车有需求。相反，如果他有需要和欲望但没有钱，则欲望就转化不成需求。市场营销者可以通过推出消费者喜欢的产品，为产品制定合适的价格，积极地宣传产品和使消费者更容易得到等各种营销手段来影响需求。

市场营销就是通过调节需求水平与生产、流通尽可能保持同步，达到促进社会再生产协调发展的目的。但不同的需求状况下，营销管理的任务是不同的。根据需求水平、需求时间的不同，需求有以下 8 种形态，当然，营销也就有 8 大任务。

（1）负需求。如果绝大多数人讨厌某种产品，甚至愿意付出一定代价来回避这种产品，那么这种产品就处于一种负需求的状态。负需求产生的原因可能是消费者认为企业或企业产品伤害了消费者利益或感情，消费者处于一种抵制状态。因此，营销者的任务是改变营销。即分析原因，改变消费者的态度和信念，使之成为企业的现实顾客。

（2）无需求。这是指目标市场对产品毫无兴趣或漠不关心，其主要原因在于消费者没有把商品的功效与他们的利益联系在一起。如很多消费者不知道银杏产品和螺旋藻产品的药用价值和保健功能。营销管理的任务就是刺激营销。即设法把产品的好处和人的自然需要、兴趣联系起来，刺激需求，使原来无需求的消费者产生需求。

（3）潜在需求。是指现在没有产品能够满足的人的需求。如人们对无害香烟、真正的绿色产品或无公害产品的需求。营销者首先要衡量潜在市场的大小，如果这一市场足够大的话，营销者需要研究和开发能够满足潜在需要的商品或服务。

（4）下降需求。是指市场对一个或几个产品的需求呈下降趋势的情况。很多下降需求是由于消费者需求的变化、新产品的替代引起的。营销管理者要分析需求衰退的原因，决定能否通过开辟新的目标市场、改变产品特色，或采用更有效的促销手段来重新刺激需求，扭转需求下降趋势，即重振（或恢复）营销。

（5）不规则需求。是指需求与供给之间在时间和空间范围上的错位，造成企业忙闲不均的状态。如周末和上下班时，公交车很拥挤，平时公交车上的座位没人坐；黄金周一些旅游景点的游客很多，在淡季游客很少。对于不规则需求，企业营销管理的任务就是协调营销。即通过同步性的营销配合需求，使需求与供给在时空上的矛盾减至最低程度，从而充分利用资源，降低营运成本。

（6）充分需求。是指某种商品的目前需求水平和时间与企业期望的需求水平和时间相一致，这是一种很理想的需求状态。但是，消费者的需求偏好随时可能发生变化，竞争者可能会推出消费者更喜欢的新产品。这导致任何充分需求都难以长期持续下去。这时，营销者的任务是维持营销。即保持和不断提高产品质量，经常测量消费者的满意程度，密切注视消费者偏好的变化和竞争对手的营销策略。

（7）过量需求。是指某产品的需求超过了企业所能或所愿提供的产品数量。在过量需求的情况下，营销者的任务是实施"低营销"，即想办法降低消费者的需求水平。即指通过提高产品的价格、减少服务和促销活动，降低需求水平。或者通过人为控制进入市场的商品数量来达到限制需求的目的。

（8）有害需求。是指消费者对某种有害于个人、家庭、社会或国家的商品或服务产生的需求。对烟、酒、黄色小说和电影、毒品、武器等的需求都是有害需求。营销者的任务是抵制营销。即积极地宣传其危害性，让消费者放弃这些产品的消费。

（二）产品或服务

产品或服务是能够满足人的需要和欲望的任何东西。产品包括既有形的商品，也包括无形的服务、信息和知识、事件、体验和技术等。

商品包括人们购买的食物、饮料、衣服、商品房、汽车等等有形产品。

商品也包括无形的服务。随着经济的发展，服务业在经济、生活中的影响越来越大。如果没有理发店、旅馆、保险公司、航空公司、管理咨询公司等提供的服务，我们的社会将会变的混乱不堪。因此，服务也是产品。

信息、知识也是商品。许多企业和个人通过出售信息和知识，获取利益，信息和知识也可以满足人们的需要和欲望。信息和知识的生产、加工、存储、销售就构成了一个产业。

事件同样也是商品，如奥运会、明星的演唱会、贸易展览会等也可以满足人们和用户的需要和欲望。

在营销学中，体验可以被生产和销售，可以满足消费者的需要，也是商品。约瑟夫·派恩和詹姆斯·吉尔摩在《体验经济》中讲述的一个故事很好地证明了这一点。在20世纪60年代，丽贝卡的妈妈过生日时，丽贝卡的奶奶购买价值1毛、2毛的蛋糕原料，亲手烤制生日蛋糕；20世纪80年代，丽贝卡过生日时，妈妈打电话给超市或当地的面包房订生日蛋糕，这种定制服务将花费10～20美元，而许多父母却认为定制蛋糕很便宜，毕竟这样做，他们可以集中精力计划生日聚会；21世纪初，丽贝卡的女儿过生日时，丽贝卡会把整个聚会交给"迪士尼俱乐部"公司来举办。在一个叫纽邦德的旧式农场，丽贝卡的女儿和她的14个小朋友一起体验了旧式的农家生活。他们用水洗刷牛的身体，放羊、喂鸡，自己制造苹果酒，还要背着干柴爬过小山，穿过树林。丽贝卡为此付给公司一张146美元的支票。丽贝卡女儿的生日祝词上写着："生日最美妙的东西并非物品。"

技术是技术人员体力劳动与脑力劳动的结晶，也具有商品性。技术的商品性体现在技术与生产或流通结合后会产生超乎想象的价值。

小链接：　　"尤伯罗斯模式"

在20世纪80年代之前，举办奥运会的城市大多会赔钱，1976年蒙特利尔奥运会欠下了10亿美元的巨债，1980年莫斯科奥运会耗资90亿美元，亏损更为严重。第23届奥运会竟然到了只有洛杉矶一个城市申办的尴尬境地。尤伯罗斯临危受命，任奥运会筹委会主席，对1984年洛杉矶奥运会进行了商业化运作。这届奥运会，不但没有亏损，反而盈利2.5亿美元。

奥运会的传统筹资来源主要有三个：政府资助、彩票和捐款。然而，加州拒绝资助奥运会；发行彩票在加州是非法的；政府不允许奥委会和慈善机构争夺捐款。尤伯罗斯不得不从其他来源获得资金。尤伯罗斯的第一个商业创意就是电视转播权的招标。在电视转播权的出售中，尤伯罗斯采用了招标的办法，组委会规定每个有意愿转播奥运会的电视公司须支付75万美元的招标定金。很快，包括美国三大电视网的5家电视机构带来了定金，每天的利息有1 000美元。在投标中，仅在美国就卖出了2.25亿美元的"天价"；加上其他地区，总进账达到2.87亿美元。此外，他将赞助商严格限制在30家以内，只选择一流的企业，每种类型保留1家；赞助额最低线为400万美元。结果，大大激发了同类公司之间的竞争。可口可乐饮料公司出资1 260万，压过了百事可乐公司。日本的富士胶卷公司出资700万美金，取代了柯达公司，成为奥运会专用胶卷。以后的各届奥运会基本上都按照"尤伯罗斯模式"进行运作。

（资料来源：《十年一剑——何学林的大策划》，何学林著，浙江人民出版社，有删改）

（三）费用、满足与效用

费用就是消费者购买产品或服务的支出，对卖方讲是价格，对买方讲就是费用或成本。费用一般应当是越低越好。

满足就是消费者消费某一产品后对产品的主观感受。这种主观感受因人而异，差别很大。

效用则是消费者对产品满足其需要的整体能力的评价。消费者一般根据这种对产品价值的主观评价和支出的费用做出决定。例如作为交通工具，有汽车、公交车、电动车、自行车等，其费用、速度、舒适性、安全性、便利性都存在很大差别。假如他对速度和舒适感兴趣，他就会购买小汽车，若考虑费用，他则会坐公交车或骑自行车。

（四）交换、交易和关系

在日常生活中，人们是如何取得不是属于自己的物品的？科特勒认为：通常可以有4种方式：自给自足、偷或抢、乞讨和交换。但自给自足是不存在交换的；偷抢是违法的，将面临牢狱之灾；乞讨对于四肢健全的人来讲，是不符合情理的；交换则是产品在不同所有者之间的转手和让渡。只有交换才是市场经济环境下沟通不同所有者之间经济联系的唯一形式。

交换就是以某种东西作为回报，从他人那里取得所需要的东西的行为。因此，只有在交换方式下，市场营销才存在。交换当然也就成为市场营销的核心概念。

交换的发生，必须具备5个条件：第一，至少要有交换的两方；第二，每一方都有对方需要的东西；第三，每一方都有沟通和传送产品的能力；第四，每一方都可以自由地接受或拒绝对方的产品；第五，每一方都认为与对方进行交易是称心如意的。

交换是一种过程，如果在这个过程中，双方达成一项协议，交易行为就发生了。交易是交换双方之间的价值交换，是交换活动的基本组成单位。一种典型的交易是货币交易，如甲给乙4 000元，从而得到一台电脑。另外，交易还包括商品与商品、商品与服务、服务与服务之间交易。建立在交易基础上的营销称之为交易营销。

交易营销强调市场占有率，即市场份额，也就是企业销售占行业销售的百分比。这是判断企业行业地位的一个指标。而关系营销强调顾客份额或顾客占有率，也叫钱夹份额，即企业在一个顾客的同类消费中所占的份额。

关系营销理论是在传统营销理论已呈现出诸多缺陷的格局下产生的新营销理论之一。关系营销是为了满足企业和相关利益者的目标而进行的识别、建立、维持、促进同消费者的关系，并在必要时终止关系的过程，这只有通过交换和承诺才能实现。与顾客建立长期合作关系是关系营销的核心内容。与顾客、分销商、经销商、供应商等建立、保持并加强良好的关系要靠长期承诺和提供优质产品、良好服务和公平价格，以及加强经济、技术和社会各方面联系来实现。

（五）市场

市场营销是企业的基本职能之一，而企业的营销活动又都是围绕市场开展的，受到市场环境的影响和制约。在市场经济中，只有提供的产品或服务符合市场需要，企业才能生存与发展，企业也才有存在的价值。市场是企业实现其任务与目标的关键所在，是企业一切活动的外部基础，是联系生产和消费的桥梁和纽带。因此，企业只有认识市场，深刻地理解市场的需要，根据市场的需要有效地配置资源和培育企业的能力，才能更有效地开展市场营销活动。

市场的概念伴随着商品经济的发展而生产的，其内涵也在不断的丰富和完善。主要表述如下：

（1）传统的观念认为，市场是买主和卖主聚集在一起进行交换的场所。企业了解商品交换活动的地点或区域，非常重要。因为企业只有了解自己的产品销往哪里，卖给谁，由谁来卖（超市、百货商店、网店），才能真正做到以销定产，适销对路。但这一定义不够全面，因为市场不仅包括交易的场所，还包含消费者所需所欲。

（2）现代经济学家认为，市场是买者和卖者相互作用并共同决定商品或劳务的价格和交易数量的机制。这一定义是从商品供求关系的角度提出来的。当商品供应量大于需求量时，买方占主导地位，在交易双方拥有更多话语权，商品的价格就会降低；当商品需求量大于供给量，卖方在交易双方占主导地位，拥有更多话语权，商品的价格往往就会高于正常水平。因此，理解市场的这一定义，对企业营销决策十分重要。

（3）营销学家则认为，市场是由那些具有特定的需要或欲望，而且愿意并且能够通过交换来满足这种需要或欲望的全部现实和潜在顾客所构成。即某种产品现实的或潜在的顾客需求的总和。

市场构成要素包括：人口、购买欲望和购买力（支付能力）三个必不可少的要素构成，三者缺一不可。

即：市场＝人口＋购买欲望＋购买力

一般来讲，市场首先是由人口构成，人口越多，市场规模就越大。因此，人口的规模决定了市场的上限，企业更愿意进入人口规模大的区域，这样市场的规模也越大。如中国人口超过 14 亿人，对各类产品的需求巨大，是一个巨大的市场，使得各跨国企业更加愿意抢占中国市场。购买欲望是指购买商品的动机、愿望和要求。消费者对产品的购买欲望有时不明显，需要企业激发其欲望。如电动牙刷初入市场时，消费者因其太贵而购买欲望较低，企业可以采用营销刺激去激发消费者的欲望。购买力是指人们支付货币购买商品或服务的能力，收入越高，购买力越强。当顾客没有支付能力全款购买某件产品时，企业也可以帮助他们，如通过信用的方式让顾客分期付款，这样顾客也具备了购买力。

市场三要素缺一不可，只有当有人口、有购买欲望又有购买能力支付时，企业产品才有市场。营销工作者不仅要善于发现现有消费者，同时还要能够刺激、激发潜在消费者的购买欲望，对有购买能力的顾客开展营销活动，这样才能事半功倍。

营销学关于“市场”的定义对企业尤为重要。因为企业的产品只有通过市场实现销售才能获得利润。企业必须找到自己产品的市场，才能把事业做大做强。市场有多大，事业就有多大。

还有，在营销者看来，所有的买主构成市场，所有的卖主则构成行业。我们可以用一个简洁的模型图，将行业与市场的关系反映出来，如图 1－2 所示。买方用自己的货币收入向卖方购买需要的商品和服务，卖方则通过向买方出售商品和服务，获得利润。卖方将产品或服务的信息传递给买方，从买方获得其反馈回来的信息。这一系统内圈反映的是商品和货币之间的交换，外圈反映的是信息的交换。

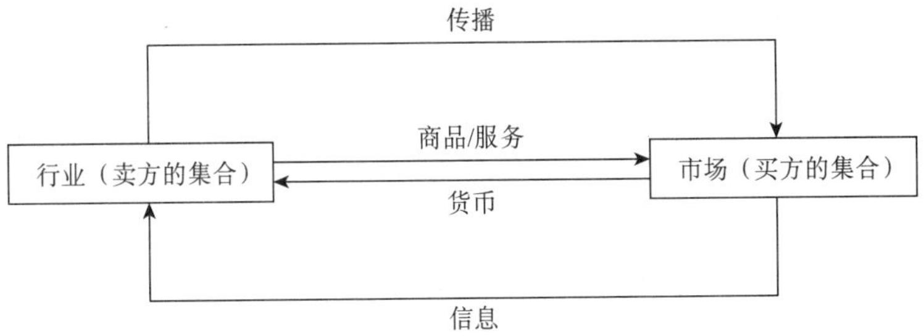

图 1－2　一个简单的营销系统

（六）市场营销者与预期顾客

在交换过程中，如果一方比另一方更主动、更积极地寻求交换，我们就将前者称之为市场营销者，将后者称之为潜在顾客。换句话说，市场营销者可以是卖方，也可以是买方。当买卖双方都在积极寻求交换时，我们就把双方都称为营销者，并将这种情况称为双边市场营销。

三、学习市场营销的意义

（一）从时代角度讲，是为了更好面对未来环境的挑战

我们正在面对知识经济时代严峻挑战，学习、研究市场营销，是知识经济时代的要求，是迎接新世纪挑战、适应环境变化的必需。知识经济改变了生产方式、流通方式、消费方式和管理方式等。而消费方式的改变，不了解消费，不了解人的需求，企业就没有市场。没有市场，企业就要破产。营销就是一门发现市场、寻找市场，满足市场的学问。一个商店的服务员要做好本职工作，必须具备营销人员工作素质，需要了解客户的需求，了解服务所需的技巧和手段，知道规范化的行业标准，能够对客户需求满意度进行统计，对客户的心理需求进行分析等，这些工作都需要营销理论的指导。

知识经济时代的营销是什么？就是“知识型营销”或“学习型营销”。一是树立终身学习的理念，活到老，学到老，与时俱进，不断进行知识更新。二是建立“学习型”组织，培养知识型人才。营销策略离不开知识型人才，任何营销策略和方案都是建立在人才基础之上的，没有知识型人才，一切都是空谈。

当然，一味的照搬理论只会使自己固步自封。孟子云：“尽信书，则不如无书。”牛顿感慨：“我之所以站得很高，是因为我站在巨人的肩膀上。”科特勒也讲到，知识经济时代，

“善于学习、创新和运用新知识的组织将是最大赢家。”那么，市场营销便是我们从事商业行为的一块理论基石。

（二）从经济增长角度讲，营销能够促进经济持续增长

我们知道，和平和发展是世界经济发展的两大主题。但如何发展？有多种思路和途径，但营销理论的运用应该说功不可没。现代管理学之父彼得·德鲁克在对第二次世界大战后世界经济发展做了系统调研后指出：“将营销作为企业中心职能，这种观念的改变是欧洲在1950年后经济快速复原的主要原因之一，20世纪50年代后日本经济迅速腾飞也在于其主要接受了营销作为首要职能”。20世纪80年代后，改革开放实现了我国经济的腾飞，成为世界第二大经济体，也与营销理论的引进与运用有关系。

（三）从企业角度讲，营销能够促进企业健康发展

企业的发展离不开市场，但怎么找到自己的市场、怎么开发自己的市场、怎么占领自己的市场？营销不但提出了发现市场、开发市场、占领市场的指导思想——以顾客为核心的营销观念、大市场营销观、顾客满意观、整合营销观、可持续营销观等，还提出企业确定市场的目标市场战略——市场细分、目标市场和市场定位，更提出了实现战略的营销组合策略——产品策略、价格策略、渠道策略和促销策略。企业用市场营销理论作指导，就可以密切注意和了解市场需要的现状与变化，发现一些未满足的需要和市场机会；然后，根据企业的任务、目标和资源条件等，选择本企业能够最好地为之服务的目标市场，并根据目标市场的需要，开发适销对路的产品，制定适当的价格，选择适当的分销渠道，制定适当的促销方案，千方百计地满足目标市场的需要，这样就可以扩大销售，提高市场占有率，增加盈利，实现企业的任务与目标。由此可见，市场营销是联结社会需要与企业的中间环节，是企业用来把社会需要变为有盈利机会的行之有效手段，是现代企业整个经济活动中的一个极为重要的组成部分，它对企业的生存与发展起着决定性的作用。

（四）从每一个人的角度讲，营销能够提高人们的营销意识，使人人学会营销自己

“你有营销意识吗”一文的作者张建认为：营销之魂是什么？是营销意识。没有营销意识，企业的一切看似先进合理的营销理念、营销技术、营销行为都只能停留在机械实施阶段。营销意识是什么？简单说，就是营销在我心中、顾客在我手中，就是“营销思想，无处不在；营销问题，人人有责”。当然不同的人营销意识有所不同。

现在，营销学的发展已经远远超出了经济范畴。现代营销学之父菲利普·科特勒认为，盈利部门需要营销，非盈利部门也需要营销。经营之神松下幸之助认为，国家需要营销，企业需要营销，个人也需要营销。他们都指出了营销对非盈利部门及人生的重要性。“要学会营销商品首先要学会营销自己”。人生的过程实质就是营销自己的过程。人生就是一台戏，导演就是每个人自己，能不能成就一番事业，关键在会不会营销我们自己。人生要有正确的价值观、要学会适应环境、要正确定位自己、要提高自身素质（质量、品牌、包装）、要通过合适的渠道寻找工作和市场、要宣传和推广自己等。

第二节　市场营销的基本指导思想

市场营销观念就是企业营销活动的基本指导思想。那么企业或组织应该用什么观念来指导自己的营销活动呢？企业或组织应该如何正确地处理组织、消费者和社会三者之间的利益关系呢？企业或组织是应该仅考虑本身的利润，还是应该综合考虑企业、消费者和社会三者的利益呢？在许多情况下，三者之间的利益是相互矛盾的，但有时它们也是相辅相成的。企业必须正确处理三者关系，确定自己的指导观念，才能保证企业的成功。俗话讲："观念决定思路，思路决定出路。"没有正确的观念，企业就不会有正确的思路，没有正确的思路。企业就会走向不归路。

市场营销观念有传统经营观念和现代经营观念两大类。传统经营观念有生产观念、产品观念和推销观念。现代经营观念有市场营销观念、社会营销观念、大市场营销观念、顾客满意观念、整合营销观念、绿色营销观念和竞合营销观念等。任何企业和其他组织都有意识或无意识地在其中一种观念的指导下从事生产经营活动。

一、传统经营观念

传统经营观念是以生产者或产品为核心的经营观念，它是在供不应求的卖方市场态势下产生的经营观念。

（一）生产观念

生产观念产生于市场交换活动大规模开展的初期。这种观念是指导企业市场交换活动的一种古老的观念。生产观念认为，消费者总是喜爱价格低廉和可以随处买到的产品。持有生产观念的企业经营者强调企业应当集中精力提高生产效率，增加产品产量和销量，降低成本，扩大分销覆盖面。其核心是"生产什么，就销售什么"。它强调的是以量取胜。

生产观念在西方盛行于19世纪末20世纪初。当时，资本主义国家的市场是卖方市场，产品供不应求，生产的产品只要具有一定的使用价值就不愁没有销路，企业只要提高产量，降低成本，就可获得很高的利润。在工业化初期，生产观念在西方国家企业界颇为盛行。在某些发展中国家，某些产品供不应求，有些企业也奉行生产观念。此外，当某些产品的技术含量高、市场前景好，但成本和价格很高时，生产这些产品的企业往往也以"生产观念"作为营销活动的指导思想。20世纪初，汽车就属于这种产品。1908年秋，福特汽车公司推出了T型车。在大型总装车间，流水线装配法被发展成为了由机械传送带运送零件和工具，极大地提高了工作效率。T型车推出时，每辆车只售850美元，后又降至360美元。由于该车价格低廉，大多数人都能购买得起，T型车成为了普通民众的交通工具，福特公司也获得了巨大的成功。1923年，福特汽车公司在美国汽车市场上所占的份额约为57%。亨利·福特因此被称为"美国汽车之父，20世纪的商业巨人"！

不过，产品观念忽视了对顾客的需求研究。当顾客需要的是低价格、容易买到的产品时，在生产观念指导下，企业可能获得极大的成功。但是，当顾客的需求和市场发生变化时，这种观念往往会使企业陷入困境。1921年，斯隆就任通用汽车公司的总裁后，发现汽车都在中档市场进行竞争。这些车平均售价在1 200美元左右。他非常明智地取其中两种品牌，把剩下的品牌重新定位在不同的价位：雪佛莱450～600美元；庞蒂克600～900美元；奥兹莫比尔900～1 200美元；别克1 200～1 700美元；卡迪拉克1 700～2 500美元。这些品牌满足了不同阶层的购买需求，也对T型车形成了较大的竞争压力。此外，20世纪20年代后期，美国开始形成一个巨大的旧车市场，大批质量相当不错的二手车只需几十甚至十几美元就可买到，这对一向以"价廉物美"而著称的T型车是一个极大的冲击。结果从1921年到1940年期间，福特在美国汽车市场的销售份额从55.7%降至18.9%，而通用的份额从12.7%升至47.5%。

（二）产品观念

产品观念也是一种古老的经营思想。它认为消费者喜欢高质量、多功能和具有某些特色的和低价格的产品。因此，在奉行产品观念的组织中，管理者将努力生产自认为最好的产品，并且对产品的质量进行持续改进。同生产观念相比，它强调“以质取胜、以廉取胜”，比生产观念多了一层竞争的色彩。但其核心没有变，仍然是“生产什么，就销售什么”。

持有产品观念的公司的基本假定是：消费者欣赏精心制作的产品，能正确地评价产品的质量和功能。这些公司的管理者认为企业的产品完美无缺就有市场，但却忽视了对消费者的需求的研究。公司不去关注本应关注的消费者的需求，而只关注公司生产的自以为完美无缺的产品；公司在设计产品时极少让本应参与设计的消费者参与设计，而只让工程技术人员“闭门造车”。

因此，产品导向的公司往往会得“营销近视症”。即公司只看到了自己产品的质量高，而忽视了市场需求及变化。企业应该认识到，顾客购买火车票是为了满足更方便的从一个地方到另一地方的需要，除了火车外，公共汽车、轿车、飞机等交通工具也可以满足他们的这一需要；顾客购买可乐是为了解渴，果汁、纯净水、冰茶等软饮料也可以满足他们的这一需要。最典型的就是美国有一个生产文件夹的企业生产的文件夹质量非常高，高到文件夹从四楼扔到地上都摔不烂，但其文件夹却没有人购买。

（三）推销观念

推销观念或销售观念就是以推销或销售为中心的观念。这种经营思想认为，消费者具有一种购买惰性或抗衡心理，如果企业能够积极推销和主动促销，消费者就可能购买更多的产品。持这种观念的企业都会强调推销人员在说服顾客方面的能力和作用，强调广告、利诱、劝说、送礼、交朋友等推销手段的效果。甚至为了卖掉产品，无所不用其极，欺诈手段都可能在使用。不过，其核心没有变，依然是“卖我所经营的产品，”而非顾客需要的产品。

在西方国家，从20世纪30年代到40年代，随着科学技术的进步、科学管理和大规模生产的推广，产品产量迅速增加。产品逐渐出现了供过于求的现象，生产者之间的竞争日益激烈，消费者的选择余地扩大，许多产品的销售变得十分困难。企业要想在这种情况下求得生存和发展，就不能只重视提高生产效率、降低成本和生产完美无缺的产品，企业必须重视销售，加强推销。现在，在市场竞争激烈、生产能力过剩时，许多企业也常常奉行推销观念，企业的目的是为了销售他们能够制造的产品，而不是制造能够销售的产品，他们从不关心消费者的需要。本质上，推销观念依然是以生产者为中心。

二、现代经营观念

现代经营观念是在供过于求的买方市场态势下产生的经营观念，它是以消费者或用户为核心的经营观念。现代经营观念发展到目前，主要有：市场营销观念、社会营销观念、大市场营销观念、顾客满意观念、可持续营销观念、整合营销观念和竞合营销观念等。

（一）市场营销观念

现代市场营销观念产生于20世纪50年代。第二次世界大战后，随着第三次科学技术革命的兴起，以及军工转向民用，产品供应量剧增，国际市场呈现了供过于求的买方市场态势，且新产品还在不断涌现。另外，人们的收入也在不断提高，消费需求变得更加多样化。在发达国家，供给与需求之间的矛盾进一步激化。在这种环境下，推销观念已经难以指导企业走向成功，于是市场营销观念便应运而生。

市场营销观念认为，企业的一切营销活动应以消费者的需求或欲望为中心，准确确定目标市场的需要与欲望，并且比竞争者更有效地提供目标市场所要求的产品、可接受的价格、在他们需要的时间和地点，采取他们喜欢的促销方式进行沟通。营销观念的核心是“顾客需要什么，我就生产经营什么。”

在此观念指导下，企业界提出了“顾客就是上帝”“顾客至上”的经营理念。如世界零售第一沃尔玛就提出了“第一，顾客总是对的；第二，如有异议，请参照第一条。”美国比恩公司强调“顾客不依赖我们，而是我们依赖顾客；提供服务不是帮顾客的忙，而是顾客为我们提供了服务的机会。”

营销观念的出现是营销领域的一次革命，它同推销有着本质的不同，两者存在着巨大的差异。推销观念，是以生产者为出发点，以现有产品为重点，以推销和促销为手段，通过刺激消费，达到扩大销售、取得利润的目的。市场营销观念，则是以目标市场为出发点，以目标顾客的需要为重点，以整合营销为基础，集中企业的一切资源和力量，通过更好地适应和满足目标顾客的需要，获得利润，如图 1－3 所示。

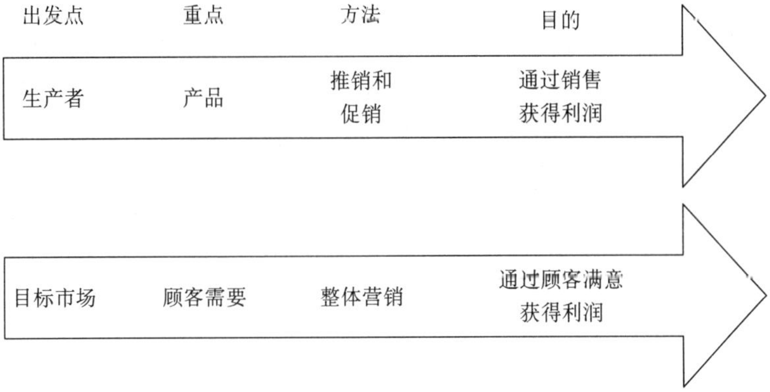

图 1－3　营销与推销的区别

由图 1－3 可知，营销与推销在出发点、重点、方法和目的等方面，都有着本质的区别。因此，营销做好了，产品自然而然也就卖掉了。正如世界最伟大的推销员乔·吉拉德就所说“营销的目的就在于使推销成为多余。”

当然，目标市场、顾客需要、整体营销和企业盈利也就构成了市场营销的四大支柱。

（二）社会营销观念

20 世纪 70 年代以来，随着全球人口增长及资源短缺的出现，全球性经济危机和忽视社会服务等问题变得日益严重，人们逐渐意识到单纯的市场营销观念虽然强调满足目标消费者的需要，但是它只满足了消费者的目前需要，而忽略了整个社会的长远需要，造成健康损害、环境污染、资源浪费等多诸多问题。同时，在 20 世纪 60 年代末 70 年代初，消费者也开始觉醒，出现了消费者保护运动。他们认为，一味地迎合消费者的目前需要搞竭泽而渔式开发，影响了消费者未来需要和子孙后代的需要。因此，社会营销就产生了。

社会营销观念认为，企业在营销活动中，在取得利润的同时，要维护消费者的目前利益和社会的长远利益，求得企业利益、消费者需求的满足（目前需要）与社会利益（长远需要）这三个方面的统一。社会营销观念要求企业在市场营销活动中，充分考虑消费者需要和社会福利，平衡利润、消费者满意和社会利益三者之间的关系。社会营销观念是对市场营销观念的补充与修正，它强调企业在营销活动中要承担企业的社会责任，而不是一味地迎合消费者需要。

小链接：海尔“整套低碳精品，引领绿色生活潮流”

绿色、健康、低碳、节能成为了当代家电消费的“高频词”。海尔在上海世博会期间推出的50多款绿色低碳精品，都“贴”上了绿色的标签：卡萨帝复式大滚筒，真正实现了静音洗衣；变频空调不用氟立昂，攻占无氟变频空调能效之巅；采用“无级变频”技术的卡萨帝冰箱，日耗电仅为0.78度，是目前唯一达到新1级能效标准的多门冰箱，同时也是世界上最节能的多门冰箱；3D电热水器可以按用水量多少加热，还有太阳能热水器……

海尔不仅局限于生产某一款绿色产品，而是通过打造整套的绿色产品理念，为全球消费者提供了超值的绿色物联生活解决方案。“贴近用户进行创新”，以解决方案满足消费者需求的理念，全方位践行“绿色世博”的宗旨。

据了解，面对绿色经济、低碳经济的时代浪潮下的创新需求，海尔又提出了“绿色设计、绿色制造、绿色营销、绿色回收”的新型战略经营模式。截至2016年11月，海尔集团在智能家电产品上，拥有290件专利；在无线电能传输技术上，拥有151件专利；在半导体制冷技术上，拥有72件专利。

海尔集团以全球十大研发中心和HOPE开放式创新平台为载体，构建了线上线下互动融合的开放创新生态系统，将海尔的核心专利变成实实在在的“真金白银!”

（资料来源：根据海尔“整套低碳精品，引领绿色生活潮流”“2016年度知识产权（专利）领域有影响企业”等资料整理）

（三）大市场营销观念

20世纪80年代以来，经济全球化、市场国际化已成为大势所趋，但在国际市场上许多国家，特别是一些发达国家反而打起了贸易保护主义大旗，通过关税或非关税壁垒限制外国产品的进入。如何打入被保护市场？1984年，科特勒提出了大市场营销观念。

大市场营销观念指在营销活动中，一个企业不应消极的顺从、适应外部环境与顾客，而应变被动为主动，改变市场，影响市场，引导市场。

如何影响市场、引导市场？大市场营销观念则强调在原来的营销4P组合的基础上，增加两个“P”，即“政治力量”（Political Power）、“公共关系”（Public Relations）。大市场营销策略就是6Ps组合策略。这里，政治权力主要是指企业通过营销对政府及其立法部门施加影响，使政府政策与立法变得对企业发展有利，而不是限制。公共关系则是通过营销活动先改变消费者的对企业的态度，营造对企业有利的发展氛围，再向市场推出产品或服务。比如玩具制造商如果先生产出玩具，再通过广告促销，这就是营销观念。如果玩具制造商先制作动画片，吸引儿童，再推出动画片中的玩具造型，并展示在零售商店销售，这就是大市场营销观念。

大市场营销观念的提出是营销观念发展的又一次革命，与市场营销有根本不同，见表1-1。

表1-1　　大市场营销观念与营销观念的不同

比较	市场营销	大市场营销
涉及范围	企业与消费者	企业、消费者、立法部门
营销手段	4Ps	6Ps
投入时间与投资成本	时间短，成本低	时间长，成本高
参加人员	营销人员	营销人员、公关人员、高管
环境因素	环境不可控	环境可控
满足程度	低	高
企业地位	被动地位	主动地位

大市场营销观念同市场营销观念相比，市场营销观念总是消极地、被动地顺应消费者，而大市场营销则充分调动了企业的主观能动性，变被动为主动，变消极为积极，主动地引导顾客跟着企业走。

（四）顾客满意观念

1. 顾客满意的内涵及重要性

（1）顾客满意的内涵。顾客在购买和使用产品后，会对产品或品牌产生满意或不满意的情感。顾客满意是指顾客通过对一种产品可感知的绩效（或结果）与他的期望值相比较后，所形成的愉悦或失望的感觉状态。如果感知绩效低于期望，顾客就会不满意；如果感知绩效和期望相匹配，顾客就会满意；如果感知绩效超过期望，顾客就会非常满意。顾客是否满意，取决于其实际感知的绩效与期望的产品绩效的差异。影响顾客对产品预期的因素包括顾客过去对此品牌的产品和竞争品牌的产品的体验、产品的价格、产品的外观、企业的宣传等；影响顾客对产品实际绩效认知的因素包括产品的质量、顾客对产品的态度和期望、顾客对产品出现的故障的归因、顾客对交易是否公平的感知等。所以，企业要使顾客满意，一方面应提高顾客对企业产品实际绩效的感知；另一方面尽量使顾客对企业的产品产生一个合理的期望。如果顾客的期望过低，他们可能不会关注企业的产品，如果顾客的期望过高，他们很容易不满。

（2）顾客满意的重要性。顾客高度满意会导致顾客忠诚。顾客忠诚可以使企业更好的保持老顾客，获得更大的利益。据美国管理学会估计，开发一个新客户的费用是保持现有顾客的6倍。对一个新顾客进行营销所需费用较高的主要原因是，进行一次个人推销访问的费用，远远高于老顾客服务的相对低廉的费用。维持老顾客可以降低销售成本，提高企业利润。可以说顾客满意就得到了市场，顾客不满意就是失去了市场。

一个高度满意的顾客会带来如下结果：忠诚公司更久；购买更多的公司新产品和提高购买产品的等级；主动赞扬公司和它的产品；忽视竞争品牌和广告并对价格不敏感；向公司提出产品或服务建议；由于交易惯例化而比新顾客降低了服务成本，并最终形成口碑营销。而一个不满意的顾客也会带来以下结果：对公司提出抱怨；向行业协会、政府机构、律师事务所、广告媒体、消费者组织提出申述；诋毁公司；寻求产品其他用处；退货或换货；保持沉默等。

网络信息技术的发展彻底改变了整个世界，消费者对信息的过滤和处理能力得到了快速提升，广告再也不是影响品牌认知的唯一因素了，一个不满意顾客的网上投诉，会迅速波及全国。再加上碎片化时代来临，消费者的选择会越来越多，越来越追求个性化，企业的市场营销活动会更加强调精准和细分。即使你有一座金山银山，如果你没有顾客满意理念和资源整合能力，最后都很可能会被时代的大浪所吞没。今天你需要把全部的精力都放在一件事上，那就是研究你的顾客，发现他的需求并用比别人更完美的方式满足他。

那么如何评价顾客满意度呢？第一，建立顾客投诉和建议制度。一个以顾客为中心的企业应该通过开设免费的服务热线为其顾客投诉和提出建议提供方便。企业对这些信息进行分析，可以了解顾客的满意状况，还可以根据顾客的要求改进产品，提高顾客满意度。第二，顾客满意调查。大多数顾客在不满意时并不会向企业抱怨，而是可能会对亲朋好友传递产品的不利信息以及购买其他企业的产品。所以，企业还必须通过直接的调查方法了解顾客的满意状况。第三，企业可以雇佣一些“神秘顾客”，让他们报告他们在购买和使用企业产品的过程中存在的不足。第四，分析流失的顾客。对于那些已经不再购买或已经转向竞争对手产品的顾客，企业应通过与这些顾客的接触了解流失的原因。

小链接：　　一家银行出纳员的故事

这家银行地处偏远，在一个周五的晚上临下班前 30 分钟，把零钱用完了，可面前还有一群人等着兑换薪水支票，这位出纳员怎么办？

是让这些人回去换好零钱再来？还是等明天备齐零钱再营业支付？

出纳员的做法是：根据最接近的数目来付款，当 1 美元用完后，就用最接近的 5 美元的倍数付款，在关门之前，甚至用 10 美元的倍数来付款……结果，当天结账时，银行发现出纳员总共多付了 320 美元。

面对这类问题，银行怎么办？银行不仅没有惩罚出纳员，还特别把她塑造成为英雄人物，因为银行估计那天晚上，口碑效应大概为他们多争取了 100 个新客户，她为银行带来的影响远比 320 美元昂贵得多。

（资料来源：根据网络资源整理）

2. 顾客让渡价值

在现代市场营销观念指导下，企业应努力让顾客满意甚至高度满意。管理学大师彼得·德鲁克指出，公司的首要任务就是“创造顾客”。在卖方市场条件下，对卖方来说，消费者对所购的产品满意与否并不重要。但是，在买方市场条件下，顾客可以在众多的产品中进行选择，顾客满意与否将变得非常重要。因为它决定顾客在以后的购买中如何进行选择及顾客如何向亲友介绍这一产品。顾客的满意是与顾客对某产品的顾客让渡价值紧密相关的。顾客将从他们认为提供最高顾客让渡价值的公司那里购买商品。

（1）顾客让渡价值的含义。顾客让渡价值是指顾客总价值与顾客总成本之间的差额。

顾客总价值是指顾客购买某一产品所期望获得的一组利益，它包括产品价值、服务价值、人员价值和形象价值。

顾客总成本是指顾客为购买某一产品所消耗的货币成本、时间成本和精力成本的总和。顾客让渡价值具体内容如图 1－4 所示。

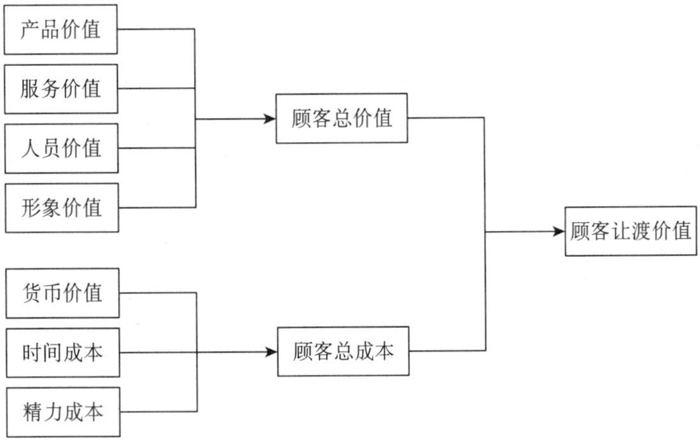

图 1－4　顾客让渡价值构成

由于顾客在购买产品时，总是希望把各项成本包括货币成本、时间成本和精力成本等降到最低限度，而同时又希望获得具有更高价值的产品，以使自己的需要得到最大限度的满足。因此，顾客在选购产品时，往往从价值与成本两个方面进行比较分析，从中选择出价值与成本之间的差额最大的产品，即"顾客让渡价值"最大的产品作为优先选择的对象。一位顾客在商店里选购一台冰箱时会综合考虑冰箱的功能、特性、品质、式样、送货、安装、调试、维修、产品保证、价格高低、品牌、购买的便利性，以及员工的素质等因素，最后总是会选择他感到满意的冰箱。如果某台冰箱的顾客让渡价值最大，顾客会将其作为首选对象。

企业要在竞争中战胜对手，吸引更多的潜在顾客，就必须向顾客提供比竞争对手具有更大"顾客让渡价值"的产品。要提高顾客满意程度，使得顾客更多地购买本企业的产品以及向亲友传递产品的有利信息，为此，企业可以通过改进产品、服务、人员与形象，提高产品的总价值；也可以通过降低价格、改善服务、改进分销与促销系统，减少顾客购买产品的货币、时间和精力的耗费，从而降低顾客总成本。

需要指出的是，不同的顾客对于顾客总价值和顾客总成本的部分的重视程度是不一样的，收入水平低的消费者重视货币成本，轻视时间成本；收入水平高的消费者会对时间成本或精力成本或者对形象价值非常重视。因此，企业应该针对目标市场的特点提供比竞争对手的顾客让渡价值更大的产品，这样才能更好地争取新顾客和保持老顾客。

（2）顾客总价值。使顾客获得更大"顾客让渡价值"的途径之一，是增加顾客购买的总价值。顾客总价值由产品价值、服务价值、人员价值和形象价值构成，其中每一项价值的变化均对总价值产生影响，进而决定了企业生产经营的绩效。

①产品价值。产品价值是由产品的质量、功能、式样、可靠性、耐用性与再出售价值等因素所产生的价值。顾客在选购产品时，往往会首先考虑产品价值。一般来讲，它是决定顾客购买总价值大小的关键和首要因素。

②服务价值。服务价值是指伴随产品实体的出售，企业向顾客提供的各种附加服务，包

括产品介绍、送货、安装、维修、技术培训、产品保证等所产生的价值。服务价值是构成顾客总价值的重要因素之一。随着消费者收入水平的提高和消费观念的变化，消费者在选购产品时，不仅注意产品本身价值的高低，而且更加重视服务价值的大小。特别是在同类产品的价值大致相同的情况下，企业向顾客提供的服务越完备，服务价值越大，顾客从中获得的产品利益与服务利益的总和就越大，从而购买总价值也就越大。因此，在提供优质产品的同时，向消费者提供完善的服务，已成为现代企业市场竞争的新焦点。服务价值往往建立在产品价值的基础之上，企业在强调服务价值的同时，不应该忽视产品本身的价值。

③人员价值。人员价值是指企业员工的经营思想、知识水平、业务能力、工作效益与质量、责任心、应变能力等所产生的价值。企业员工直接决定着企业为顾客提供的产品与服务的质量，决定着顾客总价值的大小。一个综合素质较高又具有责任心的员工，会比知识水平低、业务能力差、缺乏责任心的员工为顾客创造更高的价值，从而使顾客更满意。人员价值对企业、对顾客的影响作用都是巨大的，并且这种作用往往是潜移默化、难以度量的。因此，高度重视企业人员的选拔、综合素质与能力的培养，加强对员工日常工作的激励、监督与管理，使其始终保持较高的工作质量与水平就显得至关重要。

④形象价值。形象价值是指企业及其产品在社会公众中形成的总体形象所产生的价值。它包括企业的产品、技术、质量、包装、商标、工作场所等所构成的有形形象所产生的价值，公司及其员工的职业道德行为、经营行为、服务态度、责任心等行为形象所产生的价值，以及企业的价值观念、管理哲学等理念形象所产生的价值等。形象价值是企业各种内在要素质量的外在反映。形象价值与产品价值、服务价值、人员价值密切相关，在很大程度上是上述三个方面价值综合作用的反映和结果。形象对于企业来说是宝贵的无形资产，良好的形象会对企业的产品产生巨大的支持作用，赋予产品较高的价值，从而带给顾客精神上和心理上的满足感、信任感，使顾客的需要获得更高层次和更大限度的满足，从而增加顾客购买的总价值。因此，企业应高度重视自身形象塑造，为企业进而为顾客带来更大的价值。

（3）顾客总成本。要实现顾客让渡价值最大化，仅创造价值是不够的，使顾客获得更大“顾客让渡价值”的另一途径，是降低顾客购买的总成本。顾客总成本包括货币成本、时间成本和精力成本，其中后两者属于非货币成本。在购买时，顾客还要考虑所花费的时间、精力等，在货币成本相同的情况下更是如此。因此，企业要想创造最大的顾客让渡价值，使顾客满意，就必须降低顾客总成本。

①货币成本。货币成本即卖方售价。通常情况下，顾客购买产品时总是希望少支出多产出，首先要考虑货币成本的大小，因而货币成本是构成顾客总成本大小的主要和基本因素。

②时间成本。时间成本是顾客为了得到需要的产品所耗费的时间的机会成本。时间成本是顾客让渡价值的减函数，在顾客总价值和其他成本不变的情况下，时间成本越小，顾客让渡价值就越大。因此，努力提高工作效率，在渠道与促销等方面做出更周密的安排，在保证产品与服务质量的前提下，尽可能减少顾客耗费的时间，降低顾客的时间成本，是为顾客创造更大的顾客让渡价值、确保顾客满意和提升企业竞争优势的重要途径。

③精力成本。精力成本是指顾客购买商品时的精神、体力耗费。在顾客总价值与其他成本不变的情况下，精神与体力成本越小，顾客总成本就越小，顾客让渡价值就越大。因此，企业如何采取有力的营销措施，在消费者购买的各个环节为消费者提供便利，使顾客以最小的精神与体力成本，取得最大的价值是每个企业需要考虑的问题。

小链接： **顾客价值**

消费者在选购汽车时，总希望把其降到最低限度。仔细分析这些成本，包括以下几个基本要素：

1. 货币成本即车价

一般情况下，普通老百姓拿出多年的积蓄购买汽车时，首先考虑的还是价格的高低，因此货币成本是构成顾客总成本的大小的主要和基本因素。号称中国汽车市场两大“鲇鱼”的奇瑞和吉利，在创业初期就是靠低价这个法宝，把水搅浑的。但随着人民收入水平的不断提高，消费观念的不断变化，以及车价的逐渐回归，货币成本占总成本的权重在逐渐下降，单一的用车价刺激消费，已经不能起到像以前那样立竿见影的效果了。

2. 时间成本

购买某种汽车，最主要的时间成本，就是从关注到提车的时间的长短了。在这个时间就是金钱的时代，消费者是没有多少耐心去等的。于是我们常常听到有的消费者在比较两款车型时，因为其中一款的提车时间太长，从而选择能提到现车的另一款的例子。

3. 精力（精神与体力）成本

仅在精力成本方面，以曾经市场上典型的微型车QQ和SPARK为例，说明不同销售策略对精力成本的影响。首先消费者产生了对微型车的购买需求，发现了“梦想触手可及”的QQ以及“城市精品车”的SPARK，但QQ的信息更容易收集且印象更为丰满，于是在寻找信息阶段，QQ的精力成本比SPARK更小。2003年5月，QQ抢先上市，凭借一系列的推广活动，知名度大增，销量看好，专卖店里也是琳琅满目。SPARK半年后才“姗姗来迟”，且零配件受进口配额限制，导致其产量非常小。QQ以货源的丰富、专卖店的普及，给顾客的判断选择提供了极多的便利条件。在决定购买和实施购买环节，QQ现款现货政策以及众多的销售网点，又以绝对的优势方便了消费者，使精力成本进一步降低。

分析完了顾客总成本，相应的应该分析顾客购买的总价值。这是提高顾客让渡价值的另一个重要手段：

1. 产品价值

对于汽车而言，它是由汽车的功能、特性、品质、品种与样式等所产生的价值。产品价值是由顾客需要来决定的，而不是由产品本身来决定的。

2. 服务价值

服务价值是伴随汽车实体的出售，厂家向顾客提供的各种附加服务。如售后维修服务、零配件供应服务、质量信息反馈服务，以及救援服务等。在发达国家成熟的汽车市场，整车销售的利润，已占厂商总利润的较小比例，大部分的利润来自售后服务和零配件的供应等附加服务。

3. 形象价值

形象价值是指厂商及其产品在社会公众中形成的总体形象所产生的价值。对于汽车而言，其核心价值就是品牌价值。

3. 价值链理论

顾客满意就是要让顾客得到最大的价值。那么价值是如何创造出来的呢？这就是迈克尔·波特著名的价值链理论，如图 1－5 所示。

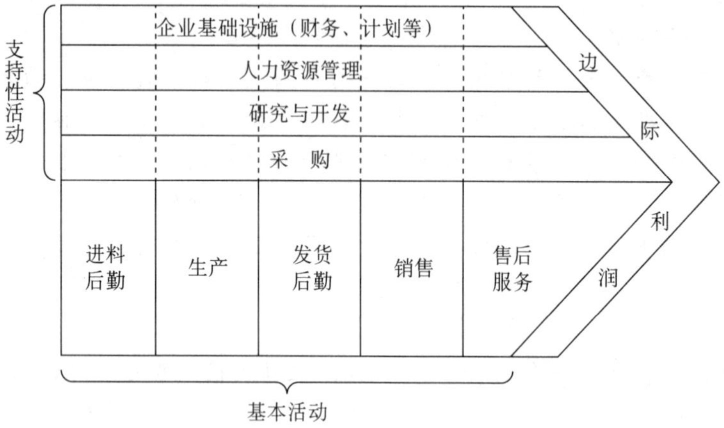

图 1－5　价值链理论模型

价值链理论是著名竞争学家迈克尔·波特提出的，他认为价值链理论是指一个企业创造价值的经济活动的集合。这个集合包含两大方面九大环节。

他把企业内外价值增加的活动分为基本活动和支持性活动。基本活动涉及企业生产、销售（营销）、进料后勤（物流）、发货后勤（物流）、售后服务。支持性活动涉及人事、财务、计划、研究与开发、采购等，基本活动和支持性活动构成了企业的价值链。

从价值链理论来看，顾客价值并不是某一个企业创造的，而是价值链上的企业相互协作，共同创造的。这就要求企业密切关注组织的资源状态，特别关注和培养在价值链的关键环节上获得重要的核心竞争力，以形成和巩固企业在行业内的竞争优势。

企业的竞争优势既可以来源于企业核心竞争力的培养，也可来源于企业间协调或整合价值链所带来的最优化效益。即竞争优势的获得实际上是价值链上的企业通过打造各自的核心竞争力及企业之间的协作形成的。

（五）可持续营销观念

1. 可持续营销观念的提出

可持续营销是环境保护主义和消费者保护主义运动的结果。工业革命导致了资源减少、浪费、污染、酸雨、全球变暖等现象，极大地破坏了人类生存所依赖的自然生态环境。环境保护主义运动由此形成。环境保护主义是关心环境问题的公民、企业及政府代理机构组织的运动。他们关心的是营销对环境有何影响以及满足消费者需要和欲望的环境成本。环境保护主义认为营销系统的目标不应该是消费最大化，或者消费者满意最大化，而是生活质量提升的最大化。

人类生存环境的巨大破坏使人们也开始觉醒，人们逐渐认识到工业革命虽然提高了人类的生活需求的数量，但人们的生活质量却下降了，疾病越来越多，越来越严重，健康受到严重威胁。消费者保护主义运动是由市民或政府机构组织的运动，目的在于提高消费者相对于销售方的权利和力量。消费者不仅有权力，也有责任保护自己。

2. 可持续营销观念

可持续营销观念是指企业在营销活动中，不仅要在满足消费者目前需要的基础上获利，而且还要处理好企业利益与企业承担的社会责任、环境责任的关系。

可持续营销把社会责任、环境保护放在了突出的位置。企业不但要满足消费者的目前需要，也要满足消费者的未来需要，并能够实现可持续发展（企业的未来）。

可见，可持续营销观念不仅体现了营销思想，又体现了社会营销思想，也体现了绿色营销思想。

3. 可持续营销行为

第一，要以消费者需求为核心，了解消费者的目前与未来需要，开发满足消费者目前需要与未来需要的产品或服务。这依然是企业存在和发展的基石。

第二，可持续营销要求企业主动承担其应该承担的社会责任，强调社会营销意识，不能一味地迎合消费者需要，为了满足消费者需要获利而不择手段。

第三，可持续营销要求企业要科学合理地定义自己的使命。即企业使命不能仅体现出营销思想，而要从社会层面定义自己的使命。

第四，可持续营销要求企业树立环保意识，强调环保责任，不能搞竭泽而渔式地开发，从产品设计、价格制定、渠道设计与选择、促销设计等方面体现出节约资源、减少污染和浪费，保护人类生存和发展的环境。

第五，可持续营销要求企业要讲究营销道德。可持续营销强调企业发展要有后劲，注重长远和战略。因此，不道德的市场营销行为会伤害顾客和整个社会的利益，而且最终它会毁掉企业的声誉和效率，进而危及企业生存。没有良好的道德营销，企业发展是不会长久的。因此，只有实施符合道德规范的营销行为才能达到培养忠诚顾客和企业长期盈利的目的。

（六）整合营销观念

整合营销观念的提出主要是由于在企业内部，对顾客地位、营销地位及企业其他部门的地位的认识问题而产生的。在企业内部，由于部门利益，各部门都强调自己的重要性，不但部门之间缺乏协调，而且对于顾客地位的认识也是意见不一。营销地位与顾客地位如图 1－6 所示。

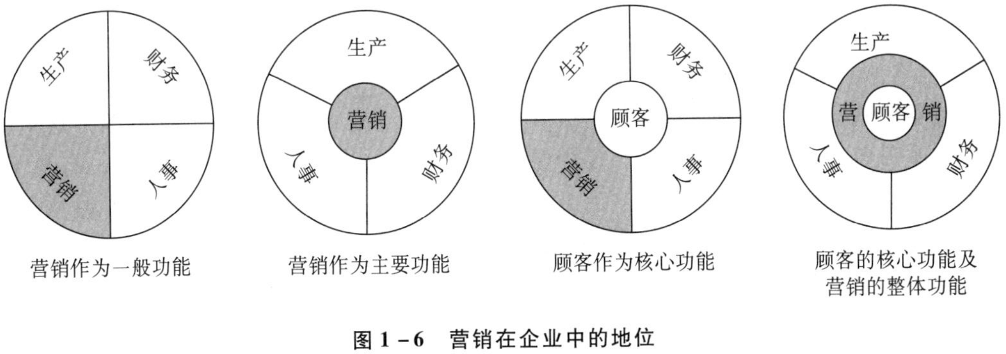

图 1－6 营销在企业中的地位

最早认为营销是同生产、财务、人力等同等重要的部门，后来认为营销是企业核心，最后才认识到顾客是企业的核心。企业各部门必须紧紧围绕营销部门调查了解到的顾客需要为核心开展工作。因此，企业要让顾客满意，必须整合企业所有资源，共同为满足顾客需要而做自己的本职工作。

现代营销学之父菲利普·科特勒认为，企业所有部门为服务于顾客利益而共同工作时，其结果就是整合营销。即整合企业所有资源，共同为满足顾客需要服务。

整合营销包含有两个层次：一是不同营销功能的部门，如销售、广告、调研等部门要共同围绕消费者开展工作；二是营销部门与企业其他部门相协调，共同围绕营销部门提出的消费者需要或欲望开展工作。

如何整合企业所有资源？舒尔茨提出了4Cs营销策略即整合营销策略。即：

（1）Consumer。即顾客第一观念。整合营销观念认为创造顾客比产品开发重要；满足顾客需要比产品功能重要。所以，“好公司满足需要，伟大的公司创造需要”。

（2）Cost。营销活动不仅要考虑生产成本，更要考虑顾客的购买成本，考虑顾客接受产品价格的可能性。因此，成本上限=顾客可支持的价格-适当利润。

（3）Convenience。即便利性。产品不能仅把商品展示在零售终端，而是要为顾客购买带来更大的便利性。企业要重视服务环节，为顾客购买提供时间、地点便利，并运用现代便利顾客的销售方式，如网络销售、电话销售等。

（4）Communication。企业要加强与顾客沟通，但要在传统的单向沟通的基础上，加强与顾客双向沟通。

整合营销与市场营销的区别主要体现以下4方面：

（1）忘掉产品，先考虑顾客的需求与期望。首先了解、研究、分析消费者的需要与欲望，而不是考虑企业能生产什么产品。

（2）忘掉价格，先考虑顾客可接受的价格。首先了解消费者满足需要与欲求愿意付出多少钱（成本），而不是先给产品定价，即向消费者要多少钱。

（3）忘掉地点，先考虑顾客购买的便利性。首先考虑顾客购物等交易过程如何给顾客方便，而不是先考虑销售渠道的选择和策略。

（4）忘掉促销，先考虑与顾客沟通。以消费者为中心实施营销沟通是十分重要的，通过互动、沟通等方式将企业内外营销不断整合，把顾客与企业双方的利益无形地整合在一起。

一句话，4P营销是：消费者请注意。4C营销是：请注意消费者。

（七）竞合营销观念

1996年，哈佛教授亚当·布兰顿等著书《竞合时代》（Coopetition），提出了“竞合”一词。“竞合”是由Co-operation和Competition合成的，这个词从字面上形象地勾画了新环境下的竞争模式，意为竞争中求合作，合作中有竞争。“竞合”一词形象地概括了这个新竞争时代的本质特征。这一新的提法一反传统的竞争概念，竞争不再是你死我活，有我无你，有你无我，必欲置对方于死地而后快的方式，以至于杰克·韦尔奇就预言：合作并竞争，成为商业市场中的斯芬克斯之谜（常被用来比喻复杂、神秘、难于理解的问题）。

竞合营销观念是基于竞争营销和合作营销而提出的营销新理念。

竞争营销的实质，就是在市场一定时，大家共同瓜分利益，是一种你多我少，你少我多的关系，即瓜分蛋糕。其思维模式是：瓜分利益。其不足之处表现在“竞争就是你死我活，你输我赢”“竞争就是大鱼吃小鱼，快鱼吃慢鱼”“市场就是战场”等固有的竞争思维模式。

合作营销的实质，就是大家共同把市场做大，这样，谁都可以得到更多的市场份额，即把蛋糕做大。其思维模式是：分享利益。但在营销实践中往往是合作双方难以持久，总有一方在合作中被吞并的单赢或单败结局。

竞合营销观念体现了博弈论、双赢和供应链的观点。竞合营销观念策略则是“分享——共赢”策略。企业应该在“市场、技术、价格、渠道、促销、经营模式”等方面实现分享共赢。在竞合时代，学会分享，才能实现共赢。

小链接：　**竞合营销观念**

美国南部的一个州，每年都举行南瓜品种大赛。有个农夫的成绩相当优异，经常是优等奖的获得者。他在得奖之后，毫不吝啬地将得奖种子分送给街坊邻居。

有一位邻居就很诧异地问：“你的奖项来得不易，每季都看你投入大量时间和精力来做品种改良，为什么还这么慷慨地将种子送给我们呢？难道你不怕我们的南瓜品种因此而超过你的吗?”

这位农夫回答：“我将种子分送给大家，帮助大家，其实也是在帮助我自己。”

原来这位农夫居住的城镇是典型的农村形态，家家户户的田地都毗邻相连。如果农夫将得奖的种子分给邻居，邻居们就能改良他们的南瓜品种，也可以避免蜜蜂在传递花粉的过程中，将邻近较差的品种转而传染自己，这位农夫才能够专心致力于品种改良。相反，若农夫将得奖的种子私藏，则邻居们在南瓜品种的改良方面势必无法跟上，蜜蜂就容易将那些较差的品种传染给自己，他反而必须在防范外来花粉方面大费周折而疲于奔命。

就某方面看，这位农夫和他的邻居们是处于互相竞争的形势，然而在另一方面，双方却又处于微妙的合作状态。

综上所述，指导企业营销活动的各种观念的产生和发展，都是与一定的经济发展水平、市场供求关系相适应的。并且，这些观念是一脉相承的，新观念并不是简单的否定老观念，而是吸取其精华，摒弃其糟粕。因此，市场营销观念对我们开展营销活动具有重要的理论意义和重大的指导价值。它是我们营销工作的基础，它为营销工作指明了方向。

第三节　市场营销学的学科体系

一、市场营销学的形成

（一）市场营销学产生（1900—1930 年）

（1）产生背景：工业革命导致供需矛盾尖锐。市场营销学于 20 世纪初创建于美国。19 世纪末 20 世纪初，世界主要资本主义国家先后完成工业革命，使生产规模迅速扩大，加速了资本的积聚和集中，竞争加剧。这一时期，泰罗所倡导的科学管理运动在企业中普遍得到运用，这种以提高劳动生产率为中心的科学管理方法运用的结果是，商品迅速增加，供求矛盾出现并日渐加剧，他们要求对商品流通领域有更大的影响，开始重视生产计划和销售计划的制定，产品的推销和广告。在这种背景下市场营销作为一门独立的经营管理学科诞生了。

（2）这一时期的成果：把推销术和广告术开始运用到商品流通中。1902—1903 年起，美国的密执安、加利福尼亚和伊利诺伊州的三所大学的经济学系正式设置了市场营销学课程，并把市场营销问题当作了一门学科来研究。这一时期主要代表性的人物和著作：1904年，W · E · 克罗西在宾夕法尼亚大学开设了“产品市场营销”课程；1910 年 R · S · 巴特勒在威斯康星大学开设了“市场营销方法”课程；1912 年，美国哈佛大学教授赫杰特齐（J · E · Hegertg）写出了第一本以“marketing”命名的教材，使市场营销学从经济学中分离出来，成为一门独立的学科。

（3）局限：这一时期的市场营销学局限在流通领域，真正的市场营销观念尚没形成。内容主要是商业销售实务方面的问题，虽有实用价值，但在理论上尚未形成完整的体系，且仅限于大学讲坛，还未引起社会的普遍重视。

（二）市场营销学形成（1930 年—第二次世界大战前）

（1）背景：1929—1933 年，资本主义世界爆发了严重的经济危机，直接危及企业的生存和发展。这时，企业关心的首要问题是如何把堆积如山的产品卖出去。为了生存，企业家开始重视市场调查，提出了“创造需求”的口号，致力于解决产品的销路问题。在这一形势下，市场营销学广泛受到社会公众的重视，各种市场营销学理论相继由高校进入应用领域，普遍为工商企业用来指导实践，以帮助解决产品的销售问题，由此逐步建立了市场营销学的理论体系。这一时期，美国的高等院校和工商企业建立的各种市场研究机构，有力地推动了市场营销学的普及和研究。例如，1937 年全美“市场营销协会”（AMA）成立，极大地促进了营销理论的研究和应用。

（2）主要成果：首次提出创造需求的思想。主要代表人物和著作：弗莱德 · 克拉克和韦尔法在其《农产品市场营销》（1932 年）中将农产品市场营销系统划分为集中（农产品收购）、平衡（调节供求）和分散（化整为零销售）三个相互关联的过程，详细研究了营销者在其中执行的 7 种市场营销职能：集中、储存、融资、承担风险、标准化、销售和运输。拉尔夫 · 亚历山大（RalphS · Alexander）等学者在 1940 年出版的《市场营销》一书中，强调市场营销的商品化职能包含适应顾客需要的过程，销售是“帮助或说服潜在顾客购买商品或服务的过程”。

（3）局限。研究仍局限在流通领域，重点仍在于研究广告和推销术等商业推销实务和技巧。

（三）市场营销学的革命（第二次世界大战后—到 20 世纪 60 年代末 70 年代初）

（1）背景：第二次世界大战后，市场营销学从概念到内容都发生了深刻的变化。原因是美国结束了战后的恢复时期，大量的军事工业转向民用，促进生产力极大提高，社会产品数量剧增，市场态势发生了重大变化；一方面商品供应数量空前增加，新产品日新月异，形成买方市场；另一方面，由于资本主义政府汲取了 20 世纪 30 年代大危机的教训，推行了一整套高工资、高消费和高福利的社会经济政策，以刺激和提高居民的购买力，使消费者对于商品的购买选择性日益增强，供求矛盾更加尖锐。在这种情况下，企业之间市场竞争愈演愈烈，使得原来的市场营销学理论和实务，不能适应企业市场营销活动的需要。于是，在市场营销的理论上出现了一个重大突破，形成了“以消费者为中心”的现代市场营销观念。市场营销学的研究突破了流通领域，深入到生产领域和消费领域中去，形成了现代市场营销学体系。

（2）主要成果：战后 50 多年来，市场营销论著如云，理论不断创新。营销学逐步建立起以“满足需求”“顾客满意”为核心内容的框架和体系。主要代表人物和著作：①1950

年左右，尼尔·鲍顿开始采用“市场营销组合”这个概念，确立了营销组合的12个因素。他指出营销学家将比经济学家（他们主要关心价格）、销售人员（他们关心推销）和广告人员（他们把创造需求视为广告的主要功能）等走得更远。②乔尔·迪安在他的关于有效定价政策的讨论中采用了“产品生命周期”的概念，对产品市场作了开拓期、市场扩展期和成熟期的划分。③20世纪50年代中期，美国的市场营销学家温德尔·斯密总结了一些企业市场营销的实践经验，提出了市场细分这一重要的概念和方法，从而为企业选择目标市场，实行目标市场营销提供了基本的思路和手段。④1955年西德尼·莱维提出了“品牌形象”这个概念。尤其为广告人员和公关人员所偏爱，它创造了各种研究机会，扩大了就业，并证明了巨额的广告费支出对于建立品牌形象是有益的。⑤1957年通用电气公司的约翰·麦克金特立克阐述了所谓“市场营销概念”的哲学，并称它为公司效率和长期盈利的关键。他认为，一个组织脚踏实地从发现顾客的需要，然后给予各种服务，最终使顾客得到满足，它便是以最佳方式满足了组织自身的目标。这是何等不同凡响的见解！正如顾客所希望的，市场营销概念的重点从“以产定销”移到了“以销定产”。⑥1959年，哥伦比亚大学的阿贝·肖克曼让我们见识了“营销审计”这一概念。如此众多的公司被关在生产、产品或营销导向的圈子里，不知如何去寻找公司的发展机会和途径。许多公司已经死了，或正在死亡却全然不觉。公司应该定期进行营销审计，以检查它的战略、结构和制度是否与它们最佳的市场机会相吻合。以上是20世纪50年代出现的6个里程碑式的概念，20世纪50年代被称为营销的“金色的50年代”。

20世纪60年代5个重要概念：①麦卡锡在1964年出版的《基础市场营销学》一书中，提出著名的“4P组合”，即：产品（Product）、价格（Price）、地点（Place）、促销（Promotion）。②1961年，西奥多·雷维特发表了著名的“营销近视症”，他指出，有些行业在困难期间衰退的原因在于他们所重视的是“产品”，而不是“顾客需要”。任何产品都只是满足一个持久需要的现有手段，一旦有更好的产品出现，便会取代现有产品。③1963年，威廉·莱泽提出了“生活方式”的概念。这一概念曾为某些社会学家所用，各种生活方式比社会阶层更为生动地向我们揭示了人们的消费方式。看到一对衣着入时的“雅皮士”夫妇，我们也许能猜出他们喜欢吃些什么、喝些什么和穿些什么，我们越来越多地按照某一特定生活方式生活的群众需要来设计产品。④1967年，约翰·霍华德和杰迪什·谢斯提出了“买方行为理论”。⑤1969年，西德尼·莱维和菲利普·科特勒提出了“扩大的营销概念”。他们认为，营销学不仅适用于产品和服务，也适用于组织、人、地方和意识形态。所有的组织，不管他们是否进行货币交易，不管他们干得好或坏，事实上都在营销。

（3）局限性：过度强调顾客需要的满足和企业获利，忽视社会长远利益的需要和满足，不利于企业可持续发展。

（四）市场营销完善阶段（20世纪70年代至今）

20世纪末期，随着绿色经济、绿色消费的兴起，企业面临着新的挑战与机遇，树立绿色营销观念，开展绿色营销，正成为企业适应环境变化，从而实现生存和发展的一个关键性问题。在这一背景下，营销学家和企业界开始对营销进行反思，一些重要理论的出现使营销理论趋于成熟和完善。

重要概念：①1971年，杰拉尔德·查特曼和菲利普·科特勒提出了“社会营销”，促使人们注意到营销学在传播意义重大的社会目标方面可能产生的作用，如环境保护、计划生育、改善营养、适用安全带等。②1971 年，西德尼·莱维和菲利普·科特勒提出了“低营销”这一概念。他们认为，在某种环境中，营销经理必须掌握如何有选择地或全面地减少需求水平的技能，就像他擅长扩大需求一样。他们阐述了如何把不同的营销组合根据用于降低市场需求。如原油价格——对短缺的预言。③1972 年，艾尔·里斯和杰克·特劳特在《广告世界》杂志上发表了论文，提出了“定位”这个富有吸引力的概念。他们认为，即使公司没有在广告中为产品定过位，这些产品在顾客大脑中也应是有一定位置的。艾尔·里斯和杰克·特劳特阐述了公司如何运用定位去创立产品在顾客头脑中的特定形象。如：是否可生产活力 28 纯净水？④70 年代早期的经济冲击导致了战略计划这一概念。波士顿咨询集团说服公司不要对其所有的业务一视同仁，而应该根据各种业务的市场份额增长的情况，决定哪些业务必须建立，哪些应该保留，或者收获，或者淘汰，这就是所谓的“业务投资组合法”。对营销者而言，营销并不仅是为了增加销售额，因此，产生了“战略营销”这一概念。⑤1981 年，莱维·辛格和菲利普·科特勒考证了“营销战”的概念以及军事理论在营销战中的应用。几年后，艾尔·里斯和杰克·特劳特出版了他们关于营销战的书，在英国和法国也出版了类似的著作。艾尔·里斯和杰克·特劳特显示了他们真正的广告代理商的才智，租用了一辆军用坦克，沿着纽约第五大街，兜售他们的营销战一书。⑥1981 年，瑞典经济学院的克里斯丁·格罗路斯发表了论述“内部营销”概念的论文。他认为，在培养公司经理和雇员接受以顾客为导向的概念时，公司所面临的问题比为顾客开发有吸引力的产品和服务更为棘手。⑦1983 年，西奥多·莱维特写了另一本堪称里程碑的论文，他在文章中明确提出了“全球营销”的概念，他呼吁多国公司向全世界提供一种统一的产品，并采用统一的沟通手段。他发现，过于强调对各个当地市场的适应性，将导致生产、分销和广告方面规模经济的损失，从而使成本增加。他的观点激起了一场暴风雨式的争议。⑧“直接营销”是指在零售店外向人们销售的一种新方式。它的原始形式是上门推销和直接邮寄，现已发展到集会推销、电话推销、家庭电视购物、计算机购物等。⑨1985 年，巴巴拉·本德·杰克逊提出“关系营销”。其贡献之处在于，他使我们了解到“关系营销”将使公司获得较之其在交易营销中所得到的更多的利润，较之交易营销更好地抓住了营销概念的精神实质。⑩1986 年，菲利普·科特勒在《哈佛商业评论》发表了《论大市场营销》。他提出了“大市场营销”概念，即在原来的 4P 组合的基础上，增加两个 P：“政治力量”（Political Power）、“公共关系”（Public Relations）。这一概念的提出，是 20 世纪 80 年代市场营销战略思想的新发展。

另外，1986 年，加拿大工业市场营销学会主席埃恩·戈登又提出了以“竞争观念”取代“市场营销观念”。菲利普·科特勒在加拿大蒙特利尔为纪念美国市场营销协会成立 50 周年而举行的世界市场营销学大会上，作了题为《市场营销思想新领域》的学术报告。在报告中他预言，20 世纪 90 年代将出现一系列新的市场营销观念，如定制营销（Customized Marketing）、营销网络（Marketing Network）、纯粹营销公司（Pure Marketing Companies）等。

二、市场营销理论与方法的研究内容

市场营销理论与方法是以市场营销活动及其规律性为研究对象的科学，根据市场营销活动的主要内容和目的，市场营销理论与方法的主要内容大体可以归纳成三个部分：环境与市场分析；营销活动与营销策略研究；市场营销计划、组织与控制。

第一部分内容着重分析企业与市场的关系，分析影响和制约企业营销活动的各种环境因素，分析各类购买者的行为，进而提出企业进行市场细分和选择目标市场的理论和方法，并就市场调查和市场需求预测作了介绍。这部分内容具有市场营销基础的意义，阐述了市场营销的若干基本原理和基本思路。

第二部分内容是企业营销活动与营销策略研究，是市场营销学的核心内容。其任务在于论述企业如何运用各种市场营销手段以实现企业的预期目标，因而全部都是围绕企业经营决策展开的。市场营销活动中所包含的可控制的变数很多，美国学者尤金·麦卡锡把这些变数概括为4个基本变数，即产品、价格、地点（分销渠道）和促销，简称为“4Ps”，对4Ps策略的研究，构成了营销活动研究的四大支柱。这部分内容不仅就每个基本变数可供选择的营销策略进行了分析，而且提出了“市场营销组合”这一十分重要的概念，强调4个基本变数不是彼此孤立的、分割的，必须依据外部环境的动向，进行产品、定价、分销及促销四大策略的最佳组合，以保证从整体上满足顾客的需求。

第三部分关于市场营销计划、组织与控制的研究，主要阐述了企业为保证营销活动的成功而应在计划、组织、控制等方面采用的措施与方法。

三、市场营销理论与方法的学习方法

“市场营销理论与方法”是实践性很强的一门学科，因此在实际的教学过程中要着重从提高学生实践技能出发，坚持“课内教学与课外实践相结合，理论讲授与实务指导相结合”的原则，密切联系营销实践活动，强化学生基础素质，拓宽学生知识视野，积极采用案例教学法、专题讨论法、项目专题调研与策划等方法，努力探索各种行之有效的教学途径。

1. 课堂讲授式学习法

课堂讲授包括理论讲授、案例分析、情景模拟、专题讨论、作业与调研策划报告等活动。课堂讲授的课时占较大比例，大约70%左右，其中穿插启发式案例分析与讨论。课堂介绍紧紧围绕章节重点和难点内容，基于教材高于教材，精讲多练，按“复习—讲授—总结”的模式，将前后相关内容贯穿起来，帮助学生熟练掌握。课堂案例讨论与项目专题讨论一学期进行3~4次，课时占20%左右。案例内容主要针对重点章节选择，强调案例选用的适应性和典型性。

2. 第二课堂式学习法

由于课堂教学的学时限制，要保证课程教学的质量，还需要结合学生的日常活动有目的地安排案例收集、专题调研与策划等内容，要求学生组合团队，利用业余时间完成，在课程教学中可安排适当的时间进行讨论及答辩，但一般比例在10%。也可以将此类任务与学生自主性的集体活动结合起来，一方面作为专业教学的补充，另一方面充实学生集体活动的内容，在激发学生学习本专业知识的兴趣的同时坚定学生从事本专业工作的信心。

3. 专题讨论式学习法

根据教学的需要，建议经常性地布置一些思考题，以理论运用和案例分析的形式为主，要求学生自主完成。也可在每节课开始由学生代表进行3~5分钟专题发言，以强化对知识的记忆，提高学生主动学习的积极性。

4. 师生互动式学习法

教学方法上要特别强调学生参与教学的积极性，达到师生互动，教学相长的目的。在教学过程中，充分尊重学生，了解学生的需求，张扬学生个性，激发学生的主动探究知识的积极性和主动性，全面提高学生素质。鼓励学生不仅学好营销理论，还要培养营销意识，大胆运用于实践，在实践中创造性的学习和运用营销理论。庄子说过，“吾生也有涯，而知也无涯，以有涯学无涯，殆已。”我们学习的最终目的应用于实践，因此找到自己的营销意识尤为重要。

四、市场营销理论与方法在中国

早在20世纪30年代，我国就有市场营销学的译本，现存最早的教材是丁馨伯编译的《市场学》，由复旦大学1933年出版。但由于战乱，市场营销的理论和运用失去了生存的土壤。中华人民共和国成立后，从20世纪50年代到70年代末，由于中国高度集中的计划经济体制，统购包销，计划分配，使营销学的理论不被人重视。

改革开放后，西方的营销理论被逐渐引进到中国，用来指导中国的营销实践，在中国的传播大致可总结为三个阶段：

（一）市场营销理论介绍期（1978—1984年）

1978年党的十一届三中全会确立“对内搞活，对外开放”的方针，成为西方营销理论在我国传播运用的新起点。这一时期，营销学引进的方式是，主要在全国抽调一些企业的厂长、经理，主管经济工作的干部，重点大专院校的教师，通过开办培训班的形式，学习营销学的理论和方法。传播面比较窄，影响力较小。

（二）营销学快速发展运用期（1985—2002年）

1985—1991年，全面改革时期，也采取了三项重大举措：一是十二届三中全会通过了《中共中央关于经济体制改革的决定》。二是理顺国家和企业的关系，改革企业的经营机制，推行配套的改革制度，如领导体制、干部制度、工资制度，出现了企业的承包、转让、联合、租赁、兼并等现象。三是经济法律体系的形成。

这些改革使经济体制改革由农村走向城市，部分企业开始由计划走向市场，迫切需要通过营销理论的指导，使企业与市场接轨，这一需求拉动的营销理论在中国得到快速传播。这一时期营销学对企业影响主要表现在，企业由单纯的只重采购开始购销并重，建立销售部门，开始考虑如何把产品通过市场卖出去，推销术开始被运用和重视。

1992—1999年，解放思想，改革开放的新高潮时期。重大的事件：一是1992年初的邓小平的南方谈话；二是党的十四大和八届人大确定了我国的社会主义市场经济的目标模式，经济上保持了高速的发展态势；三是改革的理论上逐步走向成熟，如提出了现代企业制度。这一时期，迫切需要新的营销理论的指导和真正在实践中的运用。这成了营销理论真正在中国发挥作用的转折点。

2001年12月，中国加入世界贸易组织（WTO），意味着中国企业面临的环境发生了根本性变化。这一时期，很多企业管理者在营销思想上开始与国际接轨，对营销理论运用游刃有余，成为行家里手。像海尔张瑞敏提出“企业走出去，要面临三个改变：一是环境变了，二是市场变了，三是游戏规则也要改变”。

（三）市场营销理论创新期（2003年至今）

形成条件：一是中国市场的差异性。中国转型市场的特殊环境给我们企业提供了创新的基础。多数跨国公司的高层管理者在进入中国市场数年后都曾感叹：“中国市场太大、太复杂、变化太快。”中国市场环境和市场运作在不断转型，由此中国市场称之为转型市场。二是中国消费者行为的差异性。中国地大物博，人口众多，有56个民族，消费者有着不同于西方消费者的消费心理、消费习惯、消费方式。此外，中国的消费环境在急速变化，如高速公路和互联网的迅速发展，给汽车市场和电商提供了一个有利的环境。中国文化及价值观，收入的快速上升，这些都构成了中国消费者的购买行为会不同于西方。于是市场营销理论与实践在中国迅速发展，进入创新期。主要表现：

首先，观念创新。越来越多的企业开始由单纯研究产品的宣传和推销，开始转向研究如何以市场需求为导向，指导企业的生产和经营活动，重视整合营销或系统营销活动的开展。如海尔集团、TCL、双汇集团、蒙牛、伊利都在实践中创造出了一整套的市场营销的策略和技术，为中国式营销理论研究奠定了基础。

其次，领域创新。市场营销的观念和策略已不局限于在企业界应用，而且已经延伸到学校、医院、军队和警察部门、公共机构等非营利组织。

再次，适应创新。适应创新是跨国公司为适应中国市场而开展的创新，比如，联合利华的LOGO变化、安利新的商业模式、柯达重新分区、伊莱克斯调整策略、零售巨鳄沃尔玛本土化转型等。跨国公司适应创新主要体现在战略、促销、运作流程、降价、品牌本土化、产品、通路和商业模式等多个方面。

最后，学习创新。学习创新是中国本土公司在学习国际营销理论的基础上结合我国国情开展的创新，也就是营销转型。本土企业营销创新策略主要聚焦在：通路创新、品牌创建和消费者行为差异性认知方面。

本章小结

市场是由那些具有特定的需要或欲望，而且愿意并且能够通过交换来满足这种需要或欲望的全部现实的和潜在顾客所构成。企业的产品通过市场来实现销售并获得利润，市场就必须具备人口（顾客）、购买力（支付能力）和购买欲望三个要素。

市场营销是指以满足顾客需要为中心，并为获得利润，而从事的与市场有关的一系列营销活动。市场营销概念包含了下列一些核心概念：需要、欲望和需求；产品或服务；价值；交换、交易与关系；市场；市场营销者和预期顾客。

市场营销理论与方法是以市场营销活动及其规律性为研究对象的科学。市场营销学的产生和发展经历了产生、形成、革命和完善等阶段。在不同年代形成了许多重要营销概念，对今天仍有重要的指导意义。

市场营销观念是指企业营销活动的基本指导思想。任何企业和其他组织都有意识或无意识地在其中一种观念的指导下从事生产经营活动。市场营销观念分为传统观念和现代观念两大类。传统观念包括生产观念、产品观念和推销观念。现代观念包括市场营销观念、社会营销观念、大市场营销观念、可持续营销观念、整合营销观念和竞合营销观念。

顾客满意是指顾客通过对一种产品可感知的绩效（或结果）与他的期望值相比较后，所形成的愉悦或失望的感觉状态。顾客满意取决于顾客让渡价值，顾客让渡价值则是通过价值链创造的。

思考题

1. 如何理解市场的概念？
2. 何谓市场营销？如何理解？
3. 针对不同需求，营销管理的任务分别是什么？
4. 为什么要分析和研究营销管理哲学？
5. 营销与推销有什么不同？或者说如何理解“营销的目的就是要使推销成为多余。”
6. 大市场营销与市场营销有何区别？
7. 可持续营销与市场营销、社会市场营销有什么区别？
8. 市场营销与整合营销有何不同？
9. 如何才能使顾客满意？
10. 怎样创造顾客价值？

营销实训

实训一：组织学生分析营销与人生有什么关系？请学生一一介绍如何营销自己的人生。

实训二：结合饥饿营销案例，请学生想一想实施饥饿营销的方法有哪些？并分析实施饥饿营销有哪些条件？

实训三：什么是不规则需求？请学生思考实施不规则需求的营销策略有哪些？

实训四：结合顾客满意理论，请学生谈谈实施顾客满意的策略有哪些？

实训五：什么是大市场营销？请学生分析实施大市场营销的具体策略有哪些？

实训六：对于大学来讲，就是培养合格人才的，请运用整合营销理念谈谈大学如何培养合格大学生？

实训七：运用可持续营销（绿色营销）观念分析习近平总书记提出的“绿水青山就是金山银山”的理念。

实训八：把学生分成四组，请分别分析大一、大二、大三、大四的学生的市场需求有哪些？如何开展有针对性的营销？

案例分析

案例一：海尔 B2B 定制化生产方式分析

1. 什么是 B2B？

即企业与企业之间通过互联网进行产品、服务及信息的交换。通俗的说法是指进行电子商务交易的供需双方都是商家（或企业、公司），她（他）们使用了 Internet 的技术或各种商务网络平台，完成商务交易的过程。这些过程包括：发布供求信息，订货及确认订货，支付过程及票据的签发、传送和接收，确定配送方案并监控配送过程等。

2. 海尔 B2B 的工作流程：

（1）业务流程的整合。海尔商流推进本部对业务流程进行了再造，从客户洽谈、技术确认、订单执行到安全收款共分成26步，清楚地规定了每一步的标准、责任人及操作的规范。

（2）订单获取。海尔集团商流推进本部专门制作了一套可以用于 B2B 定制的 58 个门类的 9200 多个基本产品类型的基本功能选择项介绍、外观展示和相应的定制价格的说明光盘。海尔的经销商和专卖店就可以根据光盘选择自己需要定制的产品类型和数量就可以与当地的海尔工贸公司联系，签订海尔产品 B2B 定制开发协议，即签订 B2B 订单。

（3）订单处理。海尔商流推进本部订单管理部从全国各地的海尔工贸公司获取商家的 B2B 定制订单，在经过内部的技术、质量评审和成本核算之后，把这些 B2B 定制订单向各产品事业部转变为内部制造订单，订单管理部就可以立即将该类订单转至各产品事业部的生产制造部门进行生产。

表 1－2　网络金王子冰箱系列的 B2B 定制功能选择项说明书

基本功能产品简介	基本定制项产品		功能选择项说明		
	型号	参考零售价	编码	功能选择项	差价
☆采用先进网络通信技术，通过网络与海尔服务中心建立双向通信，实现了远程监护			P1	白灰	
			P2	浅灰	
☆采用人工智慧控制，冰箱全自动控制运行			P3	浅青	
	网络	BCD	P4	其他色彩	+150 元
☆具有故障自我诊断功能	金王子	－257@	S1	普通搁架	
☆冷藏、冷冻温度液晶显示			S2	钢化玻璃搁架	+10 元/个
☆具有断电记忆功能	BCD	4 360 元	B	变频	+500 元
☆三温四控，温控更精确	－257@		F	除味器	+50 元/个
☆节电达 50%，达到欧洲 A 级节能标准			G	挡瓶器	+10 元/个
			J	蛋盒	+5 元/个
☆具有自动低温补偿功能			M1	透明抽屉	
☆大冷冻力 15～20kg/24h			M2	不透明抽屉	
☆采用淡蓝色透明内饰，透明抽屉			R1	液晶显示	
☆深×宽×高：600×600×1650mm			R2	VFD 显示	

3. 海尔 B2B 定制化生产方式的核心就是个性化服务，是把消费者从群众演员变到主演。通过消费者自身的需求，对产品的要求，为每一个消费者合身打造属于自己的产品，这种生产方式不仅极大的创新了中国的生产方式，也极大的满足了消费者的个性化需求。同样，这种生产方式也减少了生产的成本，使企业获得更大的利润，提高了消费者的忠诚度。

当然，定制化生产方式要求企业要具有中国家电生产方式的基础优势：即有一个成功的产品品牌；有成熟的分销渠道；有良好服务体系。

（资料来源：根据百度文库资料整理）

问题：1. 分析海尔定制化生产方式所遵循的营销观念？
2. 描述海尔定制化生产方式的流程？
3. 你认为海尔定制化营销需要具备哪些条件？

案例二：三个推销员

美国一家制鞋公司想开拓国外市场，公司总裁派一个推销员到非洲一个国家，让他了解该国鞋类是否有市场。这个推销员到该国转了一天后，发现该国人都不穿鞋，于是发回一封电报："这里人不穿鞋，没有市场。"总裁很不满意，于是又派去了另一名推销员。第二个推销员在该国待了一个星期，然后发回一封电报："这里人不穿鞋，但市场巨大，值得开发。"总裁还是不满意，又派了第三个推销员去。这个推销员到非洲后待了三个星期，发回一封电报："这里人不穿鞋，但有脚疾，需要鞋；不过不需要我们生产的鞋，因为我们的鞋太瘦，我们必须生产肥些的鞋。另外这里的部落首领不让我们做买卖，我们只有向他的金库进一些贡，才能获准在这里经营。我们需要投入大约 1.5 万美元，他们才能开放市场。我们每年能卖大约 2 万双鞋，在这里卖鞋可以赚钱，投资收益率约为 30%。"后来，公司重用了这个推销员。

问题：1. 三个推销员为什么会发出三封内容完全不同的电报？试分析他们的经营观念有何不同？
2. 公司为什么重用了第三个推销员？

在线测评

第一章　自测题

第二章　营销环境分析理论与方法

学习目标

1. 知道营销环境含义及特征；
2. 掌握营销环境分析的方法，为企业制定营销决策提供有效信息；
3. 能够针对各类环境进行分析，把握环境发展趋势，及时发现市场机会和威胁，抓住机会并避开威胁。

导入案例

吉祥物不吉祥

在世人眼中，得到世界杯吉祥物的生产权无疑是抱上了一个聚宝盆，但是位于德国巴伐利亚州的尼奇公司（NICI AG）却因为接手2006年足球世界杯吉祥物狮子格列奥，如图2-1所示。在世界杯正式开赛之前，即5月17日宣布破产。破产原因是，由于吉祥物严重滞销导致无力清还贷款。

图2-1　格列奥

尼奇公司是德国一家历史悠久的玩具公司，带有NICI标志的玩具在德国受到孩子们的喜爱。这家玩具厂拥有500名员工，2005年收入达到了1.55亿欧元，于2004年耗资280万欧元（约360万美元）购买了吉祥物“格列奥”狮子的独家生产权。

尼奇公司营销总监克林马赫在接受采访时强调，导致他们破产的“罪魁祸首”就是世界杯吉祥物狮子格列奥，是该系列产品在德国的滞销拖垮了公司。这个“不吉祥”的吉祥物狮子格列奥售价19.95欧元。

格列奥的形象出现伊始，就遭到不少批评，因为一贯代表德国的标志是鹰，而不是狮子。同时，“它的着装不够绅士，而且胡子太长，看起来很邋遢，德国人是不会喜欢的。”在遭遇了种种嘲笑与责难之后，可怜的格列奥的人气在德国球迷中急剧下跌，甚至乏人问津。

世界杯这样的大型体育盛事一度被商界视为赚钱良机。尼奇公司的离奇破产打破了这个神话。据克林马赫说，世界杯组委会表示对尼奇的破产感到很遗憾，会对格列奥进行降价处理。

点评：

尼奇公司破产表面上看是由于吉祥物严重滞销导致其无力清还贷款，实质上是由于吉祥物格列奥本身不符合德国的文化和风俗习惯。一是德国人喜欢的是鹰，而不是狮子。二是设计不符合德国人严谨的性格，有伤风化。世界杯是全世界人的世界杯，但在哪个国家举办，其吉祥物设计必须考虑该举办国的文化、宗教和风俗习惯，与举办国文化抵触的吉祥物毫无疑问是不受欢迎的。这就是环境对产品销售、生产企业的巨大影响。因此，营销活动必须与市场环境相适应。竞争的自然法则就是“优胜劣汰，适者生存。”

环境是影响企业营销活动的重要内容。识别环境为企业带来的机会和威胁，是营销人员的主要职责之一。在营销活动中，企业必须根据环境的实际与发展趋势，自觉地利用市场机会，防范可能出现的威胁，制定相应的战略与策略，才能确保在竞争中立于不败之地。

资料来源：根据百度文库资料整理。

第一节　营销环境的含义及特征

一、市场营销环境的内涵

任何企业都如同生物有机体一样，总是生存于一定的环境之中。环境一般指周围的情况和条件，泛指影响某一事物生存与发展的力量总和。市场营销环境是指影响企业市场营销活动和目标实现的各种因素和力量的总和，既包括企业的外部环境因素，也包括企业的内部环境因素。

企业的营销活动不可能脱离周围环境而孤立地进行。企业营销活动要以环境为依据，主动地去适应环境，甚至影响环境。

从适应角度讲，营销环境是客观的，是不以人的意志为转移的。营销环境是企业营销活动的制约因素，营销活动离不开营销环境。这就是典型的市场营销观念。企业可以决定其生产产品的产品结构、品牌、包装、价格、渠道长短、促销手段等，但决定不了环境的存在及其发展趋势和影响，而且上述内容还必须与市场相适应。

从影响或改变的角度讲，营销活动绝非只是被动地接受环境，营销管理者可以采取积极、主动的态度能动地去适应营销环境。这就是菲利普·科特勒著名的大市场营销观念，即企业要成功地进入封闭型或保护型市场，应该运用政治权力和公共关系等手段，先营造对企业有利的环境，再去开展营销。通过大市场营销，企业可以影响一个国家的法律、政策，可以影响竞争者的态度和策略，也可以影响消费者对企业的看法和态度。

市场营销环境的特征决定了它对企业的生存与发展、营销活动及决策过程产生不同的影响，其产生的这种影响可以是有利的，也可以是不利的。一方面，它为企业提供了市场营销机会；另一方面，市场营销环境也会给企业造成某种威胁。

因此，重视研究市场营销环境及其变化，是企业营销活动最基本的课题。

二、营销环境的分类

营销环境内容庞大，从不同角度有不同分类，如图 2－2 所示。

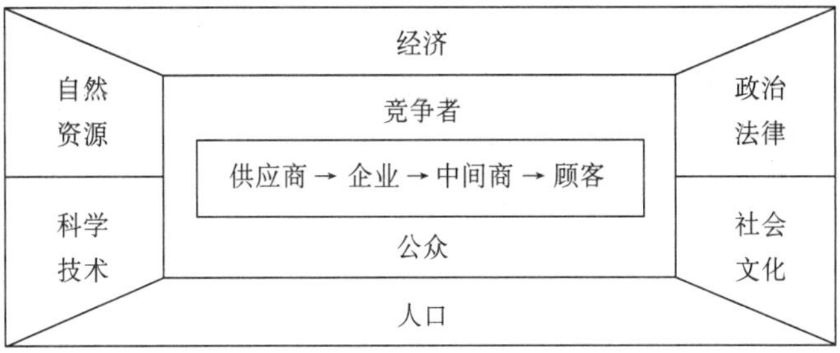

图 2－2　营销环境构成

（一）按影响层次，可以分为微观环境和宏观环境

微观环境是指由于企业自身市场营销活动引起的与企业市场紧密相关、直接影响其市场营销能力的各种因素，包括企业自身因素、供应商、营销中介、顾客或市场、竞争者和公众等。

宏观环境是指影响企业微观环境的各种因素和力量的总和，包括人口环境、经济环境、自然环境、政治法律环境、科学技术环境及社会文化环境等。

（二）按控制难易程度，可以分为可控因素和不可控因素

可控因素是指由企业及营销人员能够支配的因素，包括最高管理部门可支配的因素（如产业方向、总目标、企业营销部门的作用、其他职能部门的作用）与营销部门可控制的因素（如目标市场的选择、市场营销目标、市场营销机构类型、市场营销计划、市场营销控制等）。

不可控制的因素是指影响企业工作及其完成情况而公司及市场营销人员又不能控制的因素，包括消费者、竞争、政府、经济、技术和媒体等。

（三）按环境性质，可以分为自然环境和文化环境

自然环境包括自然资源、土地、气候、生态系统及其他自然界方面的许多因素。文化环境包括社会价值观和信念、教育、语言、审美观、宗教、风俗等。

三、市场营销环境的特征

（一）客观性

营销环境的客观性指营销环境是不以营销者的意志为转移的，不管营销者是否承认，它

都存在。如人口数量与结构因素、政治法律因素、社会文化因素等，企业是改变不了的，它们都会对企业营销活动产生直接或间接的影响。企业只有与环境相适应，才能存在和发展，否则就面临被淘汰的危险。

（二）差异性

营销环境的差异性不仅表现在宏观环境的不同上，也表现在微观环境的不同上。在不同国家或地区，文化、法律、宗教信仰、风俗习惯等差异非常大；同一国家不同地区或同一地区不同民族、不同性别、收入、年龄、职业等差异也非常大。环境的差异性也表现为同一环境的变化对不同企业的影响不同。企业开展营销活动，必须根据具体问题具体分析企业目标市场的环境，才能有效发现市场机会和威胁，制定有针对性的营销对策。

（三）多变性

市场营销环境不是一成不变的，而是一个变化的系统，如世界和我国人口不断增长、技术变化日新月异、法律体系不断完善、东西方文化不断交融等。变化的环境既会给企业提供机会，也会给企业带来威胁，虽然企业难以准确无误地预见未来环境的变化，但可以通过设立预警系统，跟踪不断变化的环境，及时调整营销策略。

（四）相关性

营销环境的诸因素，不是独立存在，而是相互影响、相互制约的，其中某一因素的变化，会引进其他因素的变化，比如美国次贷危机，造成全球金融危机，世界各国经济衰退，我国出口大幅下降，大批农民工返乡等。随着消费者收入不断增长，其购买力就会提高，消费结构和比例也会发生变化，购买档次也会提高，那么市场供给总量就要增加，产品结构就要随之调整等。

（五）可影响性

可影响性是指企业可以通过对内部环境要素的调整与控制，来对外部环境施加一定的影响，最终促使某些环境要素向预期的方向转化。现代营销学认为，企业经营成败的关键，就在于企业能否适应不断变化着的市场营销环境。但强调企业适应环境，并不意味着企业只能消极地、被动地适应环境，也应考虑主观能动性，变被动为主动，即运用自己的经营资源去影响和改变营销环境，为企业创造一个更有利的活动空间，然后再使营销活动有效适应营销环境。

除以上一般特征外，在互联网时代，市场营销环境还具有场景化和时间碎片化的特征。

1. “场景化”

在互联网时代，“场景化”随处可见。场景化是指在一定生活圈，企业运用互联网手段将生活圈内的人连接起来，构建一个庞大的线下入口，获取并分析生活圈内人群在生活场景的行为轨迹、喜好习惯等数据，从而实现与该人群及时、精准、有效的互动。

场景化特征与营销结合就是场景化营销。场景化营销是指在移动互联网条件下，基于大数据、云计算、物联网和人工智能，企业围绕用户，把看似无关的应用跟消费者所处的实际情境相连接，以提供贴合用户体验的场景应用。如行业融合，主要依据用户的碎片时间整合各类产品、服务，根据不同目标群体的特性分类管理，对市场进行有针对的场景设定，由此获得广泛推广和精准传播，让消费行为在潜移默化中不由分说地自然完成。某种意义上说，借助符合用户生活形态的场景化设计，重塑产品渠道和链接方式，是移动互联网条件下决定企业营销成败的关键。

场景化时代，企业借助移动设备、社交媒介、大数据、传感器和定位系统，不仅可以精确获知消费者的个人状态，对消费行为进行有针对的营销推广，还能从宏观角度，抽象得出相关领域的分布存在和发展趋势。在国外有一家名叫 Bitcarrier 的公司，他们根据公共交通建立了一个场景平台，通过多种传感器和城市电网 2 000 万个端口收集数据，制成城市交通情报网，相关部门由此得出公共交通流的发展趋势和分布变化，并依此实时调整公共交通，这为城市治理提供了极大便利。

2. “时间碎片化”

“时间碎片化”是当今社会对个体存在的一种典型描述。互联网高速发展的今天，人们拥有广泛的社交渠道和海量的媒介资源。空前的快节奏生活，使得以往需要占用整块时间才能完成的事大多数被拆分解构：乘车赶路，交友聚餐，甚至睡觉前和醒来后，人们面对的几乎都是手机，生活、工作的界限开始模糊……企业要找到适合为客户提供服务的时间节点，然后据此来触发服务。由此，营销的关键就在于如何在移动、分散、碎片的环境中，抓住用户注意力，高效促成消费。

第二节　微观营销环境

企业不仅要创造利润、对股东和员工承担法律责任，还要承担对消费者、社区和环境的责任，企业的社会责任要求企业必须超越“把利润作为唯一目标”的传统理念，在生产过程中正确处理其与顾客、供应商、营销中介、竞争者乃至社会公众的关系。

企业的微观营销环境是指对企业服务其目标市场的营销能力构成直接影响的各种因素的集合，包括企业内部环境、顾客、供应商、营销中介、竞争者和社会公众等与企业具体营销业务密切相关的各种组织与个人，如图 2－3 所示。

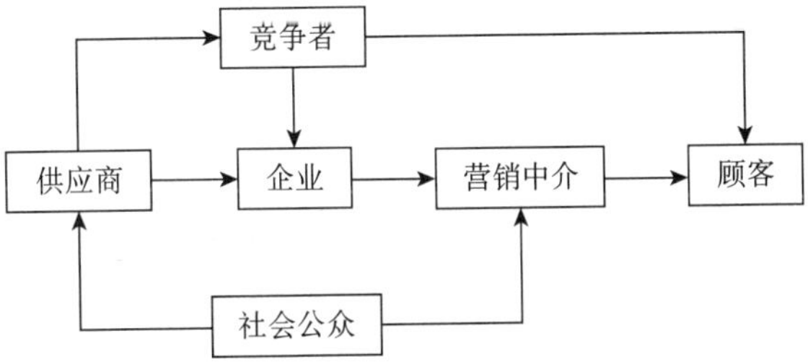

图 2－3　微观环境因素

一、企业内部因素

企业要开展营销活动，必须设立某种形式的营销部门，而且营销部门不是独立存在的，它还关联着财务、采购、制造、研究与开发等一系列职能部门。市场营销部门与这些部门在最高管理层的领导下，为实现企业目标共同努力着。另外，企业市场营销部门与这些部门之间既有多方面的合作，也存在争取资源方面的矛盾。这些部门的业务状况如何，它们与营销部门的合作以及它们之间是否协调发展，对营销决策的制定与实施影响极大，如营销部门提出了消费者对产品的具体要求，而设计部门则是根据机械原理、工艺流程设计产品，两者之间可能产生矛盾，此外，营销部门要花钱做广告，而财务部门则从投入产出角度认为要节约开支等。

二、供应商

供应商是指向企业及竞争者提供生产经营所需资源的企业或个人。供应者对企业营销活动有重要影响，其供应的原材料数量和质量将直接影响企业产品的数量和质量，供应原材料的价格直接影响产品的成本、利润和价格，供应的及时性、可靠性影响到企业能否正常生产和经营。因此，企业要处理好与供应商的关系。当然，企业为了减少供应商对企业的影响和制约，要尽量避免过于依靠单一的供应商，避免当与供应商的关系发生变化或供应商本身陷入经营困境时，波及企业的生产经营活动。

三、营销中介

营销中介是协助企业促销和分销其产品给最终购买者的个人或组织，包括中间商（批发商、代理商、零售商），物流配送公司（运输、仓储），市场营销服务机构（广告、咨询、调研）以及财务中介机构（银行、信托、保险等），这些组织都是营销所不可缺少的中间环节，大多数企业的营销活动都需要他们的协助才能顺利进行。

（1）中间商。中间商是帮助生产者实现产品价值和使用价值的商业性组织，包括商人中间商和代理中间商。商人中间商拥有商品的所有权，包括批发商和零售商；代理中间商是不拥有商品所有权的中间商，包括代理商、经纪人和生产商代表等。

（2）物流公司。物流公司是协助厂商运输、储存商品的物流组织。它主要处理商品的运输、储存、包装、加工、装卸搬运、物流信息和订单处理等环节，主要作用主要是能够解决产销在时间、空间上的矛盾，实现商品的时间效应和空间效应。

（3）营销服务机构。营销服务机构是为厂商提供营销服务的各种机构，如调研公司、咨询公司、广告公司、企业诊断公司、律师事务所等。

（4）财务中介。财务中介是协助厂商融资或分担营销风险的机构，如银行、保险公司、证券公司等，其决定企业能否融到企业所急需的资金及企业运营成本。

四、顾客（市场）

顾客是企业服务的对象，同时也是产品销售的市场和企业利润的来源。顾客市场可分为五大类：消费者市场、生产者市场、中间商市场、政府市场和国际市场，如图 2－4 所示。

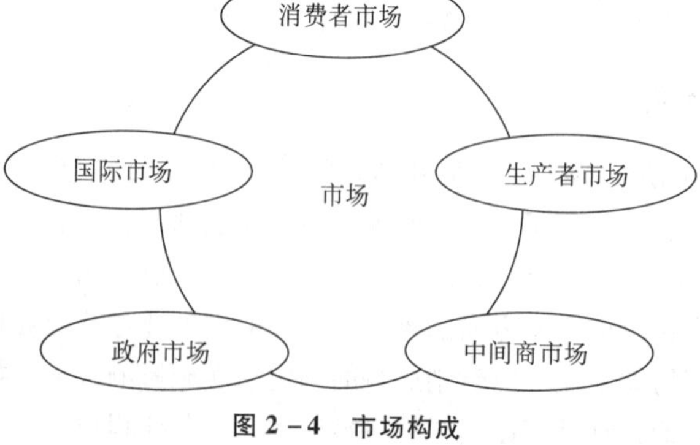

图 2－4　市场构成

（1）消费者市场。消费者市场是为了个人消费而发生购买行为的个人及家庭，是生产者、批发商和零售商的市场。

（2）生产者市场。生产者市场是为了加工、生产并销售其产品以获取利润而发生购买行为的个人和企业，是供应商的市场。

（3）中间商市场。中间商市场是为了通过转售获取利润而发生购买行为的个人和企业是生产者的市场。

（4）政府市场（包含非营利组织）。政府市场是为了履行政府职责而发生购买行为的各级政府机构，是供应商、批发商和零售商的市场。

（5）国际市场。国际市场即国外的购买者，包括国外的消费者、生产者、中间商和政府机构，是供应商、生产者、批发商和零售商的市场。

五、竞争者

企业在某一目标市场上的营销努力总会遇到其他企业的包围或影响，这些和企业争夺同一目标顾客的力量就是企业的竞争者。从消费者需求来看，企业竞争者分为四类：

（1）愿望竞争者。愿望竞争者是指生产不同产品、满足不同需求的竞争者，是潜伏程度最深的竞争者，不同竞争者分属不同的产业，相互之间为争夺潜在需求而展开竞争。如生产者与汽车制造商、服装生产者、家电生产者之间的竞争。

（2）平行竞争者。平行竞争者是指生产不同商品，满足同一需求的竞争者，是潜伏程度更深的竞争者，这些竞争者所生产的产品种类不同，但所满足的需要相同，属于较大范围行业内部竞争者。如服装生产者之间的竞争，都是服装加工商，但有的生产春秋装，有的生产冬装，有的则生产夏装等。

（3）产品形式竞争者。产品形式竞争者是指生产商品的不同形式，满足同一需求的竞争者，即各个竞争者产品的基本功能相同，但形式、规格、性能或档次不同。如服装生产者，有高档服装、低档服装和中档服装生产者等。同是冬装生产者，有的生产羽绒服，有的生产皮衣等。

（4）品牌竞争者。品牌竞争者是指生产不同商品的品牌，满足同一需求的竞争者，即品牌不同，但满足需要的功能、形式相同的产品之间的竞争。如服装行业的杉杉、雅戈尔、七匹狼、报喜鸟等。这是企业最直接而明显的竞争。

六、公众

社会公众是指对企业实现营销目标的能力具有实际或潜在利害关系和影响力的团体或个人，如图 2 –5 所示。

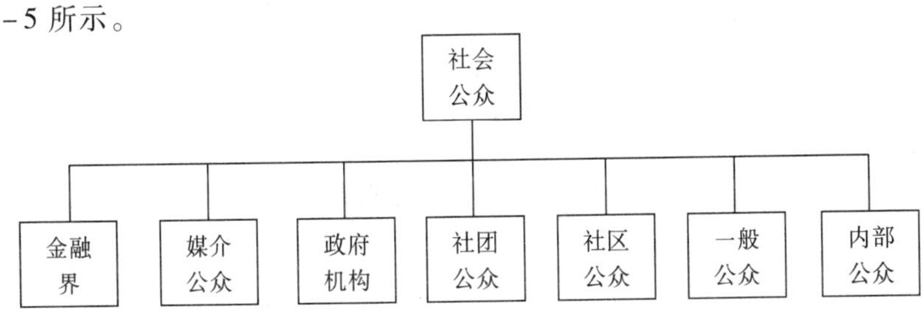

图 2 –5　社会公众

（1）金融界。金融界主要包括银行、投资公司、证券经纪行、股东。金融界对企业的融资能力有重要的影响。

（2）媒介公众。媒介公众是指那些刊载、播送新闻、特写和社论的机构，特别是报纸、杂志、电台、电视台。

（3）政府机构。政府机构是指政府及其管理机构，如工商局、卫生局、环保局、城建局、公安局等。企业管理者在制订营销计划时，必须认真研究与考虑政府政策与措施的发展变化。

（4）社团公众。一个企业营销活动可能会受到消费者组织、环境保护组织、少数民族团体等的质询。

（5）社区公众。社区公众是指邻里居民和社区组织。社区公众是企业存在发展的“根”，企业一定要处理与保持好与他们的关系，取得他们的支持和配合。

（6）一般公众。一般公众指上述公众之外的公众。虽然一般公众并不是有组织地对企业采取行动，但其对企业的印象影响着消费者对该企业及其产品的看法。企业要关注一般公众对企业产品及经营活动的态度。

（7）内部公众。内部公众包括企业职工、职能部门员工、中高层管理人员、董事会成员等。企业加强管理和信息沟通，可以调动内部员工的积极性和主动性，使其为企业出谋划策。企业雇员对企业满意，其态度就会感染企业以外的公众，从而扩大企业影响，帮助企业树立良好的形象。

第三节　宏观营销环境

宏观市场营销环境是指那些作用于微观营销环境，并给企业带来市场机会和环境威胁的主要社会力量，包括人口、经济、自然、科学技术、政治法律及社会文化等因素。这些主要社会力量代表企业不可控制的变量，如图 2－6 所示。

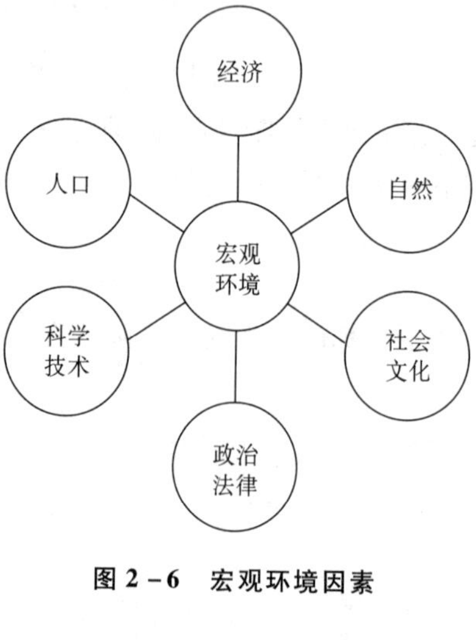

图 2－6　宏观环境因素

一、人口环境

人口因素是市场营销活动应考虑的第一个因素。因为市场是由那些想购买商品同时又具有购买力的人构成的。因此，人口的多少直接决定市场的潜在需求量。人口越多，市场规模就越大。而人口的年龄结构、地理分布及人口密度、性别结构、出生率及死亡率、人口流动性及其文化教育等人口特性，都会对市场格局产生深刻影响，并直接影响企业的市场营销活动和经营管理工作。企业必须重视对人口环境的研究，密切注视人口特性及其发展动向，不失时机抓住市场机会，当出现威胁时，及时、果断调整营销策略以适应人口环境的变化。

（一）人口数量及发展趋势

首先，人口数量直接决定了市场规模和潜力。如果收入水平不变，一般来说，人口数量与需求量成正比，比如与人口生存密切相关的食品、衣着、日用品的需求与人口数量就成正比。因此，按人口数量可大略推算出市场规模。我国人口超过14亿，如果1人一天消费1元钱，就是14亿元，以乳制品为例，2020年我国人均乳制品消费量折合生鲜乳为38.3千克，约为世界平均水准的1/3，随着消费水平的提升，加上14亿人口的规模，这无疑是一个巨大的市场。

其次，还要注意人口的发展趋势。人口增长速度是反映市场潜力的重要指标。人口增加，其消费需求也会迅速增加，那么市场的潜力就会很大，对食品、住房、服装、建材、家电等行业都会带来机会。但人口的迅速增长，也会给企业营销带来不利的影响。人口增长可能导致人均收入下降，人均购买力下降，进而影响市场需求规模。相反，人口下降，其需求也会相应下降。

（二）人口结构及发展趋势

1. 年龄结构

不同年龄的消费者对商品的需求不一样。老年人、中年人、青年人、少年和婴幼儿等都有不同的需求。老年人注重健康、便利；中年人强调实惠、美观；青年人注重新颖、时髦等。另外，人口老龄化现象也是影响营销的重大因素。人口老龄化必然导致老年用品——药品、保健品、养老院、老年旅游市场等需求增加，为营销带来机会。而婴幼儿数量的下降则为婴幼儿市场带来威胁。

2. 性别结构

性别结构就是男女人口的比例，反映到市场上就形成了不同性别的商品市场和购买行为。男性与女性在消费心理与行为、购买商品类别、购买决策等方面有很大的差异。化妆品、服装、首饰等是女性购买商品，烟酒等则是男性购买的商品；女性喜欢逛商场、审美能力强、善于砍价，而男性则购买主动性和独立性强、购买目标明确、购买迅速。女性购买家庭生活用品较多，男性购买大件耐用消费品较多等。

3. 地理（空间）结构

地理结构指人口在不同地区的分布或密集程度。人口地理结构表现在市场上，就是人口的集中程度，人口集中程度不同，则市场大小不同；消费习惯不同，则市场需求特性不同。城乡市场、南方北方市场、东部西部市场，其需求都存在相当大的差异。

人口空间结构的发展趋势就是农村人口向城镇流动，内地人口向沿海经济开放地区流动，城市人口向城乡结合部流动，这就会蕴藏着不同的市场机会与威胁。

人口城镇化，城镇人口增加，会带来房地产市场、建材市场、家庭电器市场、纺织品市场、卫浴市场等市场的需求增加。城市人口向农村、郊区流动。人口农村化、郊区化，则为农村、郊区带来市场机会，而为城市，尤其是城市中心区带来威胁。

4. 家庭结构

家庭是购买、消费的基本单位，家庭的数量和结构也直接影响到商品的数量和结构。我国人口多，家庭数量也多，与家庭相关的商品需求量就大。从发展趋势看，我国家庭呈现小型化趋势，即两口之家、三口之家及丁克家庭越来越多。家庭数量的剧增，必然会引起人们对住房及建材、炊具、餐具、家具、家用电器、床上用品等需求的迅速增长。家庭小型化趋势，蕴藏着巨大商机。

5. 职业结构

分工不同，就形成不同的职业。不同职业，工作环境、收入、生活环境、受教育程度等大不相同，由此形成不同的消费习惯、生活方式等，企业营销人员应当注意自己的目标市场属于哪一个群体，然后才能有针对性地开展营销活动。

6. 民族结构

民族不同，其生活习性、文化传统也不相同。中国有 56 个民族，每个民族都有属于自己的独特文化。因此，企业营销人员要注意民族市场的营销，重视开发适合各民族特性并受其欢迎的商品。

小链接： **“帮宝适”一次性纸尿布**

1956 年，该公司开发部主任维克·米尔斯在照看其出生不久的孙子时，深切感受到一篮篮脏尿布对家庭主妇的烦恼。洗尿布的责任带来了灵感，于是，米尔斯就让手下几个最有才华的人研究开发一次性尿布。

但其实当时已有一次性的纸尿布出现在美国婴幼儿制品市场了。但经过市场调研发现，这些纸尿布仅占了整个美国婴儿用品市场的 1%。原因首先在于产品价格太高，其次是父母们认为这种一次性产品平常并不好用，只是在旅行时或不便于正常换尿布时，才会作为替代品使用。报告显示，美国和世界上许多国家正处于在战后的生育高峰期，巨大的婴儿出生数量乘以每个婴儿每天所需的换尿布的次数，这是多么大的一个市场，蕴涵着多么大的消费量！于是宝洁公司研究出了一种既好用又价格低廉的一次性纸尿布，并命名为“帮宝适”（Pampers）。直到今天，“帮宝适”一次性纸尿布仍然是宝洁公司的拳头产品之一。

资料来源：道客巴巴，“帮宝适”一次性纸尿布，2020 - 03 - 17

二、经济环境

经济环境是指影响企业营销活动的购买力因素，包括消费者收入、消费支出倾向、消费结构及社会经济发展等内容。经济环境是影响营销的决定性因素。

（一）消费者收入水平的变化

1. 国内生产总值（GDP）

国内生产总值是衡量一个国家经济实力与购买力的重要指标。从国内生产总值的增长幅度，可以了解一个国家经济发展的状况和速度。一般来说，工业品的营销与 GDP 有关，而消费品的营销则与此关系不大。国内生产总值增长越快，对工业品的需求和购买力就越大，反之，就越小。

2. 人均国民收入

人均公民收入是用国民收入总量除以总人口的比值。这个指标大体反映了一个国家人民生活水平的高低，也在一定程度上决定商品需求的构成。一般来说，人均收入增长，对消费品的需求和购买力就大，反之就小。

3. 家庭收入

家庭收入指一个家庭一年通过各种途径所获得的全部收入。家庭收入的高低会影响与家庭相关的产品的市场需求。一般来讲，家庭收入高，对消费品需求大，购买力也大；反之，需求小，购买力也小。

4. 个人可支配收入

个人可支配收入是在个人收入中扣除税金和非商业性支出后所得余额，是个人收入中可以用于消费支出或储蓄的部分，构成消费者的实际购买力。

$$可支配收入 = 收入 - 税金及非商业性支出$$

5. 个人可任意支配收入

个人可任意支配收入是个人可支配收入减去用于维持个人与家庭生存不可缺少的费用（如房租、水电、食物、燃料、衣着等项开支）后剩余的部分。这部分收入是消费需求变化中最活跃的因素，也是企业开展营销活动时所要考虑的主要对象。因为这部分收入在用于满足人们基本生活需要之后，一般用于购买高档耐用消费品、旅游、储蓄等，是影响非生活必需品和劳务销售的主要因素。

$$可任意支配收入 = 可支配收入 - 维持个人及家庭生活必不可少的开支$$

需要注意的是，企业营销人员在分析消费者收入时，还要区分“货币收入”和“实际收入”。“货币收入”是居民通过劳动或其他途径获得的收入，主要包括职工工资、农民的货币收入及居民从国家财政、企业、事业单位取得的其他货币收入。“实际收入”是名义收入的购买力，是用以反映物价变动对居民实际货币收入影响的经济指标，包括货币收入、权益受让等。只有“实际收入”才影响“实际购买力”。

（二）消费结构和消费者支出模式的变化

消费结构是指人们在消费过程中所消耗的各种消费资料（包括劳务）的构成。

消费结构的内容包括食品、衣着、家庭设备用品及服务、医疗保健、交通通信、文化教育体育娱乐、居住和其他支出八大类。消费结构八大类的每个类别内部还有具体的构成，这些都影响着消费者的需求，并影响企业的营销活动。

同时，在收入不断增长的情况下，消费者的消费结构支出方向也是不同的，即消费者支出模式。消费者支出模式是指消费者收入变动与需求结构之间的对应关系，一般用恩格尔定律表示。

恩格尔定律是德国社会统计学家恩斯特·恩格尔（Ernst Engel）在1875年研究劳工家庭收入与支出结构时发现的规律。他认为，当家庭收入增加时，各种消费支出均会相应增加，但支出的增加幅度不同，使得各种支出占总支出比例发生变化，其中，用于购买食物的支出比例下降，而用于服装、交通、保健、娱乐、教育的支出比例上升。恩格尔的这一研究结论被称为“恩格尔定律”，该定律对研究需求结构、预测需求变化趋势有重要意义。

恩格尔定律的具体运用主要是通过计算恩格尔系数实现，恩格尔系数的计算公式：

$$恩格尔系数 = \frac{食品支出}{总支出} \times 100\%$$

其中，食品支出占总支出的比重越大，恩格尔系数越高，生活水平越低；反之，食品支出所占比重越小，恩格尔系数越小，生活水平越高。一般，恩格尔系数在 59% 以上为绝对贫困，50% ~59% 为温饱，40% ~49% 为小康，30% ~39% 为富裕，30% 以下为最富。恩格尔系数反映了人们收入增加时支出变化的一般趋势，已成为衡量一个国家、地区、城市、家庭生活水平高低的重要参数。

（三）消费者储蓄和信贷情况的变化

消费者的购买力还受储蓄和信贷的直接影响。

当收入一定时，储蓄越多，现实消费量就越小，但潜在消费量愈大；反之，储蓄越少，现实消费量就越大，但潜在消费量愈小。企业营销人员应当全面了解消费者的储蓄情况，尤其是要了解消费者储蓄目的的差异。储蓄目的不同，消费者的潜在需求量、消费模式、消费内容、消费发展方向也就不同。这就要求企业营销人员在调查、了解储蓄动机与目的的基础上，制定不同的营销策略，为消费者提供有效的产品和劳务。

消费者信贷，就是消费者凭信用先取得商品使用权，然后按期归还贷款，以实现商品购买。这实际上就是消费者提前支取未来的收入，提前消费。消费信贷主要有：短期赊销、分期付款、信用卡信贷等几类。信贷消费允许人们购买超过自己现实购买力的商品，从而创造了更多的就业机会、更多的收入以及更多的需求；同时，消费者信贷还是一种经济杠杆，它可以调节积累与消费、供给与需求的矛盾。当市场供大于求时，可以发放消费信贷，刺激需求；当市场供不应求时，必须收缩信贷，适当抑制、减少需求。消费信贷把资金引流至需要发展的产业，刺激该产业的生产，进而带动相关产业和产品的发展。

（四）经济发展状况

企业的市场营销活动受到一个国家或地区经济发展状况的制约，在经济全球化的条件下，经济形势也是营销活动的重要影响因素。

1. 经济发展阶段

经济发展阶段高低，直接影响企业的市场营销活动。经济发展阶段高的国家和地区，着重投资较大的精密自动化程度较高、性能较好的生产设备，在重视产品基本功能的同时，比较强调款式、性能及特色，并大量进行广告宣传及营业推广活动，非价格竞争比较占优势，企业分销途径复杂且广泛，制造商、批发商与零售商的职能比较独立，连锁店网点增加。

美国学者罗斯托（Walt Whitman Rostow）的经济成长阶段理论，把世界各国的经济发展归纳为 5 种类型：①传统经济社会；②经济起飞前的准备；③经济起飞阶段；④迈向经济成熟阶段；⑤大量消费阶段。处于前三个阶段的国家属于发展中国家，处于后两个阶段的国家属于发达国家。

2. 经济形势

经济形势是指国家宏观经济的运行状况及走向，包括国内经济形势与国际经济形势。一国或一个地区经济发展是持续增长还是处于滞胀阶段，还是处于衰退阶段，都会影响到企业的营销活动。国际市场一体化逐渐形成，他国的经济形势也会影响本国的营销活动，如东南亚金融危机、美国次贷危机就影响到全世界，给世界经济带来了极大的负面影响。

三、政治法律环境

政治与法律是影响企业营销的重要的宏观环境因素。政治因素像一只有形之手，调节着企业营销活动的方向，法律则规定着企业营销活动的行为准则。政治与法律相互联系，共同影响企业的市场营销活动。

（一）政治环境

政治环境指企业市场营销活动的外部政治形势、国家方针政策及其变化，包括国内政治环境和国际政治环境。国内政治环境主要包括党和国家的方针政策等，国际政治则包括国际政治局势、国际关系、目标国的国内政治环境。环境稳定、和谐的政治环境为企业营销带来机会，相反则为企业带来威胁。

企业在市场营销中，特别是国际营销还要注意国际政治环境的影响，重点关注“政治权力”与“政治冲突”对企业市场营销活动的影响。“政治权力”对企业营销活动的影响主要表现在有关国家政府通过采取某种措施限制外来企业及产品进入，如进口限制、外汇控制、劳工限制、绿色壁垒等。“政治冲突”是指国际上重大事件和突发性事件，这类冲突即使在以和平和发展为主流的时代也从未绝迹过。

（二）法律环境

法律环境是指国家或地方政府颁布的各项法规、法令、条例等。法律环境不仅影响企业的营销活动，而且对市场消费需求的形成和实现具有一定的调节作用。企业研究并熟悉法律环境，不仅可以保证自身严格依法经营和运用法律手段保障自身权益，还可通过法律条文的变化对市场需求及其走势进行预测。

各个国家的社会制度不同，经济发展阶段和国情不同，体现统治阶级意志的法律制度也就不同。从事国际市场营销的企业，必须对相关国家的法律制度和相关国际法规、国际惯例和准则进行深入学习研究并在实践中遵循。

法律环境对企业的影响表现为：一是法律先行，企业要认真学习法律，遵章守法，不违法，否则就要受到法律制裁。二是巧用法律，通过认真研究法律，企业要学会运用法律武器来维护自身的利益。三是善钻法律，通过研究法律，企业可以找到法律为企业带来的市场机会，进而不被法律的条条框框束缚。

法律环境的变化趋势要引起企业的注意。立法体系逐渐健全，管制企业的立法逐渐增多，政府机构执法更严，公众利益团体力量增加等，这些都会对企业营销产生影响。

小链接：　**“都是 PPA 惹的祸”**

康泰克的“早一粒，晚一粒”曾是国人耳熟能详的医药广告，因其服用频率低、治疗效果好而成为许多人感冒时的首选药物。可自从 2000 年 11 月 17 日，国家药监局下发《关于立即停止使用和销售所有含有 PPA 的药品制剂的紧急通知》，并将在 11 月 30 日前全面清查生产含 PPA 药品的厂家。一些消费者平时常用的感冒药“康泰克”“康得”“感冒灵”等因为含 PPA 成为禁药。

这次名列“暂停使用”名单的有 15 种药，但大家只记住了康泰克，原因是“早一粒，晚一粒”的广告非常有名。作为向媒体广泛询问的一种回应，中美史克公司 11 月

20日在北京召开了记者会。总经理杨伟强先生宣读了该公司的声明，并请消费者暂停服用这两种药品，能否退货，还要依据国家药监局为此事件作的最后论断再定。

资料来源：道客巴巴，2014-09-24

四、科学技术环境

“科学技术是生产力，且是第一生产力。”科学技术通常包括：信息技术、生物技术、原材料技术和空间技术等。科技环境作为营销环境的一部分，不仅直接影响企业内部的生产和经营，还同时与其他环境因素互相相互依赖、相互作用，其与经济环境、文化环境的关系更紧密。特别是新技术革命，给企业市场营销既造就了机会，又带来了威胁。如一种新技术的应用，可以帮助企业创造一个新产品，产生巨大的经济效益，同时也可以迫使企业的某一传统优势产品退出市场。新技术的应用还会引起企业市场营销策略、经营管理方式的转变及消费者购物行为的变化。因此，科学技术被称为“创造性的毁灭力量”。

（一）新技术引起的企业市场营销策略的变化

1. 产品策略

新技术的应用使得企业新产品开发的周期大大缩短，产品更新换代加快。开发新产品是企业开拓新市场并赖以生存发展的根本条件。网络信息交互技术的发展，使得定制服务得以实现。例如，日本一家自行车公司，通过“快速反应系统和按订单生产”，让消费者在自行车的“计算机产品展示室”借助于CAD对其自身进行测量，通过输入自身特性的数据，找到最符合自己的自行车尺寸和形状；此外，消费者还可以对自行车的车把等提出独特的要求，这些需求信息则通过电子数据交换系统（EDI）直接送到生产车间。这种按照客户要求生产和安装的自行车可以在2小时内交货或送出。

小链接：　　工业4.0，中国制造业将重新崛起

技术的潮水不会逆转，互联网迟早会革新传统的制造流程，每个国家都不敢落下：美国提出了偏重软件的“工业互联网”计划，德国颁布了偏重硬件的“工业4.0”计划，中国的版本则是“中国制造2025”。虽然发展路径有所不同，但几个大国对最终将要完成的目标意见一致，那就是让制造业变得更加智能。

工业4.0更加诱人的是生产效率的提升。在传统的制造业环境下，生产链由相互独立的生产单元构成。而当生产设备完成智能升级并相互连接后，生产单元间就能够实现更好地整合，从而降低库存并实现资源的最优化配置。

据估计，未来数年，德国制造业产值将提升900亿~1 500亿欧元，以总成本为标准的整体生产率也将提升5~8个百分点。但值得注意的是，原料成本并不会因为工业4.0出现太大变化，如果排除这一部分成本并以加工成本计算，生产率的增加幅度将提升15~25个百分点。

成本控制最有效的领域在物流环节，预计将节省约50%的支出。这一幅度促使众多中国企业纷纷布局物流，使之成为工业智能化最为明显的领域之一。

例如，阿里巴巴的菜鸟网络通过数据的整合分析实现运输工具满载率的提升，京东集团则使用自营智能仓库提高商品的分拣效率。

除了物流成本的减少，预计劳动力成本也将降至目前水平的65%～75%，运营成本和日常开支分别下降30%左右。而成本大幅降低会促使更多的企业投入，波士顿咨询公司的报告预计，德国大规模采用工业4.0将会在未来10年带动约2 500亿欧元的投资，而这一数值占所有制造商收入的1%～1.5%。

工业4.0通过生产设备和生产流程的智能化，将使得柔性生产和大规模定制成为可能，而这样的模式能够使企业在激烈的竞争环境中更加从容。在工业4.0的进程当中也将持续，生产类岗位将减少12万个，质量管理类岗位将减少2万个，维护类岗位将减少1万个。简单来说，那些低技术门槛及高重复率的工作将会受到波及。相对应的，IT和数据整合领域的岗位数量将翻倍，新增11万个；研发和人机界面设计领域的工作岗位也将增加11万个。由于数据在工业4.0的使用场景和商业模式中越发重要，工业数据科学家的新增岗位量将达到7万个，而IT解决方案架构师和用户界面设计师的需求也将激增。

机器并不可能完全取代人力，毋庸置疑的是，只有那些需要灵活反应、解决问题以及具备定制化能力的工作会保留下来。这对教育系统的变革提出了更高的要求，德国的高校正在通过"学徒"和"合作教育"等模式，尽力弥合人才供给端和需求端在IT技能方面的差距。

资料来源：工业4.0，中国制造业将重新崛起，第一财经周刊，2017年2月24日

2. 分销策略

新的科学技术，使人们的工作及生活方式发生了重大变化，从而引起分销机构的不断变化。同时新技术也引起分销实体的变化，运输实体的多样化，增加了运输容量及货物储存量，使现代企业的实体分配出发点由工厂变成了市场，由长渠道趋向扁平化渠道。

3. 价格策略

科技进步，一方面降低了产品成本，使价格下降；另一方面使企业能够通过信息技术，加强信息反馈，正确应用价值规律、供求规律、竞争规律来制定和修改价格策略。

4. 促销策略

信息技术促使信息沟通效率的提高，促销成本的降低、促销手段及方式的现代化，这些将为营销带来全新的变化。以广告为例，网络背景下，广告不再是简单的输送形式，而是以产品信息库的形式放在计算机网络，消费者可以在产品信息库的主页上，看到立体化、多方位、声情并茂的信息，如产品的（3D）活动图像、专家对技术指标的鉴定分析报告、消费者使用情况预先模拟等。

（二）新技术引起的企业经营管理的变化

技术革命是管理改革或管理革命的动力，它不仅向管理提出了新课题、新要求，又为企业改善经营管理、提高管理效率提供了物质基础。目前许多企业在经营管理中都使用电脑、传真机等设备，这对于改善企业经营管理，提高企业经营效益起到了很大作用。电子商务技术使得交易、结账、统计、预测等作业效率迅速提高，大大提高了零售商店收款工作效率，缩短了顾客等候收款时间，提高了服务质量。如零售业巨头沃尔玛通过自己的卫星技术，在1个小时内就可得到其遍布全球的超过10 000家零售连锁店销售的全部数据，大大提高了决

策效率。

（三）新技术对零售商业和购物习惯的影响

自动售货机的出现，使销售形式得到改变，这种方式对卖方来说，不需要营业人员，只需少量的工作人员补充商品，回收现金，保养、修理机械；对买方来说，购货不受时间限制，在任何时间都可以购买商品、享受服务。网上商店或虚拟商店的出现，使消费者足不出户即可完成购物，大大方便了消费者。企业和消费者（B2C）、企业与企业（B2B）这些全新的商业模式的出现，使得企业将网上销售的结算工作与银行转账系统相连，消费者可以轻松在网上购物，并通过电子钱包、电子支票或电子货币等来支付各种款项，也改变了消费者的购物习惯和生活方式。因此，营销人员应该看到技术的发展趋势，充分利用技术变化促进企业发展不断迈向新台阶。

五、自然环境

自然环境是人类最基本的活动空间和物质来源，可以说，人类发展的历史就是人与自然关系发展的历史，自然环境的变化与人类活动休戚相关。自然资源是企业生存发展的基础。

（一）自然资源短缺或即将短缺

地球上的资源由无限资源（如空气，虽无限但其质量却不断下降）、可再生的有限资源（如森林、食物等）和不可再生的有限资源（如石油、煤及各种矿物）组成。由于现代工业文明对自然资源无限度地索取和利用，导致矿产、森林、能源、耕地等日益枯竭，甚至连人们通常认为永不枯竭的水、空气也在某些地区出现短缺。目前，自然资源的短缺已经成为各国经济进一步发展的制约力甚至反作用力。

（二）自然环境严重污染

世界经济是物质经济，这种经济是以肆意挥霍原料、资源、能源等自然资源为代价的经济，是一种严重依赖矿物燃料作为发展动力的经济。这种经济模式的特点就是粗放形式高速增长，不仅极大地消耗地球资源，而且使人类生存环境遭到空前污染。土壤沙化、温室效应、物种灭绝、臭氧层破坏、沙尘暴等，环境的恶化正在使人类付出重的代价，严重破坏人类、企业的生存环境。

（三）政府对自然资源管理的干预日益加强

在自然资源短缺或即将短缺及自然环境受到严重污染的形势下，人类的生存发展受到严重威胁，今后如何生存？下一代如何生存？这些靠市场调节不了的问题，引起了世界各国政府的关注。政府及其部门对自然资源的管理日益加强，如限制城市锅炉的使用，限制超污染汽车上路，实施阶梯水价，对于小规模的煤矿、水泥厂、造纸厂、钢铁厂等关停并转产，取缔一切污染企业等。

自然环境的变化对企业营销的影响表现在：

1. 企业经营成本的增加

自然环境变化对企业经营成本增加的影响，主要通过两个方面表现出来：一方面，经济发展对自然资源严重依赖是传统经济发展模式的主要特征之一，自然资源日趋枯竭和开采成本的提高，必然导致生产成本提高；另一方面，环境污染造成的人类生存危机，使得人们的环境观念发生改变，环保日益成为社会主流意识，昔日粗放模式下的生产方式必须进行彻底改变，企业不仅要担负治理污染的责任，还必须对现有可能产生污染的生产技术和原材料进行技术改造，这就不可避免地加大了企业生产成本。

2. 新兴产业市场机会增加

环境变化给企业带来的市场机会也主要体现在两个方面。一方面，为了应对环境变化，企业必须寻找替代能源及原材料，替代能源及原材料生产企业将面临大量的市场机会。例如，石油价格居高不下和剧烈波动，使得企业大量投资石油替代能源研究，仅太阳能领域，就有成百上千的企业推出了更新一代具有实用价值的产品，用于家庭供暖和其他用途。另一方面，环保型材料和各种污染控制的技术、设备及产品相继问世，如清洗器、回流装置等创造一个极大的市场，促使企业探索其他不破坏环境的方法去制造和包装产品。

小链接： **中国“双碳”目标**

“双碳”目标，即碳达峰战略与碳中和战略。“双碳”目标倡导绿色、环保、低碳的生活方式。加快降低碳排放步伐，有利于引导绿色技术创新，提高产业和经济的全球竞争力。中国持续推进产业结构和能源结构调整，大力发展可再生能源，在沙漠、戈壁、荒漠地区加快规划建设大型风电光伏基地项目，努力兼顾经济发展和绿色转型同步进行。

2020年9月22日，国家主席习近平在第七十五届联合国大会上宣布，中国力争2030年前二氧化碳排放达到峰值，努力争取2060年前实现碳中和目标。2021年10月，《关于完整准确全面贯彻新发展理念做好碳达峰碳中和工作的意见》以及《2030年前碳达峰行动方案》，这两个重要文件的相继出台，共同构建了中国碳达峰、碳中和“1+N”政策体系的顶层设计，重点领域和行业的配套政策也将围绕以上意见及方案陆续出台。

资料来源：双碳，百度百科，https://baike.baidu.com

六、社会文化环境

社会文化因素是指在一种社会形态下形成的价值观念、宗教信仰、道德规范以及世代相传的风俗习惯等被社会所公认的各种行为规范。具体包括一个国家或地区的价值观念、生活方式、风俗习惯、民族特征、宗教信仰、伦理道德、教育水平、文学艺术等内容的总和。

社会文化对企业营销的影响是多层次、全方位、渗透性的。企业的市场营销人员应分析、研究和了解社会文化环境，以针对不同的文化环境制定不同的营销策略。

（一）语言

语言是文化的重要内容，是人类表达思想和交流的工具。语言差异代表文化差异，企业开展营销活动，要注意这种差异及其对消费者购买行为的影响，从而针对不同的语言群体制定相应的营销策略。品牌命名、品牌翻译、广告语言等都要与目标市场群体的文化相适应，否则就没有市场。

（二）教育状况

教育是按照一定目的要求，对受教育者施以影响的一种有计划的活动，是传授生产经验和生活经验的必要手段，反映并影响着一定的社会生产力、生产关系和经济状况，是影响企业市场营销的重要因素。

第七次全国人口普查结果显示，全国人口中，15 岁及以上人口的平均受教育年限为 9.91 年，大专及以上文化程度的人口为 2.18 亿人，全民族素质得到稳步提高。教育状况对营销活动的影响，可以从以下 4 个方面考虑：

（1）对企业选择目标市场的影响。处于不同教育水平的国家或地区，对商品的需求不同。

（2）对企业营销产品的影响。不同文化的国家和地区的消费者，对商品的包装、装潢，附加功能和服务的要求有差异。通常文化素质高的地区或消费者要求商品包装典雅华贵，对附加功能也有一定要求。

（3）对营销调研的影响。企业的营销调研在受教育程度高的国家和地区可在当地雇佣调研人员或委托当地的调研公司或机构完成具体项目，而在受教育程度低的国家和地区，企业开展调研要有充分的人员准备和适当的方法。

（4）对促销方式的影响。企业的产品目录、产品说明书的设计要考虑目标市场的受教育状况。如果经营商品的目标市场在文盲率很高的地区，就不仅需要文字说明，更重要的是要配以简明图形，并要派人进行使用、保养的现场演示，解决顾客遇到的各类疑问。

（三）审美观念

人们在市场上挑选、购买商品的过程，实际上也就是一次审美活动。审美观念是指在审美活动中，审美主体所持有的态度和看法的总称。处于不同时代、不同地域的人们拥有不同的审美观念。这将影响到消费者对产品或服务、促销的看法，比如人们越来越注重产品的外形、式样、包装、色彩、品牌等，须引起营销人员的重视。

（四）价值观念

价值观念就是人们对社会生活中各种事物的态度和看法。不同的文化背景下，人们的价值观念差别很大，消费者对商品的需求和购买行为深受价值观念的影响。对于不同的价值观念，企业的市场营销人员应该采取不同的策略。一种新产品的消费，往往会引起社会观念的变革。对于一些注重传统、喜欢沿袭传统消费方式的消费者，企业在制定促销策略时应把产品与目标市场的文化传统联系起来。

（五）宗教信仰

宗教是文化因素的重要内容之一。我国尊重和保护宗教信仰自由，不同宗教有不同的信仰和禁忌，企业在营销中应该把影响大的宗教组织作为自己的重要公共关系对象，在营销活动中针对宗教组织设计适当方案，投其所好，避其禁忌。

（六）消费习俗

消费习俗是人类各种习俗中的重要习俗之一，是人们历代传承下来的一种消费方式，也可以说是人们在长期经济与社会活动中所形成的一种消费风俗习惯。我国有“十里不同俗”之说。了解目标市场消费者的禁忌、习俗、避讳、信仰、伦理等也是企业进行市场营销的重要前提。

小链接：　肯德基对胡辣汤下手了

说起河南人的早餐，胡辣汤榜上有名。这种中国北方早餐中常见的传统汤类名吃，味道浓郁、色彩靓丽、口感粘稠，香辣爽口。

今天，肯德基联手非遗逍遥胡辣汤制作技艺，以胡辣汤作为郑州的城市特色，在早餐档推出“早安·城市味道”系列产品，并率先在河南省内限定上市。此次肯德基把胡辣汤作为早餐引入河南，既是一次产品创新，也是对河南胡辣汤文化的传承和致敬。

据前方记者报道：建业凯旋广场的KFC，胡辣汤早上6点开售，不到9：30即售罄。

不仅如此，作为河南早餐的经典组合——油馍头和菜角也将和胡辣汤一起作为“早餐三宝”出现在河南肯德基的早餐菜单上。油馍头手指大小，个头适中，清香扑鼻，劲道有嚼头，口感丰富，还有一股特殊的香味，油馍头蘸胡辣汤，吸收了胡辣汤的汤汁，口感湿润饱满。菜角与外面卖的不太一样，长方形状，馅料使用鸡蛋、韭菜、粉条的经典组合，外皮口感酥脆。

初秋的早上，天气微凉，来一碗这样的汤，微微出汗，帮助祛除身体寒气、温中散寒、醒脾开胃，一天都通透舒爽。

资料来源：新浪看点，肯德基，终于还是对胡辣汤下手了，2021－09－17

第四节　营销环境分析方法

SWOT分析法，又称为态势分析法或优劣势分析法，是一种能够较客观而准确地分析企业自身的竞争优势（Strength）、竞争劣势（Weakness）以及外部环境为企业带来的机会（Opportunity）和威胁（Threat），将企业内外部环境有机结合进行综合和概括分析的一种方法。

SWOT分析法的核心是通过对企业外部环境与内部条件的分析，确定企业可以利用的机会和可能面临的威胁，并将这些机会和威胁与企业的优势和劣势结合起来，形成企业的战略措施。

SWOT分析包括外部机会与威胁分析、内部优势与劣势分析、制定营销对策三个基本程序。

一、外部机会与威胁分析

（一）营销环境机会

营销环境机会是指由于环境变化形成的对企业营销管理富有吸引力的领域，或是市场上存在的尚未满足或尚未完全满足的需求。

市场机会主要有以下几种类型：

1. 环境机会与企业机会（公司机会）

随着环境的变化而客观形成的各种未满足的需求，即为环境机会。环境机会中那些符合企业战略计划的要求，有利于发挥企业优势并加以利用的市场机会，才是企业机会。企业的市场营销管理部门要通过分析和评价环境机会来选择合适的企业机会，并采取有效的对策加以利用。

2. 表面的市场机会与潜在的市场机会

市场上明显没有被满足的现实需求，就是表面的市场机会。现有的产品未能满足的或尚未完全为人们意识到的隐藏需求，就是潜在的市场机会。表面的市场机会易于被人们发现和识别，利用这种机会的企业较多，因而难以取得机会效益（即先于其他企业进入市场所取得的竞争优势和超额利润）。潜在的市场机会虽然不易被人们发现和识别，但能够同时抓住和利用这种机会的企业较少，因此机会效益比较高。企业应注意发现和利用潜在的市场机会。

3. 行业性市场机会与边缘性市场机会

企业所处的行业或经营领域中出现的市场机会，称为行业性市场机会。不同行业之间的交叉或结合部分出现的市场机会，称为边缘性市场机会。由于自身生产经营条件的限制，企业一般都较为重视行业性市场机会，并将其作为寻找和利用的重点，但由于行业内部企业之间的竞争，往往使机会效益减弱甚至丧失。边缘性市场机会，可以发挥企业的部分优势，而且较为隐蔽，难以被大多数企业重视和发现，故利用这种机会的企业易于取得机会效益。寻找和识别边缘性市场机会的难度较大，企业营销人员要具有丰富的想象力和较强的开拓精神。

4. 目前市场机会与未来市场机会

基于目前的环境变化，市场上出现的未被满足的需求，称为目前市场机会。目前市场仅表现为一部分人的消费意向或少数人的需求，但随着环境的变化和时间的推移，在未来的市场上将发展成为大多数人的消费倾向和大量的需求，称为未来市场机会。企业寻求和正确评价未来市场机会，提前开发产品并在机会到来之时迅速将其推向市场，易于取得领先地位和竞争优势，机会效益较大，但本身也隐含着一定的风险性。重视未来市场机会并不意味着可以轻视目前市场机会，否则企业将失去经营的现实基础，对未来市场机会缺乏预见性和迎接的准备，对企业今后的发展也很不利。因此。企业应将这两种市场机会的寻找和分析工作结合起来进行。

（二）营销环境威胁

营销环境威胁是指由于环境的变化而形成或可能形成的对企业现有经营的冲击和挑战，或对企业的市场地位构成的威胁。

营销环境威胁的客观性直接影响到企业的生存和发展。因此，对环境威胁也要认真分析，客观对待。环境威胁与环境机会相对应，也包括全面威胁和局部威胁，目前威胁和未来威胁，表面威胁和潜在威胁等。

（三）机会威胁矩阵

营销环境机会一般意味着利润，而营销环境威胁一般意味着损失。市场机会与威胁给企业带来的影响也是不同的，有大有小，其对企业形成了四种业务类型，见表 2 - 1。

表 2 - 1　　机会与威胁矩阵

威胁 机会	威胁高	威胁低
机会大	冒险业务	理想业务
机会小	困难业务	成熟业务

对于不同的业务，企业应该分别采用不同的对策。

（1）冒险业务。对于冒险业务，企业不宜盲目冒进，也不宜迟疑不决、错失良机，应全面分析自身的优势和劣势，扬长避短，创造条件，争取突破性发展。

（2）理想业务。对于理想业务，企业应秉承“机会难得，甚至转瞬即逝”的观念，必须抓住机遇，迅速行动，否则将错失良机，后悔不及。

（3）困难业务。对于困难业务，企业要么努力改变环境，走出困境或减轻威胁，要么立即转移，摆脱无法扭转的困境。

（4）成熟业务。对于成熟业务，企业可将其作为常规业务，用以维持企业的正常运转，为理想业务和冒险业务的开展准备条件。

二、内部优势与劣势分析

企业对自身内部环境的审视十分重要，如果对自身的优势与劣势不清楚，即使面临的市场机会再好，也不能取得成功。企业在进行优势、劣势分析之后，就可以在市场营销活动中扬长避短，充分发挥自身的优势，克服或避开自身的劣势，以取得有利的市场地位。

（一）企业优势

企业优势是指企业超越竞争对手的能力，这种能力能够帮助企业实现主要目标——盈利。不同规模的企业在市场竞争环境中，有着不同的优势。大企业的优势主要表现在产品研发优势、市场开拓优势、资金筹集优势、项目投资优势、专业化分工、多元化经营、人力资源优势等方面，中小企业的优势主要表现在决策快、管理效率高、市场竞争适应性强、创新精神强等方面。

（二）企业劣势

企业劣势是指影响企业经营效率和效果的不利因素，这些因素可以使企业处于弱势地位。不同规模的企业在市场竞争环境中，有着不同的劣势。大企业的劣势主要表现在组织结构臃肿、规模不经济、业务单元家四肢毁损、管理效率低、潜在失业、封闭保守等方面，中小企业的劣势表现为资金薄弱、管理粗放、市场开拓能力差等方面。

三、制定营销对策

企业通过对内部环境中的优势、劣势与外部环境中的机会、威胁进行对比分析，形成应对环境的战略设想，并进行持久竞争优势检验，最后形成企业战略，即形成 SO 战略、ST 战略、WO 战略、WT 战略，见表 2－2，以改进企业的地位，谋求长远发展。

表 2－2　SWOT 业务策略矩阵

内部环境 / 外部环境	优势（Strength）	劣势（Weakness）
机会（Opportunity）	SO 战略（增长型战略）	WO 战略（扭转型战略）
威胁（Threat）	ST 战略（多元化战略）	WT 战略（防御型战略）

（一）SO 战略

SO 战略，当企业自身具有优势，而且外部环境为企业带来的是机会时，企业应采用增长型战略，在充分发挥自身优势的基础上，最大限度地发展，以抓住外部环境给企业带来的机会。

（二）ST 战略

ST 战略，当企业自身具有优势，但是外部环境为企业带来的是威胁时，企业应采用多元化战略，充分利用自身的优势，以规避外部环境给企业带来的威胁。

（三）WO 战略

WO 战略，当企业自身具有劣势，但是外部环境为企业带来的是机会时，企业应采用扭转型战略，努力将劣势转变为优势，以抓住外部环境给企业带来的机会。

（四）WT 战略

WT 战略，当企业自身具有劣势，而且外部环境为企业带来的是威胁时，企业应采用防御型战略，通过收缩、合并等形式，以降低外部环境给企业带来的威胁。

本章小结

企业营销与环境是相互依赖、相互制约的关系。市场营销环境是指关系企业生存和发展、影响并制约企业营销战略的制定和实施的一切因素和力量的总和。它具有客观性、差异性、多变性、相关性和可影响性等特征。

企业的微观营销环境是指对企业服务其目标市场的营销能力构成直接影响的各种因素的集合。包括企业内部因素及顾客（市场）、供应商、营销中介、竞争者和社会公众等与企业具体营销业务密切相关的各种组织与个人。

宏观营销环境指那些作用于微观营销环境，并因而给企业造成市场机会和环境威胁的主要社会力量，包括人口、经济、自然、科学技术、政治法律及社会文化等因素。这些主要社会力量代表企业不可控制的变量。

企业通过 SWOT 分析法对内部环境中的优势（Strength）和劣势（Weakness）与外部环境中的机会（Opportunity）和威胁（Threat）进行对比分析，构成机会与威胁矩阵，形成应对环境的战略设想，并进行持久竞争优势检验，最后形成企业战略，即形成 SO 战略、ST 战略、WO 战略、WT 战略，以改进企业的地位，谋求长远发展。

思考题

1. 什么是营销环境？它有哪些特点？
2. 分析企业与营销环境的关系。
3. 分析我国人口环境及其发展趋势对企业营销的影响。
4. 如何利用法律环境开展营销活动？
5. 分析技术环境对企业营销活动的影响。
6. 社会文化环境对企业营销有哪些影响？如何利用？
7. 低碳经济对企业营销的机会与威胁表现在什么地方？

8. 微观环境有哪些？试分析其对企业营销的影响。

9. 环境机会与环境威胁会形成哪些业务？如何理解？企业如何利用这些业务？

营销实训

实训一：选择你熟悉的一家企业，对其进行宏观营销环境分析。

实训二：在实训一的基础上，对该企业进行微观营销环境分析。

实训三：在实训一、实训二的基础上，运用 SWOT 分析法帮助企业制定营销对策。

案例分析

西门子家电在“非典”期间的认识与应对

英国社会学家安东尼·吉登斯在他的关于“风险社会”理论中谈到，在现代社会中，风险越来越是人为的产物，而非传统意义的天灾。尽管风险一直存在，但随着技术和经济发展的极端化、社会运转速度无止境的提高，风险已变得极端突出。而作为技术革命主要方向之一的媒体革命，既可能放大风险产生的影响，也可能提供危机解决的全新之道。在这种环境下，一切结论都只具有短暂的合理性，它随时可能被更新的论述所推翻。

安东尼·吉登斯的结论对于今天的每一个企业领导者同样具有非凡的启示：在一个随时可能被风险包围着的时代，企业既要培养自己的环境敏感性，保持对于风险的警觉，更要塑造一种坚强的体魄和心灵，这样才能避免在风险面前麻木不仁或过度惊慌，才能果敢地承担起自己的责任。因此，对于企业而言，建立应急反应系统，必须成为其在巨大的风险生态环境中的生存本能。以下以西门子家电中国区域集团为案例，探讨跨国公司在 SARS 这一非常环境时期的应对措施。

1. 直面危机

在 2003 年 4 月 20 日北京“非典”新闻发布会后，西门子家电立即召开了紧急会议，成立了以总裁、副总裁为首的临时委员会，要求各部门负责人就 SARS 事件对各自职能范围可能产生的影响做出评估，拿出如果事态进一步扩大的解决方案。基于 SARS 事件是异常严重的公共卫生危机事件，消费者安全和员工安全被置于首要地位。公司人事部门被授权及时向员工通报有关 SARS 的具体信息，提供相关的咨询，并印发预防 SARS 的保健手册。公司还实行了临时弹性工作制，要求总部及各办事处员工尽量避免在人群聚集的高峰时间段上下班。

2. 缩短决策周期，实现资源最优配置

危机事件对于企业的最大挑战在于它增强了企业预期的不确定性，预期的不确定性又反过来增加了决策的难度。面对任何一种危机引发的市场波动或其他不确定性，企业都应该及时调整自己的活动节奏，通过调整决策周期实现资源最优配置。危机阶段，要更加重视信息传递系统的扁平化，重视增加授权，激发市场一线人员的应急反应能力，重视临时性项目的效果跟踪与评估。调整决策周期的意义在于提高企业在特定阶段信息资源的使用效率，从而缩短企业与市场在时间而非空间意义上的距离。

必须指出的是，缩短决策周期并不意味着决策本身科学性的“缩水”，危机处置决策的正确性与否将直接影响危机在第二阶段的发展。因此，从技术上而言，合理的危机治理机制是缩短决策周期的制度保障。西门子家电及时制定了SARS期间有关业务管理的指导原则，增加了专门针对SARS事件的备用金，适度扩大区域经理的相关决策权限。公司明确禁止一切聚众性促销活动，原定由总部直接组织的全国性路演活动也被取消。公司要求办事处把促成消费者快速做出购买决定、减少在商场的停留时间作为促销方向。要求办事处在非常时期尽可能向消费者提供客观全面的书面产品资料，避免面对面的语言交流。

3. 坚守定位

变化的环境理所当然地要求我们具有快速应变的灵活性，然而这种灵活性必须以制度的连贯性为基础，以服务于企业整体和为更长远的利益为基础。西门子在给全国各办事处的紧急通知中明确强调，不得将产品促销宣传直接与“非典”联系起来！对西门子家电而言，虽然其产品本身采用的是“HSE”（健康+节能+环保）欧洲标准，但在非常时期，总部要求各地营销人员不得将这种产品固有的优势与SARS挂起钩来，以纵容“市场投机”行为。由于SARS的影响，相当多的户外活动被取消，由此节余的营销费用相当一部分被转化为地方性平面广告的投入，总部加大了对这种投入的管理和监督力度，以保证非常时期的市场行为符合西门子品牌定位的一致性。

4. 做勇于承担责任的社会公民

SARS给我们的另一层警示是：作为各种利益相互渗透的统一体，现代社会在防范和控制风险方面必须依赖于全体成员的努力。今天的企业都是巨大的社会生态系统中的一员，任何一种“事不关己，高高挂起”的态度和行为都有可能造成生态环境的破坏，进而危及自身利益。在一个开放的环境中，不论危机的起因是什么，包括企业在内的任何一个组织单独承载其风险的能力都是有限的。因此不管在危机之中还是在危机之外，企业都应该勇敢地承担起自己的责任，首先是爱护自己的员工，其次是像爱护员工一样爱护消费者，这样才可能共同筑起一道防范危机和风险的高墙。在非常时期，西门子公司捐赠了价值700万元的产品。

问题：

1. 企业应如何分析和判断一般性环境威胁和突发性的、危害性极强的威胁？
2. 企业应通过哪些途径收集环境变化的相关信息，并进行较为准确及合理的判断？
3. 在做出应对决策时，企业应主要关注哪些方面？
4. 如何才能将环境威胁所带来的负面危害降到最低？

在线测评

第二章　自测题

第三章　消费者购买行为分析理论与方法

学习目标

1. 了解消费者市场与消费者行为；
2. 理解消费者购买行为的影响因素；
3. 掌握消费者购买决策过程的五个环节及其营销对策。

导入案例

消费者购买决策过程案例

小赵以前买的笔记本电脑用了5年了，速度很慢。最近孩子上网课，经常也要用他的电脑。是时候买一台新的笔记本电脑了，满足他在教学和科研方面的工作需求。

电脑是比较贵的产品，所以他想去实体店去看一下。想着自己的外甥是学软件专业的，所以在去赛格电脑城的路上通过电话向他问一些买电脑方面的建议，他让小赵注意CPU，内存，硬盘，色域，外观大小等方面的几个指标。赛格电脑城里有各种品牌的展示区域，小赵想支持一下国货，于是就去了联想的销售区域。先后有三个人给小赵介绍联想的笔记本电脑，小赵表达了自己对电脑的使用需求和心理价位，他们根据小赵的需求给他推荐了好几款产品。介绍产品时有个销售人员把报价说错了，这让小赵对联想旗舰店的服务很不满意。

销售人员推荐的几款产品，每一款小赵都要看一下他们的各项技术参数，外观设计和大小，以及价位。小赵觉得还可以的，就给他的外甥发个照片过去，让他帮着再看看。小赵的外甥帮他在京东网上查了同款产品的价格，发现同款实体店产品比网上销售的要贵。店铺销售人员解释，由于店铺的运营费用以及实体店铺内销售产品的质保时间更长，还有现场的咨询和软件安装服务，赠送的东西质量更好，所以导致实体店价格会更高一点。小赵看了网络上同款产品的顾客的网络评价，还是觉得在实体店买电脑风险更小一些，哪怕这样会多花一点钱。

经过与销售人员、外甥的反复的沟通，最终在两款产品中选择了一款。联想小新air14的2020版虽然各方面配置都很好，但价格为6 000元，小赵觉得有点贵。联想小新14的2019版配置虽然略低了一点点，但其配置完全可以满足小赵的需求，价位5 200元，于是选择了后一款产品。

在店铺里待了半天，终于做出了选择。工作人员将新机在小赵面前现场开封，并按照小赵要求帮他安装了各种的软件，还赠送了鼠标、鼠标垫、双肩电脑背包、一套锅具，还给电脑贴了膜。小赵相信这次的购买行为是正确的。工作人员还让小赵加了他的微信以便他做好售后服务。他还一再跟小赵强调，说以后单位电话回访的时候，一定要给他打个好评。买了之后小赵就不想在网上查同类产品的价格了，害怕自己查到更便宜的价格而后悔。回家后使用了一下，觉得目前来说总体感觉还挺满意的。小赵向朋友聊起买电脑这件事情，被问为什么不买苹果的？小赵说一方面要支持国货，另一方面国产的还是便宜点，适合自己的产品就是最好的。

点评：

小赵的购买决策过程经历了五个阶段，问题识别或确认需求、信息搜集、方案评价、实施购买、购后行为。该产品的购买过程比较复杂，决策经历的环节多，每个环节都有企业应注意的方面。比如不同细分市场的消费者需求不同，企业设计产品应符合消费者的需求。消费者收集信息时，企业应注意做好宣传，让产品进入消费者的备选品牌。实施购买时，受线上线下店铺的影响。线上店铺应尽可能减少消费者购买的风险，网络评价中的口碑尤其是差评对其他消费者的购买会产生非常大的影响。店铺一定要重视顾客满意度的评价，店铺服务人员的态度和专业知识水平对购买决策的影响很大。尤其电脑这种比较复杂的产品，销售人员态度一定要好，专业知识水平一定要高。企业一定要做好售后服务，否则消费者不满意，则很难成为忠诚顾客。

第一节　消费者购买行为及其分析框架

一、消费者市场与消费者行为

（一）消费者市场

消费者是购买行为的主体。广义的消费者是购买、使用各种产品与服务的个人或组织。狭义的消费者是指购买、使用各种产品和服务的个人或家庭。市场营销学研究的对象主要是狭义的消费者。此外，消费者还包括发起者、影响者、决策者、购买者和使用者，他们参与购买决策过程，也是消费者。

（1）发起者。发起者是指首先提出或有意想购买某一产品或服务的人。

（2）影响者。影响者是指其看法或建议对最终决策具有一定影响的人。

（3）决策者。决策者是指在是否买、如何买、哪里买等方面购买决策中做出完全或部分最后决定的人。

（4）购买者。购买者是指实施购买决策的人。

（5）使用者。使用者是指实际消费或使用产品或服务的人。

就许多产品而言，识别购买者是相当容易的。一般来说，烟草制品是男士选择的，化妆品是女士选择的。然而，另外一些产品所涉及的决定单位往往由不止一人所组成。以家用汽车的选择为例，也许购买新车的提议出自子女，购买何种类型的汽车来自朋友的推荐，汽车的结构由丈夫提供选择，妻子则对汽车的外表有明确的要求。在妻子的赞同下，也许由丈夫做出购车的最终决定。然而，新车的最终使用者可能是妻子而不是丈夫。因此，区别人们在一项购买决策过程中可能扮演的不同角色是非常重要的课题。消费者消费虽然是以一个家庭为单位，但参与购买决策的通常并非一个家庭的全体成员，许多时候是一个家庭的某个成员或某几个成员，而且由几个家庭成员组成的购买决策层，其各自扮演的角色亦是有区别的。

此外发起者、影响者、决策者、购买者、使用者可能是由同一个人扮演的角色，也有可能是由不同人扮演的角色。如尿不湿的使用者和购买者可能不是同一个人，玫瑰花的购买者和使用者也可能不是同一个人。面对这种情况，在影响消费者决策时，应区别消费者承担的不同角色，有针对性地对实施营销沟通，确定好沟通的对象，影响实际的购买决策者。

消费者市场又称最终消费者市场、消费品市场或生活资料市场，是由消费者个人或家庭构成的市场。它是市场体系的基础，是起决定作用的市场。

消费者市场是现代市场营销理论研究的主要对象。成功的市场营销者是那些能够有效地发展对消费者有价值的产品，并运用富有吸引力和说服力的方法将产品有效地呈现给消费者的企业和个人。因而，研究影响消费者购买行为的主要因素及其购买决策过程，对于开展有效的市场营销活动至关重要。

（二）消费者行为

恩格尔把消费者行为定义为“为获取、使用、处置消费物品所采取的各种行动，以及先于且决定这些行动的决策过程”。恩格尔强调消费者行为是一个过程，包括购买前、购买中及购买后的一系列活动过程。因此了解消费者行为既要了解消费者购买前的需求、信息搜集、比较筛选，又要了解消费者实际购买时的决策活动，还包括了消费者购买后对商品的评价、处置等活动。本章后面介绍了消费者购买决策过程，既是把消费者行为视为一系列的决策活动。

（三）消费者行为的类型

消费者在购买商品时，会因商品价格、重视程度、购买频率的不同，而投入购买的时间、精力程度不同。西方学者根据购买者在购买过程中参与者的介入程度和品牌间的差异程度，将消费者的购买行为分为4种类型，如图3－1所示。

品牌差异度 ＼ 介入程度	高	低
大	复杂型	寻求多样型
小	减少不协调型	习惯型

图3－1　消费者购买行为的类型

1. 复杂型购买行为

当消费者初次选购价格昂贵、购买次数较少的、冒风险的和高度自我表现的产品时，则属于高度介入购买。由于对这些产品的性能缺乏了解，为慎重起见，他们往往需要广泛地收集有关信息，并经过认真的学习，产生对这一产品的信念，形成对品牌的态度，并慎重地做出购买决策。

对这种类型的购买行为，企业应设法帮助消费者了解与该产品有关的知识，并设法让他们知道和确信本产品在比较重要的性能方面的特征及优势，使他们树立对本产品的信任感。这期间，企业要特别注意针对购买决定者做介绍本产品特性的多种形式的广告。

2. 减少不协调型购买行为

当消费者高度介入某项产品的购买，但又看不出各厂牌有何差异时，对所购产品往往产生失调感。因为消费者购买一些品牌差异不大的商品时，虽然他们对购买行为持谨慎的态度，但他们的注意力更多地是集中在品牌价格是否优惠、购买时间、地点是否便利，而不是花很多精力去收集不同品牌间的信息并进行比较，而且从产生购买动机到决定购买之间的时间较短。因而这种购买行为容易产生购后的不协调感：即消费者购买某一产品后，或因产品自身的某些方面不称心，或得到了其他产品更好的信息，从而产生不该购买这一产品的后悔心理或心理不平衡。

为了改变这样的心理，追求心理的平衡，消费者广泛地收集各种对已购产品的有利信息，以证明自己购买决定的正确性。为此，企业应通过调整价格和售货网点的选择，并向消费者提供有利的信息，帮助消费者消除不平衡心理，坚定其对所购产品的信心。

3. 寻求多样型购买行为

如果一个消费者购买的商品品牌间差异虽大，但可供选择的品牌很多时，他们并不花太多的时间选择品牌，而且也不太专注于某一产品，而是经常变换品种。比如购买饼干，他们上次买的是巧克力夹心，而这次想购买奶油夹心。这种品种的更换并非对上次购买饼干的不满意，而是想换换口味。

面对这种广泛选择的购买行为，当企业处于市场优势地位时，应注意以充足的货源占据货架的有利位置，并通过提醒性的广告促成消费者建立习惯性购买行为；而当企业处于非市场优势地位时，则应以降低产品价格、免费试用、介绍新产品的独特优势等方式，鼓励消费者进行多种品种的选择和新产品的试用。

4. 习惯型购买行为

消费者有时购买某一商品，并不是因为特别偏爱某一品牌，而是出于习惯。比如醋，这是一种价格低廉、品牌间差异不大的商品，消费者购买它时，大多不会关心品牌，而是靠多次购买和多次使用而形成的习惯去选定某一品牌。

针对这种购买行为，企业要特别注意给消费者留下深刻印象，企业的广告要强调本产品的主要特点，要以鲜明的视觉标志、巧妙的形象构思赢得消费者对本企业产品的青睐。为此，企业的广告要加强重复性、反复性，以加深消费者对产品的熟悉程度。

二、消费者行为的特点

（一）消费者行为的特点

不同于组织的消费行为，个人或家庭消费者的消费行为具有以下特点：

1. 差异性大、弹性大

从交易的产品看，由于它是供人们最终消费的产品，而购买者是个人或家庭，因而它更多地受到消费者个人因素诸如文化修养、欣赏习惯、收入水平等方面的影响，消费者之间的购买行为差异很大；消费者需求的产品花色多样、品种复杂，产品的生命周期短，大多专业技术性不强，替代品较多，价格变动对需求量的影响较大，产品的价格需求弹性较大。

2. 小批量、高频次

从交易的规模和方式看，消费品市场购买者众多，市场分散，成交次数频繁，但交易数量零星。因此绝大部分产品都是通过中间商销售产品，以方便消费者购买。

3. 非专业性和可诱导性

从购买行为看，消费者的购买行为有很大程度的可诱导性。这是因为消费者在决定采取购买行为时，不像组织市场的购买决策那样，经常由专业的采购团队做出采购决策，消费者的购买决策具有自发性、感情冲动性；此外，个人消费者购买产品时，大多缺乏相应的产品知识和市场知识，其购买行为属非专业性购买，他们对产品的选择受广告、宣传的影响较大。由于消费者购买行为的可诱导性，生产和经营部门应注意做好商品的宣传广告，指导消费，一方面当好消费者的参谋，另一方面也能有效地引导消费者的购买行为。

4. 购买地点要求便利性

消费者购买商品的频次高、批量小，导致消费者购买地点的要求要便利，即购物点要能够在消费者所愿意接受的距离之内。因此，企业要密切注视市场动态，提供适销对路的产品，同时要注意分销渠道的布局，在合适的地点设置相应的购物渠道，以适应消费者对购买地点便利性的需求。

（二）互联网时代下的消费者行为的特征

最新的《中国互联网络发展状况统计报告》数据显示，截至2023年12月，中国网民规模达到10.92亿，互联网普及率达77.5%。其中，使用手机上网占比碾压式领先，比例达到99.9%。中国已成为交易额全球最大网络零售市场，网络购物成为了推动中国电子商务市场发展的重要力量。消费者主要表现为如下特征：

1. 集中化与知识化

据调查统计，网络购物的消费者中，消费群体呈年轻化态势，其中，大专以上学历层活跃程度很高。

2. 透明化与灵活化

由于智能手机行业的迅速发展以及网络环境的愈加完善，消费者对商品的信息掌握更加全面，获取产品信息的渠道更加丰富。消费者通过各类搜索引擎查询更多详细的产品信息。每次购买前，消费者会认真地比较和筛选，最终掌握详实的性价比最优的商品。随着互联网的快速发展，消费者的选择方式，跨越了空间距离，打破了时间界限，改变了购销方式，所有网上商品交易，24小时销售，电商与消费者不用谋面，弹指之间便可以完成交易，消费更加灵活便利。

3. 冲动性与倾向性

据调查统计，有75.5%的消费者有在网上冲动消费的经历。疯狂抢购打折的商品多数不是生活必需品，而且还存在先涨价再打折的情况。根据中国互联网络信息中心的调查显示，消费者最喜欢在网上购买服装饰品和生活用品，远远超过其他商品品类，80%的网购消费者都在网上购买过这类商品。虽然服装鞋帽的交易价格相比计算机、通信数码产品及配件、家用电器等较低，但是消费者通过网络购买服装鞋帽类商品的平均花费仍处于较高水平。

4. 多元化和自主化

在互联网技术的支持下，商家逐渐将自己的店铺搬到网络屏幕当中，电商企业面临的是不同层次的消费者，参与电商的企业越多越能够为消费者提供个性化服务，消费者面临的选择也将更加多元化。互联网的发展，为消费者提供了更多更便捷的消费渠道，让消费者在消费的过程中有了更多的选择，从而促使消费者在消费的过程中根据自己的意愿自主选择性购物、自主消费。

三、消费者购买行为模式

（一）消费者购买行为研究框架

早期，营销人员能通过向消费者销售的日常经验来很好地了解消费者。但是，企业和市场规模的扩大、涉及的内容千头万绪，从哪里入手对消费者购买行为进行分析？市场营销学家归纳出 6 个问题，构成了一个认识问题的框架，见表 3－1。

表 3－1　　购买行为研究框架

由谁构成（Who）	购买者（Occupants）
购买什么（What）	购买对象（Objects）
为何购买（Why）	购买目标（Objectives）
怎样买（How）	购买行动（Operations）
何时购买（When）	购买时间（Occasions）
何地购买（Where）	购买地点（Outlets）

1. 谁来购买

此问题可分三个角度来加以分析：第一，谁担任实际的购买（购买者）；第二，谁做出购买的决定；第三，归谁来使用。一般而言，女性担任家庭购买的主要角色，而且也多是女性做出购买决定。随着经济的不断发展，物质生活的日趋丰富，消费者的生活方式也发生相应的变化。特别是类似于超市等自助商店的兴起，以及电脑等技术产品应用家庭化等，使得男性渐渐参与购买的决定和实际的行动。很多家庭耐久消费品或者价格较高的用品，如购买汽车、住房，多由男性或者双方共同做出购买的决定。

同时青少年与儿童对家庭购买的影响也是越来越大，这与父母观念的转变，电视，电脑等现代媒介的渗透有着不可分割的联系。虽然在某些消费中，儿童不是直接的购买者，但是作为最终的使用者的角色，孩子对于家庭的购买决定有着相当的影响力。若干制造商与中间商在拟订产品与广告政策时，已经注意到青少年与儿童的这种影响力。

2. 购买什么

市场上商品和服务的种类日趋丰富，而消费者的消费形态也是越来越复杂，在购买商品和服务时，影响购买决定因素以及是如何做出决定的过程，都是企业营销管理者非常关心的问题。为满足目标顾客的需要和欲望，企业必须首先“认识顾客”，并将之用于开发新产品、提供特色服务以及价格、渠道、沟通和其他营销组合。

3. 消费者为什么购买

消费者为什么购买，也就是通常所说的消费者的购买动机。所谓动机是行为的内在因素，它是由个人的需要所引发，是达成满足需要的行为动力。因此，动机是导致购买行为的直接原因，行为是动机的传达。

现代的企业，从商品计划开始，便不断从事推销活动、促销活动、广告及其他市场运营活动。这些活动的目的，都是为了促使消费者购买商品。首先以商品计划而言，产品品质、特性、功用、包装、价格等，必须适合消费者的需要。如能适合消费者的需要，零售商自然乐于向顾客推销，甚至消费者本身也会主动选择该商品。企业为了向销售商推销其产品，一方面对零售商举办经营指导讲座，限一定期间内特价供应或给予预售。另一方面，赠送店面广告材料、分发公司刊物，对零售店保证一定利润等措施。这些销售、促销活动，主要是为了使零售店乐于经销其商品，且能主动向顾客推荐而进行的。但广告的目的是为了直接向消费者诉求，说明商品、激起其购买意欲、促使零售店的顾客选购其商品为目的而进行的。广告对于销售商，虽然也有告知商品、使其确信、使其乐于经销以及主动向顾客推荐的效果，但广告的主要目标，仍是针对消费者。

由此观之，各种市场运营活动，不论直接的或间接的，一切都集中在消费者购买商品的目标上。因此，了解消费者动机对企业经营者而言非常重要。有关购买动机的调查研究将有助于企业采用准确的市场营销策略以最大范围地争取消费者。

4. 消费者如何购买

消费者如何购买，如消费者购买产品时评价的依据，消费者购买产品时信息获取的途径，消费者购买商品时的支付方式等。消费者评价商品时，会考虑价格、服务、品牌、产地等方面的信息，有些消费者特别重视价格，他们购买最便宜的商品而不关心何种品牌；另一种消费者也购买便宜的商品，但是对于品牌追求更倾向于多数人所熟知的；另有一部分消费者愿意付较高的价格，购买他们所希望购得的品牌或服务。消费者信息获取的途径包括内部信息与外部信息，购买决策复杂时消费者一般会搜集外部信息以便于做正确的决策。消费者支付方式有现金支付、线上支付等方式。

5. 消费者何时购买

消费者何时购买主要是其购买时间的习惯偏好，如季节性、每一星期的第几天购买人数最多或者每天哪段时间顾客最为拥挤。如果产品具有季节性存在，如我国的端午节、中秋节与春节，多数消费者喜欢在这三个节日期间购买礼品赠送亲友，尤其各类食品在此期间销量激增，因此食品企业的市场营销主管人员应密切注意此种特征，在适当时间将产品推出市场，而且还要注意产品设计、包装、价格与市场需要数量及各种条件的配合，方能从季节性因素赚取最大利润。消费者购买的时间决定了企业需要何时推出商品，何时进行大量促销，以便于消费者购买和扩大企业销量。

6. 消费者何处购买

研究消费者在何处购买，可从两方面加以分析，即消费者在何处决定购买与消费者在何处实际购买。消费者对于多数的商品与服务在购买前已经在家中做出决定。如购买保险、汽车、家具与家庭电器等。购买某些商品则在购买现场开始做决定，如一般日用消费品与食物等。一个公司在商品设计与销售计划拟定以前应先了解消费者在何处决定购买的信息，如果是在商店中才做决定，须注意商品的包装与购买现场广告，特别是在顾客自助方式的超市。假如消费者的购买决定是在家中做出的，应借助大众媒介、网络广告来影响消费者。

消费者以什么方式购买，也关系到企业如何选择分销渠道。如消费者购买日用品，经常去超市、便利店购买，购买服装则喜欢去购物中心、专卖店购买，购买电脑则会选择数码城购买。消费者购买地点不同意味着不同的开店地点，选择的位置不同，消费者的方便程度不同、选择范围大小不同，花费时间不同，对消费者决策有重要影响。现在社会生活节奏较快，多数人生活忙碌，消费者的购买习惯具有普遍趋向，多数消费者宁可付出较高价格，希望各种食物和日用品均有较佳的包装，使购买与使用较为便利。又如近年来消费者喜欢网上购物，电子支付，如果某一家百货商店坚持单一渠道的实体零售、现款交易，没有利用网络电子渠道，必将在这场消费者购买方式革命性的变革中其营业额大受影响。

（二）消费者购买行为的“刺激——反应模式”

“刺激——反应模式”（见图 3 - 2），它认为人们行为动机是一种内在的心理过程，是在消费者内部自我完成的。外部的刺激，经过消费者的心理活动过程产生反应，从而引起购买行为。只有通过对行为的研究，才能了解心理活动过程。模式本身包括三个变量：内外刺激因素、消费者心理活动过程、反应因素。

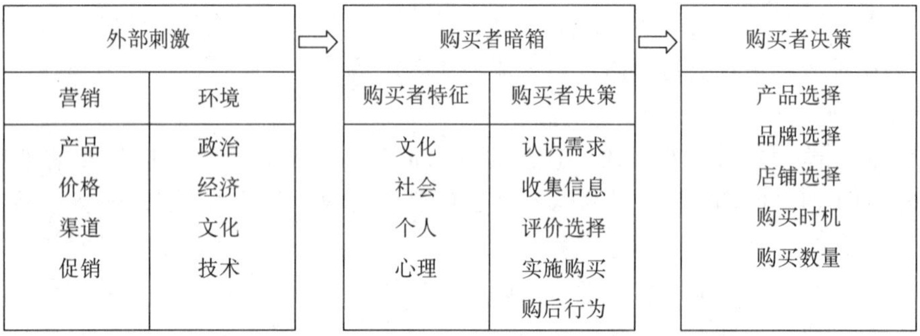

图 3 - 2　刺激——反应模式

1. 内外刺激因素

刺激——反应模式表明，所有消费者购买行为都是由刺激引起的，这种刺激既来自消费者内部的生理和心理因素，如生理、心理需要、动机、个性、态度、观念、习惯等，又来自外界环境，如企业的产品、价格、销售方式、广告，服务、社会政治情况、经济情况、科技水平、地理条件、文化因素以及个人的年龄、性别、职业、收入、家庭结构、社会阶层等。

2. 反应因素

指消费者的购买行为。如产品的选择、品牌的选择、经销商的选择、购买时间、地点、方式的选择等。它是一次具体的购买行动并进行评价。

3. 购买者心理活动过程

在刺激与反应之间的是消费者内在的心理活动过程，由于是在消费者内部自我完成的，看不见摸不着，心理学家将其称为“暗箱”或“黑箱”。购买者心理活动过程包括两部分内容：一部分是购买者的特性，包括购买者社会和文化的、个人和心理的特征。不同特征的消费者会对同一刺激产生不同的理解和反应。比如，同一件服装，价格较贵，但款式新颖。追求时尚、潮流，而且经济能力又允许的消费者在进行比较判断后，感觉可以接受，会做出相应的购买行为。但收入水平不高，经济能力不允许的消费者，更注重商品的实用价值，他们经过比较判断后，会放弃购买。这就是不同心理特征的消费者对同一种刺激的不同反应。另一部分是购买者的决策过程，复杂的决策过程会影响购买者的最后选择。

消费者在种种刺激因素作用下，经过复杂的心理活动过程，产生购买动机，在动机的驱使下，做出购买决策，采取购买行动，并进行购买评价，由此完成了一次完整的购买行为。

消费者购买行为的一般模式，是营销部门制定营销计划、扩大商品销售的依据。它能帮助营销部门认真研究和把握购买者的内心世界，认识消费者的购买行为规律，并根据本企业的特点，向消费者进行适宜的刺激，使外在的刺激因素与消费者的内在心理发生整合作用，以便形成购买决策，采取购买行动，实现满足需要，扩大销售的目的。

第二节 消费者购买行为的影响因素

消费者购买决策中，主要受到社会因素、文化因素、个人因素及心理因素影响。

一、社会因素

（一）群体

参照群体指那些作为人们判断事物的标准或模仿的群体，是个体在形成购买或消费决策时，用以作为参照、比较的个人或群体。每个人都有若干参照群体，如大学生以周围的同学为参照群体，模仿他们的衣着风格、发型、娱乐消费等。营销人员必须识别目标顾客的参考群体，特别是参考群体中的“意见带头人”，他们是大众市场顾客的模仿对象。意见带头人分散于社会各阶层，某人在某一产品方面可能是意见带头人，但在其他产品方面也许只是意见的追随者。营销人员应力图通过认识并掌握与意见带头人有关的一些个人的特征，确定他们阅读的新闻媒体，通过向他们传递信息等方式来接触意见带头人。

参照群体有内群体与外群体。内群体是指一个人经常参与的或在其间生活、或在其间工作、或在其间进行其他活动的群体。一般内群体中的成员会感到自己与群体的关系十分密切，并对群体有强烈的归属感。因此，企业在营销中，往往重视将产品的形象打造成与内群体一致的形象，让消费者消除距离感，产生亲近感。

（二）家庭

家庭是社会上最重要的购买群体。个人购买行为受家庭影响很大。在购买者生活中，家庭可区分为两种类型。婚前家庭包括一个人的双亲，每个人都从父母那里得到有关政治、经济、个人抱负、自我价值和爱情等方面的指导。即使购买者与他的双亲之间的相互影响已经不太大了，但双亲购买者无意识的购买行为的影响仍然是重要的；在许多父母和子女共同生活在一起的国家里，如东方国家，父母的影响力是非常大的。对日常购买行为有更直接影响的是有子女家庭，即夫妻和其子女。它是社会中最重要的消费购买单位。营销人员已就家庭进行了广泛的调查研究，他们对夫妻及子女在各种商品和服务的消费中所起的不同作用和相互之间的影响深感兴趣。

不同家庭生命周期阶段的消费需求呈现很大差别，家庭的经济收入、消费模式、价值观念对消费的影响明显，见表3-2。美国市场研究者对不同生活周期的消费者的消费和购买需求进行研究得出一个结果（从国内的角度出发，虽然文化和生活方式存在很多的差异，但是该研究结果还是有一定的参考性），该研究结果将人的生命周期分成8个阶段，根据不同阶段的收入状况的差异，处在每一阶段上的家庭和个人都有相应的商品消费需求。营销人员应该充分了解处在不同周期的消费者以及家庭的消费实况，这对开发产品、拟定相关的营销计划具有不可估量的意义。

表 3-2　　家庭生命周期与消费

家庭生命周期阶段	消费需求特征
单身阶段	没有经济负担，消费观念紧跟潮流，注重娱乐产品和基本的生活必需品的消费
新婚阶段	经济状况较好，具有比较大的需求量和比较强的购买力，耐用消费品的购买量高于处于家庭生命周期其他阶段的消费者
满巢阶段Ⅰ	最小的孩子在6岁以下的家庭，婴儿用品消费增加，购买住房和大量的生活必需品，常常感到购买力不足，对新产品感兴趣并且倾向于购买有广告的产品
满巢阶段Ⅱ	最小的孩子在6岁以上的家庭。处于这一阶段的消费者一般经济状况较好但消费慎重，教育费用支出明显，已经形成比较稳定的购买习惯，极少受广告的影响，倾向于购买大规格包装的产品
满巢阶段Ⅲ	夫妇已经上了年纪但是有未成年的子女需要抚养的家庭。处于这一阶段的消费者经济状况尚可，消费习惯稳定，可能购买富余的耐用消费品
空巢阶段Ⅰ	子女已经成年并且独立生活，但是家长还在工作的家庭。处于这一阶段的消费者经济状况最好，可能购买娱乐品和奢侈品，对新产品不感兴趣，也很少受到广告的影响
空巢阶段Ⅱ	子女独立生活，家长退休的家庭。处于这一阶段的消费者收入大幅度减少，消费更趋谨慎，倾向于购买有益健康的产品
鳏寡阶段	家庭收入相对减少，消费量很小，主要消费医疗保健产品、社会服务

（三）角色与地位

一个人在一生中会参加许多群体、家庭、俱乐部以及各类组织。然而，每个人在各群体中的位置可用角色和地位来确定。每一角色都伴随着一种地位，这一地位反映了社会对他的总评价。企业的CEO这个角色要比中层管理人员角色地位高；同样，企业中层管理人员的地位比一般职员地位高。人们在购买商品时往往结合自己在社会中所处的地位和角色来考虑。企业营销人员必须意识到产品已成为角色、地位标志的潜力。

（四）社会阶层

所谓社会阶层就是在一个社会中，具有相对的同质性和持久性的群体，它们是依据收入、职业、教育程度等按等级排列的，每一阶层成员具有类似的价值观、兴趣爱好和行为方式。

社会阶层有几个特点。第一，同一社会阶层内的人，其行为要比来自不同社会阶层的人的行为更加相似。第二，人们以自己所处的社会阶层来判断各自在社会中占有的高低地位。第三，某人所处的社会阶层并非由一个变量决定，而是受到职业、所得、财富、教育和价值观等多种变量的制约。第四，个人能够在一生中改变自己所处的阶层，既可以向高阶层迈进，也可以跌至低阶层。在诸如服装、家具、娱乐活动和汽车等领域，各社会阶层均显示出不同的产品偏好和品牌偏好。

二、文化因素

文化是一定社会经过学习获得的、用以指导消费者行为的信念、价值观和习惯的总和。文化因素对消费者的购买决策具有最广泛和深远的影响。比如不同种族、民族、宗教、地域亚文化对消费者的消费影响非常明显。

（一）民族亚文化

同一民族的消费者具有基本的文化总体特征，不同民族的消费者在语言文字、风俗习惯、爱好禁忌方面呈现出明显的不同。如我国56个民族的饮食、服装、婚丧嫁娶等风俗民情各不相同。

（二）地理亚文化

地理环境上的差异导致消费习俗各不相同。我国地域广阔，各地文化风俗存在地域差异，如饮食口味上“南甜、北咸、东辣、西酸”，主食上南方人爱吃米饭，北方人爱吃面食，菜系上更是种类繁多。

小链接：

口味歌

安徽甜，湖北咸，福建浙江咸又甜；
宁夏河南陕甘青，又辣又甜外加咸。
山西醋，山东盐，东北三省咸带酸。
黔赣两湘辣子蒜，又辣又麻数四川。
广东鲜，江苏淡，少数民族不一般。
因人而异多实践，巧调能如百人愿。

资料来源：百度百科

（三）宗教亚文化

不同的宗教信仰生活方式不同，消费习俗各不相同，分布在不同的国家，各有各的信仰、生活方式、消费习惯。

（四）种族亚文化

不同种族的人肤色、体型、发色、眼睛的颜色等方面存在差异，白种人、黄种人、黑种人文化风格各异，对消费也有不同程度的影响。如在化妆品的选择上，选择的产品类型差异很大，适合黄种人皮肤的化妆品，很可能不适合白种人和黑种人的皮肤。

小链接：

传音公司案例

竺兆江2006年创立深圳传音控股股份有限公司（以下简称传音公司），虽然传音公司在国内几乎没有任何知名度，即便在科技行业内，圈内人对传音的了解也不多。然而，这家并不追求曝光度的公司，在全球新兴市场却有着极为广泛的布局。2020年传音在非洲的市场份额持续提升，智能机市场占有率超过40%，有着“非洲手机之王”的名号，2022年《财富》中国500强排行榜以494.12亿元的营业收入名列榜单第258名（上一年排名286）。

传音创始人竺兆江在创立传音公司之前，一直在波导公司工作。2004年波导开始走下坡路，2005年亏损4.7亿元人民币。2006年，竺兆江决定自立门户，从波导带了一拨人出来创立了传音公司。竺兆江在帮波导进行海外业务探索时，发现非洲手机市场没人看得上，都觉得那里又穷又落后，购买力不高。三星、诺基亚等大品牌进入当地市场，只是为了存在而存在，不讲究开拓。竺兆江不嫌弃市场，主动寻找被大品牌忽略的市场，大品牌在非洲，主要在一线城市销售，传音就从非洲的二、三线城市和贫困地区开始。

传音手机进入非洲时，非洲各国手机普及率仍处在较低水平，除南非及北非部分国家外，大部分国家手机普及率仅有10%～20%。传音非常重视非洲市场，根据非洲消费者需要，进行手机功能设计和研发，这是传音成功的一个重要原因。

根据非洲人深肤色的特点，传音研发了独特的拍照技术。非洲人肤色偏暗，加上非洲人极度热爱拍照，传音对此研发出了深肤色拍照技术，拥有行业领先的深肤色数据库优势及独创的深肤色影像引擎技术，基于深度学习技术，围绕深肤色消费者影像成像核心诉求，自主研发深肤色影像算法技术，推进深肤色影像技术的研究和应用，在该细分领域建立起完善的技术创新体系，形成持续的创新能力，并取得多项深肤色影像技术成果。主要包括深肤色人脸检测识别技术，人脸特征识别技术，身体骨骼关键点检测，深肤色人像分割技术，深肤色影像效果增强技术，深肤色智能美颜技术，本地化场景检测识别技术等十几项核心技术。同时，公司基于非洲本地化需求，将本地审美时尚趋势与深肤色消费群体影像调试标准相结合，与自主研发的深肤色影像算法技术结合形成独特的本地化深肤色拍照技术。依托“面向‘一带一路’区域深肤色影像数据服务平台”项目持续提升深肤色影像数据平台的建设，并在深肤色影像方向开展标准化工作。

未来传音将持续扩大在非洲的竞争优势并积极扩展新市场，发展多种业务。

资料来源：传音·照亮你的美，十万个品牌故事，2018-3-30

三、个人因素

个人因素主要包括年龄、性别、职业、教育程度、收入水平等方面。

（一）年龄

不同年龄段的消费者在消费心理与行为表现上呈现出不同的特征。

1. 少年儿童的消费心理与特征

少年儿童指0～17岁的未成年人。他们一般由父母养育和监护，自我意识尚未完全成熟，道德观念有待完善，缺乏自我控制力，没有独立的经济能力，因此，具有特定的心理和行为特征。

儿童是指0～11岁的儿童。儿童在消费方面的心理发展过程分为婴儿期、幼儿期和儿童期三个阶段。在婴儿期，对商品的需求基本上是生理性的，并且纯粹由他人帮助完成。随着年龄的增长，儿童的消费者需求逐渐由本能发展为有自我意识的社会性需求，从模仿性消费逐渐转变为带有个性特点的消费。主要表现在，一是增加了个人意识，对父母的购买决策能产生影响；二是选商品时越来越受到外界因素的影响，如“某某小朋友有，我也要”便是他们的购买理由；三是形成了对所接触过的商品的评价意识，有的还可以独立地购买某些商品。儿童的消费心理多半处于感情支配阶段，购买行为以依赖性为主，但能影响父母购买决定的意向。

少年是指 11 ~17 岁的消费者。与儿童时期相比，他们的生理和心理都有较大的变化，在消费心理方面具有以下三个特征：一是与成人比拟。这是少年自我意识发展的显著心理特征。他们主观上认为自己已长大成人，反映在消费心理方面，则是不愿受家长束缚，尽量争取自己独立的消费行为，以表现自己的个性，喜欢在消费品的选择方面与成年人相比拟。二是独立的消费意识逐渐成熟。少年时期由于对社会环境的认识不断加深，知识不断丰富，兴趣趋向稳定，鉴别能力提高，使他们能够自觉选择商品，独立分析鉴别，并逐步形成购买习惯。三是消费观念开始受社会群体的影响。少年由于参与集体活动，与社会接触的机会增多，受社会环境的影响逐渐增加，其消费观念、消费爱好、选择的偏好由受家庭影响为主逐渐转变到受社会群体（如同学、朋友、老师、明星等）的影响为主。

少年儿童的购买行为特征：

一是购买行为具有依赖性。由于少年儿童顾客没有独立的经济能力和购买能力，几乎由父母包办，所以，在购买商品时具有很强的依赖性。例如，少年儿童在购买生活用品时，常常由父母决定；在购买学习用品时，则严格按老师的要求做。

二是选购商品具有较强的好奇心。少年儿童虽然已经能够进行简单的逻辑思维，但仍然以直观、具体的形象思维为主，对商品的注意和兴趣一般是由商品的外观刺激引起的，因此，在选购商品时，有时不是以是否需要为出发点，而是取决于商品是否具有新、奇、特等因素，凡具备这些特点的商品容易诱发少年儿童顾客的购买动机，备受欢迎。儿童购买游戏卡牌，因游戏中人物众多、能力各不相同、外观差异等原因，导致儿童在兴趣的引导下不断购买新的卡牌，拥有更多新的能力更强的人物。因此，对于由少年儿童自己采购的商品，不论在设计、生产和营销中都要注意充分发挥商品直观、形象的作用以激发他们的购买欲望。当然，对其中的一些负面影响，商家也应引起注意。

三是购买目标明确，购买迅速。少年儿童何时、何地购买何种商品大多由父母事先确定，决策的自主权十分有限，因此，购买目标一般很明确。加上少年儿童顾客，缺少商品知识和购买经验，识别挑选商品的能力不强，所以，营业员拿什么商品，往往都不会有异议，购买迅速。

在我国，少年儿童在家庭里和父母心目中的地位突出，构成一支庞大的消费大军。年轻父母把越来越多的精力、时间、金钱和期望投放在孩子身上，孩子在家庭消费决策中的影响越来越大。各种儿童服装、食品、智力玩具及其相关服务琳琅满目，并且越来越精致、高档。厂商针对少年儿童的广告、宣传更是铺天盖地。少年儿童消费品市场被许多厂家商家所看好。

2. 青年的消费心理与特征

青年是从少年向中年的过渡阶段。一般指 18 ~35 岁之间的人。其主要特点是人数众多，具有独立的购买能力和较大的购买潜力。青年消费者是我国国内市场中购买力强，消费量大的顾客群体。其消费心理特征具体表现在以下几方面：

一是追求时尚。青年人思想活跃，富于幻想，勇于创新，渴求新知，追求新潮，积极向上。这些心理特征反映在对商品的需求上就是追求新颖、时尚和美的享受，敢于领导消费潮流，体现时代特征。一般来讲，投放市场的新产品或时尚商品，都会引起青年顾客的极大兴趣和购买欲望。青年顾客往往是新商品或新的消费方式的尝试者、追求者和推广者。

二是突出个性。青年顾客处于少年不成熟阶段向中年成熟阶段的过渡时期。他们追求个性独立，希望形成完善的个性形象，自我意识迅速增强。反映在消费心理上就是消费倾向从不稳定向稳定过渡，愿意表现自我个性与追求，非常喜欢个性化的商品，有时还往往把所购买的商品同自己的理想、职业、业余爱好、时代追求、性格特征，甚至自己所崇拜的明星、名人等联系在一起，力求在消费活动中充分表现自我。

三是科学消费。青年顾客由于知识层次较高，精力充沛，思维敏捷，求知欲旺盛，好奇心强烈，因而在追求时尚、表现个性的同时，也具有较强的追求实用与科学的消费心理，要求商品经济实用，货真价实。他们善于对商品的知识性和科学性进行分析和探索，理智地进行决策。因而在选购商品时盲目性少，购买行为比较成熟。

青年的购买行为特征：

一是肯于高价购买名牌。青年顾客所具有的追求时尚与新颖、表现时代、追求个性的消费心理，决定了他们在选购商品时，对新品种、新花色、新样式情有独钟，以领导时代新潮流为荣。对旧品种、旧花色、旧样式的商品不感兴趣，同样的质量用途，宁愿多花钱购买名牌商品。

二是决策迅速，变化性强。由于青年顾客注重情感，易于冲动，所以，在购买商品时反应灵敏，注意力往往集中在自己特别感兴趣的某个方面，而忽略其他方面，酝酿时间短暂，决策迅速。另外，青年顾客在购买商品时需求对象和需求程度不固定，购买目标变化可能性大，只要认为商品合意，即使预先没有购买计划或是暂时没有购买力，也可能会想方设法，迅速做出购买决策。

三是对待商品购买态度明朗。青年顾客在购买商品时，往往个性比较分明，不加掩饰对商品的态度，如喜爱、厌弃、接受、拒绝、肯定和否定等都表现得直截了当，见解独特。

3. 中年人的消费心理与特征

中年顾客一般是指 35 岁至退休年龄阶段的人。在我国，中年顾客具有人数众多、负担重、大多处于购买商品的决策者位置。因此，了解、把握中年顾客心理特征，对企业进行正确营销决策有重要意义。

中年顾客消费心理：

一是理智性强，冲动性小。中年顾客阅历广，生活经验丰富，情绪反应一般比较平稳，多以理智支配自己的行动，感情用事的现象不多见。注重商品的实际效用、价格和外观的统一，从购买欲望形成到实施购买往往是经过多次分析、比较后才做出判断，随意性较小。

二是计划性强，盲目性小。中年顾客处于青年向老年的过渡阶段，大都是家庭经济的主要承担者。尽管他们的收入不低，但肩负着赡老育幼的重任，因此，生活中经济负担重，经济条件的限制，使他们养成了勤俭持家、精打细算的消费习惯，以量入为出作为消费原则，消费支出计划性强，很少计划外开支和即兴购买。

三是注重传统，创新性小。中年顾客正处于“不惑”和“知天命”的成熟阶段，青年顾客身上的一些特点在他们身上逐渐淡化，他们内心既留恋青年时代的美好岁月，又要做青年的表率，因此，希望以稳重、老练、自尊和富有涵养的风度有别于青年。反映在消费方面，就是不再完全按照自己的兴趣爱好选择商品或消费方式，而是更多地考虑他人的看法，以维护自己的形象，与众人保持一致。比如选购服装，他们宁可压抑个人爱好而随俗，也不愿意让别人感到自己花样翻新和不稳重。这也是中年人消费品市场比较稳定的一个原因。

中年顾客购买行为特征：

一是购买过程理智化。由于中年顾客的理智性、计划性、自信心均较强，购物经验丰富，所以，在购买过程中即使遇到别人的介绍、劝诱或其他外界因素的影响，也不会头脑发热，感情用事，而是冷静地进行分析、比较、判断和挑选，使自己的购买行为尽量合理、正确、可行。

二是选购商品实用化。在经济条件有限的情况下，中年顾客的节俭心理较强，求实心理较重，在购买过程中，往往格外关注商品的价格及实用性，甚至对于商品价格和实用性有关的因素，如商品的品种、数量、质量、用途、牌号、购买时间、场所等都进行全面衡量后再做选择。一般来讲，物美价廉的商品往往能激发中年顾客的购买欲望。

4. 老年人消费心理与特征

老年顾客一般是指年龄在60岁以上的人，随着社会生活环境的改善和卫生、保健事业的发展，世界人口出现老龄化的趋势。2020年，我国第七次人口普查数据显示，全国60岁及以上人口占18.7%，65岁及以上人口占13.5%，我国已经进入深度老龄化阶段。老年人是一个特殊的消费群体，老年消费市场是一个全世界都在关注的市场。老年顾客在生理上和心理上同青年顾客、中年顾客相比发生了明显的变化。

老年人的消费心理：

一是怀旧心理强烈，品牌忠诚度高。老年顾客在几十年的消费实践中，积累了极其丰富的经验，对某些商品印象非常深刻，形成了反复购买使用的习惯，且不易改变，品牌忠诚度高。另外，老年顾客总是留恋过去的生活方式，情感很难转移，外界刺激很难改变这种情况，对产品有一定的怀旧心理。

二是注重实际，要求得到良好的服务。老年顾客虽然有更多的时间享受生活，但一般退休后，收入有所下降，并且常常为健康问题所扰，他们心理稳定程度高，过日子精打细算，其购买动机形成与否常取决于这些商品给他们带来的方便与舒适程度。他们特别关心商品的质量，使用性能以及携带是否方便等。另外，老年顾客的生理机能有所下降，他们总希望购买场所交通方便些，商品标价和商品说明清晰明了，商品陈列位置和高度适当，便于挑选，购买手续简便，服务热情、耐心、周到。

三是需求结构发生变化。随着生理机能的衰退，老年顾客的需求结构发生变化，用于食品和医疗保健用品的支出增加，只要某种食品、医疗保健用品对健康有利，价格一般不会成为老年顾客的购买障碍，用于穿着方面的支出相对减少，对满足于个人的嗜好和兴趣的商品支出有所增加。

四是较强的补偿性消费心理。在子女成家立业，没有过多的经济负担之后，部分老年顾客产生了较强的补偿性消费心理，在美容美发、衣着打扮、营养食品、健身娱乐、旅游观光等商品的消费方面，有着与青年顾客类似的强烈消费兴趣，以补偿那些过去未能实现的消费愿望。

老年人的购买行为特征：

一是心理惯性强。老年顾客的购买欲望和行为往往受生活习惯的支配，对市场上的新商品趋于保守，相信传统商品，在购买商品时总是不假思索地按习惯行事，很难被营销人员所诱导。

二是防范意识明显。老年顾客虽然消费经验十分丰富，但由于生理和心理机能衰退，对于假冒伪劣商品及欺骗性的经营手段的判断、识别能力下降，容易上当受骗，蒙受经济损失。因此，在购买商品时顾虑较多，防范意识较强，作决策时表现犹豫。

三是自尊心强。老年顾客在社会上和家庭里属于长者，阅历广，辈分高，他们希望得到别人的尊重。因此，在购买商品时，总喜欢受到营销人员的尊重和礼遇，害怕受到冷落。营销人员在接待老年顾客及介绍商品时，若能做到积极、主动、热情、耐心、周到，老年顾客就非常高兴，并能赢得他们的信任。

（二）性别

1. 女性的消费心理与特征

女性的消费心理：

一是爱美心理。爱美心理是女性顾客普遍存在的一种心理状态。这种心理反应在消费活动中，就是无论是青年女性还是中年妇女，都希望通过消费活动既能保持自己的青春美，又能增加修饰美。因此，在挑选商品时，格外重视商品的外观、形象，并往往以此作为是否购买的依据。

二是情感性心理。女性顾客在心理个性的表现上具有较强的情感特征，即感情丰富、细腻，心境变化剧烈，富于幻想、联想，这种特征反映在消费活动中，就容易在情感的支配和作用下临时产生购买欲望或形成对某种商品的偏爱，尤其在为父母、丈夫子女等亲人购买商品时这种心理特征更为突出。

三是实惠心理。女性顾客在家庭中大都要掌管家庭收入，负责安排全家衣食住行等开销。女性顾客普遍形成了精打细算、勤俭持家的美德。这种美德反映在消费活动中，就是希望所购物品既能最大限度满足自己的某种需求，又具有物美价廉、经久耐用等特点。

四是炫耀心理。一些女性顾客希望自己比别人富有或有地位，因此，除了为满足自己的基本生活消费需求或使自己更美、更时髦之外，还可能通过追求高档次、高质量、高价格的名牌商品或在外观上具有奇异、超俗、典雅、洒脱等与众不同的特点的商品，来显示自己的优越地位和某种过人之处。

女性的购买行为特征：

一是注重商品的外观和情感特征。女性顾客所购买的商品具有种类繁多、使用时间短、价格低、花色款式变化频繁、更新换代速度快等特点。在求美心理和情感性心理的作用下，女性顾客在购买这些商品时往往比较注重商品的外观、形象以及商品的象征性和感情色彩。

二是注重商品的实用性和具体利益。女性顾客的实惠心理决定了她们在实际购买活动中，对商品的实际效用和具体利益要求强烈。为了实现购买目的，女性顾客在购买过程中往往要认真仔细挑选，全面衡量利弊得失，甚至是细微之处，都能引起其注意。

三是注重商品的便利性。现代社会的女性，除了承担繁重的家务劳动之外，还从事一定的社会工作，因此，非常欢迎那些能给生活带来方便的各种商品和服务，并愿意及早尝试，以减轻家务劳动。

四是具有较强的自我意识和自尊心。女性常在一起谈论个人和家庭的消费习惯和经验，交流自己的心得体会，表达对某种商品的好恶褒贬。在购买过程中自我意识和自尊心比较强，对别人的评价很敏感。她们希望得到别人的认可和赞扬，肯定自己的判断力和鉴别力。因此，在购买时，会更多地考虑和顾及别人可能给予的评价。但有一点，她们一般不能容忍营业员怀疑自己的常识和能力。

五是购买商品挑剔、选择性强。很多女性顾客视购物为自己的本分和所长，并以此为乐趣。由于所购买的商品种类繁多，选择性强，竞争激烈，加之女性所特有的认真、细腻等特点，使她们在购买商品时往往千挑百选、挑剔再三，直到找不出什么“毛病”了，她们才会感到心满意足，下决心购买。

2. 男性的消费心理与特征

男性的消费心理：

一是比较自信、决策迅速。男性善于控制自己的情绪，处理问题时能够冷静地权衡各种利弊因素，具有较强的独立性和自尊心，直接影响他们在购买过程中的心理活动。因此，动机形成果断迅速，并能立即导致购买行为，即使是处在比较复杂的情况下，也能够果断处理，迅速做出决策。

二是动机不强，时常被动行事。就普遍意义讲，男性客户购买活动远远不如女性频繁，购买动机也不如女性强烈，比较被动。在多数情况下，购买动机的形成往往是由于外界因素的作用，如家里人的嘱咐，同事、朋友的委托，工作的需要等，动机的主动性、灵活性都比较差。

三是理智多于感情。男性客户在购买活动中心境变化不如女性强烈，不喜欢联想、幻想，感情色彩比较淡薄。所以，当动机形成后，稳定性较好，购买行为也比较有规律。男性客户在购买某些商品上与女性的明显区别，就是决策过程不易受感情支配。如购买汽车，男性主要考虑商品的性能、质量、品牌、使用效果，转售价值和保修期限。如果上述条件符合他的要求，就会做出购买决策。而女性则喜欢从感情出发，对车子的外观式样、颜色严加挑剔，并以此形成自己对商品的好恶。另外，男性客户认为男性的特征是粗犷有力，因此，销售员在面对男性客户时，要抓住他们对具有明显男性特征的商品感兴趣的心理，选择如烟、酒、个人装饰品等男性标志商品进行介绍，以便顺利打开局面，与他们成为朋友，为日后的商品介绍推广奠定基础。

四是看重简单、实用。男性客户多注重商品的质量和实用性。在购买时多为理性购买，以满足自己的需要为标准，不太看重商品外观是否花哨，追求简单明快的风格，注重商品的使用效果及整体质量，不太关注商品细节。

五是注重商品档次。男性客户多具有强烈的好胜心理，购物时十分注重商品的档次和品位，而不关心价值问题。由于男性客户本身所具有的攻击性和成就欲较强，所以在购物时喜欢选购高档气派的商品，而且不愿讨价还价，忌讳别人说自己小气或所购商品“不上档次”。根据男性客户普遍具有的这一心理特征，在向他们介绍商品时，销售员要特别强调商品的层次价值。

总而言之，男性客户多具备理智型购物心理。理智型购物心理，是指以较为清醒的理智指导购买行为的购物心理。具有这种购物心理的客户大都是经过一番认真的思考之后，产生的对某种物品购买欲望和购买行动。

男性的购买行为特征：

一是讲究商品的实用性。男性消费者购买商品多为理性购买，不易受商品外观、外围及他人的影响。考究商品的效果及质量。

二是决策迅速。男性的逻辑思维能力强，并收集有关产品的信息，决策快速。

三是追求商品质量档次，购物不太关注价格问题。由于男性本身所具有的成就欲较强，所以男性购物时垂青高等派头的产品，而且不愿讨价还价。

（三）职业

社会分工不同形成了不同的职业，职业影响消费者的消费模式。如在啤酒消费的种类、质量、价格选择方面，高薪白领、海归精英等消费能力强，对价格敏感度相对较低，对啤酒的口感要求较高，选择啤酒时更愿意选择精酿啤酒。有些职业对某些产品的购买需求旺盛，如教师与导游对无线扩音器的需求量相对较高。

（四）收入水平

消费者的收入影响其消费水平，如国内一、二线城市比三、四线城市的收入水平高，消费能力旺盛，高档产品的购买力相对较强。消费者的预期收入的高低也会影响现在的收入，如年轻人未来预期收入可观，则会增加当期消费水平。但是当消费者收入一定，储蓄意愿强烈时，也会减少当期消费。

（五）生活方式

生活方式就是人们选择如何生活，如何使用时间、金钱的方式。不同的生活方式的人会把时间、金钱花在不同的地方。生活方式决定着人们的开支，人们会选择符合自己生活方式的产品，或者自己向往的生活方式的产品。区分不同的生活方式时，可以通过调查消费者的活动、兴趣、意见，从而发现消费者的生活方式。

四、心理因素

（一）需要与动机

需要是人们生理或心理上的一种匮乏而想要获得满足的一种心理状态。需要是人类活动的原动力，正是因为有各种各样的需要，人们才有各种各样的活动发生。美国心理学家马斯洛 1943 年提出了需要层次理论，他把人类的需要划分为 5 个层次：生理需要、安全需要、爱与归属的需要、尊重的需要、自我实现的需要。生理需要即个体为了维持人们体内的生理平衡而产生的需要，如人们对于食物、水、睡眠的需要。安全需要是人们为了追求身体或财产的安全而产生的需要，如消费者对药品、保险的需要。爱与归属的需要是指消费者作为社会中的一员，希望获得亲情、友情、爱情、希望归属某一个社会群体的需要，如消费者购买玫瑰花送给自己喜欢的人，消费者加入某一爱好俱乐部，都源于爱与归属的需要。尊重的需要是人们获得自尊或他尊的需要，如源于尊重的需要，消费者购买衣服、家具、酒类、收藏品、汽车、美容美发服务等。自我实现的需要是最高层次的需要，是人们希望发挥自己的潜能、实现自己的理想追求、实现人生价值的需要，如消费者对教育、运动、爱好的追求。消费者需要的产品种类繁多，满足的需求也各不相同，是购买决策的起点。

动机是人们引发和维持个体行为并指向一定目的的心理动力。购买动机是消费者购买产品的目的，是消费者购买产品的直接驱动力。动机以需要为基础，又明确指向某一方向，在购买中则指向明确的商品，如购买雪糕的动机，购买豪华车的动机。购买动机有显性动机和隐性动机，显性动机是消费者意识到并承认的动机，隐性动机是消费者未意识到或不愿承认的动机，如购买昂贵的手表时，消费者的显性动机可能是漂亮、时尚，隐性动机可能是显示消费者高贵、成功、有身份地位，但是后者往往是消费者自己不愿言明的。

消费者的具体购买动机有很多，比较常见的动机有：

（1）求实动机。求实动机即以追求产品的使用价值为主要目的的购买动机。如购买照相机时，主要考虑照相机的功能、质量、实惠耐用，也可能会考虑其操作简单，拍照时省时省力等。

（2）求名动机。求名动机即追求产品名牌高档，能显示身份、地位、声望的购买动机。如购买价值昂贵的汽车，并非仅作为代步工具，还有可能因为汽车昂贵，能让消费者觉得有面子、有实力。

（3）求便动机。求便动机即消费者追求购买、使用产品方便的购买动机。如消费者会购买便于携带的电脑，就近购买生活用品等，均是源于求便动机。

（4）求新动机。求新动机即追求产品的新颖别致、时尚的购买动机。如年轻人喜欢购买服装、鞋子时注重产品的款式设计，更喜欢新款的衣服和鞋子。

（5）求美动机。求美动机即购买商品时注重商品的美观、美感，追求商品的审美价值是消费者购买商品时的普遍现象，尤其女性购物者比较感性，商品的审美价值能够很好地刺激消费者的购买欲望，产生购买动机。

（6）求廉动机。求廉动机即购买产品时追求便宜实惠，希望用最少的钱获得最多的利益。消费者有此动机时往往愿意花很多时间精力货比三家，评价筛选性价比最高的商品。

（7）从众动机。从众动机即消费者购买产品时希望跟大多数人保持一致，消费上跟随潮流，不希望落后于人。

（8）储备动机。储备动机即以储备商品的价值或使用价值为目的购买动机，消费者购买商品时希望该商品能够保值增值，或以备将来需要时使用。

在购买决策前，促使消费者产生强烈的购买动机非常重要，否则可能会导致购买中断。

（二）认知与情感

认知因素主要是感觉与知觉因素。感觉是人脑对直接作用于感觉器官的客观事物个别属性的反映。产品有许多个别属性，如杯子的颜色、大小、款式、材质、重量、表面的光滑与粗糙，甚至杯子的味道等，当这些个别属性刺激人的感觉器官时，这些属性会反映到消费者的大脑。感觉从内容上来说是客观的，是消费者认识事物的开端和基础，人们在感觉的基础上进行认识和判断。任何营销手段，只有有效的诉诸于顾客的感觉，这才有可能达到预期的目的。感觉让消费者获得对商品的第一印象，如造型可爱的杯子，女性经常因为商品的造型美观而爱不释手。感觉在一定程度上引发消费者的情绪，如美妙的音乐、诱人的香味吸引消费者的驻足停留。感觉也可以实现商品的使用价值，如给人愉悦体验的商品，更容易获得顾客的青睐。

知觉是人脑对客观事物整体属性的反映。知觉是在感觉的基础上形成的对客观事物的综合反映，以感觉为基础。如对苹果的认知是在对该物体颜色、大小、形状、气味等个别属性的基础上形成的，人们首先感觉到苹果的个别属性，在此基础上形成了对苹果的整体印象，从而知觉到该物体是苹果。

知觉具有选择性注意、选择性扭曲、选择性保留的特点。人们对事物的知觉因个体的兴趣、情绪、个性、知识或经验的不同，知觉的内容及对同一事物的知觉结果可能大相径庭。在营销中，同样是色彩鲜艳的衣服或押韵的广告歌曲，儿童很喜欢，但是成年人却认为很幼稚。因此营销沟通要注意沟通对象的兴趣、情绪、个性、知识或经验，要说消费者听得懂的语言，要能激起消费者的兴趣，符合消费者的个性特点，否则会导致沟通失败，影响消费者的购买决策进行。

情感是指人们对于客观事物是否符合自己需要而产生的主观体验。凡是满足主体需要的事物就引起积极的情感体验，如满意、愉悦、开心等；凡是不能满足主体需要或违背主体意愿的就引起消极的情感体验，如愤怒、憎恨、伤心等。情感是主观的，每个人的主观体验可能因需要的不同而产生不同的主观体验，有人热爱美食、美酒，有人却敬而远之。

情绪是情感的具体表现，情感通过情绪的变化展现出来。一般情况下，通过观察人们的情绪表现，可以发现其内心不易察觉的需求。人们的情绪往往通过面部表情、身段表情、手势、语言表情体现出来。面部表情即眼睛、嘴巴、眉毛、脸部的变化体现出来，如鄙视时双目斜视，害羞时脸颊通红，难过时眼皮下垂、无精打采等。身段表情是指肢体的动作表现，如急得直跺脚，笑得前仰后合，害怕时脚步往后退等。手势是通过手的动作表现，如鼓掌表示欢迎，竖大拇指表示赞扬等。言语表情是说话时的语调、速度等，如说语调高亢、语速急促说明情绪激动、兴奋，缓慢低沉的声调语速则表示情绪低落。消费者购买产品时，一般情况下，希望购物体验是积极的，产品能够给消费者带来积极的情感体验，可以通过观察他们的面部表情、身段表情、手势、语言表情，了解他们的意图和目的，从而影响其购买决策。心理要素主要包括需要与动机、认知与情感、学习与记忆、态度、个性与生活方式等内容。

（三）学习与记忆

学习是指人们在生活过程中，因经验而使行为或行为潜能产生比较持久的变化过程。生活中，小孩子学习吃饭、走路，学习游泳、算算术、计算机操作、学习专业知识、学习商品知识等都是学习。从营销角度看，消费者学习是在生活中不断接触企业产品信息从而对消费者的购买决策产生比较持久的影响过程。经过学习消费者才能够对企业的产品认知、产生情感、影响购买行为。如儿童在电视上可以免费看动画片，实际上也是一种学习过程，学习到动画片中的人物、事件，最终影响其对动画片周边产品的狂热爱好和追求，引起动画片周边产品的销售热潮，如果没有看动画片这一学习过程，则很难对这些周边产品产生认知、情感及购买行为。消费者学习在生活中随处可见，形式多样，如自己购买或使用产品的经验，看到产品的广告信息或别人使用产品的经验，观察学习、模仿学习等，消费者学习过的这些经验都会影响到其日后的购买决策。因此，企业应不断将企业产品的信息展露在消费者面前，让消费者或主动或被动接触到这些信息，从而潜移默化的刺激消费者学习，影响消费者购买决策。

记忆是过去经历过的事物在头脑中的反映。记忆是以往学习经验的总积累，是过去经验在人脑中的反映。企业营销中，不但要让消费者学习，还要让消费者印象深刻、记住该产品及该产品的功能、特色等信息，从而在需要解决问题的某个时刻，消费者能想到购买该产品去解决当下的问题。用于增强消费者记忆的方式有很多，如新奇内容，形象生动的信息，适当的重复等。如 2022 年北京冬奥会的吉祥物冰墩墩，产品设计新颖，熊猫的形象生动可爱，给人留下深刻印象。适度的重复对加深消费者记忆非常有效，德国心理学家艾宾浩斯遗忘曲线显示（如图 3 -3），如果没有重复，消费者的遗忘进程在开始时下降迅速。此外，有研究表明，重复会导致回忆率会逐渐上升，如不断重复的电梯广告，虽然让人很反感，却让人记忆非常深刻。

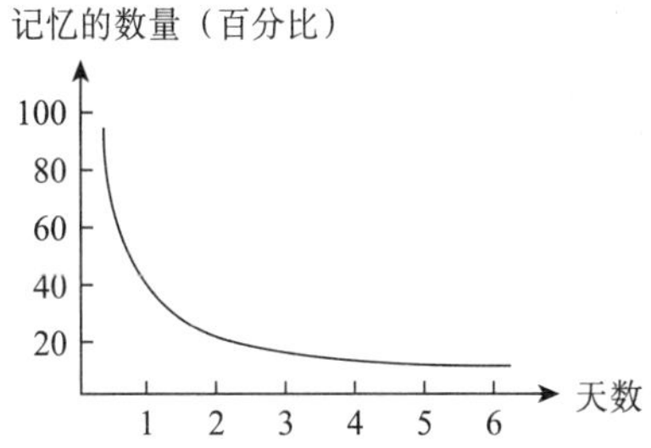

图 3-3 艾宾浩斯遗忘曲线

（四）态度

态度是指人们对于事物所持有的肯定或否定、接近或回避、支持或者反对的心理和行为倾向。消费者对企业、产品持有的肯定或否定、接近或回避、支持或者反对的心理和行为倾向是消费者态度，消费者态度影响消费者购买决策，对产品持有积极的态度让消费者有肯定的、接近产品的倾向，否则是否定、回避的倾向。消费者态度构成包括三个层次：认知、情感、行为。认知层次是对产品的或具体或者整体的评价。表现为对所要购买商品的有关特性的理解和评价，包括商品的质量、外观、性能、功效、安全性、价格、品牌、包装、厂商服务、信誉。情感层次是在认知基础上对态度对象的感情体验，它是态度的核心，并和人们的行为紧密相联系，比如喜欢、厌恶、满意、不满等，喜欢是积极的情感，会使他对该事物产生接近倾向，反之则出现回避的倾向。态度行为层次是一个人对某种事物或某项活动做出特定反应的倾向，包括表达态度的语言和非语言的行动表现。一般情况下，三个层次作用方向是相互协调一致的，消费者态度表现为三者的统一，即有什么样的认知就产生什么样的情感，有什么样的情感就产生什么样的行为。个别情况下也会出现背离，如冒险运动，认知上知道是危险的，但有的人仍然喜欢并去行动。消费者的在购买过程中，比较选择产品一般基于最基本的认知，因此，企业新产品刚进入市场，想要消费者具有积极态度时，一般会循序渐进，从改变认知开始。

（五）个性

个性是指一个人整个的心理面貌，是个人心理活动稳定的心理倾向和心理特征的总和，包括个性倾向性和个性心理特征。个性倾向性是人们对客观世界持有的态度、看法和意识倾向，比如理性、兴趣、价值观。个性心理特征是区别于他人的在不同环境中表现出一贯的、稳定的行为模式的心理特征，包括气质、性格和能力。个性影响消费者的购买决策，不同个性的人在购买的产品种类、购买过程中的表现、遇到问题的处理方式等都各不相同。比如网络购物中，买到价格较高的生鲜商品时，打开包装后对商品不满意，商家却不愿意退货，不同个性的人在处理问题时方式各不相同。有的人会寻求一些折中的方式寻求补偿；有的人会默默签收，下次拒绝购买；有的人则打电话骂了商家一通；还有的人会坚持退货，不行就打电话投诉到消费者协会。

第三节 消费者购买决策过程

每一消费者在购买某一商品时，均会有一个决策过程，只是因所购产品类型、购买者类型的不同而使购买决策过程有所区别，但典型的购买决策过程一般包括5个步骤，如图3-4所示。

图 3－4　消费者购买决策过程

一、认识需求

认识需求是消费者购买决策过程的起点。当消费者在现实生活中感觉到或意识到实际与其理想要求之间有一定差距、并产生了要解决这一问题的愿望时，购买决策便开始了。消费者这种需求的产生，既可以是人体内机能的感受所引发的，如因饥饿而引发购买食品、因口渴而引发购买饮料，又可以是由外部条件刺激所诱生的，如看见电视中的西服广告而打算自己买一套、路过水果店看到新鲜的水果而决定购买等。消费者的需求有些是自己主动意识到的，有些则是由于企业的营销刺激引起。

1. 消费者主动意识到的需求主要有以下几种情况：

（1）某些物品即将用尽时；

（2）对现有的东西不再满意时；

（3）收入变化时；

（4）环境改变时；

（5）配套产品有需求时。

针对消费者主动意识到的需求，企业在营销中，应积极迎合这种需求，提供适销对路的产品，满足消费者的需求。

2. 消费者尚未意识到或经提醒才能意识到的需求主要有以下两种情况：

（1）新产品刚进入市场时；

（2）消费者没有意识到产品带来的利益时。

企业新产品刚进入市场时，消费者没有意识到产品带来的利益时，消费者对商品不了解，不会主动意识到应该购买这种商品，这时候需要企业进行营销刺激或提醒，激发消费者的需求，引导消费者购买。

二、收集信息

为了满足需求，消费者会进行第二阶段的活动，即收集信息。

消费者信息的来源主要有 4 个方面：

（1）个人经验来源。消费者从自己亲自接触、使用商品的过程中得到的信息。

（2）相关群体来源。从家庭、亲友、邻居、同事等个人交往中获得信息。

（3）公共来源。消费者从传播媒体、消协、技监局等所获得的信息。

（4）商业来源。这是消费者获取信息的主要来源，其中包括广告、推销人员的介绍、商品包装、产品说明书等提供的信息。这一信息源是企业可以控制的。

信息是消费者评价选择的基础，因此，企业应积极的向消费者传递信息，做好沟通工作，让消费者把企业产品作为备选产品，避免出现消费者对该产品缺乏认知、不掌握任何信息、或者将产品作为回避品牌的情况。

三、评价选择

当消费者从不同的渠道获取到有关信息后，便对可供选择的品牌进行分析和比较，并对各种品牌的产品作出评价选择。

消费者对收集到的信息中的各种产品的评价主要从以下几个方面进行：

1. 分析产品属性

产品属性即产品能够满足消费者需要的特性。消费者一般将某一种产品看成是一系列属性的集合，对一些熟知的产品，他们关心的属性一般是：

（1）照相机：照片清晰度、速度、体积大小、价格。

（2）电脑：信息存储量、图像显示能力、软件适用性。

（3）牙膏：洁齿、防治牙病、香型。

（4）计算机：储存能力、图像显示能力、软件的适用性。

（5）轮胎：安全性、胎面弹性、行驶质量。

（6）手表：准确性、款式、耐用性。

这些都是消费者感兴趣的产品属性，但消费者不一定对产品的所有属性都视为同等重要。市场营销人员应分析本企业产品应具备哪些属性，以及不同类型的消费者分别对哪些属性感兴趣，以便进行市场细分，为不同需求的消费者提供具有不同属性的产品，既满足顾客的需求，又最大限度地减少因生产不必要的属性所造成的资金、劳动力和时间的耗费。

2. 建立属性等级

即消费者对产品有关属性所赋予的不同的权重。消费者被问及如何属性。在非特色属性中，有些可能被消费者遗忘，而一旦被提及，消费者就会认识到它的重要性。市场营销人员应更多地关心属性权重，而不是属性特色。

3. 确定品牌信念

消费者会根据各品牌的属性及各属性的参数，建立起对各个品牌的不同信念，比如确认哪种品牌在哪一属性上占优势，哪一属性相对较差。

4. 形成“理想产品”

消费者的需求只有通过购买才能得以满足，而他们所期望的从产品中得到的满足，是随产品每一种属性的不同而变化的，这种满足程度与产品属性的关系，可用效用函数描述。效用函数，即描述消费者所期望的产品满足感随产品属性的不同而有所变化的函数关系。它与品牌信念的联系是，品牌信念指消费者对某品牌的某一属性已达到何种水平的评价，而效用函数则表明消费者要求该属性达到何种水平他才会接受。每一消费者对不同产品属性的满足程度不同，形成不同的效用函数。比如，某一消费者欲购买一台摄像机的满足，会随着功能的齐全、图像的清晰、操作的方便等而得以实现，但也会因价格的上升而使满足感减少。把效用的各最高点连接起来，便成为消费者最理想的摄像机效用函数。

四、实施购买

消费者从众多可供选择的品牌中，通过一定的评价方法，对各种品牌进行评价，从而形成对它们的态度和对某种品牌的偏好。在这一评价过程中，大多数的消费者总是将实际产品与自己的理想产品进行比较。也就是说，偏好和购买意图并不总是导致实际购买，尽管两者对购买行为有直接影响。

在对 100 名声称年内要购买 A 牌家用电器的消费者进行追踪研究以后发现，只有 44 人实际购买了该种产品。因此，只让消费者对某一品牌产生好感和购买意向是不够的，真正将购买意向转为购买行动，期间还会受到两个方面的影响：

1. 他人的态度

消费者的购买意图，会因他人的态度而增强或减弱。他人态度对消费意图影响力的强度，取决于他人态度的强弱及他与消费者的关系。一般说来，他人的态度越强、他与消费者的关系越密切，其影响就越大。例如丈夫想买一大屏幕的彩色电视机，而妻子坚决反对，丈夫就极有可能改变或放弃购买意图。此外推销人员的态度也会影响消费者的实际购买，消费者会选择态度好的推销人员提供服务，拒绝态度不好的推销人员提供服务。

2. 意外的情况

消费者购买意向的形成，总是与预期收入、预期价格和期望从产品中得到的好处等因素密切相关的。但是当他欲采取购买行动时，发生了一些意外的情况，诸如因失业而减少收入，因产品涨价而无力购买，或者有其他更需要购买的东西等，这一切都将会使他改变或放弃原有的购买意图。

五、购后行为

消费者购买产品后，通过自己的使用和他人的评价，会对自己购买的商品产生某种程度的满意或不满意，一般顾客十分满意会导致顾客忠诚，顾客不满会导致放弃再次购买该产品。

（一）顾客满意

顾客满意是消费者将产品可感知效果与自己的期望值相比较后形成的心理感受状态。

购买者对其购买活动的满意感（S）是其对产品的期望（E）和实际感知的效果（P）的函数，即 $S=f(E, P)$。若 $E=P$，则消费者会满意；若 $E>P$，则消费者不满意，若 $E<P$，则消费者会非常满意。

消费者实际感知的效果主要取决于两个方面，一方面是产品的表现，另一方面是消费者自身情况。产品的表现是企业可控制的，如提高产品质量，增加功能，使用方便等可增加产品的实际感知效果。消费者自身方面如使用产品的知识经验，自身情绪及身体状况等，在复杂的或使用风险大的产品使用前给予培训或指导可以提高消费者实际感知效果。

消费者的期望则来源于自己的经验认知或企业的宣传。自己的经验认知如自己使用产品的经验，过去收集的信息，亲朋好友告知使用的经验等。企业的宣传也是消费者期望的来源，比如商家宣称自己的产品可以满足消费者自尊与他尊的需要时，若消费者戴上手表果然换来别人羡慕的眼光，消费者则会感到满意。如果商家故意夸大其产品的优点，消费者将会感受到产品实际表现小于期望，最终也会导致消费者不满意。因此随意夸大产品的好处是不可取的，这样会使 E 与 P 之间的差距加大，消费者的不满意感也就越强烈。事实上，那些有保留地宣传其产品优点的企业，反倒使消费者产生了高于期望的满意感，并树立起良好的产品形象和企业形象。

市场营销人员应采取有效措施尽量减少购买者买后不满意的程度，并通过加强售后服务、保持与顾客联系、提供使他们从积极方面认识产品的特性等方式，以增加消费者的满意感。

（二）顾客忠诚

顾客忠诚是指消费者对产品或品牌感到十分满意而产生的情感上的认同。对该产品或品牌有一种强烈、持久的偏爱，并试图重复购买该品牌产品的趋势。忠诚顾客是使公司受益最大的顾客，买更多商品，付高价格，推荐新顾客，而且服务成本越来越低。

一般来说，忠诚顾客重复购买的次数较高，挑选时间短，对价格的敏感程度低，对竞争产品的态度冷淡，对产品故障的承受能力强，愿意为购买该产品而走的距离更远，忠诚的顾客可以延长企业的生命周期。

顾客满意与顾客忠诚之间的关系，一般来说，越满意的顾客越忠诚，越不满意的顾客忠诚度越低，满意度为 0 顾客忠诚度也为 0，如图 3－5 所示，曲线 1 表示低竞争度行业，曲线 2 表示高竞争度行业。

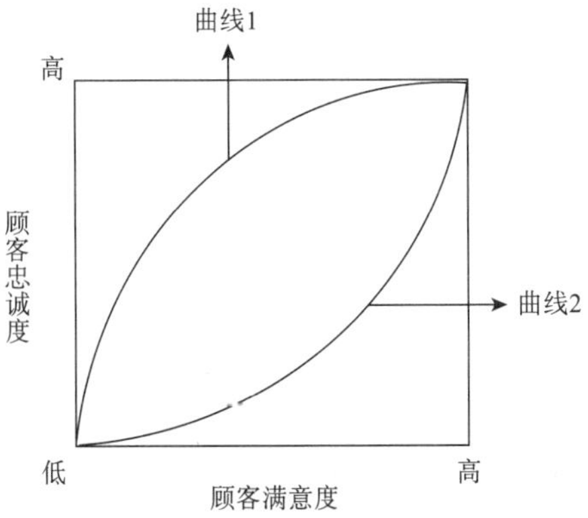

图 3－5　顾客满意度与顾客忠诚度的关系

本章小结

消费者是购买行为的主体。广义的消费者是购买、使用各种产品与服务的个人或组织。狭义的消费者是指购买、使用各种产品和服务的个人或家庭。市场营销学研究的对象主要是狭义的消费者。它是市场体系的基础，是起决定作用的市场。

消费者市场受到社会因素、文化因素、个人统计因素及个人心理因素影响。

消费者购买决策过程分为认识需求、收集信息、评价选择、实施购买、购后行为 5 个步骤。

思考题

1. 消费者市场购买行为有何特征？
2. 消费者购买行为的类型有哪些？在实际中如何运用？
3. 儿童购买行为有哪些特征？
4. 青年购买行为有哪些特征？
5. 中年购买行为有哪些特征？

6. 老年购买行为有哪些特征？
7. 影响消费者购买行为的因素有哪些？
8. 分析消费者在购买家庭住房中的购买决策过程。

营销实训

实训一：收集二手资料，调查北方人和南方人在饮食消费上的区别，分析人们的日常饮食消费受哪些因素的影响。

实训二：调查大学生购买休闲服装与休闲鞋的需求与动机，至少调查 10 人。

实训三：通过收集一手资料，调查消费者购买手机、运动鞋、中性笔时经历了哪些决策过程，分析三种产品的购买决策过程的不同之处。每个产品至少调查 3 人。

案例分析

案例一：可乐包装上的字体可能正在算计你的钱包

商店招牌自古以来便是商铺形象的灵魂，字体又是其中画龙点睛之处。

字体也有着丰富的个性，有的字体透露着利索干练的气质，有的字体又是粗犷豪爽的，还有的字体是温婉的美人儿。不同的字体，似乎也表达了不同的内容。比如，在如图 3－6 所示的三种字体中，你觉得哪个最适合健身房、甜品店和服饰店呢？

图 3－6　不同字体

实例的字体均为 Montserrat Alternates，仅改变粗细与圆润度，就能给人带来不一样的心理感受。大多数人会认为“b－a－c”是最合适的选择。因为 b 给人一种厚重有力的感觉，很容易就让人联想到健身教练健壮的体型；a 圆滚流畅的样子就像美味的蛋糕一样丝滑；而高高瘦瘦的 c 则像极了服装品牌的模特。

字体的个性可不仅是让我们在脑海中联想到具体商品，它甚至还会改变我们在购买时的偏好。最近一项研究便发现，字体的圆润性能提升消费者对一个享乐性商品的喜爱程度，当享乐商品的广告或者包装袋印有的字体是比较圆润的话，消费者将变得比原先更加喜爱它，也更乐意去购买它。

市场上卖的商品一般可以被分为两类，一类是能让人们在感官或情感上获得享乐体验，又富于乐趣的商品，例如好吃的蛋糕，吃完它我们会很开心，这类商品被称为享乐商品；而另一类则是能满足人们某些日常需求或功能需求，有着实际的功效的商品，例如早上的面包，吃完它我们便感到饱腹，这类商品也被称为实用商品。

通过预实验，我们挑选了一些吸引人程度相似的享乐产品（手办、可乐等）和另一些实用产品（行李箱、U 盘等），并为它们分别设计了一套圆润字体的广告和一套方正字体的广告，如图 3 - 7 所示。

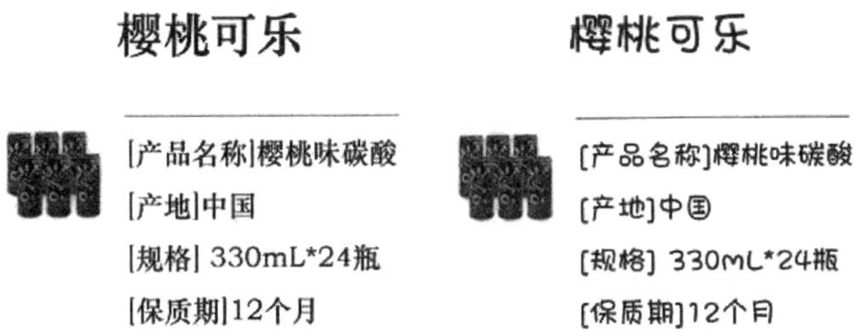

图 3 - 7　不同字体

结果发现，圆润字体可以提升人们对商品的喜爱程度，但这种作用只存在于享乐商品上。在实用商品上，无论打的广告是用圆润字体还是方正字体，参与者对它们的喜爱程度都没有什么变化。研究还发现了字体是不是圆润的，不仅会影响人们的主观偏好，甚至还影响了人们的实际购买行为。在评估人们与产品心理关系远近时发现，圆润字体的特性在于，它可以拉近人们与享乐产品的“心理关系”，也即圆润字体更容易触发消费者在心理上去模拟自己与享乐产品的近距离接触，比如说想象着自己此刻正在打开包装、观察产品细节。

过去的研究发现，字体会影响消费者的味觉体验，圆润的字体让人们觉得一款食物尝起来更甜一些，而方正的字体则让人们感觉到酸或者是苦。不仅是味觉上，圆润的字体还让人感到轻松，甚至觉得字体表述的内容平易近人。无论是味觉上更甜，还是体验上更轻松，这些感觉都与享乐产品带给人们的感受相似；可能正是字体与产品这种感受上的一致性，才让圆润字体能够有效激发消费者对享乐产品的心理模拟。

商家可以好好抓住我们研究提供的“思路”，改变宣传页面千篇一律的字体形式，为享乐商品搭配上一些柔滑又线条感十足的文字或标识，这样可能会让本想买它们的消费者变得更有冲动去购买。最关键的是，调整文字内容的字体，几乎是一种没有成本的营销策略。

百事可乐在几年前有过一次大换装，Logo 从传统上方方正正的风格开始变得圆润了起来，如图 3 - 8 所示。换过装之后的百事可乐，看着它你有没有感觉到它与你的接触更近，尝起来也更甜、更好喝了呢？

图 3 - 8　不同字体和线条

资料来源：果壳网公众号．浙江大学管理学院文章“浙大女教授扎心发现：可乐包装上的字体可能正在算计你的钱包！”汪蕾、于艺凝、李欧，2020 - 1 - 8）

问题：

不同的包装字体给人的感觉和心理距离有何不同？

案例二：开市客的顾客忠诚度

开市客（Costco）是美国最大的连锁会员制仓储量贩店，是会员制仓储批发俱乐部的创始者，成立以来即致力于以可能的最低价格提供给会员高品质的品牌商品。2020 年 7 月，福布斯 2020 全球品牌价值 100 强发布，开市客排名第 79 位。开市客在全世界经营超过 581 家卖场，分布遍及多个国家，全年营业额超过 779 亿美元，开市客已是仓储批发卖场的领导者。

开市客全球会员逾 1 亿人，拥有强大的购买力，通过大量采购的方式，同时仓储批发模式，避免过度包装，尽可能降低成本，将省下的利润回馈给广大会员。每年收取定额会费维持开市客的日常运营及管理，努力为会员创造更多价值。开市客会员在开市客全球任意卖场均可享受到购物权益。在商品策略上，他们选择市场上最受欢迎的品牌商品，而非所有知名品牌；以较大数量的包装销售，降低成本并相对增加价值；持续引进新的有特色的进口商品以增加商品的变化性；随时反应厂商降价或进口税率的降低回馈给会员；任何您在开市客卖场所购买的商品，不想要的商品可以直接退货，普遍被认为无法退货的产品，比如食品、保健品、日化品，即使开封了都可以退，虽然他们不可能再二次销售，只能废弃。在卖场的经营管理上他们将所有商品以原运送栈板的方式进货并陈列于简单的卖场环境；提供会员安全整洁的购物空间，走道宽敞、舒适；商品的处理，有关温度控制及卫生均有严格控管；尽可能的提供给会员更多的免费服务，例如：免费轮胎安装、免费视力检查、免费停车等。

开市客最早开始推行会员制的时候，其实遭遇了失败。人们当时是不接受，也不理解会员制度的，没有多少人来办会员。那么开市客是如何起死回生的呢？它做了一个关键的改变：给高级会员 2% 的消费返点，每年的返点额度最高可以达到 500 美元。高级会员每年的年费是 120 美元，一个家庭每个月只要在开市客消费 500 美元，一年下来，这 120 美元的会员费就可以返回来了。加上开市客的商品物美价廉，本身就比别的渠道有价格优势，只要每个月消费 500 美元以上，省了会员费不说，还可以获得额外的返点，何乐而不为呢？就这样，开市客迅速获得了第一批会员。这些会员办了卡之后，既买到了物美价廉的商品，又拿到了额外的返点，同时还享受到了开市客的诸多会员服务便利。因此第二年的续费率高达 96%，开市客也越做越成功。

（资料来源：Costco 扶摇而上居于世界第三，这家仓储式会员商超如何力克群雄大放异彩的？搜狐网，2023 - 11 - 28）

问题：

开市客为什么顾客忠诚度这么高？

在线测评

第三章　自测题

第四章　市场竞争分析理论与方法

学习目标

1. 知道分析竞争者的步骤和方法；
2. 掌握市场竞争的三大基本策略；
3. 熟悉不同市场竞争地位的企业应采用的竞争策略。

导入案例

可口可乐 PK 王老吉

1. 王老吉的“可口可乐”梦想

一瓶红色的易拉罐和一句“怕上火，喝王老吉”的广告语火遍了大江南北，从2002年销售1.8亿元到2005年销售30亿元，这一源自岭南的凉茶饮料实现了质的跨越。王老吉在产品包装、品牌运作、渠道策略上都把可口可乐作为标杆，在终端视觉识别管理方面已经成为很多本土品牌的榜样。王老吉的独特销售主张（USP）“怕上火，喝王老吉”以及致力于成为凉茶饮料品牌代表的品牌定位是成功的，其以健康饮料概念打击非健康碳酸饮料可乐类产品。

2. 可口可乐的本土反击

面对王老吉等凉茶品牌的攻势，可口可乐公司收购了香港“健康工坊”，“健康工坊”是香港传统凉茶馆“同治堂”旗下品牌，现为香港即饮草本饮料市场的知名品牌。可口可乐目前推出的“健康工坊”系列草本饮料有两个口味：“清凉源”和“美丽源”，邀请张学友出任健康大使，目标直指凉茶市场，包装规格除了类同王老吉热卖的易拉罐外，还增加了PET瓶包装，与王老吉等凉茶品牌最大的区别是更现代、更时尚、更健康。

3. 王老吉与可口可乐品牌分析

王老吉和可口可乐“健康工坊”谁更有机会胜出？谁将引领中国草本饮料市场的发展？可以从以下几个方面进行分析：

（1）产品层面。王老吉以易拉罐产品和核心产品，利乐装产品借势发展，这两种产品分别为两家公司所拥有，市场拓展缺乏合力；可口可乐“健康工坊”以两种口味、两个规格包装进入市场，尤其是PET瓶设计独特，并且是饮料的主流包装，可口可乐在产品上略显优势。

（2）价格层面。王老吉面对的现状非常尴尬，利乐装产品因为价格很低打击了易拉罐产品的销量，而可口可乐“健康工坊”两种口味、两个规格包装价格一致，在销售上可以起到相互支撑的作用。

（3）渠道层面。虽然王老吉经过这几年的迅猛发展，在全国建立了很好的渠道网络，但在饮料行业，可口可乐的渠道依然是最强势的，并且由于可口可乐产品线丰富，所以渠道成本分摊后很低，而王老吉由于产品单一，渠道成本自然很高。

（4）推广层面。王老吉以中国传统凉茶为主基调，以“怕上火，喝王老吉”为核心功能，是专业的功能饮料；可口可乐“健康工坊”以“亲近自然、感觉自然健康”为切入点，其目标消费群体比王老吉更为庞大。

通过简单的4P分析和比较，可以发现可口可乐“健康工坊”略显优势，但实际市场运作会怎么样，还要看两者的发展了，毕竟王老吉在凉茶饮料市场更专业、资源更集中，船小好调头，而可口可乐资源较分散，并不能全力做好这一产品。

资料来源：根据《可口可乐 PK 王老吉》资料整理，道客巴巴，2018－07－23

点评：

在瞬息万变的竞争时代，可口可乐为了应对王老吉的竞争，灵活改变产品线，不执迷于一劳永逸的解决方案，不一厢情愿地寻找理想状态下的最佳模式，在给定的竞争条件和具体情境下改变现有营销策略，从而在草本饮料市场实现与凉茶领导品牌王老吉的抗衡。

市场竞争是市场经济的一般特征。只要商品生产和商品交换存在，就必然有竞争。在市场经济中，任何企业都无法回避竞争。企业要想在市场上取得成功，就必须积极参与市场竞争，而参与竞争的基本前提是在探究、掌握市场竞争规律基础上制定符合企业目标和实力的竞争战略，即要搞清楚企业在市场竞争中要面对的各种竞争压力，找出主要竞争对手并分析其竞争实力与策略，这是企业制定有效竞争战略与策略的基础。

第一节　识别竞争类型的方法

一、从行业角度识别竞争者

一个行业由一群提供一种可以相互替代的产品的企业组成。进行行业分类的依据有：销售商的数量，产品的差异化程度，进入、流动和退出壁垒存在与否，成本结构，纵向一体化程度以及全球化程度等。

市场竞争是指不同的利益主体之间为了在市场上取得有利的地位而进行的竞争。根据参与竞争的利益主体所处角度的不同，市场竞争可以划分为三种基本的竞争类型：卖方之间为争夺市场顾客进行的竞争、买方之间为争夺货源进行的竞争和卖方与买方之间为争取各自的利益进行的竞争。在这三种基本的竞争类型中，表现最为激烈的是卖方之间的竞争，其激烈程度不仅表现在争夺顾客时的直接针锋相对，还表现在竞争参与者更加复杂、多样，除了同行业现有企业互相竞争之外，潜在的新加入者、替代产品经营者都在参与这一类型的竞争。因此，如果将潜在的新加入者和替代品经营者包括进来，可以进一步将市场竞争划分为五种类型，或者说每一个企业在市场中都存在五种类型竞争对手，分别给企业造成不同的竞争压力，如图 4 – 1 所示。

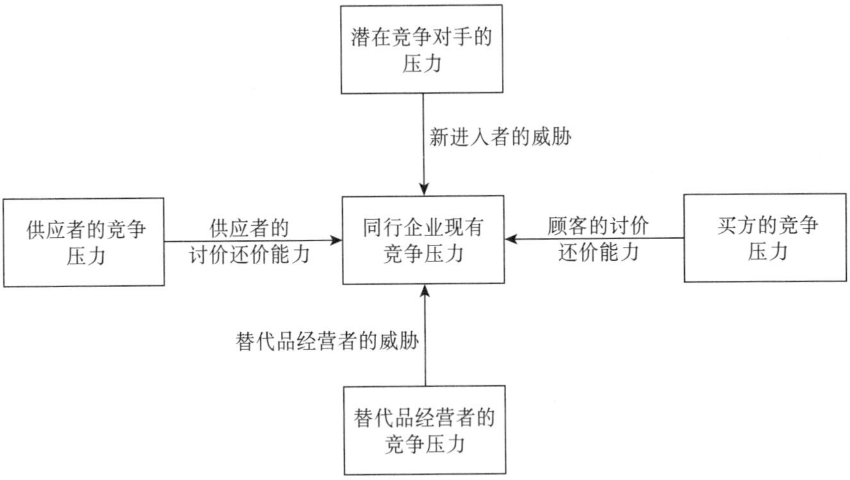

图 4 – 1　波特五力模型

（一）潜在竞争对手的压力分析

一个市场中的潜在竞争压力主要来自新的可能加入者。新企业的加入意味着产品市场供应量增加、产品价格降低、企业边际收入下降，结果可能导致整个行业利润下降。对于新企业是否加入某一市场，一般可通过以下因素进行分析：

1. 市场中现有竞争者的数目

某一市场中现有竞争者的数目即卖方密度。卖方密度及其变化直接影响市场竞争的激烈程度和每个参与竞争的企业的市场份额。在需求量相对稳定的市场中，如果卖方密度较高，新企业的加入往往会遭到市场中既有企业的较为强烈的抵御，从而降低其进入欲望。这种情况下的强行加入者，通常是一些实力雄厚的大企业，潜在竞争能力很强。

2. 产品差异化程度

产品差异化使竞争企业间的产品具有不同特色，有效的产品差异化必须是顾客能够觉察和接受的。在顾客需求表现出明显差异性的市场中，产品差异化成为企业追求顾客忠诚，从而建立竞争优势的重要手段。如果某一市场中的现有企业，产品差异化水平和品牌忠诚度都很高，将会提高这一市场的进入难度，同时也会给具有明显产品特色的新进入者创造进入市场的机会，这种新加入者往往具有较强的竞争力量。

3. 市场进入难度

市场进入难度主要是指新企业加入某个市场时面临的困难程度，这些困难主要表现在所需资金规模、技术要求、经济规模以及政府政策限制等方面。

（二）同行企业现有竞争压力分析

某一市场内现有企业之间的竞争是最直接、最显见的竞争。这种竞争往往是企业为争取自身市场地位而引发，并通过诸如新产品开发投放、价格调整、广告战、分销渠道争夺、产品差异突出以及增加顾客服务等营销手段来体现。不同行业，由于市场状况不同，企业间竞争目的、竞争实力不同，应对竞争的手段也会有差别。一般来讲，同行业企业之间的竞争有

5 种基本竞争形式：

1. 份额竞争

这种竞争主要在成熟行业中表现突出，当市场需求增长缓慢或需求增长率呈不断下降趋势时，企业为了保持已有的利润水平或维持投资效益，只有通过扩大市场占有率达到目的。因此，份额竞争即为维持自身产品市场需求而进行的市场相关资源的争夺战会越来越激烈。

2. 均势竞争

若一个行业里的所有竞争者实力均衡，任何一个企业均无明显优势，那这个行业被称为均衡竞争行业。处于这种行业的竞争对手，会避免展开价格战、广告战、促销战等常规竞争手段，而在新技术、新产品开发方面投入更多的资源。因为只有那些拥有新产品或采用新技术的企业，才能在这一市场中生存和发展。

3. 差异化竞争

在顾客需求多样化趋势明显的市场中，差异化是企业最常用的竞争手段。或者通过产品本身在设计、构造、技术、功能等方面形成产品独有的特色，或者采用其他营销手段，如价格策略、广告宣传、顾客服务等，通过形成不同产品品牌之间的定位差异来争取顾客，以达到获得市场竞争优势的目的。

4. 规模竞争

在规模经济优势明显的行业中，经营规模扩张是企业降低成本、获得市场竞争优势的最有效手段。降低产品价格是吸引更多顾客、增加产品销售的有效手段。因此，这类行业的企业竞争经常采取的手段是不断追加投资，在扩大规模的同时降低产品价格。

5. 多元化竞争

在受到限制较多或者预期发展前景不是很乐观的市场中，企业往往通过多元化经营开展竞争，如烟草企业，普遍采用多元化经营，通过在其他行业投资实现企业发展壮大。

（三）替代品经营者造成的竞争压力分析

企业的竞争对手并不局限于同一行业中。许多企业尽管彼此生产的产品在形式、内容甚至满足人们需求的方式上并不相同，但这些产品或在满足人们特定需求的功能类似，或由于在一定时期内更能吸引人们有限的购买力，而影响企业产品的市场销售和企业的市场地位，甚至给企业带来毁灭性打击。所以，对替代品经营企业的分析是市场竞争对手分析中不可缺少的一项内容。

替代品竞争者主要是指那些在满足人们特定需求上与本企业产品功能类似的产品经营者，或由于在一定时期内更能吸引人们有限的购买力，而导致人们可能放弃对本企业经营产品购买的产品经营者。前者称之为“平行竞争者”，后者称之为“愿望竞争者”。

替代品经营者的影响针对的是整个行业，与替代品经营者竞争，需要行业内所有企业共同努力。为减少替代品企业的竞争压力，企业要在正确认识替代品的基础上，加大技术开发投入、积极开发新产品。

（四）购买者造成的市场压力分析

购买者对企业形成的压力主要来自于其讨价还价能力。购买者通过压低产品价格、追求更高的产品质量、寻求更全面的服务项目等方式，从卖方企业之间的互相竞争中获得好处。通常情况下，影响购买者讨价还价意愿和能力的因素主要有以下几个方面：

（1）如果某个特定买主购买量很大或其购买量占卖方企业整体产品销售比例较高时，该购买者在讨价还价中就处于优势地位。

（2）当购买者为所采购产品付出的代价构成其自身最重要成本时，其购买过程中也会尽最大努力与销售方进行价格谈判。

（3）如果市场上同类产品经营者很多，即卖方竞争激烈，那么购买者可选择余地很大，其讨价还价能力就高。

（4）在产品同质性程度较高的市场中，产品价格成为购买者对不同提供者提供的产品进行比较的唯一因素，这时其讨价还价的意愿也表现得比较强烈。

（5）当购买者更加关注所采购产品的质量时，在价格方面付出大量精力的意愿就较低。

（6）对于技术含量较高的产品，往往购买者难以建立准确的产品价值估计，因此其议价能力较弱。

（7）当购买者难以收集到全面、准确的产品信息时，或者对所收集的产品信息进行深入分析的能力较低时，购买者就难以对市场上提供的产品进行全面评估，这时其讨价还价能力就不可避免地会受到影响。

为了尽量减少购买者讨价还价造成的压力，企业应选择和建立相对稳定、忠诚的目标客户群体。对于卖方来讲，理想的目标顾客应具有以下几个特征：购买者的购买需求与企业的供应能力匹配、购买者讨价还价的能力和所要求的服务成本相对较低；行业具有较大的发展潜力。

（五）供应者造成的市场压力分析

企业营销目标的实现，必然要依赖某些特定资源的供应。如果没有人、财、物等方面资源的供应保证，企业的经营活动就无法正常进行。因此，企业的资源供应者相对于顾客来说是“硬币的另一面”。这里所说的供应商主要是指那些作为企业原材料、能源及其他营销资源的提供者。这些资源的提供者，其讨价还价能力的高低对企业产品成本影响很大，另外，其提供资源的价格稳定性也影响企业产品供应价格的稳定性，从而对企业的市场营销工作产生巨大影响。一般情况下，资源供应商的讨价还价能力主要受以下 4 个方面因素的影响：

1. 垄断程度

若供应商规模大且数目小，则其对资源的垄断程度就越高，其议价能力也越强。

2. 资源的稀缺性

资源越稀缺，越不容易找到替代品，供应商的议价能力就越强。

3. 企业的转换成本

当只有特定供应商作为企业原材料的供应者或特殊材料的提供者时，企业寻找其他供应商将会付出很大代价，这就迫使其与供应商加强合作，而供应商就有了讨价还价的砝码，其议价能力也就越大。

4. 供应商寻找新用户的可能性

供应商越容易找到新用户，其议价能力相对现有用户而言就越高。

综上所述，企业参与市场竞争所要面对的竞争压力来自多个方面。但不同类型的企业、同一企业在不同时期面对的主要竞争压力是不同的，企业只有在深入分析其面临的各种竞争压力的基础上，找出其主要竞争压力来源，明确主要竞争对手，才能制定出有效的竞争战略与策略。

二、从市场的角度识别竞争者

分析研究企业周围的竞争者，是一项十分细微和复杂的工作，从表面上来看，对一家企业而言，确认其竞争者似乎是一项简单的任务。企业往往只关注现有的直接竞争者，而企业实际和潜在的竞争者的范围非常广泛，企业往往败于新出现的竞争者或新技术，而不是现有的竞争者。根据企业之间竞争的直接程度来划分，企业的竞争者可以分为 4 个层次：

（一）品牌竞争者

品牌竞争者是指与企业提供相似的产品与服务，以相似的价格销售给相同的顾客或公司，但品牌不同的竞争者。例如，通用汽车公司可看到其主要竞争者为福特、丰田、本田、雷诺及其他同为中等价位的汽车制造商，但它并不和梅赛德斯、奔驰等汽车生产商竞争。

（二）形式竞争者

形式竞争者是指与企业制造相同的产品或同级产品的所有竞争者，即生产同种产品类别的厂商。例如，通用汽车公司可以将所有的汽车制造商视为其竞争者。

（三）平行竞争者

平行竞争者是指满足同一种需求的不同产品之间的竞争者。例如，通用公司可以广泛地将生产各种交通工具，甚至轮船、飞机等的制造商，视为自己的竞争者。再如，父亲节的礼物：刮胡刀、手表、领带等互相竞争。

（四）愿望竞争者

愿望竞争者是指各种可能耗用目标顾客金钱的制造商或服务公司，即：顾客相同，满足需求的产品不同。例如，通用汽车公司可以更广泛地将所有销售消费性耐用品、新住宅等的公司视为其竞争者。

三、从竞争结构的角度识别竞争者

从行业竞争结构识别竞争者可以分为以下 4 种情况：

（一）完全垄断

当某一领域只有一家企业提供某一产品或服务时，即为完全垄断。完全垄断态势多是基于规章、专利权、许可证、规模经济或其他因素形成，因而缺乏完全相同的产品，甚至缺乏密切替代品，这时企业几乎没有竞争者或者竞争者较少。在没有竞争者或竞争者较少的情况下，企业可以提高产品价格，获取高额垄断利润。当然，过高的价格会激发资本拥有者的投资热情，导致竞争者很快出现。因此，完全垄断是暂时的、相对的，而竞争是绝对的、永恒的。

（二）寡头垄断

一旦形成少数几家大企业在市场上提供同一类产品的行业结构态势，该行业中的几家大企业之间的竞争最为激烈，这几家大企业之间通常通过签订协议，建立垄断同盟，形成寡头垄断，从而在一定时期内形成垄断利润。寡头之间不论如何建立垄断同盟，都会存在某种矛盾和斗争，不可能长期处于均衡状态，寡头垄断迟早会被打破。

（三）垄断竞争

垄断竞争是指某一行业内有许多卖主且其产品在质量、性能、款式和服务方面有差别，顾客对某些品牌有特殊偏好，不同的卖主以差异化产品吸引顾客，开展竞争。企业竞争的焦点是扩大企业品牌与竞争品牌的差异，突出特色，更好地满足目标市场需求以获得溢价。在垄断竞争条件下，垄断企业变动价格不会引起竞争者的强烈反应。应当注意的是，有些产品差异性是客观上存在的，易于用客观手段检测或直观感觉证实；有些则是购买者主观心理上存在的，不易用客观或主观方法加以检测。比如，汽车的速度、油耗和部件易损程度可用客观手段检测，减震性、舒适性、噪声大小和喷漆光亮度可用眼、耳、身等感官加以感觉；而不同品牌的化妆品在保养皮肤功能和抗衰老功能、不同品牌服装的“档次”等则不易被客观或主观检测。对于客观上不易造成差别的同质产品或不易用客观和主观手段检测的产品，企业可以运用有效的营销手段如款式、商标、包装、价格、广告等在购买者心目中形成产品品牌与竞争品牌的心理差别，强化特色，夺取竞争优势。

（四）完全竞争

由许多提供相同产品或服务的企业所形成的行业结构态势称为完全市场竞争。在这种行业内，竞争者价格大致相同，企业需要通过降低生产成本和销售成本来获取较高的利润，或通过产品差异化来吸引更多的顾客，当然也可以通过技术领先地位来取得竞争胜利。

四、评估竞争对手的实力和反应

（一）评估竞争对手的优势和劣势

每一个企业都有自身的优势或劣势。竞争对手优势和劣势的多寡，决定着其能否实现既定的战略和目标。要准确地评估各个竞争对手的优势与劣势，首先要收集竞争对手近期各方面的资料，如销售额、市场占有率、边际利润、投资收益率、现金流量等。

竞争对手的这些资料对于评判其竞争实力、找出其优势与劣势很重要，直接得到这些资料有很大难度，通常只能通过一些间接渠道如顾客、供应商、中间商等收集。其中，顾客价值分析（Customer Value Analysis）是获得有价值资料的重要方式。

基于分析竞争对手的顾客价值分析，实质上是通过对顾客需求满足程度的跟踪，发现竞争对手的优势和劣势。其主要步骤主要是：

（1）调查、分析并确认顾客重视产品的主要属性，即顾客购买产品的评价标准，或称为顾客价值标准；

（2）评估各种属性在吸引顾客中的重要程度；

（3）对比分析本企业产品与竞争对手产品在各项顾客价值标准的差异；

（4）对比分析在特定细分市场上，本企业产品与主要竞争对手产品在各项顾客价值标准的差异；

（5）通过差异分析，明确竞争对手的优势与劣势。

在进行上述分析时，有两点要特别注意：一是由于顾客需求与心理处于动态变化之中，企业应随时跟踪顾客价值标准的变化，及时觉察竞争对手实力的变化；二是不能掺杂有利于本企业的无效或臆想假设，尽量使分析评估具有客观性。

（二）估计竞争对手的反应模式

企业通过分析和研究竞争对手的目标、战略以及优势、劣势，可以预测和判断其应对市场变化可能产生的反应和采取的行动。

不同企业对于竞争对手采取的市场行为会有不同的反应，即反应模式不同。通常，竞争对手的反应模式可以大致归纳为4种基本类型：

1. 从容不迫型

这种类型的竞争对手对企业的市场行为反应不强烈或比较缓和。产生这种反应的原因有很多，或是其对顾客很有信心认为顾客忠于自己；或是缺乏做出反应行为所需的资金；或是对市场变化反应迟钝，没有注意到其他企业已经变化的市场行为。

2. 选择反应型

这种类型的竞争对手只对企业的某些行为和挑战做出强烈反应。通常这种竞争对手对其他企业的降价行为及对顾客有强烈刺激效果的促销措施反应激烈，而对其他的市场行为不作反应。

3. 凶猛反应型

这种类型的竞争对手对其他企业的任何策略和行为都会做出强烈、迅速的反应。

4. 随机反应型

这种类型的竞争对手对企业的行为反应是随机变化的，对于面临的某种挑战或攻击，有时反应可能很强烈，有时则不进行反击或行为缓和，没有一定规律，通常无法预料其反应方式和强烈程度。

通过分析和估计竞争对手的反应模式，企业可以对其主要竞争对手有进一步的了解和认识，为企业选择攻击或回避的对象以及为企业选择恰当的应对策略提供依据。

第二节　市场竞争战略选择

企业在分析主要竞争对手之后，要依据分析结果制定相应的竞争战略。由于自身营销目标、经营实力以及所处市场环境不同，所针对的竞争对手不同，企业的竞争战略亦有所不同。另外，即使同一企业，在发展的不同时期，或企业多元化经营不同类型产品，也需要分别制定不同的竞争战略。

美国哈佛大学教授迈克尔·波特（Mi－chael Porter）在其所著的《竞争战略》一书中，对企业竞争战略进行了最为经典的总结，归纳提出了三种最基本竞争战略：成本领先战略、差异化战略、集中性战略，如图4－2所示：

3种基本竞争战略中，成本领先战略和差异化战略是基本竞争战略的基础；集中性战略是将成本领先战略和差异化战略运用在一个特定的细分市场。

一、成本领先（Overall Cost Leadership）战略

所谓成本领先战略就是通过降低产品研发、生产和分销等各个环节的成本费用，努力使本企业的总体经营成本低于竞争对手，从而使本企业的产品价格低于竞争对手的产品价格，以达到迅速扩大销售、提高市场份额、获得有利市场竞争地位、成为市场主导者的目的。

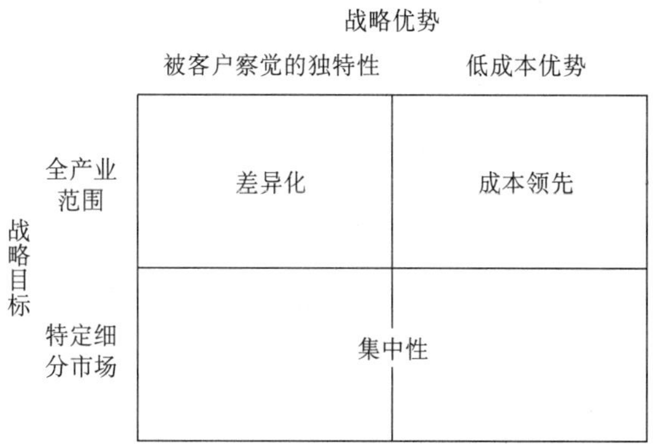

图4－2　3种基本的竞争战略

在这种战略的指导下，企业决定成为所在产业中实行低成本生产的厂家。企业经营范围广泛，为多个产业部门服务甚至可能经营属于其他有关产业的业务。企业的经营面对其成本优势举足轻重。成本优势的来源因产业结构不同而异，可以包括追求规模经济、专利技术、原材料的优惠待遇和其他因素。例如，电视机产业要取得成本领先地位需要有足够规模的先进生产设备、低成本设计、自动化组装和有利于分摊研发费用的全球性销售网络；安全保卫服务业的成本优势则来源于极低的管理费用、源源不断的廉价劳动力、因人员流动性大而需要的高效率培训程序，追求低成本的生产厂商不仅需要向下移动学习曲线，还必须寻找和探索成本优势的一切来源。

成本领先战略必然地要求一个企业成为成本领先者，而不是争夺这一位置的若干厂商中的一员。许多厂商未能充分认识到这一点，导致在战略上铸成大错。当渴望成为成本领先者的厂商不止一家时，他们之间的竞争通常很激烈，每一个百分点的市场占有率都被其认为是至关重要的。只有一个企业在成本上领先，并“说服”其他厂商放弃其战略，否则，成本领先战略对企业的盈利能力以及长期的产业结构产生的影响就是灾难性的。因此，除非是重大的技术变革使一个企业得以彻底改变其成本地位，否则成本领先就是依赖于先发制人策略的一种战略。

有效实施成本领先战略必须具备一定的条件：

（一）具有规模经济优势

只有在规模经济优势明显的状况下，企业通过扩大销售降低运营成本的努力才会有效，成本领先战略才得以实施。在规模经济效益显著的行业中，只有比竞争对手拥有更先进技术设备的企业，或比竞争对手拥有更具市场吸引力品牌的企业，才能通过扩大产品市场销售、提高产品市场占有率获得市场竞争优势，进一步形成提高市场占有份额、降低成本的良性循环。

（二）具有较高的成本管理水平

具有规模经济效益优势行业中的企业，并非都可以轻易获得成本优势，只有那些产品质量控制水平、成本控制水平高的企业，才可能将潜在的优势转化为现实。

企业为了有效实施成本领先战略，维护成本优势和市场领导地位，需要购买和使用大量效率高的设备，而效率高的设备往往专用性较强。设备的高度专用性，使企业产品更新换代缓慢，产品制造中适应市场变化进行调整的灵活性差，当市场需求发生变化时，企业可能出现危机。

低成本经营通常依赖较高的市场占有率和较大规模的产品生产与销售，大量生产与销售必然导致产品品种单一，这将不可避免地影响和降低产品对顾客需求的满足程度。当顾客对需求的满足程度比产品价格更重视的情况下，成本领先战略将失去市场优势。

小链接：　　从沃尔玛的成功看成本领先战略

美国沃尔玛（Wal－Mart）连锁店公司是美国最大的也是世界上最大的连锁零售商。1962 年沃尔玛的创始人山姆·沃尔顿在美国阿肯色州的罗杰成立了第一家沃尔玛门店，1990 年沃尔玛成为全美第一大零售企业，2002 年沃尔玛全球营业收入高达 2 198 亿美元，荣登世界 500 强的冠军宝座。沃尔玛能够取得今日的成就，其中一个重要原因就是成功地实施了成本领先战略。

沃尔玛把节约开支的经营理念作为实施成本领先战略的先决条件，将其物流循环链条作为实施成本领先战略的载体，利用发达的高科技信息处理系统作为成本领先战略实施的基本保障。即：在采购、存货、销售和运输等各个商品流通环节想尽一切办法降低成本。如：直接向工厂购货，使采购成本降低了 2%～6%；统一进货，特别是那些在全球范围内销售的高知名度商品，其获得的价格优惠远远高于同行，形成他人无法比拟的低成本优势；帮助供应商改进工艺、提高质量、降低劳动力成本、分享沃尔玛的信息系统等，辅助供应商实现最低成本，从而提高收益率；存货管理环节降低包装和存货成本，公司总部有一台高速电脑，同 20 个发货中心及 1 000 多家商店连接。通过商店付款柜台扫描器售出的每一件商品，都全自动计入电脑。当某一货物减少到某一数量时，就会发出这种信号，使商店及时向总部要求进货，总部安排货源后，送往离商店最近的分销中心，再由分销中心的电脑安排发送时间和路线；分销配送环节，沃尔玛自身拥有车队，并辅之全球定位的高科技管理手段，保证车队总是处在一种准确、高效、快速、满负荷的状态。沃尔玛各店铺从向总部订货到实现补货，仅需 2 天，而竞争对手需要 4～5 天才能实现补货一次。据沃尔玛自己的统计，沃尔玛的商品运往商店的成本，即进货费用占商品总成本的比例只有 3%，而竞争对手则需要 4.5%～5%；发达的高科技信息处理系统下，各店铺、配送中心、供应商和运输车队利用空中信息轨道及时联络，使快速移动的物流循环链条上的各个点实现了光滑、平稳、顺畅的低成本衔接；积极寻求与供应商、分销商、顾客等供应链外部参与者的合作或联盟，通过共担风险、共享收益、共享信息、共同完成长期目标，实现对顾客需求的快速反应和供应链总利润的最大化。

资料来源：根据百度百科资料“沃尔玛成本领先战略”整理，2017.09

二、差异化（Differentiation）战略

差异化战略也称别具一格战略、差别化战略，是企业通过大力发展别具一格的产品线或营销项目，形成对顾客具有极大吸引力的产品特色，以争取在产品或服务等方面与竞争对手相比有独到之处，通过取得差异优势形成独家经营的市场，以获得市场竞争优势的战略。差异化战略中的“差异”，不仅包括产品本身功能、构造等有形的差异，还包括

产品加工工艺、技术特点、售后服务、分销网络、促销方式以及品牌形象等方面的独特性。最理想的情况是企业使自己在几个方面都具有差异化。例如，卡特皮勒推土机公司(Caterpillar Tractor)不仅以其经销网络和优良的零配件供应服务著称，而且以其极为优质耐用的产品享有盛誉，这些对于大型设备都至关重要，因为大型设备使用过程中发生故障的代价是昂贵的。应当强调的是，差异化战略并不意味着企业可以忽略成本，但成本不是公司的首要战略目标。

差异化战略不仅可以使企业避免在市场上与竞争对手直接对抗，还对其他竞争对手的进入形成障碍。产品差异可以有效降低顾客的价格敏感性和价格对比的选择性，使企业实施价格策略的灵活性和余地增大，定价自主性提高，从而获取较高的市场利润。差异化战略的成功实施，使其成为一个产业中赢得高水平收益的积极战略，因其建立起的防御阵地能够对付五种竞争力量，但其防御的形式与成本领先战略有所不同。波特认为，推行差异化战略有时会与争取占有更大的市场份额的活动相矛盾。推行差异化战略往往要求企业对这一战略的排他性有思想准备。差异化战略与提高市场份额两者不可兼顾。企业实施差异化战略的活动中往往伴随着很高的成本代价，有时即便全产业范围的顾客都了解企业的独特优点，也并不是所有的顾客都愿意或有能力支付企业要求的高价格。

企业实施差异化战略需要一定的适用条件与组织要求：

(1) 企业有很多途径创造与竞争对手产品之间的差异，并且这种差异被顾客认为是有价值的；

(2) 顾客对产品的需求和使用要求是多种多样的，即顾客需求是有差异的；

(3) 采用类似差异化途径的竞争对手很少，即真正能够保证企业是“差异化”的；

(4) 技术变革很快，市场上的竞争主要集中在不断地推出新的产品特色。

除上述外部条件之外，企业实施差异化战略还必须具备如下内部条件：

(1) 企业具有很强的研究开发能力，研究人员要有创造性的眼光；

(2) 企业具有以其产品质量或技术领先的声望；

(3) 企业在这一行业有悠久的历史或能够吸取其他企业的技能并自成一体；

(4) 企业具有很强的市场营销能力；

(5) 研究与开发、产品开发以及市场营销等职能部门之间具有很强的协调性；

(6) 企业要具备能吸引高级研究人员、创造性人才和高技能职员的物质设施；

(7) 各种销售渠道强有力的合作。

实现产品差异化有时会与争取占领更大的市场份额相矛盾，甚至产生一些意外的风险。企业采用差异化战略时，可能存在两方面的风险。一方面是竞争对手的仿制，当企业费尽心力建立的“差异”取得市场成功并获得较高的经济效益时，往往会有一些竞争对手模仿这种“差异”，使企业的“差异”消失或缩小，企业的差异化优势就会丧失或削弱。同时，企业创立“差异”所花费的投资远远高于模仿所需的投资，其营销成本不言而喻将会高于这些竞争对手。另一方面，如果企业建立“差异”投入的资金过高，而顾客不愿意为获得这种“差异”支付相应的高价格时，这种“差异”就会成为无效“差异”，进而成为企业经营中的包袱。以上这两种情况，都将使企业在竞争中处于不利地位。

小链接：今麦郎的差异化战略

今麦郎食品有限公司是国内一家以生产、销售方便面为主的食品企业，前身为河北省华龙食品有限公司。公司前期采用“农村包围城市”战略，品牌以华龙为主，产品以中低档为主，一路超越，一举成为中国方便面行业农村市场第一、行业第二。

不做规则的接受者，要做规则的挑战者。以高档面品牌“今麦郎”向康师傅等强势品牌挑战，分割高端市场。今麦郎不叫方便面，重新命名为“弹面”，今麦郎以“弹面”的强势概念，一举成为产业新类别的领导者。

今麦郎弹面：就你弹！更让今麦郎独占弹面品类，成为差异化营销的经典个案。

（弹面二十年：今麦郎的变与不变，搜狐商讯报道，2022－7－29）

三、集中性（Focus）战略

集中性战略是指企业集中力量为某一个或少数几个细分市场提供服务，通过在一个或少数几个细分市场上建立的成本优势或差异化优势，更好地满足顾客的特殊需要，从而争取市场局部的竞争优势的战略。

集中性战略比较适合于中小型企业。中小型企业竞争实力相对较弱，要针对整个市场实现低成本或差异化比较困难，甚至不可能。采用集中性战略可以使其集中力量，充分发挥相对优势，通过在较狭窄的市场上为特定的目标顾客提供优质服务、提高顾客忠诚，达到长期占有市场、获得市场竞争地位的目标。

集中性营销战略追求的目标不是在较大市场上占有较小的市场份额，而是在一个或几个市场上有较大的甚至是领先的市场份额。其优点是适应企业资源有限这一特点，可以集中力量向某一特定子市场提供最好的服务，而且经营目标集中，管理简单方便，使企业经营成本得以降低，有利于集中使用企业资源，实现专业化生产，实现规模经济效益。集中性营销对环境的适应能力较差，有较大风险，因其放弃了其他市场机会。如果目标市场突然变化，如价格猛跌，购买者兴趣转移等，企业就有可能陷入困境。集中单一产品或服务的增长战略风险较大，一旦企业产品或服务的市场萎缩，企业就会面临困境。因此，企业在、使用单一产品或服务的集中增长战略要谨慎。规模较小的企业在采用集中化战略时，由于目标市场狭窄，企业的低成本和差异化优势非常容易受产业条件和市场需求变化的影响。

小链接：产品单一、经营区域集中问题突出 花花牛乳业上市之路漫长

2020 年 4 月 23 日，河南省证监局官网披露《关于河南花花牛乳业集团股份有限公司首次公开发行 A 股股票并上市辅导工作进展报告（第八期）》。从 2018 年备案冲刺 A 股 IPO 至今，花花牛乳业仍未实现上市，而实际上，花花牛乳业准备上市历程甚至达 10 年之久。在行业竞争不断加剧的大背景下，乳业企业强者恒强，赢者“通吃”迹象越发明显，市场留给花花牛乳业的时间或所剩无几。

1. 上市之路漫长

河南花花牛乳业股份有限公司（以下简称“花花牛乳业”）成立于 2012 年 5 月，注册资本为 17 792.35 万元，实际控制人为关晓彦，主要从事乳品加工、奶牛养殖和饲料生产，总部位于河南省新蔡县产业集聚区，目前拥有13座自有奶源基地，产品涵盖低温酸奶、低温牛奶、常温酸奶、常温牛奶、乳饮料等五大类百余个品种。

2018年12月中信证券与花花牛乳业签订了《河南花花牛乳业集团股份有限公司与中信建投股份有限公司关于河南花花牛乳业股份有限公司首次公开发信股票并上市之辅导协议》，并于2018年12月19日向河南省证监局备案。

实际上，花花牛的上市之路从很早就开始铺垫。早在2008年底，花花牛就开始引进民营战略资本，同时管理层和员工入股企业，随后完成了公司的扩股改制，到2009年，时任花花牛市场部经理的张勇接受媒体采访时表示，“中期目标我们3~4年要上市”，可惜上市目标直到现在都未完成。

2. 产品单一、经营区域集中问题突出

花花牛乳业产品类型较为单一，主要集中在低温及常温酸奶领域，并且随着伊利和蒙牛在常温酸奶领域的全面铺开，不论从销售渠道还是品牌知名度与认可度来说，花花牛均没有突出优势。

作为一家区域性的乳制品生产及零售企业，花花牛乳业一方面面对来自行业龙头伊利、蒙牛等全国性乳企的市场挤压；另一方面，花花牛乳业的消费者人群分布较为集中，市场范围受限。

目前，伊利、蒙牛在产品研发、销售渠道和市场占有率等方面在全国乳企中遥遥领先，同时君乐宝等外部乳企近年来也强势布局河南地区，在该区域设置工厂和自建牧场。

经营区域集中虽然有利于企业的稳定经营，但是这对于企业扩张来说，则是不利的。同时，加速涌入奶制品行业的其他乳制品企业也同步冲击着占据河南市场的花花牛乳业。花花牛乳业产品结构单一、经营区域相对集中等弊端，在激烈的竞争中被不断放大。

（资料来源：花花牛乳业冲刺IPO两年未果，产品单一、现有市场狭窄或成最大障碍，中国财经，2020-04-28）

综上所述，这三种竞争战略各有利弊。企业要成功地运用这些竞争战略，需要根据自身产品特点和企业实力进行合理选择。企业一旦选择竞争战略，就必须全力以赴，以求在市场中拥有某方面优势。如果企业没有把握住以上三种战略中的任何一种战略，那么，企业将在竞争中处于劣势。但如果一个企业在三种战略中同时追求两个或两个以上的战略目标并成功也会非常困难。因为实施这三种竞争战略所要求的管理方式、组织形式、设备条件、技术水平和员工素质等有所不同。即使有企业同时采用不同的竞争战略，也往往是在不同的产品经营领域分别采用不同的战略。例如，汽车制造商可以在轿车经营中采用差异化战略，而在卡车经营中采用成本领先战略。

第三节 市场竞争策略与方法

企业在制定市场竞争战略后，就要根据其战略制定一系列相应的竞争策略。企业的市场竞争策略作为实现市场竞争目标和战略的具体手段，不仅要考虑企业本身选择的竞争战略的要求，还要考虑到企业在市场竞争中所扮演的角色，即企业的市场竞争地位。市场竞争地位不同的企业，由于在市场中的既有利益差别很大，用于维护其市场利益的手段就不可能相同。

一、市场竞争者地位

在某一行业中，各个企业的市场地位从长期来看是动态变化的，而在一定时期内，每一个企业的市场竞争地位又是相对稳定的。通常情况下，一个企业的市场份额是最综合反映企业竞争成果和实力的指标，所以，最常用的划分企业市场竞争地位的方法就是按照市场占有率的高低，将企业分为 4 种类型：市场领导者、市场挑战者、市场追随者、市场利基者。

（一）市场领导者（Market Leader）

市场领导者是指在相关产品市场上占有率最高的企业。通常情况下，大多数行业都有一家企业被公认为是市场领导者，其在产品价格变动、新产品开发、分销与促销实力等方面处于市场主导地位。市场领导者是市场竞争的焦点，也是其他企业挑战、效仿或回避的对象，如软饮料行业中的可口可乐公司、快餐市场中的麦当劳公司等。这种主导者几乎各行各业都有，他们的地位是在市场竞争中形成的，但不是不变的。

（二）市场挑战者（Market Challenger）和市场追随者（Market Follower）

在市场中，那些与市场领导者相比居于次一级地位的企业（市场占有率处于领导者之后的第二、第三甚至更低一些的企业）采取的竞争策略目标可能有两种：一是争取市场领导地位，向市场领导者或其他竞争对手挑战，即市场挑战者；二是安于次要地位，在“和平共处”的状态下求得尽可能多的收益，即市场追随者。每个处于市场次要地位的企业，都要根据自身实力和环境提供的机会与风险，决定自己在竞争中是扮演“挑战者”还是“追随者”的角色。

（三）市场利基者（Market Nicher）

每个行业几乎都有一些小企业，他们专注于市场上被大企业忽略的某些小的细分市场，在这些小市场上通过专业化经营来获取最大限度的收益，也就是说在大企业的夹缝中求得生存和发展。这种有利的市场位置在西方被称为“Niche”，通常音译为“利基”。占据这种市场位置的企业，就称为市场利基者。

二、市场竞争者策略

（一）市场领导者竞争策略

市场领导者虽然在市场上处于主导地位，但不能高枕无忧，其面临着许多竞争对手的攻击和挑战。因此，市场领导者必须采取适当的竞争策略，维护和确保其市场领导地位。通常市场领导者可采取三种策略来维护其领导地位，这三种策略分别是：扩大整个市场的总需求、保持现有市场占有率、进一步提高市场占有率。

1. 扩大整个市场的总需求

由于市场领导者的市场占有率最高，故市场总需求量增大时其收益也最大。一般情况下，市场领导者扩大市场总需求经常采用以下策略：

（1）发现新的使用者。对于某种产品来说，经常会由于种种原因使其市场需求潜力没有得到最大限度的开发，发现并挖掘新的使用者是扩大市场需求的重要方式。具体可采用的策略包括：市场渗透，即转变不使用该产品的潜在顾客的态度，进而成为使用者；将产品打入新的细分市场，包括新的目标顾客群和新的地理区域。

（2）开辟产品的新用途。对于许多产品来说，潜存着一定的未发现功用，通过发掘其新用途，可以使产品的需求量迅速增长。如碳酸氢钠（俗称“小苏打”）自投放市场后的100多年里，销售一直十分平稳，当其被发现具有消除冰箱异味的功能后，市场需求量大幅度攀升。

（3）刺激现有顾客增加使用量。通过运用一些适当的措施和手段，促使顾客增大产品的使用量也可以有效提高整个市场的总需求。如服装制造商通过加快推出新款服装的频率，刺激顾客购买更多的服装。

2. 保持现有市场占有率

市场领导者在谋求扩大整个市场总需求的同时，还要防范市场挑战者的攻击，以保护已经取得的市场占有率和市场地位。在许多市场中，市场挑战者的力量是不可低估和轻视的，它们对市场领导者产生很大的威胁，如不能有效抵御其攻击，就可能被取而代之。

市场领导者抵御挑战者需要从两方面同时入手：首先，必须及时发现和弥补本企业各个方面可能遭到攻击的弱点，使挑战者无可乘之机。其次，进攻是最好的防御，市场领导者不可满足于现状，要以攻为守，即通过不断增强竞争优势，巩固本企业在产品开发、产品成本、分销与促销效率以及产品服务等各方面的领先地位，以积极的态度迎接竞争对手的挑战。

3. 进一步提高市场占有率

市场占有率对于每个企业来说都有着非常重要的意义。市场领导者可以通过进一步提高市场占有率，来巩固其主导地位。提高市场占有率不仅可以大幅度增加产品销售，而且可以提高投资收益率。研究表明，在一些行业中，市场占有率高于40%的企业的平均投资收益率是市场占有率不足10%的企业的平均投资收益率的3倍。

但是，并非在任何情况下提高市场占有率都能使企业利润同步增长。高市场占有率导致高收益的条件是：市场占有率的提高不引起反垄断指控，产品单位成本随着市场占有率的提高而降低。如果企业欲通过进一步提高产品质量来提高市场占有率，必须使市场所接受的价格的增长幅度高于为改善产品质量所增加的成本提高的幅度。

小链接：　可口可乐中国战略“换味”

可口可乐似乎已经进入了一个“换味”的战略转型通道。这些新“可乐”一改碳酸饮料的面孔，迅速地在电视、网络、报纸上替代了原来留给可口可乐的空间。

2009年初，可口可乐已陆续在“美汁源”的平台下推出了C粒柠檬、爽粒葡萄等产品，而这次已经是可口可乐当年第二次大规模上市新产品。

值得注意的是，推出的新产品几乎都是非碳酸饮料，更有趣的是，就在“美汁源果粒奶优”宣布上市后的第4天，可口可乐瓶装商业生产（武汉）有限公司正式开业，这家排名第39的可口可乐工厂是可口可乐迄今为止在中国投资额最高、生产设备全球最先进的不含汽饮料生产基地，同时也是可口可乐在华最大的生产基地。可口可乐将迎来一次重大的战略调整。

而导致这一战略转型的原因似乎与可口可乐全球业务增长的不景气息息相关。据可口可乐公布的第三季度季报显示，当季营业收入下降了4%，低于市场预期；盈利增长不到1%。按箱计算的销量增长仅为2%，其中北美市场销量下降4%。不过，中国市场销量增长却依然保持两位数。此外，可口可乐的主流产品碳酸软饮料销量增长仅为1%，非充汽饮料的销量则增长7%。

1. 牛奶果汁的诱惑

对于可口可乐公司本身来说，并不愿意承认因碳酸饮料市场的不景气而导致战略转变。但事实上，对于现在的可口可乐公司来说，使用“全球饮料巨头”这个称呼似乎比“全球碳酸饮料巨头”更为准确。

尤其是在推出了“牛奶汽水”和“美汁源果粒奶优”这两款蛋白饮料之后。可口可乐的竞争矛头直接指向了包括娃哈哈、太子奶等本土牛奶饮料企业。

有意思的是，几乎在可口可乐推出“美汁源果粒奶优”的同时，雀巢也计划推出有果汁和牛奶成分搭配的固体饮料产品“雀巢果维”，虽然这款产品与牛奶果汁饮料有着很大的差异，但作为替代品市场，还是给娃哈哈营养快线等产品带来了不小的挑战和冲击。

数据显示，牛奶果汁饮料是一块新兴的市场，但发展迅速。2008年，国内牛奶果汁饮料的整体销量已达62亿升。其中，娃哈哈的营养快线、问候阳光等系列占据整个乳品饮料市场份额的70%。

可口可乐推出牛奶果汁产品可能只是一个信号，这可能意味着可口可乐未来将对牛奶饮料市场深度介入。中投顾问食品行业首席研究员认为，随着汇源、统一甚至是康师傅等饮料企业的追随进入，势必将加剧牛奶饮料市场的竞争。

2. 美汁源的野心

与此同时，果粒奶优对于可口可乐来说，还有着另外一个更为重要的作用，那就是对于“美汁源”这个品牌的扩张所带来的积极影响。

据可口可乐公司相关人员介绍，“美汁源”自2004年在中国诞生以来，到2008年，已经成为了2008年中国果汁市场排名第一的品牌。而产品品类也从最初的“美汁源果粒橙”单一品种发展为西柚口味的“美丽果”、热带水果口味的“热带果粒”等。

从传统的碳酸饮料巨头到饮料巨头的转变，“美汁源”这个非碳酸饮料品牌对可口可乐来说是举足轻重的。“美汁源”经过几年的经营，已经有了很好的品牌基础。

与此同时，可口可乐公司也不想放弃“可口可乐”这个品牌在碳酸饮料中的影响力，毕竟碳酸饮料在一定时期内还保留着巨大的市场基数。业内人士预计，“美汁源”未来在全球范围内可能成为与“可口可乐”旗鼓相当的品牌。

James Quincey 指出，中国 O2O 的发展所带来的生意能占到整体营业额的3～4成，而这种商业模式的承载体很大一部分是街边小店，因此产品有必要作出适应性调整，“我想我们可能需要一些不同尺寸的饮料，以便他们可以适配到送餐包裹里头。”

（资料来源：可口可乐为什么更换新口味，百度文库，2022－5－29）

（二）市场挑战者竞争策略

市场挑战者在行业中的市场地位较市场主导者低，但也具有相当的竞争实力，其通常主要采取进攻策略向市场领导者或其他竞争对手发起挑战。

1. 确定挑战对象

市场挑战者在选择挑战策略之前，首先需要确认挑战对象。市场挑战者攻击的对象可能是市场领导者，也可能是与自身实力相当的企业，甚至是弱于自身的企业。向市场领导者发动进攻是风险大且回报也较大的一种选择。但只有市场领导者在某些方面存在弱点或失误，同时挑战者正好具备这一方面优势时，这一选择才有意义。而以弱小企业为攻击对象，虽然回报较小，但由于所需成本低、成功率高，积少成多也能取得可观效果。

2. 选择攻击策略

选定挑战对象后，针对不同的竞争对手，根据其竞争实力与自身实力的强弱对比，选择合理的挑战策略是成功的关键。市场挑战者采取的攻击策略通常有以下5种类型：

（1）正面进攻（Frontal Attack）。正面进攻是指挑战者集中全部优势力量攻击竞争对手的主要市场领域，即直接向竞争对手的优势项目发起攻击。要想以正面攻击取得成功，挑战者必须在产品、价格、分销以及促销等各方面具有超过竞争对手的优势，否则，采取正面进攻的风险就很大，甚至是一种自杀行为，即使是规模大、实力强的挑战者，也未必一定能取胜。

（2）侧翼攻击（Flanking Attack）。侧翼攻击是指挑战者集中力量攻击竞争对手的弱点。通常，企业都会在其主要市场建立牢固的防线，而其他次要市场的防卫一般较为薄弱。挑战者往往在正面攻击力量不足的情况下，选择竞争对手防御较为薄弱的侧翼发起攻击。这种攻击风险小，比较容易取得成功。

通常有两种侧翼攻击是比较有效的。一是发掘并进入主导者和其他竞争对手尚未占领的细分市场，使之发展成为强大的细分市场。二是向市场提供更好的差异化产品，以夺取更多的市场份额。

（3）围堵攻击（Encirelement Attack）。围堵攻击是指挑战者从各个方向对竞争对手发起全面攻击，即对竞争对手的强项和弱项都加以攻击。实施这种攻击策略要求挑战者在各个方面拥有大大超过竞争对手的优势，并确信能够迅速、全面地突破竞争对手的防御。

（4）迂回攻击（Bypass Attack）。迂回攻击是指挑战者避开竞争对手现有的市场领域，打入竞争激烈程度较低的市场，对竞争对手发起间接进攻。通常挑战者可以采取以下三种方式实施迂回攻击：一是开发各种与竞争对手无关的新产品；二是以现有产品开拓竞争对手尚未进入的细分市场；三是加强新技术、新产品的研究和开发利用，以更好的产品取代竞争对手的现有产品。

（5）游动攻击（Guerrilla Attack）。游动攻击是指规模较小、力量较弱的挑战者，对其竞争对手发起的小型的、间歇式的攻击。游动攻击是小企业用来对抗大企业的一种策略。挑战者通过游动攻击骚扰竞争对手，逐步削弱竞争对手的实力，以便寻找机会建立永久性的立足点。

小链接：　　可口可乐（市场领先者）VS 百事可乐（市场挑战者）

作为饮料市场的挑战者，百事可乐几乎在所有涉及的领域都要与可口可乐一分高下。对网络营销工具的运用也不例外。

首先，可口可乐公司在网上设立了虚拟互动工厂（www. vpt. coca. com），即通过游戏、故事及提供各个生产阶段的情况介绍，向网民解释可口可乐的生产过程，以吸引网友参观和了解。2000 年 8 月，可口可乐公司又在中国建设以年轻人为诉求对象的集音乐、电影、聊天、游戏等频道为一体的中文网站，突出强调了互动与娱乐的特点，浓重的红底白色的波浪形“Coca-Cola”字母，古朴典雅而不失活力，是可口可乐永恒的背景。百事可乐也建立了与其公司形象和定位完全统一的中英文网站，以游戏、音乐、活动为主题，其背景则依然是标志创新和年轻的蓝色。百事可乐的网络营销策略，具体体现在以下三个方面：

1. 媒介策略

2000 年 4 月，百事可乐公司首先宣布与 Yahoo 进行全面网络推广合作；在音乐站点，如 MTV. com 的投放力度加大；同时还涉足于体育类网站，例如 NBA. com 和美国棒球联盟。网络广告投放活动是长期行为，从 2000 年 1 月至今从未间断。每年 3 月、4 月，随着气温的升高，伴随饮料消费高峰期的来临，网络广告投放高峰期便开始，通常会延续至 11 月。

2. 创意策略

推崇激情针对可口可乐的传统广告及生活化的“可口”，百事可乐的网络广告较为活泼，无论是画面构图，还是动画运用都传达着一种“酷”的感觉。百事可乐善于使用“名人效应”为自己占领市场，请出青少年的偶像，往往是流行乐坛当红的歌手，作为自己的代言人，百事可乐的网络广告总能捕捉到青少年的兴趣点和关注点。这也是为什么百事可乐会在 MTV. com、NBA. com、美国棒球联盟网站上大投广告的原因。2001 年中国申奥成功，百事可乐的网络广告独具匠心，将品牌的激情无限与气势非凡的内涵画面采用有动感的水珠传达出了百事可乐品牌充沛的活力。醒目的文字传达出百事可乐对北京申奥的支持。广告方案利用“渴望无限”和“终于解渴了”的双关语，将中国人对奥运的企盼巧妙地与百事可乐产品联系在一起。

3. 竞争策略

针锋相对，可口可乐成为冬奥会的指定饮料，可以拿冬奥会大做文章。百事可乐则利用 NBA 和美国棒球联盟寻找平衡点。

（资料来源：可口可乐 VS 百事可乐，究竟谁才是中国真正的碳酸饮料一哥？搜狐网，2020 - 3 - 13）

（三）市场追随者竞争策略

市场追随者主要通过仿效行业中的市场领导者，来谋求自己的生存和发展。但是，市场追随者并非被动地、简单地模仿市场领导者，而是采取有效的跟随策略，确保在不危害和威胁市场领导者的根本利益、不引起竞争对手报复的前提下，保持其现有顾客，并谋求取得适当比例的新顾客，以达到提高市场占有率或增加市场销售量的目的。市场追随者不需要大量的投资，使其在成本上具有一定的优势，通常可以获得满意的利润，其投资收益率甚至可以超过行业的平均水平。通常情况下，市场追随者可以采取的基本竞争策略有以下三种：

1. 紧密跟随（Following Closely）

紧密跟随是指追随者在产品、价格、分销、促销及其他方面，尽可能模仿市场主导者。这种追随者往往很少关心市场开发和培育，他们依赖市场主导者在市场开发、产品开发及其他方面的投资，靠拾取市场主导者的残余市场来生存。

2. 有距离追随（Following at Distance）

有距离追随是指追随者在某些方面模仿市场主导者，而在另一些方面又与主导者保持一定的差异，如在产品包装、广告宣传、产品价格等方面与市场主导者形成差异，而在产品功能、分销渠道等方面追随主导者。如果这种追随不具有攻击性，市场主导者不会介意这些追随者的存在。

3. 有选择追随（Following Selectively）

有选择追随是指追随者择优模仿市场主导者的某些做法，而在其他方面保持自己的独创性。这种追随者有可能发展为挑战者。为了避免与市场主导者直接竞争，追随者往往会选择与主导者不同的细分市场来销售产品。

（四）市场利基者竞争策略

市场利基者以规模较小的细分市场为目标市场，通过为特殊的顾客提供专门的产品或服务，以谋求生存和发展。在许多行业中都会存在一些被大多数企业忽视的市场空缺，填补这些市场空缺，有时可以获得高利润。

1. 企业要通过填补市场空缺来取得成功，关键在于发现和评估有利可图的市场空缺。一个既安全又有利可图的市场空缺应具备以下特征：

（1）必须有足够大的市场规模和购买力。

（2）必须有成长的潜力。

（3）该市场对主要竞争对手不具有吸引力。

（4）企业有为该市场提供有效服务的能力。

（5）企业能够通过为顾客提供优良产品或服务，来抵御竞争对手的攻击。

2. 企业要想获得一个具备上述特征的市场空缺，必须在市场、产品、顾客以及分销等方面实行专业化营销。通常企业可以选择的专业化方案有以下 8 种：

（1）最终用户专业化。即企业专门致力于为某一类最终用户提供服务。

（2）垂直阶段专业化。即企业专门于本行业产品生产经营全过程中某一个环节。

（3）顾客规模专业化。即企业集中力量专门服务特定规模的顾客。

（4）特定顾客专业化。即企业专门服务于某一个或几个最主要的顾客群。

（5）地理区域专业化。即企业专门服务于某一地区或地点的市场。

（6）产品特色专业化。即企业专门经营某一种或某一类产品。

（7）质量与价格专业化。即企业专门经营某一质量和价格档次的产品。

（8）服务项目专业化。即企业专门提供某一种或几种其他企业没有的服务项目。

填补市场空缺策略并非只适合小企业，对于在行业主要市场上市场占有率较低的大、中企业来说，填补市场空缺可能是一个明智的选择和有效的成长途径。大企业同样可以在小市场中大有作为。

小链接：　　罗技鼠标

鼠标于 1968 年便由工程师 Doug Engelbart 发明出来了，只是虎头虎脑的外貌使它一直备受忽视，但罗技改变了鼠标的命运。

自 1982 年以来，全球出厂的 9 亿台个人台式电脑中，有 55% 使用了罗技公司生产的鼠标，世界排名前 20 位的电脑厂商都是罗技的客户。随着罗技所生产的第 1 亿个鼠标在 1996 年出厂，他已经成为了世界最大的鼠标生产制造商。

罗技的创始人包丹宁和 CEO 格瑞诺在小小的鼠标身上凝聚的勇气和创新精神，成为造就年收入 15 亿美元的鼠标王国生意的法宝。

（资料来源：根据网络资料整理）

本章小结

经济全球化使全球市场竞争加剧，面对激烈的国际国内市场竞争，企业必须从行业和市场视角了解竞争者，准确地把握竞争者的特点，分析竞争对手的战略、目标、优势和劣势，制订适当的竞争战略和策略，本章围绕“竞争”与“竞争者”，阐述了企业的基本竞争战略和不同竞争者的竞争策略。

竞争者分析主要包括市场竞争者类型、识别竞争者、评估竞争者的实力和反映、市场营销战略联盟。

市场竞争战略主要包括成本领先战略、差异化战略、集中性战略。成本领先战略就是通过降低产品研发、生产和分销等各个环节的成本费用，努力使本企业的总体经营成本低于竞争对手，从而使本企业的产品价格低于竞争对手的产品价格，以达到迅速扩大销售、提高市场份额、获得有利的市场竞争地位、成为市场主导者的目的。差异化战略也称别具一格战略、差别化战略，就是企业通过大力发展别具一格的产品线或营销项目，形成对顾客具有极大吸引力的产品特色，以争取在产品或服务等方面比竞争对手有独到之处，通过取得差异优势形成独家经营的市场，以获得市场竞争优势。集中性战略指的是企业集中力量为某一个或少数几个细分市场提供服务，通过在一个或少数几个细分市场上建立的成本优势或差异化优势，更好地满足顾客的特殊需要，从而争取市场局部的竞争优势。

按照市场占有率高低将企业分为 4 种类型：市场主导者、市场挑战者、市场追随者、市场利基者。市场主导者是指在相关产品市场上占有率最高的企业。市场主导者要保持领先地位，必须采取适当的竞争策略。通常市场主导者采取扩大整个市场的总需求、保持现有市场占有率、进一步提高市场占有率 3 种策略来维护其主导地位；市场挑战者在行业中的市场地位较主导者低，但也具有相当的竞争实力。其通常主要采取进攻策略向市场主导者或其他竞争对手发起挑战；市场追随者是指在营销组合策略上模仿或跟随市场领导者的公司，市场追随者可以采取的基本竞争策略有紧密跟随、有距离追随有选择追随 3 种策略；市场利基者以规模较小的细分市场为目标市场，通过为特殊的顾客提供专门的产品和服务，以谋求生存和发展。在许多行业中都会存在一些被大多数企业忽视的市场空缺，填补这些市场空缺，有时可以获得高利润。

思考题

1. 分析竞争对手的主要步骤有哪些？
2. 企业要面对哪几个层次的竞争对手？
3. 竞争对手的反应模式有哪些？
4. 企业可以采用的基本竞争战略有哪些？采用这些战略各有何风险？
5. 按照市场竞争地位，可将某一行业中的企业分成哪几种类型？它们各有什么特征？
6. 试述市场领导者可采用的防御战略。
7. 试述市场挑战者可采用的进攻策略。
8. 市场追随者可分为哪些类型？理想的利基市场主要有哪些特征？

营销实训

实训一：选择你熟悉的一家企业，分别从行业、市场和竞争结构的角度识别其竞争者，并评估该企业竞争者的实力。

实训二：在实训一的基础上，分析该企业的市场竞争战略，并找出该企业竞争战略的优缺点。

实训三：在实训一、实训二的基础上，按照市场占有率的高低，确定该企业的竞争地位，并分析其竞争策略。

案例分析

康师傅和统一打了25年，可能一起输

康师傅、统一作为中国市场上方便面的两大霸主，似乎风光不甚以往，从2014年至今，营收双双连续下滑，一时之间曾经不可一世的方便面双雄正在遭遇困难。现在，方便面似乎已逐渐变成人们怀念的记忆味道，或者只是为了尝鲜偶尔吃一回的零食。

1. 中国人真的很爱吃方便面

从20世纪90年代开始，方便面在中国的营业额曾有连续18年的增长。据世界方便面协会统计，全世界每年消费的977亿份方便面，仅中国人就吃了404.3亿份，位列第一，是排名其后的8个国家需求量的总和，算下来，中国每年人均要吃掉20多份方便面，也就是说每个月至少要吃两顿方便面。

2. 你死我活变难兄难弟

当方便面的销量在2007年达到巅峰（498亿包）后，2012年后开始下滑。2015年，整个方便面行业出现了12.5%的下降。这已是方便面连续五年出现衰退迹象。据传，康师傅

和统一纷纷开始变卖资产，统一把今麦郎、健力宝卖掉，康师傅把部分方便面厂和饮料厂卖掉。当年，拼得你死我活的方便面双雄，现在居然变成了难兄难弟。

3. 外卖行业的崛起

随着近年来外卖行业的兴起，方便面作为人们日常生活的所需的地位，已逐渐被更健康美味，同时方便快捷的外卖所替代。当百度外卖、饿了么、美团外卖相互之间打的如火如荼的时候，谁都没注意到竟不小心逐渐消灭了康师傅和统一这一对曾经的方便面霸主。或许这就正应了互联网江湖的那句老话，“我消灭了你，但与你无关”。大概康师傅和统一这对斗了半辈子的难兄难弟也没想到，最终消灭自己的会来自于另外一个行业。

资料来源：康师傅和统一打了25年，可能一起输，搜狐网，2018－01－14

问题： 1. 康师傅与统一之间的竞争属于什么类型？

2. 针对现阶段的失利，康师傅可以采取什么策略来应对？

在线测评

第四章　自测题

第五章　营销调研理论与方法

学习目标

1. 理解营销调研的概念和作用；
2. 掌握营销调研的步骤、营销调研的方法和调查表设计的方法；
3. 理解市场需求预测的内涵、需求测量的定性与定量的方法；
4. 能够独立自主地开展营销调研工作，并运用测量工具学会进行市场预测。

导入案例

吉列公司的市场调查

男人长胡子，因而要刮胡子；女人不长胡子，自然也就不必刮胡子。然而，美国的吉列公司却把“刮胡刀”推销给女人，居然大获成功。

吉列公司创建于1901年，其产品广受男士欢迎。20世纪70年代，吉列公司的销售额已达20亿美元，成为世界著名的跨国公司。但吉列公司的领导者并不满足于此，而是想方设法继续拓展市场，争取更多用户。就在1974年，公司提出了面向妇女的专用“刮毛刀”。这一决策看似荒谬，却是建立在坚实可靠的市场调查基础上。

吉列公司先用一年的时间进行了周密的市场调查，发现在美国30岁以上的妇女中，有65%的人为保持美好形象，要定期刮除腿毛和腋毛。这些妇女之中，除使用电动剃须刀和脱毛剂之外，主要靠购买各种男用剃须刀来满足此项需要，一年在这方面的花费高达7 500万美元。相比之下，美国妇女一年花在眉笔和眼影上的钱仅有6 300万美元，染发剂则为5 500万美元。毫无疑问，这是一个极具潜力的市场。

根据这一调查结果，吉列公司精心设计了新产品，它的刀头部分和男用刮胡刀并无两样，采用一次性使用的双层刀片，但刀架选用了色彩鲜艳的塑料，并将握柄改为弧形以利于妇女使用，握柄上还印压了一朵雏菊图案。这样一来，新产品立即彰显出女性的特点。为了使雏菊刮毛刀迅速占领市场，吉列公司还拟定几种不同的“定位观念”到消费者中征求意见。这些定位观念包括：突出刮毛刀的“双刀刮毛”；突出其创造性的“完全适合女性需求”；强调价格的“不到50美分”；以及表明产品使用安全“不伤玉腿”等。最后，公司根据多数妇女的意见，选择了“不伤玉腿”作为推销时突出的重点，刊登广告进行宣传。结果，雏菊刮毛刀迅速畅销全球。

（资料来源：吉列公司市场调查，百度文库，2011－3－17.）

点评：

市场调研是经营决策的前提，只有充分认识市场，了解市场需求，对市场做出科学的分析判断，决策才具有针对性，从而拓展市场，使企业兴旺发达。在现代市场营销观念下，营销管理的任务就是在满足消费者的需求和欲望的前提下达成企业的利润目标。企业营销管理人员为完成上述任务，需要对企业可控制的因素即产品、定价、分销和促销策略进行综合运用以制定有效的市场营销策略，而后者必须建立在收集全面和可靠的市场调研基础之上。因此，经常开展市场营销调研，对企业资源进行全面的科学管理是企业制定市场营销决策的前提与基础。企业必须重视对营销调研的管理和研究。

第一节　市场营销调研的概念

一、市场营销调研的含义

（一）市场营销调研的含义

1. 菲利普·科特勒的定义

“现代营销学之父”菲利普·科特勒（Philip Kotler）对市场营销调研下的定义：市场营销调研是系统地设计、收集、分析并报告与公司面临的特定市场营销状况有关的数据和调查结果。

2. 卡尔·麦克丹尼尔的定义

国际知名市场调研专家卡尔·麦克丹尼尔（Carl McDaniel）对市场营销调研下的定义：市场调研是计划、收集和分析与营销决策有关的资料，并向管理者沟通分析结果。

3. 《国际商会/欧洲民意和市场研究协会关于市场和社会研究的国际标准》的定义

《国际商会/欧洲民意和市场研究协会关于市场和社会研究的国际标准》对市场营销调研的定义：市场营销调研是市场信息领域中的一个关键因素，它把消费者、顾客、公众与商家通过信息的形式联系在一起，这些信息用于判断市场营销中的机会和问题；制定、改进和评估营销活动；加深对营销过程的理解，对达成更有效的营销活动的途径的理解。市场营销调研包括将相应问题所需的信息具体化；设计信息收集的方法，管理并实施数据的收集过程；分析研究结果；得出结论并确定含义。

4. 美国市场营销协会的定义

美国市场营销协会对市场调查下的定义：市场调查是一种通过特定信息将消费者、顾客和公众与营销者联系起来的职能。这些信息用于识别和确定营销机会及问题，产生、提炼和评估营销活动，监督营销绩效，改进人们对营销过程的理解。它规定了解决这些问题所需的信息，设计收集信息的方法，管理并实施信息收集过程，分析结果，最后要沟通所得的信息并理解其意义。

5. 美国经营管理协会的定义

美国经营管理协会对市场营销调研下的定义：市场调研是将现在市场连接潜在市场的重

要研究，也是重要的评价，其目的在于了解市场推销的政策、方法和实行，并寻找出结论，作为支持的依据。

市场营销调研是企业营销管理者制定有效的市场营销决策的重要依据，有广义和狭义之分。狭义的市场营销调研，仅指对市场本身的分析与研究，以购买商品、消费商品的个人或厂商为对象，以探讨商品的购买、消费等为事实、动机；广义的市场营销调研与狭义的市场调查不同，它不仅包括对市场本身的分析与研究，还包括企业市场营销活动全过程的分析和研究。

（二）本书的定义

市场营销调研是指运用科学的方法系统而客观地辨别、收集、分析和传递有关市场营销活动等各方面信息的活动。

理解市场营销调研的定义，要从“系统”“客观”“帮助”三个方面入手：

1. 系统

市场营销调研必须建立在周密的计划和安排上，以保证调研工作能够有条理地开展下去。

2. 客观

调研人员对所有的信息资料要以公正和中立的态度进行记录、整理、分析和处理，尽量减少偏见和错误。

3. 帮助

调研所得的信息及根据信息分析得出的结论，要作为市场营销管理人员制定决策的依据，但不能代替其作出决策。

二、市场营销调研的作用

市场营销调研是企业营销活动的基础，其作用十分重要。

（一）有利于开拓新的市场

通过营销调研，企业可发现消费者尚未满足的需求，发现市场中存在的机会和企业营销的问题，从而抓住机会，解决问题，不断开拓新的市场。

（二）有利于优化营销组合

营销组合能否达到营销目的，营销调研是基本依据。通过营销调研，充分了解消费者的需求及其满足程度，了解消费者对产品、价格、渠道和促销的反应，这样，才能制定有针对性的、最佳的营销组合方案。美国柯达公司就是通过调研开发出众所周知的傻瓜相机，并制定了一般家庭能够接受的、低的价格，在全球28个国家，建立40多个分支机构，同时上市促销，其中一半收入来自海外，获得成功。

（三）有利于制定科学的营销规划

营销规划决定企业发展的未来，是一项中长期计划，只有通过调研，了解企业内外部环境因素和企业优劣势，了解市场竞争格局，了解市场需求规模及结构，了解消费者的购买特征，才能科学地制定和调整企业营销规划。否则，营销规划就是空中楼阁。

第二节　市场营销调研的步骤

营销调研是一项有计划、有组织的活动，必须遵循一定的程序，才能达到预期效果。营销调研程序一般包括确定问题与目标、制订调研计划、收集信息、信息加工分析和提出调研报告5大步骤，如图5-1所示：

图5-1　营销调研程序

一、确定问题与目标

为了达到调研目的，首先要确定调研问题，即为什么而调研。调研问题不能过宽，也不能过窄，须明确界定。过宽，则造成无谓的人、财、物的浪费；过窄，则影响调研结果的准确性。其次，确定调研目标。调研目标因调研类型不同而不同。市场营销调研类型有三大类：

（一）探测性调研

探测性调研是用于探询企业所要研究的问题的一般性质的调研。探测性调研是研究者在研究之初对所要研究的问题的性质或范围不太明确，不能确定到底要研究些什么问题时而进行的收集初步资料的调研。通过探测性调研，可以发现问题，了解情况，为进一步调研打下良好基础。

（二）描述性调研

描述性调研是一种经常性调研活动。描述性调研是通过详细的调查和分析，对市场营销活动的某个方面进行客观的描述。描述性调研一般要深入市场，收集一手资料，不但要发现问题，更要找出问题产生的原因，并寻求解决的办法。例如，市场潜力和市场占有率、产品的消费群结构、竞争企业的状况的描述等。与探测性调研相比，描述性调研的目的更加明确，研究的问题更加具体。

（三）因果关系调研

因果关系调研的目的是找出关联现象或变量之间的因果关系。描述性调研可以说明某些现象或变量之间相互关联，但要说明某个变量是否引起或决定着其他变量的变化，就用到因果关系调研。因为影响某个变量的因素非常多，到底哪个是主要因素，哪个是次要因素，需要进行因果关系调研。如销售量下降，原因可能有价格问题、竞争问题、中间商问题、促销问题、宏观因素等，到底哪个是主要因素，就需要调研。

二、制定调研计划

在调研问题和目标确定之后，就需要准备一份详细周密的调研计划，确保调研能够有序进行。调研计划的内容见表5-1：

表 5－1　调研计划内容

调研计划的项目	调研计划的内容
信息来源	一手资料；二手资料
调研方法	询问法；观察法；实验法
调研工具	调查表；设备；提纲
调研方式与调研对象	普查与重点调查；典型调查；抽样调查
调研经费	总费用和各项目费用
人员培训分工	主持人、补充人、记录人、协调人等
作业进度	总时间、周时间、日时间安排及调剂

三、收集信息

信息收集的途径有两种：

（一）实地调研

实地调研就是调研人员亲自到第一线去收集有关调研问题的信息，实地调研获取的信息又叫一手资料。一手资料最丰富、最客观、最重要、最实用，但调研人员付出也最大，调研费用也比较高。

因此，实地调研，可以由本企业派出调研人员收集，也可能委托调研公司去收集。尤其是市场较远，企业又缺乏优秀的调研人员，或语言不通、存在文化障碍等情况下，可以委托专职的调研公司去做。如国际营销调研一般是通过市场国的调研公司进行。

（二）文案调研

文案调研就是坐在办公室，通过电脑、报纸、杂志、年鉴等查阅市场各方发布的信息而进行的调研。这种资料也叫二手资料。二手资料来源非常广泛，调研人员既可以从内部资料获取，也可通过外部资料获取。内部资料来源有：企业财务报告、资产平衡表、销售统计等；外部资料来源有：政府公报和文件、书籍、报纸、期刊、商品目录、广告等。二手资料费用较低，省时省力，但资料可能过时、不精确、不完善、不可靠等。

四、信息加工与分析

调研的目的是要分析出调研结果，为决策提供帮助。实地调研结束后，调研人员就要运用汇总、平均数、相关系数、表格等对信息进行整理、编码、统计、分析，从而提出调研结果，即“出去一把抓，回来再分家”。分析信息也就是运用科学的统计方法对调研信息“去粗取精，去伪存真，由此及表，由表及里”的过程。分析的方法有定性分析和定量分析，或经验分析和数学分析。现在一般运用计算机和辅助软件来进行。这样，效率高也科学。

五、提出调研报告

调研的最终目的是要为决策部门提供一个客观的调研报告。因此，调研人员要在信息加工和分析的基础上，以调研报告的形式总结、汇总调研报告。调研报告要力求简明、准确、完整、客观，为决策提供依据。

第三节　市场营销调研的方法

一、确定调研对象的方法

（一）普查与典型调查

普查就是对调研对象一一进行调查，这种调查全面、准确，但耗时长，成本太高，且有时资料在调查开始与结束后，数据差别较大。通常只有政府机构才用，企业很少使用上述这种方法。

与普查相对应的是典型调查。典型调查就是从总样本中选择有代表性的样本进行调查。这种调查同普查相比，有事半功倍之效。如调查国企盈利与亏损情况，可以选择国企中盈利大户与亏损大户开展调研，这就是典型调查。

（二）抽样调查方法

当调研对象众多、调查区域广，且受制于人、财、物限制时，可以采用抽样调查法。

抽样调查方法是从调查对象总体中选取具有代表性的部分个体或样本进行调查，并根据样本的调查结果去推断总体发展趋势的方法。抽样调查法包括以下类型：

1. 简单随机抽样

简单随机抽样就是对总体进行编号，然后按照等可能性原则从总体中随意抽出个体的抽样方法。

简单随机抽样方法简单，误差分析较容易，但是需要样本容量较多，适用于各个体之间差异较小的情况。

2. 等距随机抽样

等距随机抽样就是对总体进行编号，第一个随机，其余按间隔抽取样本，间距等于样本总数除以抽取的个体数。

等距随机抽样法的抽样样本分布比较好，有好的理论，总体估计值容易计算。

3. 分组抽样

分组抽样就是把总体按照一定的标准分组，然后再按照随机抽样方法从每一组中抽取样本进行调研。

分组抽样可以增强样本的代表性，避免样本总是集中于某个群体中。

4. 分群抽样

分群抽样就是把调查总体机械地分成若干群体，再按照随机抽样方法抽取样本进行调研。比如按地理区域分群抽样。分群抽样适用于样本比较集中的情形，组织简单，可降低调查费用，但样本代表性差。

分组抽样与分群抽样的不同是，分组抽样是组内相同，组与组不同；分群抽样是群与群相同，群内不同。

5. 判断抽样

判断抽样就是由调研人员根据自己的判断，确定调研对象的方式的调查方法。

二、收集资料的方法

（一）观察法

观察法是由调查员直接或通过仪器在现场观察调研对象的行为动态并加以记录而获取信息的一种方法。观察法包括以下几种类型：

1. 直接观察法

直接观察法就是调查员通过现场直接观察收集被调查人员信息的方法。

直接观察法又可以分为公开观察法和隐蔽观察法两种。公开观察是调查人员在调查地点的公开，即被调查者意识到有人在观察自己的言行；隐蔽观察是指被调查者没有意识到自己的行为已被观察和记录。这两种方法都是直接收集第一手资料的调查方法。

2. 亲身体验法

“要知道梨子的味道，最好亲自尝一尝。”要了解消费者的信息，最好扮演成消费者去消费一次，即可知道消费者的心理、动机和行为。

3. 实际痕迹测量法

实际痕迹测量法是通过消费者消费留下的痕迹收集信息的方法，如了解司机喜欢哪个电台的节目，可以通过司机修车或坐车时观察汽车上的频道痕迹就可知道。

实际痕迹测量法一般用于对用户的流量、广告的效果等的调查。

4. 行为记录法

行为记录法是借助一定的仪器，把消费者的某一消费行为全部记录（录像）下来进行分析，去分析消费者心理、动机、需求的方法。

观察法的优点是可以观察到消费者的真实行为特征，无须其他中间环节，且观察到的资料比较真实、生动；具有及时性的特点，能捕捉到正在发生的现象；能搜集到一些无法言表的材料。缺点是容易受时间、观察对象、观察者本身的限制，且观察者只能观察到外部现象，无法观察到调查对象的一些动机、意向及态度等内在因素。直接观察法不适应于大面积的调查。

（二）实验法

实验法是指在控制的条件下对所研究的现象的一个或多个因素进行操纵，以测定这些因素之间的关系，它是因果关系调研中经常使用的一种行之有效的方法。

实验法有实验室实验法与自然实验法两种类型。实验室实验法通过严格控制各种因素，采用专门仪器进行测试和记录数据，具有较高的可信度，用于探索自变量和因变量之间的关系。自然实验法则比较接近人的生活实际，易于实施，用于研究教育心理学、儿童心理学和社会心理学的大量课题。

实验法在展销上的应用有以下几种：

1. 简单时间序列

选择若干经销商，通过展销对比，判断促销方式的优劣。

2. 重复时间序列

选择一个经销商展销，停一周，再展销。

3. 前后控制组分析

选择两个经销商，一个展销，一个不展销，进行对比分析。

实验法的优点是可以有控制地分析、观察某些市场现象之间是否存在着因果关系，以及相互影响程度，方法科学，能够获得较真实的资料，可信度较强。实验法适用于对当前市场现象的影响分析，具有一定的局限性且费用较高。

（三）访问法

访问法是营销调研中使用最普遍的一种调查方法。它把调研人员事先拟订的调查项目或问题以某种方式向被调查者提出，要求给予答复，由此获取被调查者或消费者的动机、意向、态度等方面的信息。

访问法主要包括以下几种类型：

1. 个人访问

个人访问是调研人员与被调查对象面对面，通过提问获取资料的方法。个人访问的优点是灵活性大，可听取意见、观察反映、发现问题、互相启发、深入探讨等；缺点是费用高、人力消耗大、受调查人员主观影响大。

2. 电话访问

电话访问是调研人员通过向调研对象打电话的方式收信信息的方法。其优点是信息快、费用低、回答率高；缺点是用户受限、仅适用于简单问题、调研对象不易合作等。

3. 邮寄访问

邮寄访问是调研人员通过设计调查表或问卷收集信息的方法。其优点是问题面宽、调研对象可充分考虑也可参考他人意见；缺点是回答率低、周期长、不能解释。

4. 网络调查法

网络调查法即调研人员在互联网上通过设计问卷收集资料的方法。其优点是速度快、成本低；缺点是调研对象不好控制。

访问法的优劣对比见表 5 - 2：

表 5 - 2　访问法优劣对比

项目＼类型	邮寄	电话	个人	网络
灵活性	差	好	非常好	好
数据质量	好	一般	非常好	好
对访问员控制	非常好	一般	差	一般
样本控制	一般	非常好	一般	差
收集速度	差	非常好	好	非常好
问题回答	差	好	好	好
成本	好	一般	差	非常好

三、调查问卷设计

（一）问卷的结构

根据研究项目规模大小和调研内容多少，问卷可长可短。但无论问卷长短，一份完整的问卷都由标题、卷首语、正文、调研过程记录4部分组成。

问卷的标题是调研主题的概括说明，可使被调查者对要回答的问题类型有一个大致了解。例如，“曲奇牌饼干市场调研”，一看便知是饼干食品类问题；“洗发护发香波使用情况调研”，肯定是护发美容品类的问题。问卷标题要简明扼要，点明调研目的或资料目标，但又不要过于笼统或雷同。

卷首语主要是向被调查者介绍调研目的、意义、主要内容和调研机构背景的情况。对于较短的问卷，它位于问卷的最前部；对于较长的问卷，它可以在封面或封二上。引言的主要作用在于引起被调查者对调研工作的重视，以期取得高质量的调研结果。

正文即调查的内容，包括封闭式问题及答案、开放式问题。这部分是问卷中的最主要部分。所有要调查的内容都可以转化为经过精心设计问题的问题与答案，有逻辑地排列在问卷中。问题设计一般先列出一些易于回答的问题，然后再列出一些主题相关的实质性问题，最后列出1~2道开放性问题。一般，为便于数据处理，要将问题与备选答案给以统一编码。这部分的设计是达到调研目的、实现资料目标的关键。

调研过程记录是指调研对与调研作业有关的人员和事项的记载，包括调查人员姓名或编号、调研开始和结束的时间、调研地点、审核员的姓名等。这有利于对问卷的质量检查的控制。如有必要，还应记载被调查者的姓名、单位或家庭地址、电话号码等，可供复核或追踪调研之用。但如果是涉及回答者的个人隐私的问卷，上述被调查者的情况则不宜列入。调研过程记录在较长的问卷中应印在封面，在单页问卷中可印在最后。

（二）确定问题的类型

1. 自由回答式（开放式）问题

自由回答式问题即只有提问，没有答案的问题。这种回答问题的方式的优点是可获得较多的较真实的信息。缺点是由于被调查人因受不同因素的影响，各抒己见，使资料难以整理。

2. 多项选择题（封闭式）

多项选择题即有提问有答案的问题，调研对象从中做选择即可。这种问题的优点是调研对象回答简单，资料和结果也便于整理。需要注意的问题是选择题要包含所有可能的答案，又要避免过多和重复。

3. 分类式问题

分类式问题是有关调研对象个人性别、年龄、收入等问题。分类式问题也是不容易取得调研对象配合，又不愿回答的问题。

4. 态度测量题

态度测量是调研者用数字或符号来量化表述消费者意见态度的过程。态度测量题即把问题回答分成不同的程度供调研对象选择。它又有两种方法：

（1）评比测量（李克特量表法）。评比测量即答案中标有“非常喜欢、喜欢、一般、不喜欢、非常不喜欢”的问题，并对5级喜欢程度赋予5、4、3、2、1的值（或相反顺序），让被访者打分或直接在相应位置画钩或画圈，由此判断消费者对某一问题的喜欢程度。李克特量表实例见表5-3。

李克特量表的优点是使用简便、直观，应用广泛；但遇到不能直接使用李克特量表的定量测评指标时，需将其转化为李克特量表要求的测评指标，转化方法：将指标的量值按一定

表 5-3　　李克特量表测量实例

测量指标	非常喜欢	喜欢	一般	不喜欢	非常不喜欢
产品包装	□	□	□	□	□
稳定性	□	□	□	□	□
耐用性	□	□	□	□	□
安全性	□	□	□	□	□
服务	□	□	□	□	□

标准恰当地划分为5个区间，每个区间分别对应李克特表的5个赋值，实现指标的转化。

（2）顺序测量。顺序测量即给出可能答案，由调研对象按照自己的意愿将给出的项目排出顺序。

小链接：　　“安静的小狗”

美国沃尔沃林环球股份有限公司是一家生产鞋子的公司，有一年他们设计、生产了一种叫“安静的小狗”（安静、舒适之意）的皮鞋，但不知消费者是否喜欢。于是采取了态度测量的方式来了解消费者对此鞋的喜欢程度。他们拿出100双鞋，分别送给100位不同层次、不同地区的消费者，让他们试穿。8周后，公司通知试用者要收回皮鞋，若不愿退回，须支付5美元。结果，大部分顾客愿意支付5美元把鞋子留下。当然公司是不会让消费者付钱的。从中得到两个信息：鞋子舒适，人们喜欢；5美元人们愿意购买。于是大批量生产，投放市场，获得成功。

（资料来源：网络资料整理）

设置态度测量题时，容易出现虚假反应、主观偏向问题。针对虚假反应问题，测量者可以在测量时加入假通道技术（实验者申明采用一种仪器可以探查到被试者的真正态度，实际上这是做不到的，如果被试者不了解实情，相信实验者真能做到，就可能作出真实的反应）、行为指标（当人们倾听他们赞成的信息时往往点头而不是摇头）、皮电反应和肌电图；针对主观偏向问题，测量者可以采用对一个态度采用多个问题的方法，而且问题的表述采用不同方式，对同一问题有时用“同意”回答，有时用“不同意”回答。

调查表设计中问题的类型见表5-4。

表 5-4　　调查表设计

类型	封闭式问题	举例
单项选择	一个问题两个答案	安排旅行时，你给×××打电话吗？ 是　　否
多项选择	三个或三个以上答案	你和谁乘飞机旅行？ 无　　孩子　　配偶　　同事　　配偶及孩子　　旅行团
认可程度	同意或不同意程度	小航空公司比大航空公司服务好？ 十分不同意　　不同意　　不置可否　　同意　　十分同意
语义差别	极端选择	某航空公司： 大　　小　　有经验　　无经验　　现代　　传统

续表

类型	封闭式问题	举例
重要程度	不重要到重要	飞机上饮食服务对你来讲： 非常重要　很重要　有点重要　不很重要　很不重要
优劣差异	好与不好	某航空公司的服务： 非常好　很好　一般　不好　很不好
购买倾向	实际购买	如果飞机公司为长途旅行者提供电影服务，你： 肯定买　大概会买　不一定买　可能买　一定不买
	开放式问题	
随意问题	随意问题	你认为某航空公司的空中服务怎么样？
文字联想	提供几个词，由被调查人联想	航空公司　旅行　服务
完成句子	提供未完成的句子	当我选择航空公司时，我主要考虑：
完成叙述	提供未完成的叙述	几天前，我乘某航空公司的飞机时，看到座位很特别，这引起了我的一些想法和感受

（三）问题设计应注意的问题

调查表设计一般注意避免以下问题：

1. 避免一般化问题

如你对本旅馆是否感到满意？这就是一般化问题。满意不满意包含很多方面，如价格、服务、卫生等，不能过于笼统，要具体。

2. 避免模糊语言，问题要含义清楚

问题提问要明确，不能含糊。如某市场“四通八达”，是指市场，还是指城市。

3. 避免引导性语句

有电影院做调研，问题是“现在警匪片很流行，你喜欢吗？”这就是引导性语句。

4. 避免断定性语句

某酒厂调研的问题是“你喝什么酒？”即断定调研对象一定喝酒了。

5. 避免假设性语句

假如你有 500 万元，你会干什么？就是假设性语句。

6. 避免困窘性语句

指关于个人隐私问题。

第四节　市场需求的测量与预测

在进行市场营销调研的基础上，要判断和准确选择目标市场，企业还必须对市场进行需求测量和预测。加强预见性，减少盲目性，正是需求测量和预测的目的。不科学进行市场需求预测，就不能正确地制订营销规划和目标。

一、市场需求测量

（一）市场需求

1. 市场需求的含义

市场需求是一个产品在一定的地理区域和一定的时期内，一定的营销环境和一定的营销方案下，特定的顾客群体愿意购买该产品的总数量。

（1）产品。预测首先要确定产品的类别及范围。

（2）总量。预测的是总量的绝对值还是相对值。

（3）购买。购买指订货量、装运量、收货量、付款量或消费量。

（4）顾客群。是总市场的顾客群、还是区域市场的顾客群、还是目标市场的顾客群。

（5）地理区域。是全国、某省、某地区。

（6）时期。预测量是 1 年、2 年，还是 5 年、10 年。

（7）营销环境。不同营销环境，预测量是不同的。如繁荣期与衰退期，预测量相差就比较大，如图 5－2 所示：

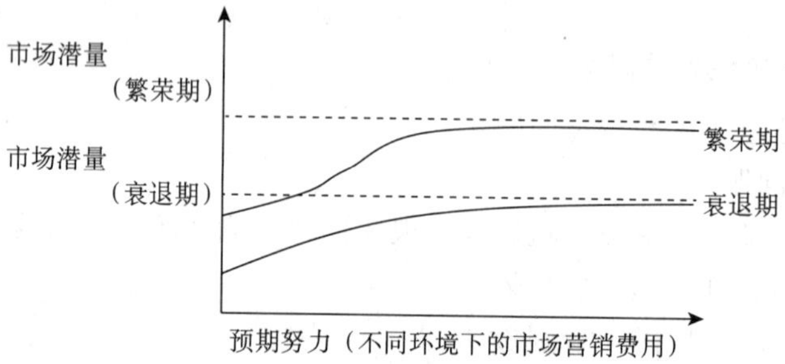

图 5－2　一定营销环境下的需求

（8）营销努力。需求预测也与企业做出的营销努力有关。企业产品、产品价格、促销和渠道都会对需求产生影响。图 5－3 反映的就是预测量受到营销费用的影响而表现出了不同的数值。

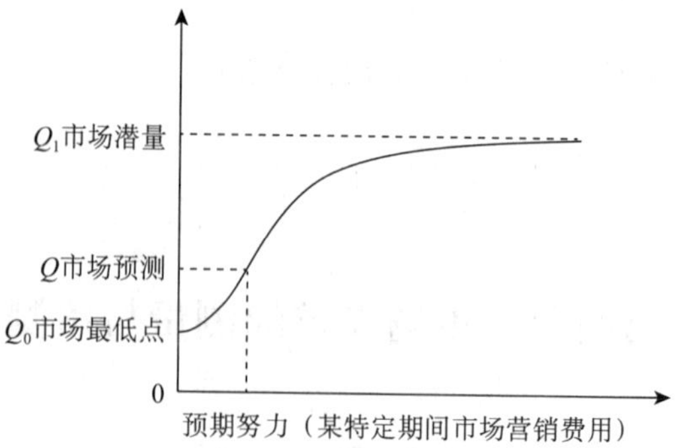

图 5－3　一定营销努力下的需求

2. 企业需求

企业需求是指市场需求总量中企业所占的份额。其公式为：

$$Q_i = S_i Q$$

式中：Q_i为 i 公司的需求；

S_i为 i 公司的市场份额；

Q 为市场总需求。

与预期的努力相对应的市场需求称为市场预测。市场预测表示在一定的环境条件下和市场营销费用估计下的市场需求。它不是最大的市场需求。

在市场竞争中，企业市场占有率与其营销努力成正比。假定营销努力与营销费用成正比，则企业市场占有率为：

$$S_i = \frac{\alpha_i Mi}{\sum \alpha i Mi}$$

式中，M_i为 i 公司的营销费用；

$\sum M_i$为全行业营销费用；

α_i为公司营销费用有效率。

（二）市场潜量

1. 总市场潜量

总市场潜量是在一定的时期内，在一定的行业营销努力水平和一定的环境条件下，一个行业全部公司所能获得的最大销量（数量或金额）。一个常用的估计方法是：

$$Q = nqp$$

式中：Q 为总市场潜量；

n 为在一定的假设下，特定产品（市场）的购买者数量；

q 为一个购买者的平均购买数量；

P 为每一平均单位的价格。

总市场潜量也可用连锁比率法估计，它由一个基本数乘上几个修正率组成。假设有一个啤酒厂有兴趣估计一种新营养啤酒的市场潜量，可以通过下式计算：

新啤酒需求量＝人口×人均可支配收入×人均可支配收入中用于购买食物的百分比×食物中用于饮料的平均百分比×饮料中用于酒类的平均百分比×酒类中用于啤酒的平均百分比×啤酒中用于新啤酒的预计百分比

2. 地区市场潜量

企业在测量总市场潜量后，为选择最佳区域，还要对各地区的市场潜一进行测量。测量方法有：

（1）市场累加法

市场累加法要求辨别出在每一市场上的所有潜在购买者，并且对他们潜在的购买量进行估计，然后计算得出地区市场潜量。

（2）多因素指数法（购买力指数法）

借助与区域购买力有关的各种指数以估算其市场潜量。

$$B_i = 0.5y_i + 0.3r_i + 0.2p_i$$

式中：B_i为 i 地区的购买力占全国总购买力的百分比；

y_i为 i 地区的个人可支配收入占全国的百分比；

r_i为 i 地区的零售销售额占全国的百分比；

p_i为 i 地区的居住人口占全国的百分比。

购买力指数所使用的权数带有某些片面性。产品不同，权数应有所调整。

（三）行业销售额和市场份额

在测量总市场潜量和地区市场潜量后，企业还要估计全行业市场的实际销售量，即确认部分竞争性企业及其销售量，做到知己知彼，有针对性展开竞争。

当然，获取竞争对手的销售数据是比较困难的，一般可以国家统计部门公布的统计数字、新闻部门发布的数据、行业主管部门发布的数据等作为参考，然后计算全行业各竞争者的市场占有率。

二、市场需求预测

市场需求预测是在市场调查的基础上，运用科学的理论和方法对未来一定时期的市场需求和企业需求以及影响市场需求变化的诸因素进行分析研究，对未来的发展趋势做出判断和推测，为企业制定正确的市场营销决策提供依据。

市场预测内容一般两大类，即宏观预测与微观预测。宏观预测主要是对国民经济的主要指标如 GDP、总供给和总需求、就业水平、物价水平、消费、投资等的发展趋势进行预测。微观预测是对企业营销活动及其发展趋势进行预测。企业预测的重点是微观预测，当然它也受宏观预测的影响。

市场需求预测首先要确定预测目标，其次是选择预测方法，再次是运用数据进行预测，最后是预测结果评价。这里重点分析预测方法，即定性预测法和定量预测法。

（一）定性预测法

定性预测法也称为直观判断法，是市场预测中经常使用的方法。定性预测主要依靠预测人员所掌握的信息、经验和综合判断能力，预测市场未来的状况和发展趋势。这类预测方法简单易行，特别适用于那些难以获取全面的资料进行统计分析的问题。

定性预测方法又包括：购买者意向调查法、销售人员意见法、专家意见法。

1. 购买者意图调查法

购买者意图调查法就是直接向购买者询问其购买意向和意见，以此判断销售量的方法。

如果购买者有清晰的意图，愿意付诸实施，并能告诉访问者，这种调查就显得特别有价值。这种预测方法一般适用于工业用品和耐用消费品。

2. 销售人员意见综合法

销售人员意见综合法是通过听取销售人员的意见判断市场需求的方法。首先确定邀请的销售人员数量，其次由他们对未来一定时期内各自负责的区域或项目进行预测，最后由预测人员综合、修正，提出预测结果。

由于销售人员来自市场第一线，熟悉市场和竞争，因此预测有一定的可靠性；让销售人员参与预测，可以增强他们完成任务的信心。但这种方法也有不足：一是销售人员对宏观形势把握不充分；二是预测结果容易受其教育水平的影响；三是受其心理影响（最近推销成功或失败），预测可能过于乐观或过于悲观；四是估计可能保守，目的是为了得到较低的销售定额，以取得较高的提成。因此，对于销售人员的预测要进行综合、修正。

一般在预测时，一个销售人员可以预测三种结果——最高销售量、最低销售量和最可能的销售量；然后对这三个数字加权计算，见表5-5：

表5-5　销售人员意见综合法

销售人员	预测项目	销售额（万元）	概率	销售额×概率
张××	最高销售	400	0.2	80
	最低销售	200	0.3	60
	最可能销售	300	0.5	150
	合计	900		290
李××	最高销售	460	0.2	92
	最低销售	200	0.3	60
	最可能销售	380	0.5	190
	合计	1 040		342
王××	最高销售	480	0.2	96
	最低销售	220	0.3	66
	最可能销售	280	0.5	140
	合计	980		302

如果三个销售人员素质相当，权重相同，则：

$$销售预测值=\frac{290+342+302}{3}=311.3（万元）$$

3. 专家意见法

专家意见法就是邀请相关专家，根据其经验和学识，进行预测的方法。这里的专家既包括大学教授和研究人员，也包括经销商、分销商、供应商、营销顾问等。

专家意见法的具体形式有三种：

（1）集体讨论法。召集专家，组成一个专门小组，专家们相互交换意见，互相启发，集思广益，最后形成一个特定的预测量。但集体讨论法会受专家口才、专家权威性等的限制，从而影响预测值。

（2）个人预测综合法。即要求专家们分别提出自己的估计，然后由一位专家负责把他们的预测值汇总，形成一个统一的预测值。

（3）德尔菲法。德尔菲法是先由各个专家针对所预测事物的未来发展趋势独立提出自己的估计和假设，经企业分析人员（调查主持者）审查、修改、提出意见，再发回到各位专家手中，这时专家们根据综合的预测结果，参考他人意见修改自己的预测，即开始下一轮估计。如此往复，直到各专家对未来的预测基本一致为止。

德尔菲法优点是：预测过程迅速，成本较低；预测中各种不同的观点都可以表达并加以调和。其缺点是：专家意见未必能反映客观现实；责任较为分散，估计值的权数相同。因此，德尔菲法一般适用于总额的预测，而用于区域、顾客群、产品大类等的预测时，可靠性较差。

（二）定量预测法

定量预测是利用比较完备的历史资料，运用数学模型和计量方法，来预测未来的市场需求。

1. 时间序列法

时间序列是按时间顺序排列的一组数字序列，是一组反映依时间变化的市场营销情况的历史数据。通过数理统计方法，找到一组时间序列发展变化的数量特征，就可以用这种关系预测未来的发展趋势。时间序列法的具体方法有：

（1）简单平均法（算术平均法）。简单平均法，就是以观察期数据之和除以求和时使用的数据个数（资料期数），求得平均数。当市场比较稳定，销售额波动不大时，可用此方法进行预测。其计算公式是：

$$Q_{n+1} = \frac{\sum Q_n}{n}$$

式中，Q_{n+1}为下一期预测值；

Q_n为各期实际值；

n为期数。

[**例 5－1**] 2023 年食盐的每月销售量见表 5－6，试用算术平均法预测 2024 年的每月销售量。

表 5－6　　食盐 2023 年的销售额　　单位：千元

月份	1	2	3	4	5	6	7	8	9	10	11	12
销售额	335	321	346	363	329	327	368	350	341	312	327	351

$$\text{则 2024 年的每月销售量} = \frac{335+321+346+363+329+327+368+350+341+312+327+351}{12}$$

$$= 339.2\ （千元）$$

（2）加权平均法。加权平均法，就是在求平均数时，根据观察期各资料重要程度的不同，分别给予不同的权数后加总平均的方法。采用加权平均法求得的平均数包含了长期趋势变动。当历史销售额表现出明显的递增或递减趋势时，可用加权平均法预测，即逐渐加大近期实际值在平均值中的比重。其计算公式是：

$$Q_{n+1} = \sum \alpha_i Q_n$$

式中，Q_{n+1}为下一期预测值；

Q_n为各期实际值；

α_i为权数，权数之和等于 1。

[**例 5－2**] 某商店 2019～2023 年的销售额（单位为万元）Q_n、权数 α_i资料见表 5－7。试用加权平均法预测 2024 年的销售额。

表 5－7　　某商店 2019～2023 年的销售额及加权值

观察期	销售额 Q_n	权数 α_i
2019	40	0.1
2020	60	0.1
2021	55	0.2
2022	75	0.3
2023	85	0.3

则 2024 年预测销售额 = 40 × 0.1 + 60 × 0.1 + 55 × 0.2 + 75 × 0.3 + 85 × 0.3 = 69（万元）

（3）移动平均法。移动平均预测法是时间序列预测法的一种。移动平均法是用一组最近的实际数据值来预测未来一期或几期内产品销售量的一种常用方法。移动平均法适用于即期预测。当产品需求既不快速增长也不快速下降，且不存在季节性因素时，移动平均法能有效地消除预测中的随机波动，这是非常有用的。移动平均法的优点是计算简便、实用性强，缺点是没有考虑相关因素对预测值的影响。

移动平均法根据预测时使用的各元素的权重不同，可以分为简单移动平均法和加权移动平均法。

①简单移动平均法。简单移动平均法是预测将来某一时期的平均预测值的一种方法。该方法是对过去若干历史数据求算术平均数，并把该数据作为以后时期的预测值。

其计算公式是：

$$F_{t+1} = \frac{1}{n}\sum_{i=t-n+1}^{t} x_i$$

式中，F_{t+1}为第 $t+1$ 期的预测数；

n 为计算移动平均值时所使用的历史数据的数目，即移动时间的长度。

移动平均法只适用于短期预测，大多数情况下只用于以月度或周为单位的近期预测。其主要用途是对原始数据进行预处理，以消除数据中的异常因素或除去数据中的周期变动成分。

移动平均法的优点是简单易行，容易掌握。缺点是只在处理水平型历史数据时才有效，这就大大限制了移动平均法的应用范围。

[例 5－3] 某企业 1 月份的实际销售额为 1 万元，2 月份为 1.2 万元，3 月份为 1.3 万元，则：

4 月份的预测销售额 $= \frac{1 + 1.2 + 1.3}{3} = 1.167$（万元）

②加权移动平均法。加权移动平均法是根据跨越期内时间数列数据资料重要程度的不同，分别给予不同的权重，再按移动平均法原理，求出移动平均值，并以最后一项的加权移动平均值为基础进行预测的方法。

加权移动平均法的公式如下：

$$Y_{n+1} = \sum_{i-n-k+1}^{n+1} Y_i x_i$$

式中，Y_{n+1}为第 $n+1$ 期加权平均值；

Y_i为第 i 期实际值；

x_i为第 i 期的权数，权数之和为 1；

n 为本期数；

k 为移动跨期。

接［例 5－3］某企业 1 月份的实际销售额为 1 万元，2 月份为 1.2 万元，3 月份为 1.3 万元，如果 1 月份、2 月份、3 月份的权重分别为 0.2、0.3、0.5，则：

4 月份的预测销售额 = 1 × 0.2 + 1.2 × 0.3 + 1.3 × 0.5 = 1.21（万元）

加权移动平均法的关键是合理确定权重，而权重的确定是按照“近重远轻”的原则进行的。“近重远轻”，即越接近预测期的数据赋予较大的权数，越远离预测期的数据赋予较小的权数。简单移动平均法在计算平均值时对移动期内的数据同等对待，加权移动平均法弥补了简单移动平均法的这一不足。但加权移动平均法对近期的趋势反应比较敏感，因此不适用于有明显季节性变化因素存在的情形。

（4）指数平滑法。指数平滑法是生产预测中常用的一种方法，也用于中短期经济发展趋势预测，所有预测方法中，指数平滑法是用得最多的一种。简单移动平均法是对时间数列的过去数据一个不漏地全部加以同等利用；加权移动平均法则不考虑较远期的数据，并在加权移动平均法中给予近期资料更大的权重；而指数平滑法则兼容了简单移动平均法和加权移动平均法所长，不舍弃过去的数据，但是仅给予逐渐减弱的影响程度，即随着数据的远离，赋予逐渐收敛为零的权数。

也就是说指数平滑法是在移动平均法基础上发展起来的一种时间序列分析预测法，它是通过计算指数平滑值，配合一定的时间序列预测模型对现象的未来进行预测。其原理是任一期的指数平滑值都是本期实际观察值与前一期指数平滑值的加权平均。其公式是：

$$\overline{Q}_{T+1} = \alpha Q_T + (1 - \alpha)\overline{Q}_T$$

式中，$\overline{Q}_{T+1}$为下一期预测值；

Q_T为T期实际销售额；

$\overline{Q}_T$为T期平滑值；

α为平滑系数，$0 \leqslant \alpha \geqslant 1$。

因此，预测值总是在本期实际销售额和平滑销售额之间。平滑系数反映了本期实际销售额和平滑销售额对预测值的影响程度。平滑系数越接近于1，本期实际销售额影响越大；平滑系数越接近于0，平滑销售额影响越大。一般α取0.3，而平滑销售额的初始值则取最初几期销售额的平均值或第一期的实际销售额。

[例5－4] 某企业5月份销售额为2万元，预测5月份销售额为1.5万元，若平滑系数α为0.2，则：

6月份的预测销售额$=0.2 \times 2 + (1 - 0.2) \times 1.5 = 1.6$（万元）

2. 回归分析法

回归分析法是指运用最小平方法，以直线斜率表示增长趋势的预测方法。公式为：

$$Y = a + bX$$

式中，a为直线在轴上的截距；

b为直线的斜率，反映年平均增长率；

Y为销售预测趋势值；

X为时间。

根据最小平方法原理，先计算预测趋势值的总和，即：

$$\sum Y = na + b\sum X$$

式中，n为年份数。

再计算XY的总和，即：

$$\sum XY = a\sum X + b\sum X^2$$

为简化计算，将$\sum X$取0。若n为奇数，则取X的间隔为1，将$X=0$置于资料期的中央一期；若n为偶数，则取X的间隔为2，将$X=-1$与$X=1$置于资料中央的上下两期。当

$\sum X=0$ 时，上述二式分别为：

$$\sum Y = na$$

$$\sum XY = b\sum X^2$$

由此推算出 a、b 值为：

$$a = \frac{\sum Y}{n}$$

$$b = \frac{\sum XY}{\sum X^2}$$

所以：

$$Y = \frac{\sum Y}{n} + \frac{X\sum XY}{\sum X^2}$$

［**例 5－5**］假设某企业 2019～2023 年销售额分别为 480 万元、530 万元、540 万元、570 万元、580 万元，运用直线趋势法预测 2024 年的销售额。

由于 $n=5$ 为奇数，且间隔为 1，故 $X=0$ 置于中央一期即 2021 年，X 的取值依次为 －2、－1、0、1、2，XY 依次为 －960、－530、0、570、1 160 万元，X^2 依次为 4、1、0、1、4。见表 5－8：

表 5－8　　回归分析表

时间	X	X^2	Y	XY
2019	－2	4	480	－960
2020	－1	1	530	530
2021	0	0	540	0
2022	1	1	570	570
2023	2	4	580	1 160
2024	3		612（预测值）	
$\sum$	0	10	2 700	240

所以：

$$\sum Y = 2\ 700\text{（万元）}$$

$$\sum XY = 240\text{（万元）}$$

$$\sum X^2 = 10$$

代入公式，则得：

$$Y = 2\ 700/5 + 240/10 \times X = 540 + 24 \times X$$

预测 2024 年的销售额，则 $X=3$，代入上式，得：

$$Y = 540 + 24 \times 3 = 612\text{（万元）}$$

3. 统计需求分析法

统计需求分析就是运用一整套统计学方法发现影响企业销售的最重要的因素以及这些因

素影响的相对大小。企业经常分析的因素，主要有价格、收入、人口、气候和促销等。

统计需求分析将销售量 Q 视为一系列独立需求变量 X_1，X_2，……，X_n的函数，即

$$Q = f(X_1, X_2, \cdots\cdots, X_n)$$

这些变量同销售量之间的关系一般并不能用严格的数学公式表示出来，而只能用统计分析来揭示和说明，即这些变量同销售量之间的关系是统计相关。

某饮料公司预测各地的销售量，运用统计需求预测分析，发现其需求量受年均温度、人均收入（百元）影响，其表达式：

$$Q = -145.5 + 6.46X_1 - 2.37X_2$$

设某地年平均气温为华氏 54 度，人均收入为 2 400 元（24 百元），

其饮料需求量 $= -145.5 + 6.46 \times 54 - 2.37 \times 24 = 146.46$

本章小结

市场营销调研是指运用科学的方法系统、客观地辨别、收集、分析和传递有关市场营销活动的各方面信息的活动。市场营销调研一般有确定问题与目标、制订调研计划、收集信息、分析信息、提出调研报告等步骤。调研的方法包括确定调查对象的方法、收集资料的方法和调查表设计方法等。确定调查对象的方法有普查法和抽样方法。收集资料的方法有观察法、实验法和访问法。调查表的设计方法有确定问题的类型、确定问题的措辞和确定问题的顺序等。

市场需求是一个产品在一定的地理区域和一定的时期内，一定的营销环境和一定的营销方案下，特定的顾客群体愿意购买的总数量。它包括市场需求预测、市场潜量预测和企业预测。预测方法有定性预测和定量预测两大类。定性预测方法有购买者意图调查法、销售人员意见综合法和专家意见法。定量预测方法有时间序列法、回归分析法和统计需求分析法。

思考题

1. 什么是营销调研？有什么作用？
2. 营销调研有哪些步骤？
3. 什么是观察法、实验法和访问法？它们有哪些特点？
4. 如何设计调查表？
5. 如何理解市场需求的概念？
6. 如何评价销售人员意见预测法？

营销实训

实训一：选择你熟悉的一家企业，针对你感兴趣的一种产品或服务，了解该产品或服务

的在市场上的使用状况，并确定市场调研的步骤。

实训二：在实训一的基础上，制定市场调研计划。

实训二：在实训一、实训二的基础上，确定本次市场调研的方法。

实训四：在调研结果的基础上，预测该产品或服务未来的需求状况。

案例分析

案例一：肯德基姜汁金薯蛋挞上市失败

肯德基曾经推出了叫姜汁金薯蛋挞的新产品。在内部试吃的过程中，有人提出这款新产品的名称有些不准确，如金薯怕消费者听不懂；再把姜汁放进蛋挞里，一听就很怪，虽然很好吃，但很多人不吃姜。面对众多的疑问，他们决定做个问卷测试，看看有多少人不吃姜，结果发现只有7%的人不吃姜。前一年肯德基的蛋挞卖出3 200万颗，大家变得比较自满，加上看到测试报告的结果还好，同意让新产品上市。

结果“姜汁金薯蛋挞”上市后彻底失败。他们在做测试，问消费者为什么不买，消费者说：“觉得姜汁金薯蛋挞听起来就不好吃。”他们再回头去检查上市前的测试，发现问卷的设计有问题。他们问消费者：“您吃不吃姜?”而不是问：“您喜欢把姜汁加入蛋挞里吗?”由于忽略了这个问题设计的细节，导致问卷被错误解读，以致他们认为产品可以上市，最后不仅业绩没有做到，姜汁金薯原物料的库存也让肯德基赔了好几百万元。

市场调研是一个项目策划前期准备工作的重要组成部分，只有在进行深入彻底的市场调研的前提下，营销策划和市场操作才有规可循，才有可能获得成功。而问卷调研是市场调研中最有效也是被经常使用的一种方法，在问卷调研中，问卷设计时非常重要的一个环节，甚至决定着市场调研的成功与否。

资料来源：肯德基姜汁金薯蛋挞上市失败，豆丁网，2013－12－24

问题：1. 你怎样理解问卷设计的重要性?

2. 结合案例，谈谈你对问卷设计的认识?

案例二：润妍的退市

世界著名消费品公司宝洁的营销能力早被营销界传颂，但2002年宝洁在中国市场却打了败仗，其推出的第一个针对中国市场的本土品牌——润妍洗发水，一败涂地，短期内就黯然退市。

为了应对竞争对手对其持续不断发动的“植物”“黑头发”概念进攻，宝洁推出了润妍洗发水。在“植物”“黑发”等概念的进攻下，宝洁旗下产品被竞争对手贴上了“化学制品”“非黑头发专用产品”的标签，面对这些攻击，宝洁无法还击。为了改变这种被动的局面，1997年宝洁开始调整其产品策略，为旗下产品引入“黑发”和“植物”概念品牌。

在新策略的指引下，宝洁按照其一贯流程开始研发新产品。从消费者到竞争对手，从名称到包装，宝洁处处把关。经过长达 3 年的市场调查和概念测试，2000 年润妍终于站上了起跑线。同在 2000 年，联合利华推出了具有黑发植物概念的夏士莲品牌延伸产品——黑芝麻洗发水。

两年后，夏士莲的黑芝麻取代了奥妮百年润发留下的市场空白；而宝洁却对表现不佳的润妍丧失了信心，2001 年 5 月收购同样以植物配方为概念的“伊卡璐”，宝洁对中国市场推出的第一个本土品牌夭折。

润妍的失败和很多因素有关。润妍采用和主流产品不同的剂型，需要经过洗发和润发两个步骤，这种产品在 20 世纪 80 年代曾是主流，但现在已经习惯 2 合 1 产品的消费者，并不喜欢把洗头时间拖长 1 倍。

润妍把目标消费群体定位在高知识城市白领女性，而这个群体现在对黑头发并不感冒；针对该人群的高价格，又不能被黑头发目标消费群体接受；润妍还沿袭了飘柔等旧有强势品牌的价格体系，在这种价格体系下，经销商没有利润，又不能不做，但新品牌润妍并没有“压榨”经销商的资本，润妍的价格政策，导致经销商对其采取抵制态度；与夏士莲黑芝麻洗发水相比，润妍的概念推广显得笨拙有余、锐利不足。对于黑发概念，夏士莲通过强调自己的黑芝麻成分，使由产品原料对产品功能产生天然联想，事半功倍，大大降低了概念传播难度。

润妍在市场运作也存在严重失误。在奥妮惨败、市场出现空白之际，比起规避风险，更重要的是以最快的速度填补市场空白，但宝洁却把 3 年时间浪费在市场研究和概念测试上。试想如果润妍能在奥妮败退的 1 年内推出，那么市场上恐怕早没有夏士莲黑芝麻的生存空间。

宝洁的营销能力备受营销界称赞，但润妍的失败却表明，宝洁僵化、低效率的营销流程，需要变得更加有效率、灵活，才能更好地适应中国市场。

资料来源：润妍的黯然退市，百度文库，2011－01－15

问题：1. 结合材料说明润妍失败的原因是什么？

2. 结合宝洁，谈谈如何将市场调查与高效灵活的营销流程融合？

在线测评

第五章　自测题

第六章　目标市场营销理论与方法

学习目标

1. 理解市场细分、目标市场对企业营销活动的意义；
2. 掌握市场细分的原理和依据；
3. 掌握目标市场营销战略及选择；
4. 理解市场定位的概念，掌握市场定位的方法和策略。

导入案例

今麦郎凉白开

今麦郎凉白开是今麦郎饮品股份有限公司旗下一款饮用瓶装水，净含量500ml。2016年5月，今麦郎饮品股份有限公司推出新产品——凉白开。今麦郎凉白开产品选用洁净好水，反渗透膜过滤；是国内首款拥有UHT热杀菌处理技术的瓶装水，125度完成杀菌过程；纯物理烧开；采用法国超洁净灌装设备，全密闭流程80℃高温灌装。

从“熟水凉白开”以消费者都熟悉的把水烧开晾凉再喝为场景，试图用“中国人自古都有喝熟水的习惯”“熟水品类开创者”的广告，让产品在消费者心中建立“熟水”的概念认知，并且想让消费者认为熟水更适合中国人的肠胃。此外，“熟水凉白开”把其他的饮用水定位为“生水”，自己则独占“熟水”分类，重新定位竞争对手，把所有竞争对手都归类到“生水”的概念里。广告宣传中，以“熟水，凉白开，真解渴”“喝凉白开，益于身体健康”“让饮水回归健康本质”等广告语塑造凉白开“健康水”的形象。

资料来源：今麦郎饮品有限公司官网，2016-7-3.

点评：

我国瓶装饮用水从纯净水到矿泉水，再到天然弱碱性矿泉水，如农夫山泉、昆仑山之类，还有一些品类主打富氧、苏打水、含硒，更高端的有一些进口水等，在这样一种背景下，今麦郎凉白开推出“凉白开”，开辟了熟水新的空白市场。中国瓶装饮用水一直以来竞争非常激烈，如何避开激烈的竞争，开辟新的瓶装水品类，是非常困难的一件事情。今麦郎独辟蹊径，推出熟水概念，直接将自己与其他饮用水直接区别开来，将其他水直接归入生水的类别，做法很有杀伤力。通过这一定位，树立了健康的饮用水形象，迅速占领了消费者的心智资源。

第一节　市场细分理论

从营销角度讲，市场是由某一产品的现实的或潜在的消费者所构成。但这一消费者群体却是一个非常庞大、非常复杂的群体，必须对这个庞大的市场进行细分，这样才能找到一个适合企业资源的有效市场。

一、市场细分的概念和作用

（一）市场细分的概念

市场细分是美国市场营销学家温德尔·史密斯（Wendell R·Smith）在 20 世纪 50 年代提出的。其产生背景是美国供求关系发生变化，即由“卖方市场”转变为“买方市场”，相应地营销观念由生产导向转向顾客导向的结果。这一概念提出以来日益受到工商企业的重视，已经成为市场营销理论的重要组成部分。

所谓市场细分，就是企业按照消费者需求和购买行为的差异性，把某一类产品的整体市场划分为若干个具有相似欲望和需求的子市场的过程。

市场细分是“求大异存小同”的过程。“大异”就是消费者的需求与购买行为不一样，不一样才有可能进行市场细分。如果消费者的需求和购买行为都一样，就没有必要进行市场细分。“小同”就是细分后的小的子市场，消费者的需求和购买行为基本相同，相同的需求和购买行为才有可能接受相同的产品、价格、渠道和促销策略。

为什么要进行市场细分？主要源于以下两个方面的原因：

一是市场需求本身存在差异。比如牙膏，有的人需要美白功能的牙膏，有的人需要去火气的牙膏，有的人需要去除口腔异味的牙膏，有的人需要消除牙龈出血或者减轻牙齿过敏，不同的需求构成不同的子市场，如不加以细分，则没有办法满足不同利益需求的消费者，产品就不能打动消费者，也不能给消费者一个合理的购买理由。

二是企业的资源有限，不能满足所有的市场需求，只能满足部分市场的需求。如小米公司生产的产品很多，在手机市场上，消费者的需求差异也很大，有不同国家、地域、不同年龄、性别、不同收入水平、不同职业等的差异，小米手机不可能满足所有消费者的需求，那样对企业的资源、管理能力要求非常高，企业做不到覆盖所有手机市场需求，那只能满足部分子市场的需求。因此，面对庞大的市场，企业资源有限的情况下，只能进行市场细分，找到最合适、最有利的一个或多个子市场进入。

（二）市场细分的作用

市场细分被理论界和企业界誉为具有创造性的新概念，几乎在所有成功组织的营销策略中都起到了关键的作用，它有着广泛的应用价值。

1. 市场细分有利于更为深刻地认识市场

如果没有市场细分，那么整个市场就是一个庞大的、杂乱无章的市场。这个市场既有共性，也有个性。在卖方市场形势下，共性占主导，不进行市场细分，企业照样可以生存和发展。但在买方市场形势下，则是个性占主导，需求差异非常大，如果不进行市场细分，企业将难以满足消费者的需要，失去市场。没有了市场，企业将无法立足。

2. 市场细分有利于企业发现市场机会，并选择目标市场

市场细分把庞大的、杂乱无章的市场分成一个一个小的子市场之后，我们就可以清晰地看到每一个子市场的差别。了解哪些子市场需要已得到满足，哪些子市场满足程度还比较低，哪些子市场还是一个空白市场。满足程度低的市场和空白市场则是很好的市场机会。抓住市场机会并成功占领市场，就可以提高企业营销活动的成功率，就可以使企业迈上新台阶。错过市场机会，企业将可能被市场无情地淘汰。比如日本汽车企业在20世纪70年代最早生产物美价廉的汽车，就是他们通过市场细分找到了被欧美企业忽视的空白市场而抢得先机的。日本企业首先把汽车市场依据用途分为客车市场和货车市场；客车市场则依据规格细分为大客车、中巴车和小轿车；而小轿车则是依据档次又细分为豪华型和廉价型。豪华汽车市场是欧美汽车公司的天下，廉价型小轿车在当时则是一片空白。于是，日本汽车公司获得成功。

3. 市场细分有利于企业针对性的制定市场营销组合策略

众所周知，目标市场营销在很大程度上影响到营销组合策略的制定，或者说营销组合都是围绕目标市场展开的。不同的目标市场，其需求与购买行为是不同的，对营销组合反映也是不同的。因此，市场细分之后，我们就可清晰地了解每一个市场的需求和购买行为，并为每一个细分市场制定相应的营销组合策略。只有营销组合策略与目标市场的需要相吻合，才能引起消费者的共鸣，才能成功占领市场。柯达的傻瓜相机成功地推入市场就是成功地进行市场细分的结果。柯达公司通过调研了解到，在相机市场上，市场需求非常可观，但因为相机价格高和难以操控，使许多个人和家庭对相机望而却步。于是他们就生产了人人都会使用的、物美价廉的相机，并在全球28多个国家，建立了40多条分销系统进行全面促销，结果大获成功。

4. 市场细分对中小企业生存与发展有重要意义

市场细分对所有企业都很重要，但对中小企业尤为重要。中小企业一般资源有限，实力不强，很难与大企业相抗衡。市场细分，不但可以发现市场，还可以辨别竞争者。市场细分之后，可以使中小企业清晰地发现哪个子市场存在竞争者，哪个子市场无竞争者，哪个子市场竞争激烈，哪个子市场竞争不太激烈。这样企业就可以根据自身实力，合理地选择自己的目标市场和竞争战略，从而使企业立于不败之地。正因为如此，市场细分成为中小企业生存和发展的具有重要意义的一种经营思路。

小链接：　云南白药牙膏产品定位分析

20世纪90年代，我国牙膏行业进入到快速发展时期，以年均5%的比例保持快速增长，当时国产品牌占据着主流，黑妹、中华、两面针、冷酸灵、纳爱斯、六必治、田七等家喻户晓。随着高露洁和佳洁士两大外资巨头进入，国货品牌随即节节败退。但云南白药牙膏自2005年推出以来，以其特有的产品定位，占据着相当一部分的市场份额，最新市场数据显示，2020年末云南白药牙膏市场占有率达到22.2%，位居全国第一。

用白药治疗牙齿出血症状在民间早有使用和记载，而当时一些医生也会让病人在牙膏上涂抹一层白药来治疗牙病，于是有了减轻牙龈出血的云南白药牙膏的问世，以

其止血的功能进军高端牙膏市场，价格在20元以上，在功效和价格上，都和市场品牌做了区分。在宣传上，请明星代言，冠名赞助各类节目，让云南白药牙膏的知名度和美誉度快速提升。2005年6月开始推广，2006年销售额至3亿元，成功开拓了功能型牙膏高端市场，确立了中国功能性牙膏的品牌地位，2008年底，销售额超10亿元。2019年，云南白药牙膏首次拿下中国第一，2020年市场份额提升到22.2%，蝉联中国牙膏市场第一，销售额达到了53.87亿元。相关数据显示，2020年我国牙膏行业规模以上企业销售收入约265亿元，云南白药牙膏占比为20.33%，已经成为了云南白药集团的重要支柱产业之一。

云南白药牙膏通过细分牙膏市场的需求，成功的开辟了新的牙膏细分市场：满足消费者减轻牙龈出血、牙龈疼痛的需求，成为高端牙膏市场中的领导者。

二、消费者市场细分的依据（标准）

消费者市场细分面临的首要问题是市场细分变量的选取。市场细分变量是指那些反映需求内在差异，同时能用作市场细分化依据的可变因素。从消费者市场来看，影响需求倾向的因素归纳起来主要有地理因素、人口因素、心理因素、行为因素。

（一）地理细分

根据消费者所处的地理位置、自然环境等地理因素来细分市场称为“地理细分”。地理因素是反映消费者生活地区特点的变量。地理细分变量通常包括地理区域、城市规模、人口密度、气候等。由于不同地区在自然条件、气候、文化传统和消费水平等方面的差别，使不同地区消费者的需求、习惯和偏好存在较大差异，他们对企业所采取的市场营销组合策略可能会有不同的反应。所以，反映消费者地理特征的有关因素，可作为市场细分的重要变量。地理变量是最稳定、最易界定、最易衡量和运用的细分变量。但地理变量并非企业唯一的细分变量。在同一地理环境里的消费者常常也会有不同的需求和消费行为。因此，企业还必须考虑其他的细分因素。

（二）人口细分

人口细分是根据人口统计因素来细分市场。人口因素是反映消费者个人的基本特点的变量。它包括消费者的年龄、性别、收入、职业、受教育程度、家庭规模、家庭生命周期、宗教信仰、民族、种族、国籍、社会阶层等。人口变量是区分消费者群体最常用的基础，原因之一是消费者的需求、偏好和使用率经常与人口变量有密切的联系，并且人口变量比大部分其他类型的变量更容易衡量。因此，人口变量是非常重要的消费者市场细分变量，也是最有效的细分变量。

（三）心理细分

根据消费者心理变量细分市场称为“心理细分”。消费者心理变量包括消费者的生活方式和个性等变量。这类变量经常影响着、决定着消费者的需求，使人文因素相同的消费群体，往往展示出明显的需求差异。所以，它们可作为市场细分的依据。

（1）生活方式。生活方式是指个体在成长过程中，在与社会诸要素相互作用下，表现出来的活动兴趣和态度模式。消费者的消费行为与其生活方式有着非常密切的关系。来自不同文化、社会阶层、职业的人有不同的生活方式。生活方式影响着人们对各种产品的兴趣和态度，人们的消费行为体现出他们的生活方式。

（2）个性。消费者的个性对其需求和购买动机有较大的影响。虽然人们的个性千差万别，但也可以找出共性，将其归类。有的企业使用个性因素来细分市场，设计出产品的品牌个性，以吸引那些相应个性的消费者。

（3）态度细分。即根据消费者对商品及品牌的态度进行细分，把消费者分为不同群体，实施不同的营销方案。消费者对企业产品的态度有5种：热爱、肯定、无差别、否定和敌对。企业必须针对不同态度的消费者，分别制定不同的营销策略，以巩固持热爱和喜欢态度的消费者，争取持无差别态度的消费者。

（四）行为细分

根据消费者不同的消费行为细分市场称为“行为细分”。行为细分的变量反映消费者购买行为特点的变量。它包括消费者购买时机与使用时机、利益、使用状况、使用率、对品牌的忠诚程度、购买阶段等。

在现代市场营销实践中，许多企业往往通过购买时机与使用时机细分市场。对于某些产品或来说，在不同的时间，消费者的需求特点和需求量是不同的。消费者购买商品时所追求的利益往往有所不同。根据消费者使用状况情况，可将某种产品的整体市场分为经常购买者、初次购买者、潜在购买者等不同细分市场。不同的企业会对不同使用状况的消费者感兴趣。例如，市场占有率高的企业，常常对潜在使用者特别关注，而小企业则只能尽力吸引经常使用者。根据消费者使用频率，可将某种产品的整体市场细分为大量使用者、中量使用者、少量使用者、非使用者等细分市场。根据美国某啤酒公司的调查，在某一区域中，不喝啤酒者占68%，而喝啤酒者占32%，其中有一半人是少量饮用者，其消费量占总消费量的12%；另一半是大量饮用者，其消费量占总消费量的88%。因此，许多企业将大量使用者作为自己的目标顾客。企业可根据消费者对品牌的忠诚程度来细分市场。根据消费者的忠诚程度，可将某种产品的消费者分为铁杆品牌忠诚者、多种品牌的忠诚者、转移品牌的忠诚者、经常转换者、非忠诚者等。其中，坚定忠诚者始终只购买一种品牌的产品。多种品牌忠诚者则是同时忠于两三个品牌。转移型的忠诚者是从偏爱一种品牌转换为偏爱另一种品牌的消费者。经常转换者是指不忠实于任何品牌的消费者。对于每一种产品来说，都可能同时存在对产品不了解、对产品有所了解、对产品感兴趣、想要购买、打算购买的各种各样的消费者。这些消费者处在购买过程中的不同阶段。

小链接：　传音手机的市场细分依据

传音手机是一家中国本土的手机品牌，但传音手机在非洲市场表现突出，一度被称为“非洲手机之王”。

传音手机在海外有多受欢迎？在2022年上半年，尽管没在国内本土市场发展，但传音在全球手机市场的占有率仍旧高达11.4%，排名第三，在全球智能机市场占有率为6.1%，排名第六。具体到市场上，在非洲智能手机市场，传音市占率超过40%；巴基斯坦市场，传音市占率为36.8%，孟加拉国市场，传音市占率为19.7%，以上三大地区，传音的市场份额都排名第一。而在国内手机厂商都活跃的印度市场，传音市占率为6.9%，排名第六。

2006 年，竺兆江创立了传音控股。竺兆江大学时在南昌航空大学学习，学的是机械电子工程专业。毕业之后，进入当时的国企波导手机做普通业务员。竺兆江主要负责波导手机的海外市场，为此他经常去海外考察，走访过 90 多个国家。在 2006 年创立了传音控股。传音在创立之初，竺兆江就把目标锁定在了非洲。他发现海外手机市场是一片蓝海，那个时候非洲的手机普及率还没有那么高。

传音手机如何才能赢得非洲消费者青睐？针对非洲消费者的需求设计产品。第一，高性价比。非洲相对落后，于是在价格方面，功能机平均售价只有 62.4 元，智能机售价也在 500 元以下，性价比非常高，成为传音突出重围的关键。第二，品质有保障。非洲地区天气炎热，本地用户体质多汗且酸性较高，于是乎传音手机有针对性推出具有防汗、耐磨、耐腐蚀的手机。第三，续航能力长。针对非洲很多地区电力供应没有充分的保障，传音手机也在续航方面下了不少工夫，通过加大电池容量和软件优化，推出了待机时间可以长达 20 天甚至一个月的手机。第四，“四卡四待”。过去非洲大多都是单卡手机，但在非洲又有很多的运营商，每家运营商只能服务一小片区域，所以经常会出现打一通电话需要换卡好几次的操作。为此，传音手机瞄准市场痛点，开发出“四卡四待”的手机，也就是说一部手机最高可以放置 4 张电话卡，为日常通话带来了极大的便利。第五，拍照清晰。传音手机的智能美黑技术改进了照相功能，抓住了非洲朋友皮肤黑，夜间拍照不清晰的痛点，传音在这方面进行了优化，无论任何时候，非洲朋友拍照都能清晰地照出自己的面孔。第六，声音穿透力强。传音手机有 8 个扬声器，不仅音量非常大，还可以环绕式播放，音质也能有所保障，简直是播放音乐的不二选择。声音很有穿透力，在人潮涌动的大街上都不怕听不到手机响。因为非洲人都热爱音乐和舞蹈，传音手机推出的这一功能，正是为了满足非洲消费者对音乐的喜爱。传音手机的发展可以说是另辟蹊径，它起步不走国内的市场，而是转战非洲大陆，但是却做出了百亿市值。

（资料来源：传音·照亮你的美，十万个品牌故事，2018－3－30）

传音手机在市场细分时采用了什么细分的要素呢？是地理细分还是人口细分或是别的细分要素？

三、市场细分的原则

从市场细分的实践来看，并非所有的细分市场都有价值。选择市场细分的标准并不是纯粹凭直觉的“艺术”，科学、合理的市场细分必须遵循以下 4 个基本原则。

（一）差异性

经过细分以后各个子市场之间消费者需求的差异应该尽可能大，而同一子市场内部的消费者需求的差异应该尽可能小，即不同子市场之间的需求具有差异性，而同一子市场的需求具有共性。从市场细分的定义可以看出，差异性事实上是市场细分的理论及运作基础。比如方便面市场细分时，采用了消费者行为细分。不同消费者在使用洗发水时的利益需求差别很大，有的想要去屑功能，有的想要柔顺功能，有的想要滋养功能，等等。企业可以按照这种差异来分出不同的子市场，从而设计出相应的产品更好地满足该市场的需求。

小链接：　今麦郎直面

为什么要把方便面做成弯的？可不可以做成直的？从生产工艺、易于煮面不粘连、方便运输等角度，方便面采取了弯面的造型。但是做成直面是否可以呢？毕竟，挂面都是直的。2010 年，今麦郎曾推出“直面”方便面产品，在当时也引起了不小的轰动。其广告颇具冲击力，电视媒体、户外广告开始大面积宣传，广告语“直面的冲击”“直面，顺溜极了”，广告片中的女生吃完面瞬间头发炸起，如同刺猬一般，夸张的广告给人留下了深刻的印象。

思考：方便面市场需求细分时采用了哪些要素？你认为是否有必要按照消费者对面的造型需求进行市场细分呢？比如直面、弯面。

（二）可衡量性

可衡量性是指表明该细分市场特征的有关数据资料能够加以衡量和推算。例如在空调市场上，在看重产品质量的情况下，多少人更注重价格，多少人更重视外观设计，多少人更重视耗电量，或兼顾几个方面。决定市场特征的因素相当复杂，其中许多因素是不可衡量的（或度量数据不可得的），而企业所选择的作为细分市场的标准因素则应该是可以衡量的。

（三）可进入性

细分后的各个子市场应该是环境条件允许企业进入、企业的营销努力能达到的，否则该子市场就无意义。如某市某一小速递公司发现了市内邮件速递这一细分市场，但由于其资源限制及目前我国邮政管理制度的限制，这些市场对其来言就不是易于进入的。

（四）可盈利性

也称为经济性，是指细分后的子市场的规模必须足够大，同时具有开发的潜力，值得企业付出一定的营销努力。

小链接：　我国脱发市场达到千亿级规模

现代人脱发的烦恼正在催生一个千亿级市场。国家卫健委发布的数据显示，中国已经有超过 2.5 亿人正饱受脱发的困扰，平均每 6 个人中就有一个人脱发。当人们感慨“第一批 00 后开始脱发”，为头顶这些事烦恼不已时，也逐渐带火了覆盖假发、洗护用品、药品、植发等多个品类的“脱发经济”。光大证券研报指出，到 2030 年中国毛发健康服务市场规模将达 1 381 亿元。在这块千亿市场，国内各大药企也在加紧布局掘金。

越来越受到关注的脱发问题带动了防脱治脱相关消费需求的增长。在治疗药物方面，《中国男性秃发调研洞察报告》显示，中高学历人群对于脱发药物的需求更高，非处方类药物购买者中，大学生占 49%，研究生占 17%；处方药购买者中，大学生占 50.54%，研究生占 17.64%（如图 6 – 1）。

《中国男性秃发调研洞察报告》也提到一组数据：京东健康脱发治疗处方药的成交额，2021 年第四季度较 2021 年第三季度增长 26%，而 2022 年第二季度较第一季度增长 34%。京东健康医药事业部向澎湃新闻记者介绍，数据显示，京东健康脱发治疗处方药的成交金额呈现增长趋势，毛发健康等热门品类的确会比普通品类的增长更快一些。

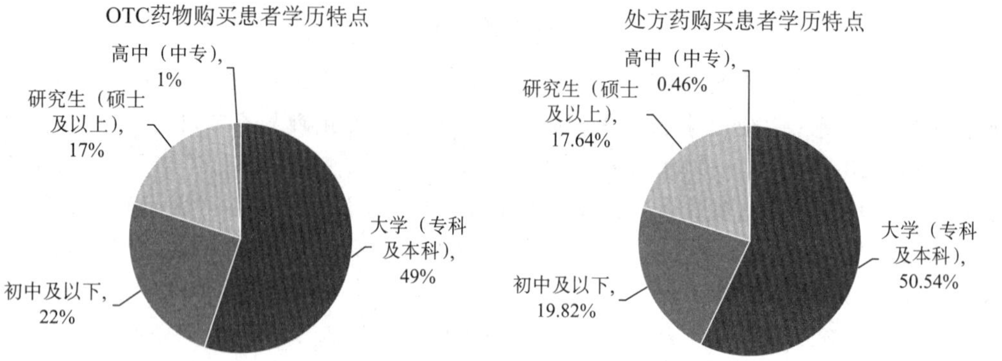

图 6－1　脱发药物市场学历特点

资料来源：《中国男性秃发调研洞察报告》。

《2021 天猫养生趋势新洞察》数据显示，2021 年“618”当天，购买脱发类药品的用户人数同比增长了 452%，而治疗脱发的相关药品成交金额也同比增长了 500%。淘宝平台中假发成为海外商品成交量第一，几乎每 2 秒就卖出一顶假发，网上成交额就高达 15 亿元。除了海外市场，国内市场规模也在快速发展。目前我国假发行业的市场增速达到了连续 6 年超过 20%。

（资料来源：近 3 亿人群，千亿“头顶经济”崛起，微信公众号，2022－11－11）

为什么假发市场规模越来越大，你认为进入该市场有利可图吗？为什么？

四、市场细分的方法

市场细分的标准很多，而且各种标准相互影响、相互作用，市场细分往往需要根据产品整体市场的特点，综合各种标准来细分市场。企业应该根据企业的具体情况决定选择一个变量还是选择多个变量，选择哪些变量。

（一）单一因素细分法（水平细分）

单一因素细分指企业仅依据影响需求和购买行为的某一个变量或因素对一产品的整体市场进行细分的方法叫单一变量法。比如我们将人口市场仅按性别分为男性消费者市场和女性消费者市场；或仅按年龄分为；或把中国市场仅按地区分为东北市场、华北市场、西北市场、西南市场、中南市场和华东市场等。

（二）双因素细分法（交叉细分）

双因素细分指企业按两个影响市场需求和购买行为的因素进行市场细分。比如服装市场，按年龄与收入结合起来进行细分，这样就分成了 15 个子市场，见表 6－1。

表 6－1　　双因素市场细分

	老年人市场	中年人市场	青年人市场	儿童市场	婴幼儿市场
高收入	子市场 1	子市场 2	子市场 3	子市场 4	子市场 5
中收入	子市场 6	子市场 7	子市场 8	子市场 9	子市场 10
低收入	子市场 11	子市场 12	子市场 13	子市场 14	子市场 15

（三）多因素细分法

多因素细分法即企业依据影响需求倾向的3个或3个以上的变量或因素对一产品的整体市场进行细分。如手机市场，可以按年龄、性别、收入水平、地域等划分为不同的子市场。

小链接： **欧莱雅市场细分**

一、公司背景

法国欧莱雅集团为全球500强企业之一，由发明世界上第一种合成染发剂的法国化学家舒莱尔创立于1907年，历经近一个世纪的努力，欧莱雅从一个小型家庭企业跃居为世界化妆品行业的领头羊。欧莱雅集团的产品遍及150多个国家和地区：在全球拥有283家分公司及100多个代理商，5万多名员工、42家工厂和500多个优质品牌，产品包括护肤防晒、护发染发、彩妆、香水、卫浴、药房专销化妆品和皮肤科疾病辅疗护肤品等。

二、市场细分策略

1997年，欧莱雅集团携巴黎欧莱雅、兰蔻、美宝莲等品牌正式进入中国市场。而在此之前，欧莱雅集团针对中国市场进行了近10年的调研，并分别在上海、苏州设立产品研究部和美容护肤研究所，研究中国人的肤质和发质。巴黎欧莱雅进入中国市场至今，以其与众不同的优雅品牌形象，加上全球顶尖演员、模特的热情演绎，向公众充分展示了"巴黎欧莱雅，你值得拥有"的理念。目前已在全国近百个大中城市的百货商店及超市设立了近400个形象专柜，并配有专业美容顾问为广大中国女性提供全面的护肤、彩妆、染发定型等相关服务，深受消费者青睐。回顾上述成功业绩，关键取决于欧莱雅公司独特的市场细分策略。

首先，公司从产品的使用对象进行市场细分，主要分成普通消费者用化妆品，专业使用的化妆品，其中，专业使用的化妆品主要是指美容院等专业经营场所所使用的产品。

其次，公司将化妆产品的品种进行细分，如彩妆、护肤、染发护发等，同时，对每一品种按照化妆部位、颜色等再进一步细分，如按照人体部位不同将彩妆分为口红、眼膏、睫毛膏等；再就口红而言，进一步按照颜色细分为粉红、大红、无色等，此外，还按照口红性质差异将其分为保湿型、明亮型、滋润型等。如此步步细分，光美宝莲口红就达到150多种，而且基本保持每1～2个月就向市场推出新的款式，从而将化妆品的品种细分几乎推向极限地步。

然后，按照中国地域广阔特征，鉴于南北、东西地区气候、习俗、文化等的不同，人们对化妆品的偏好具有明显的差异。如南方由于气温高，人们一般比较少做白日妆或者喜欢使用清淡的装饰，因此较倾向于淡妆；而北方由于气候干燥以及文化习俗的缘故，一般都比较喜欢浓妆。同样东西地区由于经济、观念、气候等的缘故，人们对化妆品也有不同的要求。所以欧莱雅集团敏锐地意识到了这点，按照地区推出不同的主打产品。

最后，又采用了其他相关细分方法，如按照原材料的不同，有专门的纯自然产品；按照年龄细分等。

通过对中国化妆品市场的环境分析，欧莱雅公司采取多品牌战略对所有细分市场进行全面覆盖策略，按照欧莱雅中国总经理盖保罗所说的金字塔理论，欧莱雅在中国的品牌框架包括了高端、中端和低端三个部分：其中，塔尖部分为高端产品，约有12

个品牌构成，如第一品牌赫莲娜，无论从产品品质和价位都是这12个品牌中最高的，面对的消费群体的年龄也相应偏高，并具有很强的消费能力；第二品牌是兰蔻，它是全球最著名的高端化妆品牌之一，消费者年龄比赫莲娜年轻一些，也具有相当的消费能力；第三品牌是碧欧泉，它面对的是具有一定消费能力的年轻时尚消费者。欧莱雅公司希望将其塑造成大众消费者进入高端化妆品的敲门砖，价格也比赫莲娜和兰蔻低一些。它们主要在高档的百货商场销售，兰蔻在22个城市有45个专柜，目前在中国高端化妆品市场占有率第一，碧欧泉则是第四。

塔中部分为中端产品，所包含品牌有两大块：一块是美发产品，有卡诗和欧莱雅专业美发，其中，卡诗在染发领域属于高档品牌，比欧莱雅专业美发高一些，它们销售渠道都是发廊及专业美发店。欧莱雅公司认为，除产品本身外，这种销售模式也使消费者有机会得到专业发型师的专业服务。另一块是活性健康化妆品，有薇姿和理肤泉两个品牌，它们通过药房经销。欧莱雅，率先把这种药房销售化妆品的理念引入了中国。

塔基部分是指大众类产品，中国市场不同于欧美及日本市场之处在于中国市场很大而且非常多元化，消费梯度很多，尤其是塔基部分上的比例大。在中国大众市场中，欧莱雅公司目前共推行5个品牌，其中，巴黎欧莱雅是属于最高端的，它有护肤、彩妆、染发等产品，在全国500多个百货商场设有专柜，还在家乐福、沃尔玛等高档超市有售。欧莱雅的高档染发品已是目前中国高档染发品的第一品牌。第二品牌是羽西，羽西秉承“专为亚洲人的皮肤设计”的理念，是一个主流品牌，在全国240多个城市的800家百货商场有售。第三品牌是美宝莲——来自美国的大众彩妆品牌，它在全球很多国家彩妆领域排名第一，在中国也毫不例外，目前已经进入了600个城市，有1.2万个柜台。第四品牌是卡尼尔，目前在中国主要是引进了染发产品，它相比欧莱雅更大众化一些，年轻时尚，在中国5 000多个销售点有售。第五品牌是小护士，它面对的是追求自然美的年轻消费者，市场认知度90%以上，目前在全国有28万个销售点，网点遍布了国内二、三级县市。

2022年8月，欧莱雅集团发布2022年上半年财报。财报显示，欧莱雅集团上半年实现销售额183.6亿欧元，同比增长13.5%。按固定汇率计算，增长13.9%，合并增长20.9%。具体到部门来看，欧莱雅大众化妆品部取得大幅增速，所有区域均实现两位数增长，新兴市场增长强劲。消费品部：上半年实现了稳健的增长，同比增长8.0%，报告增长13.9%，第二季度增长9.1%，表现突出。欧莱雅集团指出，这一成绩得益于其主品牌产品，以及其产品的成功创新。

（资料来源：根据百度文库相关资料整理。）

第二节　目标市场营销战略选择

企业的一切市场营销活动，都是围绕目标市场进行的。市场细分之后，企业要根据一定的原则进行选择目标市场。企业需要评价各种细分市场，根据企业的资源与能力来选择目标市场，并确定目标市场策略。

一、目标市场的概念

目标市场是指在市场细分的基础上，企业决定要进入并开展营销活动的一个或几个细分市场，即企业为之服务的顾客群。目标市场概念的提出是企业营销实践的产物。目标市场理论的形成经历了三个阶段。

第一阶段，大量营销阶段。即在20世纪初至20世纪30年代，市场属于卖方市场，产品供不应求，远远不能满足消费者需要，于是产品大量生产，大量流通，大量消费。

第二阶段，差异化营销阶段。在20世纪30年代至20世纪50年代，市场由卖方市场逐步向买方市场过渡，产品在一定程度上出现了积压，而只有那些规格、型号、式样、质量等符合消费者需要的产品才有销路，于是企业就开始了差异化营销，即生产不同规格、型号、档次等的产品让消费者自己选择。

第三阶段，目标市场营销阶段。20世纪50年代之后，市场进入买方市场，产品严重供大于求，产品卖掉卖不掉不是取决于生产者，而是取决于消费者，于是营销进入目标市场营销阶段。在这一阶段，企业首先是选择目标市场，然后根据目标市场需要进行产品生产。目标市场营销不同于差异化营销，差异化营销是先生产产品，让消费者选择；而目标市场营销是先选择目标市场，再生产其所需要的产品。

二、目标市场的选择类型

在企业市场营销活动中，企业必须选择和确定目标市场。选择和确定目标市场，是企业制定市场营销战略的首要内容和基本出发点。企业应该根据其能力和资源条件选择具有较强吸引力的细分市场。可供企业选择的目标市场范围策略主要有以下5种，如图6－2所示。其中P表示不同种类的产品，M表示不同的子市场。

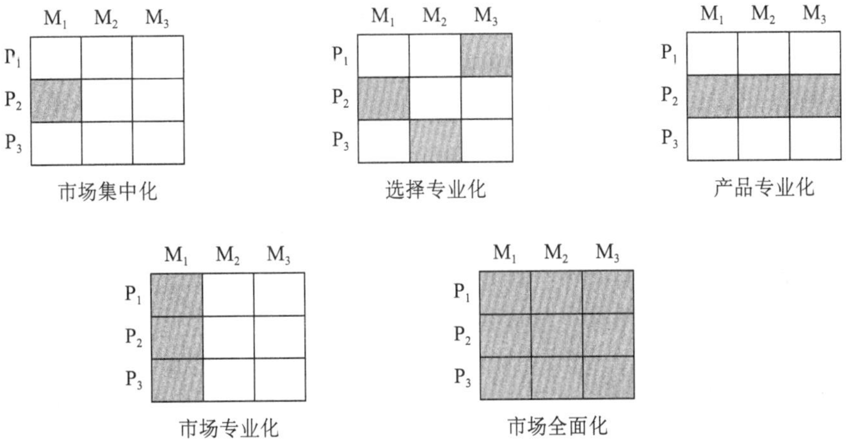

图6－2 目标市场选择的类型

（一）市场集中化策略

这是一种最简单的目标市场模式。它是指企业只选择一个细分市场，只生产或经营一种类型的产品，满足某一类顾客特定的需要。较小的企业通常采用这种策略，例如某鞋类企业只生产女鞋。选择该种模式时一般考虑到以下因素：企业在该细分市场具有较大的优势；资金、能力的有限性决定其只能经营一个细分市场，该细分市场中没有较强的竞争对手等。

（二）选择专业化策略

选择专业化策略是指企业决定有选择地同时进入若干个具有吸引力并且符合企业的目标和资源的细分市场作为目标市场，其中每个细分市场与其他细分市场之间的联系较小。企业要有针对性地向各个不同的顾客群提供不同类型的产品，以满足其特定的需要。这一般是生产经营能力较强的企业在几个细分市场均有较大吸引力时所采取的决策。其优点是可以有效地分散经营风险。

（三）产品专业化策略

产品专业化策略是指企业生产一种类型的系列产品，并将其销售给各个顾客群，满足其对一种类型产品的各不相同的需要。如饮水器厂只生产一个品种，同时向家庭、机关、学校、银行、餐厅、招待所等各类用户销售。产品专业化模式的优点是企业专注于某一种或一类产品的生产，有利于形成和发展生产和技术的优势，在该领域树立形象。其局限性是当该领域被一种全新的技术与产品所代替时，产品销售量有大幅度下降的危险。

（四）市场专业化策略

市场专业化策略是指企业决定生产多种不同类型的产品，只将其销售给某一个顾客群，满足其多种需要。例如，金利来公司专门向消费者销售西服、衬衣、领带、皮鞋、皮包等男性服饰及用品。市场专业化生产经营的产品种类较多，可以有效地分散风险，但由于市场集中服务于某一类型的顾客，企业也面临着一定的风险。

（五）全面进入策略

全面进入策略是指企业生产各种类型的产品，全面地满足市场上所有顾客群的不同需求。一般来说，只有实力比较雄厚的知名公司在一定阶段才会使用这种策略，以追求公司整体效益的最大化。比如，德国大众汽车公司在全球汽车市场、美国国际商业机器公司（IBM）在全球计算机市场都采取了该种策略。显然，目标市场的选择对企业生产、经营、效益等活动都有重要影响。如果采用市场集中化策略，企业可能对市场需求的适应能力弱，经营风险大；如果采用全面进入战略，企业可能会增加生产经营的复杂性，难以提高企业的利润率。企业应该根据外部环境变化、企业目标、资源、竞争对手的情况选择适当数量的细分市场。只有这样，才能保证目标市场营销战略的顺利实施。当企业实力较弱时，在运用上述策略时，一般先进入最有吸引力且最有条件进入的细分市场，只是在机会和条件成熟时才酌情有计划地进入其他细分市场，逐步发展壮大。

三、目标市场营销战略

企业在市场细分、选择目标市场之后还要确定目标市场营销战略。有 4 种不同的目标市场战略供企业选择，它们是：无差异性营销战略、差异性营销战略、集中性营销战略和定制营销战略。

（一）无差异性营销战略

所谓无差异性营销战略，也称为大量营销，是指企业不考虑细分市场的差异性，把整体市场作为目标市场，只推出一种产品、只运用一种市场营销组合，为整个市场提供服务的营销战略，如图 6 – 3 所示。这种策略的基本特点是：企业不进行市场细分，把整个市场视作一个大的、同质的目标市场，营销活动只注意市场需求共性，而忽略其差异性。实施无差异市场营销战略的企业，可以推出一种类型的标准化产品，使用统一的包装与商标、相同的促销手段，试图以此吸引尽可能多的购买者，为整个市场服务。一般来说，这种目标市场策略基于两种不同的指导思想。一种指导思想是市场上的消费者认为某些产品是同质的产品。另一种主导思想是从产品观念出发，忽视需求的差异，强调需求的共性。美国可口可乐公司一直采用无差异性市场策略，生产一种口味、一种配方、一种包装的产品满足世界 156 个国家和地区的需要。由于百事可乐等公司的竞争，1985 年 4 月，可口可乐公司宣布要改变配方的决定，不料在美国市场掀起轩然大波，许多电话打到公司，对公司改变可口可乐的配方表示不满和反对，公司不得不继续大批量生产传统配方的可口可乐。

图 6 – 3 无差异性营销

无差异性营销战略的主要优点表现为成本的经济性。单一的产品，大批量的生产，储运和销售，必然降低单位产品的成本；无差异的广告宣传等促销活动可以减少促销费用；不进行市场细分也会相应地减少市场调研、产品开发、制定多种市场营销组合方案等方面的费用。无差异性营销战略的缺点主要是不能满足消费者多样性需求。消费者需求客观上是千差万别并不断变化的。首先，由于消费需求不断变化，许多过去的同质市场已经转变为异质市场或正在向异质市场转化，一种产品长期为所有消费者或用户接受的情况越来越少。其次，当众多企业都采用这一战略时，市场竞争会异常激烈，而一些小的细分市场上的需求却得不到满足，这对营销者和消费者都是不利的。最后，易于受到采用差异性营销战略的竞争对手的攻击。采用差异性营销战略的竞争对手想方设法为需求不同的顾客提供更适合他们的产品或服务。这使得采用无差异性营销战略的公司非常被动。所以，世界上一些曾经长期实行这一策略的企业最终也实行差异性营销战略了。

实施无差异营销战略的条件：一是要求企业要有强大的分销渠道，能够把产品分销到更广泛的区域，以便达到较高的销量，如可口可乐、百事可乐、加多宝等大企业，拥有广泛的分销渠道；二是要求企业产品品牌要有较高的知名度，分销地的消费者对该品牌有较高的认知，如很多知名快消品品牌；三是要求消费者对该产品的需求差异不大，消费者没有明显的需求差别，如凉茶，消费者对凉茶的需求差别不大，主要是功能性的需求。

（二）差异性营销战略

差异性营销战略是在市场细分的基础上，选择两个或两个以上乃至全部细分市场作为目标市场，分别为之设计不同的市场营销组合，以满足各个细分市场的需求，如图 6 – 4 所示。这一策略认为消费者的需求是有差异的，不可能使用完全相同的、无差别的产品去满足各类消费者的需要。差异性营销战略一般适用于大企业，大企业财力较为雄厚、技术力量较强，具有较高素质的管理队伍。由于采用差异性营销战略必然受到企业资源和条件的限制，小企业往往无力采用。如全球最大的日化企业宝洁，资源实力雄厚，品牌管理能力强，能够同时管理上百个品牌，其中至少有 8 个年销超过 100 亿元的超级品牌，最大的品牌帮宝适一个品牌的 2016 财年的销售额超过了 600 亿元。

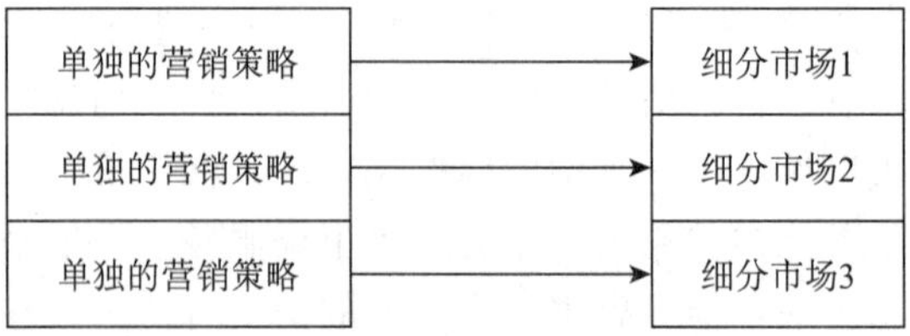

图 6－4　差异性营销策略

差异性营销战略的优点是：可以提高企业产品的适销率和竞争力，减少经营风险，提高市场占有率。因为多种产品能分别满足不同消费者群的需要，扩大产品销售。某 1～2 种产品经营不善的风险可以由其他产品经营所弥补；如果企业在数个细分市场都有能取得的较好的经营效果，就能树立企业良好的市场形象，提高市场占有率。所以、目前有越来越多的企业采用差异性市场营销战略。

差异性营销战略的缺点是：由于运用这种战略的企业进入的细分市场较多，而且针对各个细分市场的需要实行了产品和市场营销组合的多样化战略，随着产品品种增加、销售渠道多样以及市场调研和促销宣传活动的扩大与复杂，企业各方面经营成本支出（设计研发费、生产成本、管理成本、促销费用）必然会大幅度增加；同时可能造成企业资源过度分散，不利于企业核心竞争力的形成。

（三）集中性营销战略

集中性营销战略就是在细分后的市场上，选择两个或少数几个细分市场作为目标市场，实行专业化生产和营销，如图 6－5 所示，在个别少数市场上发挥优势，提高市场占有率。采用这种战略的企业对目标市场有较深的了解，一般资源有限的中小型企业采用这种营销战略。

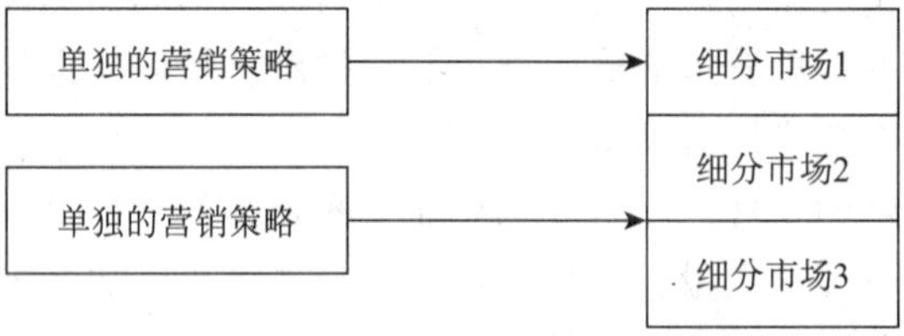

图 6－5　集中性营销策略

采用集中性市场营销战略，优点是能集中利用企业有限的资源，能更好地满足细分市场消费者的需求；有利于树立起专业化的品牌形象及良好的声誉，提高企业品牌的知名度；有利于集中力量迅速进入和占领某一特定细分市场。

采用这种战略有较大的经营风险，因为它的目标市场狭窄，产品品种单一，一旦消费者需求偏好突然发生变化，企业就可能因应变不及时而陷入困境；或者当强有力的竞争者打入目标市场时，企业就要受到严重威胁。

（四）定制营销战略

定制营销战略即企业将市场细分到极致，把每一位顾客视为一个潜在的细分市场，即定制营销。定制营销中，企业根据每位顾客的特定需求单独设计、生产定制产品，同时以消费者愿意支付的最高价格销售产品，更好的满足顾客的需求。定制营销的条件：①信息化是定制营销的基础；②选择合理的定制营销方式（合作型、选择型、消费型）；③企业要构建敏捷柔性的生产制造系统。

小链接：

戴尔——真正实施定制化营销

美国戴尔公司在强手如林的电脑市场竞争，没有IBM、康柏等公司历史悠久、财大气粗，但却能表现甚佳，这与它独特的定制化生产方式密切相关。戴尔的定制化并非停留在口头上，谁都想定制化，但成本高却让诸多企业望而却步，是IT和网络技术让戴尔有能力做到定制化。

戴尔的营销创新在于他把新型零售方式融入高科技产品电脑中来。如果用专业的话来说，戴尔将电脑产品“大规模定制化”。把微机直接卖给顾客并非改天换地的创意，山姆沃尔顿的沃尔玛货仓式零售革命体现了创始者的“细微之处有洞天”思想，而戴尔的独特在于他对计算机市场这一理念的理解。

戴尔公司每年生产数百万台个人计算机，每台都是根据客户的具体要求组装的。戴尔公司是企业家、网络技术专家和企业软件汇集在一起的完美例子。以戴尔为其大客户福特汽车提供服务为例，戴尔公司为福特不同部门的员工设计了各种不同的配置。当通过福特公司内联网接到订货时，戴尔公司马上就知道订货的是哪个工种的员工，他需要哪种计算机。戴尔公司便组装合适的硬件，甚至安装了适当的软件，其中有一些包括福特汽车公司储存在戴尔公司的专有密码。戴尔公司的后勤服务软件非常全面和先进，因此，它能够以较低的成本开展大规模定制服务。

福特公司为这种专门服务额外付一定的费用。付这笔钱值得吗？如果福特汽车从当地经销商那里购买个人计算机，经销商运来一些箱子，需要懂得信息技术的工人取出机器进行配置。这一过程需要一个专业人员花4~6个小时，并且常常出现配置错误。所以，戴尔的定制服务物有所值。戴尔的直销与定制模式使他在高科技产业独树一帜。

是什么支持戴尔公司做到定制化的生产与服务呢？是IT技术，是网络技术。公司每天生产大约400万台个人电脑、笔记本计算机、服务器和工作站。大多卖给了企业而非消费者。买主只须拨打公司电话或在网站上登录，提出自己的机器配置，等待公司的报价出现在屏幕上。输入信用卡号码，按回车键就行了。

（资料来源：戴尔的定制化营销，道客巴巴，2013-1-20）

定制营销是指企业在大规模生产的基础上，将每一位顾客都视为一个单独的细分市场，根据个人的特定需求来进行市场营销组合，以满足每位顾客的特定需求的一种营销方式。现代的定制营销与以往的手工定做不同，定制营销是在简单的大规模生产不能满足消费者多样化、个性化需求的情况下提出来的，其最突出的特点是根据顾客的特殊要求来进行产品生产。定制营销在家居设计、服装行业比较常见。美国著名营销学者科特勒将定制营销誉为21世纪市场营销最新领域之一。在全新的网络环境下，兴起了一大批像Dell、Amazon、P&G等，提供完全定制服务的企业。在宝洁的网站能够生产一种定制的皮肤护理或头发护理产品以满足顾客的需要。

与传统的营销方式相比，定制营销体现出其特有的竞争优势。首先，能体现以顾客为中心的营销观念。从顾客需要出发，与每一位顾客建立良好关系，并为其开展差异性服务，实施了一对一的营销，最大的满足了用户的个性化需求，提高了企业的竞争力。由于它注重产品设计创新与特殊化，个性化服务管理与经营效率，实现了市场的快速形成和裂变发展。在这种营销中，消费者需要的产品由消费者自己来设计，企业则根据消费者提出的要求来进行大规模定制。其次，实现了以销定产，降低了成本。在大规模定制下，企业的生产运营受客户的需求驱动，以客户订单为依据来安排定制产品的生产与采购，使企业库存的最小化，降低了企业成本。因此，它的目的是把大规模生产模式的低成本和定制生产以客户为中心这两种生产模式的优势结合起来，在未牺牲经济效益的前提下，了解并满足单个客户的需求。可以这样说，它将确定和满足客户的个性化需求放在企业的首要位置，同时又不牺牲效率，它的基本任务是以客户愿意支付的价格并以能获得一定的利润的成本高效率地进行产品定制。最后，在一定程度上减少了企业新产品开发和决策的风险。

这 4 种目标市场营销战略各有利弊，企业应考虑企业面临的各种因素和条件选择目标市场营销战略，如企业规模和原料的供应、产品类似性、市场类似性、产品寿命周期、竞争的目标市场等。选择适合本企业的目标市场营销战略是一个复杂多变的工作。企业内部条件和外部环境在不断发展变化，经营者要不断通过市场调查和预测，掌握和分析市场变化趋势与竞争对手的条件，扬长避短，发挥优势，把握时机，采取灵活的适应市场态势的战略，去争取较大的利益。

四、影响目标市场选择的因素

企业在进行决策时要具体分析产品和市场状况和企业本身的特点。影响企业目标市场策略的因素主要有企业资源、产品特点、市场特点、产品生命周期阶段和竞争者策略。

（一）企业资源

资源雄厚的企业，如拥有大规模的生产能力、广泛的分销渠道、程度很高产品标准化、好的内在质量和品牌信誉等，可以考虑实行无差异市场营销策略；如果企业拥有雄厚的设计能力和优秀的管理素质，则可以考虑实行差异市场营销策略；而对实力较弱的中小企业来说，适于集中力量进行集中营销策略。企业初次进入市场时，往往采用集中市场营销策略，在积累了一定的成功经验后再采用差异市场营销策略或无差异市场营销策略，扩大市场份额。

（二）产品特点

产品的同质性表明了产品在性能、特点等方面的差异性的大小，是企业选择目标市场时不可不考虑的因素之一。一般对于同质性高的产品如食盐等，宜实行无差异市场营销；对于同质性低或异质性产品，差异市场营销或集中市场营销是恰当选择。

（三）市场特点

供与求是市场中两大基本力量，它们的变化趋势往往是决定市场发展方向的根本原因。供不应求时，企业重在扩大供给，无暇考虑需求差异，所以采用无差异市场营销策略；供过于求时，企业为刺激需求、扩大市场份额殚精竭虑，多采用差异市场营销或集中市场营销策略。

从市场需求的角度来看，如果消费者对某产品的需求偏好、购买行为相似，则称之为同质市场，可采用无差异市场营销策略；反之，为异质市场，差异市场营销和集中市场营销策略更合适。

（四）产品的生命周期阶段

产品因所处生命周期的阶段不同，而表现出的不同特点亦不容忽视。产品处于导入期和成长初期，消费者刚刚接触新产品，对它的了解还停留在较粗浅的层次，竞争尚不激烈，企业这时的营销重点是挖掘市场对产品的基本需求，往往采用无差异市场营销策略。等产品进入成长后期和成熟期时，消费者已经熟悉产品的特性，需求向深层次发展，竞争空前的激烈，企业应适时地转变策略为差异市场营销或集中市场营销。

（五）竞争者的策略

目标市场战略的选择也与竞争对手的战略相关。如果企业实力强，可自主选择。但若企业实力较弱，则必须考虑对手的目标市场战略，不能与对手硬碰硬，最好避开对手，选择与对手不同的目标市场战略。比如，竞争者采用无差异市场营销策略时，你选用差异市场营销策略或集中市场营销策略更容易发挥优势。若对手采用差异化营销，你最好选择集中性营销。

企业的目标市场策略应慎重选择，一旦确定，应相对稳定，但灵活性也不容忽视，没有永恒正确的策略，一定要密切注意市场需求的变化和竞争动态。

第三节　市场定位方法与策略

企业选择和确定了目标市场后，就进入了目标市场营销的第三个步骤——市场定位。市场定位是目标市场营销战略重要的组成部分，它关系到企业及其产品在激烈的市场竞争中树立企业及品牌形象，实现企业市场营销战略目标等一系列至关重要的问题。

一、市场定位的概念和方法

（一）市场定位的概念

市场定位是在20世纪70年代由美国营销学家艾尔·里斯和杰克·特劳特提出的，他们认为，市场经济下的任何主体和客体都存在一个定位问题。

市场定位是指企业根据竞争者的产品在细分市场所处的地位和顾客对产品某些属性的重视程度，塑造出本企业产品与众不同的鲜明的特色或个性，并传递给目标顾客，使该产品在目标顾客心中占有一个独特的位置。简言之，就是在客户心目中树立独特的产品或品牌形象。

因此，市场定位不是企业自己认为自己产品或品牌独特，也不是仅与竞争对手有差异，而是要在目标顾客心中有差异，占据目标顾客心中某一个独特位置，从而区别于竞争对手，让消费者认为本产品或品牌独特。此外这种独特产品或品牌形象对消费者一定是有益的，能够给消费者带来利益，是消费者重视的独特之处，否则这种独特是没有意义的。

市场定位的本质是差异化，这种差异可以从多个角度入手。

1. 产品差别化

产品差别化战略是从产品质量、产品款式等方面实现差别。寻求产品特征是产品差别化战略经常使用的手段。

产品质量是指产品的有效性、耐用性和可靠程度等。比如，A品牌的止痛片比B品牌疗效更高、副作用更小。顾客通常会选择 A 品牌。但是，这里又带来新的问题，A 产品的质量、价格、利润三者是否完全呈正比例关系呢？一项研究表明：产品质量与投资报酬之间存在着高度相关的关系，即高质量产品的盈利率高于低质量和一般质量的产品，但质量超过一定的限度时，顾客需求量开始递减。显然，顾客认为过高的质量需要支付超出其质量需求的额外价值（即使在没有让顾客付出相应价格的情况下可能也是如此）。

产品款式是产品差别化的一个有效工具，对汽车、服装、房屋等产品尤为重要。日本汽车行业中流传着这样一句话："丰田的安装，本田的外形，日产的价格，三菱的发动机。"这体现了日本四家主要汽车公司的核心专长。

2. 服务差别化

服务差别化战略是向目标市场提供与竞争者不同的优质服务。企业的竞争力越能体现在顾客服务水平上，市场差别化就越容易实现。如果企业把服务要素融入产品的支撑体系，就可以在许多领域建立其他企业的"进入障碍"。因为服务差别化战略能够提供顾客购买总价值，保持牢固的顾客关系，从而击败竞争对手。

服务战略在各种市场状况下都有用武之地，尤其是在饱和的市场上。对于技术精密产品，如汽车、计算机、复印机等服务战略的运用更为有效。强调服务战略并没有贬低技术质量战略的重要作用。如果产品或服务中的技术占据了价值的主要部分，则技术质量战略是行之有效的。但是竞争者之间技术差别越小，这种战略作用的空间也越小。一旦众多的厂商掌握了相似的技术，技术领先就难以在市场上有所作为。

3. 人员差别化

人员差别化战略是通过聘用和培训比竞争者更为优秀的人员以获取差别优势。市场竞争归根到底是人才的竞争。日本航空公司多年来一直在"北京——东京——夏威夷"这条航线上与美国最大的航空公司"联航"和韩国的"韩航"展开激烈的竞争。"联航"的规模实力与硬件设备都是超一流的，而"韩航"的价格比"联航"低 30%，两者都颇有竞争力。但是，"日航"依靠整合的优良服务，贯穿入关——空中——出关的全过程，赢得了各国旅客的赞美，凡乘坐过此航线的旅客，很难再选择其他航空公司。"日航"优良服务的根基在于他们高素质的航空员工队伍——从机长到空姐都训练有素。

4. 形象差异化

形象差异化战略是在产品的核心部分与竞争者类同的情况下塑造不同的产品形象以获取差别优势。企业或产品要成功地塑造形象，需要具有创造性的思维和设计，需要持续不断地利用企业的所有传播工具。将具有创意的标志融入某一文化的气氛，也是实现形象差别化的重要途径。麦当劳的金色模型"M"标志，与其独特文化气息相融合，使人无论在美国纽约、日本东京还是中国北京，只要一见到这个标志马上就会联想到麦当劳舒适宽敞的店堂、优质的服务和美味可口的汉堡和薯条。这样的形象设计就是非常成功的。

（二）市场定位的步骤

1. 识别企业潜在的竞争优势

主要是从以下 3 个角度分析识别：

（1）目标市场的需求特点。市场定位的核心是改变顾客认知，让顾客认识到本产品与竞争对手产品的不同之处，能够给顾客带来哪些独特利益。因此市场定位首先应研究顾客的需求特征。企业需要了解目标市场需求的特点、被满足的情况、变化趋势以及目标消费者对产品的评价标准，发现本产品与目标市场需要层次之间的关系，满足了目标消费者的哪些需求，哪些需求是目标市场重视的需求，哪些需求是目标市场认为重要的需求，哪些是相对不太重要但是仍然会考虑满足的需求。做好目标市场的需求描述才能进行下一步产品与需求的匹配。

（2）竞争者的优劣势。分析市场的竞争格局，发现自身主要竞争对手和次要竞争对手，分析对手的产品、品牌、企业在市场上具有优势的方面是什么，各品牌产品的劣势有哪些，只有了解了竞争格局与竞争对手的优劣势，才能为下一步找到自身的优势打好基础。分析竞争者时可以从多角度分析，如竞争者的成本及经营情况，竞争者向目标市场提供了何种产品及服务，其在消费者心目中的形象等。

（3）企业自身的竞争优势。企业要进行市场定位，还要明确自身的竞争优势。知己知彼百战百胜。企业的竞争优势主要表现在两个方面：低成本优势和产品差别化优势。低成本优势是指企业单位产品的生产和销售费用比竞争对手的更低。产品差别化优势是指向市场提供的产品在质量、功能、品种、规格、外观等方面比竞争对手的更好。企业要清醒、客观地确认自身竞争优势是什么，是同样条件能比竞争者定价低，还是能提供更多的特色满足消费者的特定需要。

2. 明确企业的核心竞争力并进行定位

核心竞争力是指支撑企业可持续性竞争优势的开发独特产品、发展特有技术和创造独特营销手段的能力，是企业在特定经营环境中的竞争能力和竞争优势的合力，是企业多方面技能和企业运行机制如技术系统、管理系统的有机融合。核心竞争力是企业长期内形成的、蕴含于企业内质中的、企业独具的、支撑企业过去、现在和未来竞争优势，并使企业长时间内在竞争环境中能取得主动的核心能力。

经过前期市场竞争分析，企业清晰的认识到竞争对手的优劣势，对比竞争对手的劣势发现本品牌在市场竞争中的优势，这些优势中有些是与消费者需求相匹配的，从中找出竞争对手没有宣传并且无法模仿或者难以模仿的竞争优势，其中最独特的、可以长期支持企业可持续竞争的优势即可作为产品品牌的市场定位。该定位体现了品牌的独特特色，是企业竞争优势所在，能够作为长期核心竞争力支撑企业可持续发展，决定企业营销活动的方向，企业营销策略应围绕该定位展开。

3. 将该市场定位成功地传递出去

企业的核心竞争力与竞争优势不会自动地在消费者心目中占有一定位置，企业要把这一独特定位成功传播出去，才能使消费者认识到该品牌的独特差异。这一定位的成功传播需要借助企业一系列的宣传促销活动，将其独特的市场竞争优势准确传播给目标顾客，并在其心中留下深刻印象，从而在需要时想到并购买该产品来满足自己的需求。

小链接：　江中牌健胃消食片

一、充满疑虑的市场突破点

2001 年，国内药企纷纷重组，随着越来越多的中小企业被兼并，一些大型企业也在逐渐成型，如哈药集团、广药集团等。国家不再限制其他制药企业生产健胃消食片。在这个大趋势下，使江中健胃消食片的市场受到威胁。为了巩固市场，江中药业的总裁力主将江中健胃消食片作为新增长点，承载起江中药业上台阶的艰巨任务。江中药业内部持反对意见，认为江中健胃消食片的市场增长空间有限，投入巨资推广将会得不偿失。

他们的理由主要有三：

1. 消化不良用药市场已经成熟，整体增长空间有限

消化不良用药市场多年来非常平稳。因此，持反对意见的人认为：消化不良用药市场已经成熟，不可能有大幅的增长。如江中健胃消食片要有大提升，就只能从吗丁啉手中抢夺。

2. 对手吗丁啉强大

多年前，吗丁啉第一个通过大众传媒广告宣传“消化不良找吗丁啉帮忙”。广告在消费者的头脑中留下深深的印记，当消费者消化不良，就自然联想到吗丁啉。

3. 江中健胃消食片推广乏术

广告不断变换诉求，从早期的症状诉求，到“中药成分”“中药品种保护”，再到“儿童老人适合”等不一而足。也找过国际知名广告公司如奥美等，希望在广告创意方面有所突破，但所有努力都收效甚微。

二、市场分析

江中药业市场部委托其战略合作伙伴成美营销顾问有限公司（以下简称“成美”），对健胃消食片的市场潜力进行系统评估，要评估江中健胃消食片的增长空间，并建立江中健胃消食片的品牌定位，从而区别于其他品牌。

1. 消化不良用药市场并未成熟

消化不良用药市场的行业集中度并不高，明显不符合市场成熟的一般规律。一些没有品牌的“淘汰产品”，销售数量惊人，如零售价格仅为每包 1 元钱的干酵母片，其销售金额在全国消化系统用药零售市场位居前十。同时，各地市场普遍存在区域产品，其中用于治疗儿童消化不良的产品更是数不胜数，这两类产品的广泛存在和销售良好，预示着尚有大量未被开采的“空白市场”。

2. 消化不良用药市场中吗丁啉一枝独秀的竞争格局，表明至少还有第二品牌的空间

而从长远看，任何市场最终将形成两大主要品牌（非两大厂家）进行竞争的局面，如可乐中的可口可乐与百事可乐；肉制品的双汇与雨润，他们的市场份额最终将形成 2∶1，领导品牌占有 40% 左右，第二品牌约 20%。而消化不良用药市场吗丁啉一枝独秀，再无其他强势品牌，也进一步证实了消化不良用药市场远未成熟。江中健胃消食片至少可以争取成为第二品牌，夺取“杂牌军”市场。

3. 消化不良患者用药率低，需求未被满足，其中，儿童市场用药率低的情况尤为突出。

4. 吗丁啉：强势表象下的市场空白

吗丁啉在消费者心目中是一个治疗较严重病症的药品，“胃痛”“胃酸”等症状，“消化不良药物”的身份开始淡化。

5. 吗丁啉主动“舍弃”了大量的区域市场

吗丁啉销量主要集中江苏、浙江、上海、广东、北京地区，广告投放费用，占到其投放总量 50% 以上。而其他区域，如江西等省市，吗丁啉的广告投入几乎为零。在黑龙江、江西等被“舍弃”的地区，山高水远，消费者对吗丁啉知之甚少。

三、品牌定位——“日常助消化用药”

经过分析，江中健胃消食片定位在“日常助消化用药”。

这一定位避开了与吗丁啉的直接竞争，向无人防御且市场容量巨大的消化酶、地方品牌夺取市场（据权威机构的全国统计数据来看，酵母片、乳酶生、多酶片的销售数量与销售金额均排名靠前，三者合计数超过吗丁啉），同时也在地域上填补“吗丁啉”的空白市场，从而满足江中药业现实需要。

江中健胃消食片主要是用来解决日常生活中多发的“胃胀”“食欲不振”症状，完全吻合这些现有顾客的认识和需求，并能有效巩固江中健胃消食片原有的市场份额。

（资料来源：昆仑定位案例，江中牌健胃消食片品牌定位战略，2020－11－23）

思考：江中牌健胃消食片是如何进行定位的？其定位的步骤是怎样的？

二、市场定位策略

（一）竞争定位策略

1. 迎头定位策略

迎头定位策略就是与市场上最强的市场竞争对手“对着干”的定位方式。采用这种定位方式时，必须对企业和竞争对手的实力做出客观的分析与评价。这种定位方式虽然有较大的风险性，然而一旦成功就会取得较大的市场优势。采用这种策略不一定要打垮对手，只要能够平分秋色就是很大的成功。例如百事可乐与可口可乐之间的可乐之战；快餐行业的麦当劳与肯德基之争；中国火腿肠行业的双汇与雨润之争等。

小链接：　**清扬差异化定位策略 挑战宝洁霸主地位**

在洗发水领域里，2007 年清扬与海飞丝的对决，无疑是一出“最激烈、最生动、也最扣人心弦”的商战大戏。清扬上市的凌厉攻势以及海飞丝应对的从容，两大国际巨头直接竞争，提供了一个最具研究价值的市场营销案例。从一跃成为全球日化巨头的那一刻起，宝洁就成了联合利华刻骨铭心的痛。

多年来，在宝洁与联合利华的洗发水大战中，无论是品牌影响力还是市场占有率，宝洁都处于优势地位。特别在“蛋糕最大”的去屑洗发水市场，联合利华尚没有一个强势品牌足以同宝洁的海飞丝相抗衡。明显不对称的局面刺激着巨头久被压抑的雄心，厉兵秣马之后，2007 年，联合利华不得不调整战术，开始推出其“十年磨一剑”的专业去屑品牌——清扬。

竞争者想向领导者发动进攻，获胜的概率只有 20%。清扬显然知道海飞丝有多强大，因此在一系列的战役中都采取了“避实就虚”的策略，突出自己的差异化优势。事实上，清扬的目的很简单，通过和市场第一品牌的攻防战，树立自己行业跟随者的专业形象。

（资料来源：竞争性定位，百度文库，2022－4－18）

2. 避强定位策略

避强定位，这是一种避开强有力的竞争对手的定位方式。企业通过分析市场中竞争对手的产品的定位状况，从中找出尚未被占领、但又为许多消费者所重视的“空白点”，来为本企业产品确定市场位置。采用这种定位方式一般能够比较迅速地进入目标市场、站稳脚跟，并能较快地在消费者或用户中树立起鲜明的形象。迎头定位策略是指企业选择靠近于现有竞争者或与现有竞争者重合的市场位置，争夺同样的消费者，彼此在产品、价格、分销及促销等各个方面差别不大。

（二）特色定位策略

特色定位就是与众不同的定位策略。具体有：

1. 特色成分定位

特色成分定位即强调产品在成分构成上与众不同，独一无二，形成特色。如法国依云矿泉水：依云镇背后雄伟的阿尔卑斯山是依云水的源头，来自高山融雪和山地雨水在阿尔卑斯山脉腹地经过长达 15 年的天然过滤和冰川砂层的矿化形成了依云水。

2. 特定使用者定位

特定使用者定位即针对特定目标顾客群，形成自己的特色，进行定位。如“太太口服液”“初元”专为病人设计、“脑白金”专门满足顾客为老年人送礼的需求等。

3. 特色情感定位

特色情感定位就是能够在消费者情感上产生共鸣，让消费者欲罢不能，从情感上打动消费者。如水星家纺——“恋一张床，爱一个家”；罗莱家纺——“浪漫，典雅。”

4. 特色功能定位

这是强调产品的功能与众不同的定位。如“累了困了喝东鹏特饮”“关键时刻，脉动回来”广告中的定位，都给消费者提供了特色功能。

5. 悖反定位

自然界的任何事物都是由两个极端构成，有左就有右，有上就有下，定位借助于对手的极端定位，世界上有可乐型饮料，就有非可乐型饮料，如七喜汽水的定位即“七喜，非可乐”。

（三）比附定位策略

比附定位策略就是企业通过各种方法和同行中的知名品牌建立一种内在联系，使自己的品牌迅速进入消费者的心智，占领一个牢固的位置，借名牌之光而使自己的品牌生辉。它是通过与竞争品牌的比较来确定自身市场地位的一种定位策略。其实质是一种借势定位或反应式定位。借竞争者之势，衬托自身的品牌形象。在比附定位中，参照对象的选择是一个重要问题。一般来说，只有与知名度、美誉度高的品牌作比较，才能借势抬高自己的身价。

其具体方法有：

1. 甘居第二定位法

甘居第二即确承认同类产品中另有最负盛名的品牌，自己只不过是第二而已。这种策略会使人们对公司产生一种谦虚诚恳的印象，相信公司所说是真实可靠的，同时迎合了人们同情弱者的心理，这样消费者对这个品牌的印象会更深刻，如蒙牛进入市场初，广告中声称自己是“内蒙古乳业第二品牌”，这样做即承认了对手的地位，又可以让消费者觉得蒙牛实力也很强。

2. 攀龙附凤定位法

具体来说，就是首先承认同类产品中已卓有成就的品牌，本品牌虽自愧不如，但在某一地区或在某一方面还可以与这些最受消费者欢迎和信赖的品牌并驾齐驱，平分秋色。内蒙古宁城老窖打出的广告语“宁城老窖——塞外茅台”，就属于这一策略。

3. 进入明星俱乐部定位法

公司借助群体的声望，把自己归入高级俱乐部式的品牌群体中，强调自己是这一群体的一员，从而提高自己的形象和地位。美国克莱斯勒汽车公司宣布自己是美国三大汽车公司之一，使消费者感到克莱斯勒是知名轿车，同样收到了良好的宣传效果。

比附定位的优点，可以有利于减少竞争风险；有利于企业迅速成长；体现了务实的风格。

小链接：　　蒙牛的比附定位策略

蒙牛充分并巧妙的利用比附定位策略，从产品的推广宣传开始就与伊利联系在一起，如蒙牛的第一块广告牌子上写的是“做内蒙古第二品牌”；宣传册上闪耀着“千里草原腾起伊利集团、蒙牛乳业……我们为内蒙古喝彩”；在冰激凌的包装上，蒙牛打出了“为民族工业争气，向伊利学习”的字样，蒙牛利用伊利的知名度，无形中将蒙牛的品牌打了出去，提高了品牌的知名度。而且，蒙牛这种谦逊的态度、宽广的胸怀，让人尊敬、信赖，获得了好口碑。

（资料来源：百度文库，2022－11－30）

（四）重新（二次）定位策略

重新定位也称为二次定位，是指企业改变产品特色或改变目标顾客对其原有的印象，使目标顾客重新认识其新形象的过程。当产品最初定位不合适，消费者或用户的需求与偏好发生了变化，竞争者推出的产品侵占了本企业品牌的部分市场时，企业往往调整定位。例如万宝路香烟刚进入市场时，是以女性为目标市场，它推出的口号是“像五月的天气一样温和”。然而，尽管当时美国吸烟人数年年都在上升，万宝路的销路却始终平平，最后不得不停产。后来，广告大师李奥贝纳为其做广告策划，他将万宝路重新定位为男子汉香烟，并将它与最具男子汉气概的西部牛仔形象联系起来，树立了万宝路自由、野性与冒险的形象，从众多的香烟品牌中脱颖而出。自20世纪80年代中期到现在，万宝路一直居世界各品牌香烟销量首位，成为全球香烟市场的领导品牌。

本章小结

目标市场营销的关键步骤是市场细分、选定目标市场和目标市场定位。市场细分是一种把一个市场划分成不同购买者群体的行为，这些购买者群体可能值得为其提供独立的产品和营销组合。消费者市场细分的依据主要有：地理、人口、心理和消费行为等，产业市场可按最终用户、顾客规模和地理分布进行细分。市场细分的有效性在于按一定标准细分的子市场具有差异性、可测量性、可进入性和可盈利性。

企业将最佳的细分市场挑选为其目标市场，为此要对细分市场从潜量、盈利能力到竞争状况等方面进行评价。当然，企业可不理会细分市场的差异性，采用无差异市场营销；也可以为几个细分市场开发不同的产品，采用差异市场营销；或者可以只追求某部分细分市场，采用集中市场营销。究竟用何种目标市场的覆盖策略，企业的决策受到诸如企业资源、产品和市场的同质性、产品的生命周期阶段和竞争者的营销策略等因素的影响。

对于已确定的目标市场，企业要为自己的产品进行市场定位，其实质即是在消费者心目中标明本企业产品的特色和形象。定位主要是在企业明确竞争对手、并研究竞争者地位的基础上作出决定：或填补市场空白，或与竞争者比邻并存，或干脆取而代之。通过产品的市场定位，企业便确定了资源配置的方向，指导企业制定更合适的营销组合计划。

思考题

1. 什么市场细分？为什么要进行市场细分？
2. 市场细分的 4 个原则各是什么？
3. 常用的消费者市场细分变量有哪些？
4. 企业可以采用的目标市场营战略有哪些？分析其优缺点。
5. 运用目标市场营战略应该考虑哪些因素？
6. 什么是市场定位？市场定位的步骤是什么？
7. 市场定位有哪些策略？

营销实训

营销实训一：手机市场细分时，可以选择哪些细分依据？按什么要素进行细分？

营销实训二：请分析小米手机的目标市场营销战略。

营销实训三：请你分析你熟悉公司的某个品牌，其定位是什么？你认为是否成功？

案例分析

案例一：李宁的重新定位

李宁公司成立于1990 年，是由体操运动员李宁创立的运动品牌，2008 年北京奥运会上，李宁在开幕式上点燃了奥运圣火，让李宁这个国产体育品牌名声大噪，2009 年的销售额达到 83.87 亿元，在国内的市场份额直追阿迪和耐克。随即，李宁展开了一次并不成功的品牌定位转型——“价格不输耐克阿迪”“做 90 后李宁”。2009 年的时候，李宁的核心消费者基本上是“70 后”“80 后”，而转型后“做 90 后李宁”，品牌定位转型并不成功，让李宁既没能跻身国际一线品牌地位，还损失了原来的一般消费者的支持，结果直接导致门店缩减、公司亏损、市值缩水，三年时间累计亏损超过了 30 亿元。2011 ~2014 年，李宁品牌不断尝试年轻化转型。

2018 年前后，李宁对品牌进行了重新定位：针对年轻人群走时尚化、国潮路线。2018 年 2 月，中国李宁新系列正式亮相。中国李宁在产品的定位和设计上，李宁不再被风格固化的“体育用品”束缚，而是紧跟国际时尚潮流，尤其是结合中国传统元素的重新打造的产品，2018 年纽约时装上，中国李宁的产品融合怀旧复古风、经典配色拼接、实用街头潮流、中西结合包容等多重元素，全国范围内刮起了一股国潮风。在重新定位时，中国李宁精准把握“国潮风”的走向，将 Z 世代年轻客群作为其产品的主力受众人群，通过设计和理念输出引导年轻人的生活态度。身披“国潮”的李宁，在新生代目标消费群体中掀起了一股时尚新风潮，而后相继推出的各种爆款跨界联名，更是让销量和品牌档次相相拉高。

2021 年 3 月，李宁公司发布了 2020 年全年业绩报告，集团全年总营收 144.5 亿元，同比增长 4.2%，净利润大幅攀升 13.33%，达到 16.98 亿元，股价比 2018 年翻了 5 倍，显然，找准了“国潮”这一片蓝海的李宁，成功打了一场漂亮的翻身仗。

资料来源：中国李宁破圈重塑，引领新国潮，行舟品牌咨询，2021－9－23.

问题：中国李宁的重新定位为什么能够获得成功？

案例二：东鹏特饮的定位分析

近年来，随着社会高速发展，人们对功能饮料的需求越来越旺盛，而作为功能饮料第一股，东鹏饮料上市至今热度一直居高不下。在激烈的市场竞争中，东鹏饮料历经多年发展，打造出的能量饮料品牌东鹏特饮在消费者心中已经有了深刻的品牌印记，“累了困了喝东鹏特饮”的广告语更是深入人心。

2014 年 5 月，东鹏饮料集团决定委托成美对其主力产品东鹏特饮维生素功能饮料进行品牌定位战略研究。经调研分析，成美提交了对东鹏特饮品牌的定位战略研究报告，准确定位了东鹏特饮的主要消费人群及消费场景，与红牛的消费人群做出区分，并将广告语定为“累了困了喝东鹏特饮”。

从消费者角度分析，东鹏特饮满足了工薪一族的补充能量的需求。消费者是奋斗在一线的打工人，是大众所需要的饮料。

从竞争角度分析，与红牛的高端定位相区别。消费场景都是工作的场景，而非娱乐、休闲；价格定位 3.5 元，比红牛更适合工薪一族。塑料大包装也更实惠，不用一口喝完，喝不完的可以拧紧盖子，更方便携带。

东鹏特饮积极推广其定位，投放广告，强势占领观众视野，不断提升品牌知名度。东鹏饮料凭借敏锐的市场洞察力，洞悉 Z 世代年轻人的消费趋势，探寻年轻人不同圈层爱好，经过多年发展，已然让东鹏特饮成为了一个品类的国货代名词。

东鹏特饮成功的品牌定位，使其仅用 6 年时间就超越红牛并成功上市。2021 年业绩报告显示，东鹏饮料营收 69.78 亿元，同比增长 40.72%，净利润 11.93 亿元，同比增长 46.90%。在报告期内，东鹏特饮的销售量市场份额首次超越红牛，成为中国能量饮料饮用量第一的品牌。在行业中有龙头企业的情况下实现逆袭，是市场定位成功的典型案例。

资料来源：红牛内斗，东鹏捡漏，十万个品牌故事，2021－8－25.

问题：东鹏特饮的定位是什么？用了什么定位策略？你认为其定位是否成功？

在线测评

第六章　自测题

第七章　产品营销理论与方法

学习目标

1. 掌握产品整体概念的内涵与层次；理解产品整体概念的重要意义；
2. 掌握产品生命周期的各阶段特征及相关策略；
3. 理解产品组合理论的含义，掌握产品组合策略；
4. 熟悉产品创新的程序，掌握产品扩散过程；
5. 熟练运用品牌策略；
6. 熟悉产品的包装策略。

导入案例

德芙巧克力的产品策略

德芙巧克力是世界最大宠物食品和休闲食品制造商美国跨国食品公司玛氏（Mars）公司在中国推出的系列产品之一，1989 年进入中国，1995 年成为中国巧克力市场领导品牌。

德芙巧克力标志设计由 DOVE 字母变形而成，简单的几个字母，展开来就是“DO YOU LOVE ME”。因此，“传情达意”也成了德芙巧克力的代名词。

德芙巧克力品种丰富，包括果仁巧克力、脆香米巧克力、丝滑牛奶巧克力、榛仁葡萄干巧克力、杏仁牛奶巧克力、摩卡榛仁巧克力、榛子酱夹心巧克力等巧克力系列产品。与此同时，德芙为了维持在消费者心中巧克力品牌中的经典的形象，不断升级产品和跨界进军新的领域。例如：2020 年，德芙 & 味全联名推出巧克力牛奶饮品，与玛氏箭牌旗下的巧克力品牌联合进军中国的冰激凌市场。2021 年 6 月份，推出新品 0 糖黑巧克力新品，以及减糖 25%、同时含有更高比例膳食纤维的牛奶巧克力新品“控糖小纤”。2022 年 3 月份，德芙推出丝滑牛奶巧克力注心饼干系列，该系列新产品包括 4 个口味。

另外，德芙对产品的质量有着极致的追求。孜孜不倦的在质量提升的道路上不断探索，也造就了德芙巧克力香醇的味道和丝般顺滑的口感。

在包装方面，德芙巧克力的包装在视觉上会让消费者觉得更上档次。包装有独立包装、小包装、塑料包装、心形铁盒等高、中、低多个档次。也有专门针对节日的礼品装。

资料来源：根据品牌之家网络资料整理，2018－11－4.

点评：

德芙巧克力之所以如此成功，离不开在产品方面的极致追求，简单的一句话“德芙纵享丝滑”已然深入人心，同时又与时俱进，不断改进和升级产品，丰富产品服务的内容，在包装方面更是让人觉得品质很好，格调很高。即德芙的成功离不开其高明的产品策略。

营销策略包括产品策略、价格策略、渠道策略和促销策略等。在所有的营销策略中，产品策略是最基础、也是最重要的，没有产品，则没有所谓的定价、渠道以及促销。因此，产品策略是市场营销 4P 营销组合的核心，更是价格策略、分销策略和促销策略的基础。那企业应该怎样制定自己的产品策略呢？

产品策略从企业发展的静态和动态、单一产品和多种产品构建矩阵，对现代企业产品策略进行组合，现代产品策略可以分为产品整体概念策略、产品生命周期策略、产品组合策略和产品开发策略。见表 7－1。现代企业产品策略的制定主要围绕上述策略展开。

表 7－1　现代产品策略

	静态	动态
单一产品	产品整体概念策略	产品生命周期策略
多种产品	产品组合策略	产品开发策略

第一节　产品的整体概念

产品的整体概念是产品策略的核心。只有准确地把握产品的整体概念，才能在营销过程中有效地实施产品策略。

一、产品整体概念

（一）产品整体概念的内涵

产品，是指能满足目标顾客某种欲望和需要的有形与无形事物的总称，主要包括实物、服务、场所、组织、思想、体验、主意、事件等因素。

产品不仅是我们看到的有形产品，如电视机、电冰箱、手机、面包等，还包括无形产品，如创意、服务等。比如同样一杯咖啡，一杯是速溶咖啡，售价 1 元，一杯是咖啡馆销售的现磨咖啡，售价 30 元。同样是一杯咖啡，价格差别为什么这么大呢？售价 30 元的咖啡，除了你为之付费的有形实体——一杯咖啡之外，你还在为什么而付费？咖啡店优美的环境、让人愉悦的音乐、无线网络、咖啡师的服务、服务员的服务、冬天的暖气、夏天的空调等，企业提供这些需要花钱吗？对你来说都是免费的吗？有没有包括在咖啡的价格里面呢？

因此，我们为之付费的产品不仅是我们看到的有形产品，还包括无形的服务等，产品整体包含了丰富内涵。产品的丰富内涵具体包括哪些呢？过去，相当一段时间，理论界均用核心产品、形式产品和延伸产品 3 个层次来表述产品整体概念的内涵。随着营销理论的发展，产品内涵也不断丰富。近年来，以菲利普·科特勒为首的北美营销学者提出用 5 个层次来描述产品整体概念的内涵，如图 7－1 所示，营销者向市场提供的产品只有基于产品整体概念的 5 个层次，才能更好地满足顾客需要。

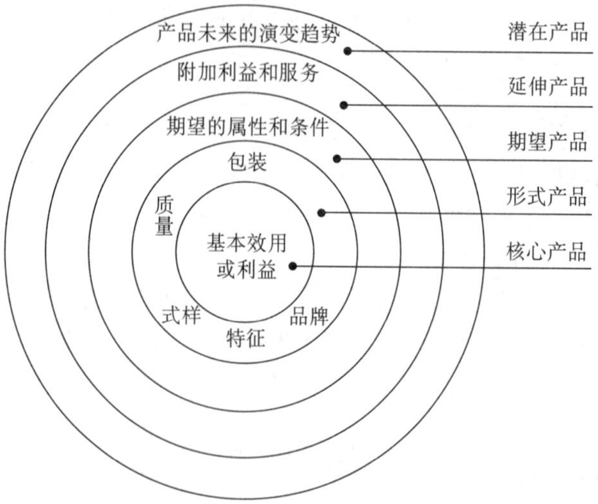

图 7－1　产品整体概念的层次

（二）产品整体概念的层次

1. 核心产品

核心产品又称实质产品，主要是指向消费者提供的满足其需要的基本效用或基本利益。消费者购买产品，并不是为了获得产品本身，而是为了获得满足自身某种需要的效用和利益。如手表的计时功能、电灯的照明功能、旅馆的休息功能、汽车的运输功能等。这是产品最基本的层次，也决定产品的本质内涵，反映顾客的核心需要。

2. 形式产品

是指产品的具体形态，是核心产品的表现形式，由质量、式样、特征、品牌及包装 5 个基本要素构成。产品的基本效用在一定程度上要通过产品的形式部分才能体现出来。如轿车的核心功能是运输，但要配之以一定的外观设计、颜色、形状、款式等，这些都是形式产品。

3. 期望产品

是指消费者在购买产品时期望得到的与该产品密切相关的一系列属性和条件。比如你购买房子，期望产品就是期望房子周围有一所好学校，交通便利——有公交线路和站点、地铁出入口等，还有就是要有医院、公园、绿地、商场等等。这些都是购买房子的期望产品。房子的期望产品越多、越好，房子就卖的越高、越好。此外，付的价格不同，期望也不同。如付费 50 元一晚的酒店和付费 500 元一晚的酒店，期望必然不同。

4. 延伸产品

延伸产品又称附加产品，是企业提供的消费者期望以外的产品。为了更好地服务顾客，企业会考虑到消费者期望以外的利益需求，提供额外的利益，做到让顾客更加满意，赢得顾客的偏爱，从而留住顾客成为老顾客。

在竞争激烈的市场上，产品能否给消费者带来额外的附加利益和服务，已成为企业经营成败的关键。延伸产品是产品差异的表现，是本企业区别于其他企业的主要特点，恰当的延伸产品能够给顾客留下深刻的印象，成为消费者心中独特的产品。如旅游景区的服务，目前很多景区并不提供免费开水，或者冬天卫生间洗手是冰凉透骨的凉水，但是有些景区却能够冬天提供温水洗手，一年四季提供免费开水，这种做法提升了顾客的体验，同时还给顾客留下很多温暖和感动。

小链接：　　胖东来的成功之道

胖东来超市总部位于许昌市，创建于1995年，在河南的一座地级市，为什么引得马云、雷军都前来取经，学习它的企业文化，这家超市究竟是何方神圣？

胖东来成功的重要因素之一是“以人为本”，把顾客服务做到极致，想顾客之所想，急顾客之所急。如产品摆放，任何商品的摆放陈设清晰明了，询问雇员他们会热情地带你过去；食品区的后厨通过电视屏幕直接呈现在顾客眼前，干净、卫生，并配有菜肴的制作流程、每天食材的抽样展示食材新鲜度，让顾客吃得放心；在水产品区域，都配有一盆柠檬水，方便顾客挑选完后洗手不腥气；在水果区会有每类产品的介绍、甜度标识牌等，方便顾客选择；摆放的香蕉都是一个颜色：成熟的黄色，并且配了色卡告诉顾客，只有黄色才具备最佳口感，所以他们只上市黄色的香蕉，没有不成熟的绿，也没有过熟的黑黄；商场里到处都是可供休息的长椅，还配有各类杂志、书籍，让顾客如临其家的感觉；为了顾客能更轻易的打开食品袋，都配有水或湿的东西用来沾手；卫生间配有梳子、发箍、纸巾等用品，让顾客需要时方便使用；超市里面的宝宝椅上贴了卡通图片，让宝宝可以不觉得无聊，在胖东来找不到的产品，你可以写在货架旁边的留言本上，胖东来一定会帮你寻找到该商品等。

胖东来将服务做到了极致，顾客有什么理由不来呢？

（资料来源：胖东来成功之道，搜狐网，2017－9－1）

5. 潜在产品

潜在产品是指现有产品包括所有附加产品在内的可能发展成为未来最终产品的潜在状态的产品，是现有产品未来可能出现的演变趋势和前景。如果说附加产品包含着产品的今天，潜在产品则指出了它未来可能的演变。如未来的汽车有可能发展为无人驾驶，可变形，防火防爆等。优秀的企业总是想着研发未来潜在的产品，以成为行业中的领先者，成为年轻时尚消费者竞相追求的对象，获得大量忠诚的顾客。

小链接：　　海底捞产品的5个层次

1. 核心产品：民以食为天，海底捞为顾客提供火锅底料及各种鲜肉蔬菜饮品等，满足顾客吃喝的基本需要。

2. 形式产品：火锅的锅底、菜品和小料、饮品、餐桌、餐椅、餐具、餐巾等。

3. 期望产品：精致和口味丰富的火锅锅底、丰富的菜品、口感极佳的小料、干净的餐桌和餐具等。

> 4. 附加产品：厕所文化（每当顾客上洗手间时，有特定的员工负责挤洗手液和递送擦手纸巾）、为顾客庆生（若顾客用餐当天过生日，海底捞工作人员通过唱歌、送小礼物等方式为其庆祝）；等候区的免费美甲服务；提供象棋、五子棋等娱乐工具；递发圈、擦眼镜布；15 分钟一次的热毛巾；无线 Wi - Fi 全覆盖等。
>
> 5. 潜在产品：餐厅富有科技感，智能机器人点餐和送餐；“火锅 +”横向业态发展等。
>
> （资料来源：根据网络资料整理而来）

（三）产品整体概念的意义

企业如果没有产品整体概念，就不能说是以消费者为中心，企业营销也不会成功。随着科学技术的不断进步，产品整体概念还有不断扩大的趋势。企业具有充分认识产品和消费者需求的多样化，提供满足消费者需要的整体产品，才能在竞争中立于不败之地。

1. 不断地拓展产品的外延部分已成为现代企业竞争的焦点

产品的延伸部分即附加产品的概念来源于对市场需要的深入认识。购买者的目的是为了满足某种需要，同时他们希望得到与满足该项需要有关的一切。美国学者西奥多·莱维特曾经指出：“新的竞争不是发生在各个公司的工厂生产什么产品，而是发生在其产品能提供何种附加利益（如包装、服务、广告、顾客咨询、融资、送货、仓储及具有其他价值的形式）”。同时美国营销学者维特普也说过：“未来竞争的关键不在于工厂能生产什么产品，而在于其产品能为顾客提供多少附加价值。”他们都指出产品延伸的重要性。

2. 消费者的期望产品包含的内容越来越多

随着消费者收入的增长，生活水平的不断提高，人们对产品的期望越来越多。期望产品概念要求企业在生产、设计和销售产品的过程中充分考虑到消费者的利益，在获取高额利润的同时企业应尽可能的去让顾客满意，增强品牌美誉度。期望产品概念贯彻得好不好，将直接影响消费者对产品的信任度与品牌忠诚度。顾客从品牌取得满意的期望产品，也会真正认知并认可品牌。反之将造成极大落差，使顾客对企业失去信任并产生怀疑，继而转买其他企业的产品。

3. 潜在产品的挖掘成为一个非常重要的竞争制胜砝码

潜在产品决定了一个产品未来市场的大小。一个潜在产品的未来市场越大，产品的更新换代就越快，产品的使用寿命也就越短。因此，企业应该重视技术研发，掌握行业先进技术，不断发现产品未来的发展趋势，领导行业发展新方向。

二、产品的分类

在现代市场营销观念下，产品类型不同，相应的营销组合策略也会随之不同。因此，对产品进行科学的分类对制订营销组合策略有着举足轻重的意义。根据不同标准，可以将产品划分为不同类别。

（一）按产品的耐用性和有形性划分，产品可分为：

1. 耐用品

耐用品是指在正常情况下使用寿命长，能够多次使用的有形物品，如汽车、电冰箱、电视机、洗衣机等。对于耐用消费品，消费者在购买时通常较为理性，会货比三家，购买决策较为复杂。

2. 非耐用品

非耐用品是指在正常情况下一次或几次使用即被消耗掉的有形物品，如食品、饮料。

3. 服务

服务是无形的、非物质实体的产品，可以独立出售，也可以是为出售有形产品而额外提供的附加利益。如售后服务、教育、旅游、美容等。

（二）按产品的用途或购买目的划分，产品可分为：

1. 消费品

是指供终端消费者使用的产品，主要用于家庭或个人生活之用。按消费者的购买习惯不同，消费品又可分为下列三种：

（1）便利品。便利品是指消费者频繁购买，或未提前计划而购买，或可随时购买到，仅需花费很少精力和时间去比较的消费品和服务，如肥皂、报纸等。便利品通常是非耐用品，又可进一步分为常用品、冲动品以及急需品。常用品是顾客经常频繁购买的产品，如牙膏、牙刷等；冲动品是顾客未经过计划或搜寻而顺便购买的产品，如女士逛街时看到促销的洗衣液；急需品是顾客的需求十分紧迫时购买的产品，如不小心受伤时购买的创可贴。

（2）选购品。选购品是消费者不常购买且需慎重计划、对比、选择的消费品和服务。为了物色适当的物品，消费者在购买前往往要去多家零售商店了解和比较商品的花色式样、质量、价格等，如家具、家电等。选购品一般在专营店分销。

（3）特殊品。特殊品是指消费者能识别的独特产品或名牌产品，而且习惯上愿意多花时间和精力去购买的消费品。如特殊品牌和造型的奢侈品、供收藏的特殊邮票和钱币等。特殊品与选购品有相似之处，因为消费者在购买前必须花精力去了解特殊品的特点、品牌等；同时又有差异性，因为消费者对特定品牌的某种商品有偏好。

2. 产业用品

是指为了进行生产或企业经营需要而购买的商品。同一款产品既可能是消费品，也可能是产业用品，如电脑，若消费者购买用于家用，电脑是消费品；若企业购买雇员使用，则电脑是产业用品。对于产业用品，根据它们进入生产过程的形式不同可以分为材料和部件、资本项目、供应品和服务三大类。

（1）材料和部件。材料和部件指需要完全投入到新产品的生产过程，经过直接转化，直至变成最终产成品的产业用品。包括原材料（如小麦是生产面粉的原材料）、半成品（如预制菜）和零部件（如螺丝钉是汽车的零部件）。

（2）资本项目。资本项目指辅助企业生产或运营，但不直接转化为最终产成品的产业用品。主要包括生产设备、厂房、办公室、办公设备、配套设备等。资本项目不构成新产品的实体，在使用过程中会存在损耗。

（3）供应品和服务。供应品和服务指不形成最终产成品，且价值低、消耗快的产业用品。包括维修和维护用品（如清洁剂）、设备操作供应品（如润滑油）、维护和维修服务（如机器修理、机器清洁）以及咨询服务（法律咨询服务）等。

第二节　产品组合策略与方法

现实经济生活中，大部分企业都不只生产一种产品。那么，究竟生产经营多少种产品才算合理，这些产品应当如何搭配，才能做到既满足不同消费者的需求，又使企业获得稳定的经济效益？企业营销需要根据企业自身能力条件对产品结构进行研究，并确定最佳产品组合。

一、产品组合的概念与要素

（一）产品组合（Product Mix）的概念

产品组合是指企业生产经营的所有产品线和产品项目的组合方式，即全部产品的结构。产品组合由各种各样的产品线组成，每条产品线又由许多产品项目构成。

产品由产品线和产品项目构成。产品线也称产品系列或产品大类，是指在功能上、结构上密切相关，能满足同类需求的一组产品。每条产品线内包含若干个产品项目。产品项目是指产品线中各种不同品种、规格、型号、质量和价格的特定产品。产品项目是构成产品线的基本元素。例如，某企业生产电视机，这是一个产品线。其中，电视机这一产品系列中的60英寸彩色电视机就是一个产品项目。

（二）产品组合相关概念

1. 产品组合的宽度

产品组合的宽度又称产品组合的广度，是指产品组合中所拥有的产品线的数目，即产品组合所包含产品大类的多少。产品线越多意味着企业的产品组合的宽度就越宽。

2. 产品组合的深度

产品组合的深度是指每种产品线中包含的产品项目的数量。产品组合的深度越大，企业产品的规格、品种就越多。例如，某家电公司所生产的电冰箱有8个产品项目，其电冰箱生产线的深度就是8，若洗衣机有10个产品项目，则洗衣机产品线的深度比电冰箱产品线要深。产品组合的深浅往往反映了一个企业产品开发能力的强弱。

3. 产品组合的长度

产品组合的长度是指企业产品项目的总和，即所有产品线中的产品项目相加之和。以某电器公司为例，该公司的电视机产品线有6个产品项目，录音机产品线有8个产品项目，洗衣机有3个产品项目，吸尘器有4个产品项目，电冰箱有6个产品项目，空调机有4个产品项目，这家公司的产品组合长度就是：$6+8+3+4+6+4=31$个。一般情况下，产品组合的长度越长，说明企业的产品品种、规格越多。

4. 产品组合的关联性

产品组合的关联性指一个企业的各个产品线在最终使用、生产条件、分销渠道和其他方面相互关联的程度。最终用途相关即消费者使用场景相关。如企业同时经营电脑、打印纸与电脑桌满足了人们打印的目的；运动服、运动鞋及运动器材满足人们运动的目的。生产技术的相关是指所经营的产品在生产设备、原材料或工艺流程等方面具有较强的关联性，可称为生产关联性组合。如企业同时生产电视机、电冰箱、洗衣机等生产关联性组合。销售方式的相关度一般是指各种产品在销售渠道、仓储运输、广告促销等方面相互关联，可称销售关联性组合。如电冰箱、洗衣机、电视机等在销售渠道方面也是相互关联的。

产品组合的相关度与企业的多元化经营战略密切相关。相关度大的产品组合有利于企业的经营管理，容易取得较好的经济效益；而产品组合的关联度较小，说明企业经营较为分散，或企业为投资型企业，虽然风险也比较分散，但是管理难度较大。

二、产品组合策略

产品组合策略，是指企业根据自己的目标和市场的需要，对产品组合的宽度、长度和关联度进行最佳组合的决策。主要包括对产品项目的增加、调整或剔除；产品线的增加、延伸和淘汰；以及产品线之间关联度的加强和减弱等。可供选择的产品组合策略有以下几种：

（一）扩大产品组合策略

扩大产品组合策略是指企业通过充分利用资源，增加产品组合的广度或深度，即增加产品系列（产品大类数目）或每个系列的产品项目数，扩展经营范围，生产更多的产品以满足市场需求。具体方式有：

1. 扩大产品组合的宽度

扩大宽度即增加产品大类，可以扩展企业的经营领域，以更好地发挥企业的技术、资源优势实行多角化经营，使得企业进一步提高经济效益，分散投资风险。如小米公司最初主推手机，目前小米的生态链公司已经超过400家，小米生态链企业发布的产品合并成立了米家品牌，产品类别涉及背包、电动牙刷、运动鞋、笔记本电脑、洗衣机、检测仪、空气净化器、蓝牙音箱、吹风机等。

2. 增加产品组合的深度

包括增加产品项目、增加产品的花色、式样，占领同类产品的更多细分市场，满足更大范围顾客的不同需求和爱好等。如方便面经营企业增加新的方便面口味——咖喱味方便面、螺蛳粉味方便面。

3. 增强产品组合的关联性

增强产品的关联性，可充分利用企业信誉和品牌知名度，完善产品系列，扩大经营规模，提高经济效益。如海尔集团最初是做电冰箱的，逐步扩展到现在家电领域内的空调、洗衣机、电视、洗碗机、冷柜、热水器等，这些产品之间具有较强的关联性。

（二）缩减产品组合策略

缩减产品组合，即指原产品组合中缩短产品线和减少产品项目，减少经营范围。市场繁荣时期，较长较宽的产品组合会为企业带来更多的盈利机会。但当市场不景气或原料、能源供应紧张时，缩减产品组合反而会使总利润上升。这是因为从产品组合中剔除了那些获利很少甚至亏损的产品线或产品项目，使企业可以集中力量发展那些获利多、竞争力强的产品线和产品项目。

小链接： **宝洁品牌瘦身**

宝洁公司是一家美国日用消费品生产商，也是目前全球最大的日用品公司之一，成立于1837年，1998年进入中国，成立了广州宝洁有限公司，开始在中国发展业务。旗下拥有8个年销售超过100亿元的品牌：帮宝适、吉列、汰渍、海飞丝、潘婷、OLAY、佳洁士和SK－II，此外，护舒宝、舒肤佳等品牌也很有实力。

自1998年进入中国市场，宝洁忙于占领市场份额，主攻大众化市场。经过20多年的努力，宝洁完成了占领低利润大批量市场。但在这个过程中，宝洁却逐渐失去了中高端市场。从2013年到2017年，宝洁在全世界的净销售额由739亿美元降到了651亿美元。2018年的前三季度，宝洁公司的净利润是79.71亿美元，比同时期的2017年下降了40%。

2014年，宝洁缩减超100个品牌，包括中国消费者熟悉的卡玫尔、激爽等。2017年，继续缩减品牌总数，从目前超200个减少到65个左右。宝洁希望甩掉销量欠佳的品牌，专注具有增长潜力的核心品牌。

宝洁的“瘦身”计划依然在继续。2024年2月2日，针对出售沙宣大中华区业务一事，宝洁方面给出的回应是——“更聚焦核心产品线”。自2015年开启“瘦身”计划以来，宝洁断断续续通过出售、关停等方式削减了旗下近百个品牌。

（资料来源：沙宣被出售，“瘦身”难成宝洁良药，北京商报，2024年2月2日）

（三）产品线延伸策略

产品线延伸是产品档次的延伸，是一种战略性决策，具体有向上延伸、向下延伸和双向延伸3种实现方式。

1. 向上延伸

即在原有的产品线内增加高档产品项目。实行这一策略的主要目的是：高档产品市场具有较大的潜在成长率和较高利润率的吸引；企业的技术设备和营销能力已具备加入高档产品市场的条件；企业要重新进行产品线定位。如比亚迪新能源汽车从低端市场切入，在低端市场站稳之后，逐步向高端市场进发，2022年11月官宣旗下高端汽车品牌，并定名为“仰望”，价格区间预计在80万元～150万元。

采用这一策略也要承担一定的风险，要改变产品在顾客心目中的地位是相当困难的，处理不慎，还会影响原有产品的市场声誉。如小米手机推出时过度强调性价比，在消费者心中树立了廉价的形象，导致其冲击高端手机市场频频失败。

2. 向下延伸

它是把企业原来定位于高档市场的产品线向下延伸，在高档产品线中加入中低档产品项目。采取此策略给企业带来的好处：①可使企业获得更大的市场占有率；②企业从高档产品市场进入中低档产品市场的成本较低。这是因为在产品设计、生产工艺、促销宣传、分销渠道方面，企业可充分利用现有的条件；③短期内可获得较明显的经济利益。如特斯拉是以高端车型起家的，但是2022年5月，特斯拉首席执行官马斯克标识特斯拉将会生产一款比Model 3更小的汽车，并在上海超级工厂投产，这在一定程度上印证了特斯拉将向低端市场延伸，以获取更多市场份额。

3. 双向延伸

双向延伸指原定位于中档产品市场的企业在掌握了市场优势之后，决定向产品线的上下两个方向延伸：一方面增加高档产品，另一方面增加低档产品，扩大市场阵容。例如丰田公司就曾在中档汽车“卡罗拉”的基础上，向上延伸推出“佳美”牌汽车，向下延伸推出“小明星”牌汽车，高中低档汽车分别面向中层经理、基层经理和手里钱不多的普通员工。采用该策略可充分利用企业的生产能力，满足不同层次消费者的需要，但很难在消费者心目中树立自己的企业形象。

（四）产品线现代化

产品线现代化就是用现代化的技术和设备对原有设备进行更新改造，以提高劳动效率和经济效益。随着科技的进步，传统技术与设备已不能适应现代发展的需要，就要求企业对设备进行更新换代。企业技术与设备更新换代的方式有两种：一是逐步实现现代化，可以节省资金，但是给竞争对手反应的时间；二是快速实现现代化，短时期内耗费资金较多，但是可以出其不意。因此，前者适合资金规模较小的企业，后者适合实力雄厚的大企业。

三、产品组合评价

（一）波士顿矩阵法（BCG 法）

波士顿矩阵法是波士顿咨询集团发明的方法。他们在 1970 年创立并推广了“市场成长率——相对市场份额矩阵”的投资业务组合分析法。如图 7－2 所示，横坐标轴上的相对市场占有率表示此战略业务单位的市场份额与该市场最大竞争者的市场份额之比，当相对市场份额为 1 时，则表明该公司的战略业务单位与市场领导者旗鼓相当；当相对市场份额大于 1 时，则表明该公司的战略业务单位是该市场的领导者；当相对市场份额小于 1 时，则表明该公司的战略业务单位是该市场的挑战者或追随者或利基者。纵轴表示市场增长率，即这项业务所在市场的年销售增长率，用数字 0～20% 表示，并认为市场成长率超过 10% 就是高速增长。需注意的是，企业可以在运用中根据实际情况对这些数字范围进行修改。图中的 8 个圆代表某公司的 8 个业务单位，每个业务的销售额与圆的大小成正比，它们的位置表示这个业务的市场成长率和相对市场份额的高低。

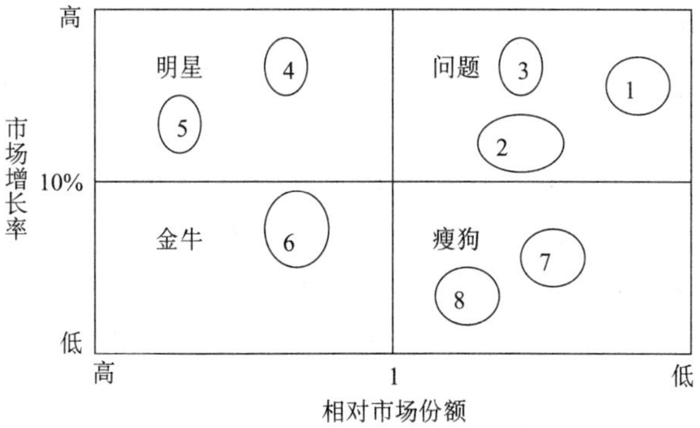

图 7－2　波士顿矩阵法

如果我们以市场占有率为 1、销售增长率 10% 作为判别各类业务的标准，则可将该公司八项业务划分为四类，进行分类评价，并作出相应的投资分配决策。

1. 问题类

问题类是销售增长率高而相对市场占有率低的公司业务。如图 7 - 2 中的①②③所示。企业的大多数业务是从问题类开始，公司力图进入一个高速成长的市场，其中已有一个市场领导者。企业要满足高速成长的市场需求并赶超市场领导者，必须添置厂房，设备和人员，这就需要大量的现金投入。因此企业经营的问题类业务不能太多，如图7 - 2 所示，公司应把资金集中在一个或两个业务上而不是三个业务上，以避免资金分散使用。最后需注意问题类业务应小心确定，对确有发展前途的业务要大量投资，对没有发展前途的业务要及时摆脱。

2. 明星类

一个公司如果在问题类业务上经营成功，就变成明星。明星类是高速成长市场中的领先者。它们有较高的市场占有率和销售增加率，但要维持高占有和高增长就必须进行大量的投资以击退竞争者。因此，明星类业务常常是现金的消耗者而非现金产生者；但随着生产条件的成熟、产量的增加、单位产品成本的降低而获得更多的利润并成为公司的金牛类。如图 7 - 2 中的④⑤所示。

3. 金牛类

当市场的年销售增长率下降到 10% 以下，而如果它继续保持较大的市场份额，前面的明星类业务就成了金牛类业务，这类业务之所以称其为金牛，是因为它为公司带来了大量的现金收入。由于金牛业务销售增长率低，公司不必大量投资，同时也因为该业务是市场领先者，它还享有规模经济和较高利润率之优势。公司用它的金牛业务收入来支付账款和支持明星类、问题类和瘦狗类业务，这些业务常常是现金短缺者。图 7 - 2 中的⑥便是金牛类。但一个金牛业务会使公司有较脆弱的竞争地位，一旦金牛业务失去市场份额，企业就会缺乏现金支持而陷入困境。因此公司需有几头强壮的“金牛”。

4. 瘦狗类

瘦狗类业务是指销售增长率缓慢、相对市场份额也低的业务。这类业务通常微利、保本甚至亏损，因而是企业现金的消耗者。企业必须认真分析其存在的必要性，否则应果断决策，消减或淘汰之。

随着科学技术的进步，市场竞争日益加剧，产品市场生命周期日趋缩短，企业经营的产品业务在上述矩阵图中的相对位置势必不断变化。因此，企业在制定企业战略时，必须预测未来市场变化，正确规划未来产品业务矩阵，制定好产品业务投资计划。一般来说，可供企业选择的业务经营决策有以下四种：

（1）发展。即竭尽全力，甚至不惜放弃短期收益来实现扩大产品业务市场占有率的目标。这一策略适合明星产品及有发展潜力的问题类业务。

（2）维持。即尽量保持某一产品业务的市场份额。这一策略适合金牛类产品业务。因这类业务大多处于市场寿命周期的成熟期，占有较大的市场份额，可为企业提供大量的现金收入。

（3）收割。即旨在尽可能榨取某一产品业务的近期利润，而于长期利益以不顾。这种策略适用于处境不佳或弱小的“金牛”类产品业务，因为这类产品即将转入衰退期，前途暗淡。最明智的做法就是乘其尚未完全失去一席之地之机榨取更多的现金收入，相对于预期即将放弃的“问题”类和“消费现金”类产品同样是适用的。对于上述类别的产品业务，企业要有计划地减少投资、降低质量、压缩促销、提高价格或降低价格。

(4) 放弃。即停止生产，清理、变卖存货，把资源转移到利益较高的领域。这一策略适合无发展前途或妨碍企业增益的某些“问题”或“消耗现金”类产品。

波士顿矩阵法提高了管理人员的分析和战略决策能力，帮助他们更深刻地理解公司各项业务活动的地位及其相互关系，有助于他们合理的分配资源，及时收获或放弃萎缩业务，增加在更有发展前景的业务中投资。但是，这个模型也有其局限性：第一，由于评分等级带有折中性，很多业务位于矩阵的中间区域，难以确定使用何种战略。第二，这种方法只考虑了市场增长率与相对市场份额两个因素，考虑的因素太少。

（二）通用电气公司模型（GE 法）

美国通用电气公司提供了一个更为复杂的投资业务组合分析模型，认为在评估战略业务单位时，除了应该考虑波士顿咨询集团模型中的市场增长率和相对市场份额两个因素外，还应考虑更多的因素。通用电气公司将这些因素分为两类：一类是行业吸引力，另一类战略业务单元的竞争能力。这两个变量对评定业务具有重要意义。企业如果进入富有吸引力的行业，并拥有在这些行业中获胜所需要的各种业务实力，它就可能成功。如若缺少其中一个条件，就很难得到显著的效果。一个实力雄厚的企业不可能在一个夕阳行业中大展宏图，同样，一个孱弱的企业也不可能在一个朝阳行业中大有作为。（如图 7－3 所示）。4 个圆圈代表某公司的四个战略业务单位。圆圈的大小与行业的规模成正比，圆圈中阴影部分表示该业务单位在该行业中所占的市场份额。纵轴代表行业吸引力，它的大小取决于总体市场大小、年市场增长率、历史毛利率、竞争激烈程度等因素。横轴表示企业战略业务单位的战略业务单元的竞争能力，它的大小取决于市场份额、份额增长、产品质量、品牌知名度、分销网络、促销效率、生产效率、单位成本、研究开发绩效等因素。企业将上述两类因素进行评估，评出各个因素的分数（最高分为 5 分，最低分为 1 分），再按各个因素的重要性确定其权数，根据各因素的分数和权数就可计算出行业吸引力和企业战略业务单位的数据。

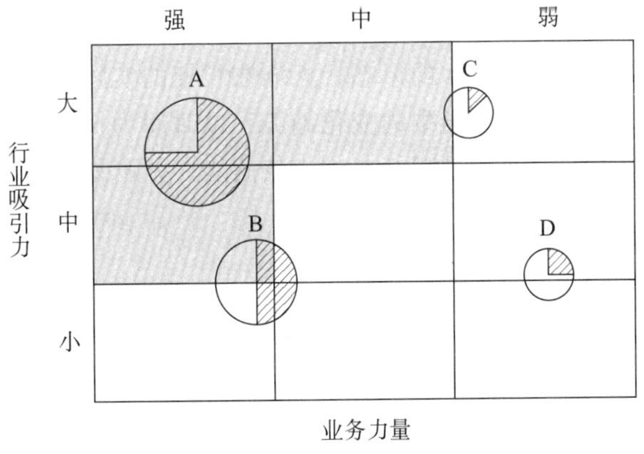

图 7－3　通用电气公司模型

根据行业吸引力的大中小与企业战略业务单位的竞争能力的强中弱，我们也可以将矩阵分为 9 个方格，将业务分为 3 个部分：

(1) 左上角地带（又叫“绿色地带”），这个地带的三个小格是“大强”“中强”“大中”。这个地带的行业吸引力和战略业务单位要“开绿灯”，采取增加投资和发展增大的战略。

（2）从左下角到右上角的对角线地带（又叫“黄色地带”），这个地带的三个小格是“小强”“中中”“大弱”。这个地带的行业吸引力和战略业务单位的业务实力总的来说是“中中”。因此，企业对这个地带的战略业务单位要“开黄灯”，采取维持战略。

（3）右下角地带（又叫“红灯地带”），这个地带的三个小格是“小弱”“小中”“中弱”。总的来说，这个地带的行业吸引力偏小，战略业务单位的业务力量偏弱。因此，企业对这个地带的战略业务单位要“开红灯”，采取“收割”或“放弃”的战略。例如，九象限图中的战略业务单位 D，其业务实力弱，行业吸引力太小，企业对这种业务须采取淘汰战略为宜。

第三节　产品市场生命周期理论

产品市场生命周期，是现代市场营销学中的一个重要概念，是企业研究产品策略的重要根据。研究产品生命周期的发展变化，可以使企业掌握各个产品的市场地位和竞争动态，为企业制定战略计划、营销策略提供依据，对增强企业的竞争能力和应变能力具有重要意义。

一、产品市场生命周期的含义

产品市场生命周期是指产品从进入市场开始，直到最终退出市场为止所经历的市场生命循环过程。它分为导入期、成长期、成熟期、衰退期四个阶段。一种产品进入市场后，产品的销售量和利润都会随时间推移而改变，呈现一个由少到多、再由多到少的过程，就如同人的生命一样，由诞生、成长到成熟，最终走向衰亡。这就是产品的生命周期现象。产品只有进入市场，市场生命周期才算开始；产品退出市场，则标志着市场生命周期的结束。

二、产品市场生命周期的阶段及其特点和策略

产品市场生命周期具有多种多样的形态，人们在长期的实践中总结了各种不同产品在市场上的活动规律后，根据产品在市场中的变化趋势，以时间为横坐标，以销售额和利润额为纵坐标，可把产品生命周期的变化过程绘制成一条曲线，并可划分为导入期、成长期、成熟期、衰退期 4 个阶段，如图 7－4 所示。

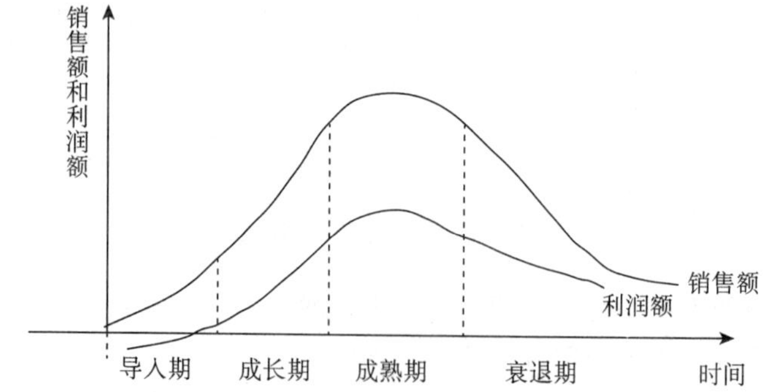

图 7－4　产品市场生命周期

（一）导入期

在这个阶段，顾客对产品还不了解，只有少数追求新奇的顾客可能购买，销售量很低。为了扩展销路，需要大量的促销费用，对产品进行宣传。在这一阶段，由于技术方面的原因，产品不能大批量生产，因而成本高，销售额增长缓慢，企业不但得不到利润，反而可能亏损。产品也有待进一步完善。

1. 导入期的主要特征

只有少数企业生产，市场上竞争者较少；消费者对新产品尚未接受，销售增长缓慢；企业生产批量小，试制费用高，产品成本高；产品获利较少或无利可图，甚至亏损。

2. 导入期的营销策略

产品处于导入期，企业应该尽可能快地进入和占领市场，尽可能短时间内实现由导入期向成长期的转轨，企业营销方案的重点应该是在促销与价格方面，突出一个“快”。可以采纳的营销措施如图 7－5 所示。

		促销	
		大	小
价格	高	快速掠取	缓慢掠取
	低	快速渗透	缓慢渗透

图 7－5　营销策略

（1）快速掠取策略。特点是以高价格和高促销费用推出新产品。高价格是为了在每一单位销售额中获取最大利润，高促销费用是为了引起目标市场的注意，尽快地占领市场，以快速收回投资。但随着消费者对产品的不断了解，市场竞争加剧，企业应该适时的降低价格，适当减少促销费用。使用本策略须具备的条件：①市场上有较大的需求潜力，且产品品质高，不易被替代；②目标顾客求新心理强且对价格不敏感；③企业面临潜在竞争者的威胁，需要及早树立品牌形象。如各知名手机品牌推出新产品时，定价相对较高，同时投入大量促销费用，以便快速进入市场，掠取较高利润。

（2）缓慢掠取策略。特点是以高价格低促销费用将新产品进入市场，可以使企业获得更多利润。使用本策略须具备的条件：①产品的市场规模小，进入壁垒高，竞争威胁不大；②市场上大多数用户对该项产品没有过多疑虑；③适当的高价能为市场所接受。如某些技术水平非常领先的企业推出创新性很强的产品时，定价较高，同时并不会投入大量宣传费用，而是靠行业爱好者、媒体等的传播迅速为人们所熟知。

（3）快速渗透策略。以低价格和高促销费用推出新产品，目的在于先发制人，以最快的速度打入市场。使用本策略须具备的条件：①该产品市场容量相当大；②潜在消费者对产品不了解，且对价格十分敏感；③潜在竞争比较激烈；④产品单位成本随生产规模和销售量的扩大迅速下降。如竞争激烈的饮用水市场，企业定价一般较低，同时投入大量的促销费用，以便在短时间内进入市场，扩大市场占有率。现代网络普及率较高，各种 App、共享服务在刚开始进入市场时多采用此种策略，甚至免费提供服务，以便在短时间内获得较多客流，改变消费者使用习惯。

（4）缓慢渗透策略。低价格和低促销费用推出新产品，低价是为了促使市场迅速地接受新产品，低促销费用可以实现更多的净利。使用本策略须具备的条件：①市场容量较大；②潜在顾客易于或已经了解该项新产品且对价格十分敏感；③一般的竞争者无意或无力加入竞争行列。如很多地方小品牌的日常快消品，一般会采取此种策略，定价不高，借用过去已经开发成熟的渠道铺货，在当地销量也不错。

（二）成长期

成长期是指产品经过试销取得成功后，转入批量生产和扩大销售的阶段。这一阶段企业必须在追求高增长率和高利润之间进行权衡。企业可能放弃高利润，但是可以获得高增长率和市场主导地位。

1. 成长期的主要特征

消费者对产品已经熟悉并接受，购买者逐渐增多，销售量迅速上升；一般来说，销售增长率超过10%；产品已基本定型，生产规模扩大，产品单位成本下降；企业利润不断增加；同行业竞争者纷纷介入，竞争趋向激烈。

2. 成长期的营销策略

企业在成长期的主要目的是尽可能维持高速的市场增长率。为此，产品进入成长期后，企业营销策略的重点是产品、价格、渠道和促销方面，不断强化产品的市场地位，尽可能提高销售增长率和扩大市场占有率，突出一个“好”。具体可以采取以下营销措施：

（1）改善产品形式。提高产品质量，增加花色品种，改进款式、包装和功能，以求在竞争日趋激烈的市场中获得优势。

（2）不断寻找新的市场，扩大销量。一是市场细分，寻找新的市场。二是开拓销售渠道，扩大商业网点，获得更高市场占有率。

（3）改变广告宣传目标，由以建立和提高产品知名度为中心逐渐转变为以建立品牌偏好为中心。

（4）适当地降低价格，以提高竞争能力和吸引新的顾客。

（三）成熟期

成熟期是指产品经过成长期，销售量增长速度明显减缓，到达顶峰点后转入缓慢下降的阶段。

1. 成熟期的主要特征

产品的工艺、性能较为完善，质量相对稳定，产品被大多数消费者所接受；市场需求趋于饱和，销售量增幅缓慢，甚至开始呈下降趋势；企业利润达到最高点，随着销售量的下降，利润也开始逐渐减少；市场上同类产品和替代品不断出现，竞争加剧。

2. 成熟期的营销策略

对成熟期的产品，宜采取主动出击的策略，突出一个“长”，做好“三个改”，使成熟期延长，或使产品生命周期出现再循环。可以采纳以下3种营销措施：

（1）改进市场策略。这种策略不是要调整产品本身，而是发现产品的新用途、寻求新的能够刺激消费者和增加产品使用率的方法或寻求新的用户等，以使产品销售量得以扩大。如娃哈哈集团成功把娃哈哈儿童营养快线导入到成人市场，变为娃哈哈营养快线。

(2) 改进产品策略。这种策略是通过产品的调整来满足顾客的新需要，如改善产品的品质、包装、特性、式样等，吸引有不同需求的顾客。产品整体概念的任一层次的调整都可视为产品再推出。

(3) 改进营销组合策略。这种策略是通过对产品、定价、渠道、促销4个营销组合因素加以综合调整，刺激销售量的回升。常用的方法包括降价、提高促销水平、扩展分销渠道和提高服务质量等。

(四) 衰退期

衰退期是指产品经过成熟期，逐渐被同类新产品所替代，销售量出现急剧下降趋势的阶段。

1. 衰退期的主要特征

产品销售量由缓慢下降变为迅速下降，销售增长率出现了负增长；消费者对该产品的兴趣已完全转移到新产品上；产品价格已降到最低点，多数企业无利可图，竞争者纷纷退出市场。

2. 衰退期的营销策略

产品一旦进入衰退期，营销策略的重点，应主要放在“转”字上，在这一阶段应积极开发新产品以取代老产品。同时，还要根据市场的需求情况，保持适当的生产量以维持一部分市场占有率，并作好撤退的准备。具体可采纳以下营销策略：

(1) 维持策略。维持策略是企业继续沿用过去的策略，仍按照原来的细分市场，使用相同的销售渠道定价及促销方式，直到这种产品完全退出市场为止。如果产品进入衰退期销量仍然很高，可以采取维持策略。

(2) 集中策略。集中策略是企业把能力和资源集中在最有利的细分市场、最有效的销售渠道和最易销售的品种上，这样有利于缩短产品退出市场的时间，同时又能为企业创造更多的利润。如产品的某些市场销量萎缩，而另外一些市场的销量仍然较高，可以采取集中策略。

(3) 收缩策略。收缩策略是企业大幅度降低促销水平，尽量减少销售和推销费用，以增加目前的利润。这种情况下很难吸引新的顾客，仅有部分忠诚顾客仍购买此类产品，并且该类顾客会逐渐减少，导致产品加速退出市场。

(4) 放弃策略。放弃策略是企业对衰退比较迅速的产品，应该当机立断，放弃经营。企业可以采取完全放弃的形式，将产品完全转移出去或立即停止生产；也可采取逐步放弃的方式，使其所占用的资源逐步转向其他产品。如时尚女装，当季节将要过去时，店铺一般会将时尚女装清仓处理，售完后不再销售该产品。

产品生命周期是一个非常重要的概念，与企业制定产品策略以及营销策略有着直接的联系。企业要想使其产品有一个较长的销售周期，以赚取足够多的利润来补偿在推出该产品时所做出的努力和经受的风险，就必须认真研究和运用产品的生命周期理论。此外，产品生命周期理论也是营销人员用来描述产品和市场运作方法的有力工具。

小链接：　　华为手机的产品生命周期营销策略

华为消费者业务始于2003年底，经过10余年的发展，在中国、俄罗斯、德国、瑞典、印度及美国等地设立了16个研发中心。华为在手机市场上不断推陈出新，因此，研究华为手机的产品生命周期营销策略意义重大。

1. 引入期：①价格方面，华为针对低中高端市场的不同手机有不同的定价，但中低端市场主要是低价渗透策略，同性能的手机，华为手机会比其他品牌的手机性价比更高，以此吸引消费者，迅速占领市场，高端市场采取高价掠取策略，以此增加企业利润；②渠道方面，华为主要采取线上与线下相结合的销售模式，线上主要是华为自营商城以及与各大电商平台的合作，线下主要是华为的实体店，与运营商等合作、在手机连锁店等进行销售；③促销方面，华为手机的营销费用高达上千亿元，居全球第二，仅次于苹果公司。

2. 成长期：为了更快地让消费者接受华为的新款手机，尽可能延长产品生命周期的黄金时期华为经常采纳的两种方式就是产品改进和促销策略。产品改进方面。华为的每一个新产品都会根据市场，进行一些改进，包括外观性能等各方面。促销方面：华为的促销方式较为多样，降价促销、广告宣传等都有，仅网络广告投入费用即达到上亿元。

3. 成熟期：手机更新换代较快，因此成熟期普遍较短，市场存活时间不长。这一阶段，华为主要尝试营销组合改良这一策略。如改变产品的定价，华为P10从进入市场的3 000多元到P20上市后，其价格则迅速跌到2 000元。

4. 衰退期：手机市场的竞争很激烈，产品会快速进入衰退期，逐渐退出市场。即华为手机在产品衰退期一般是收缩策略，主要做的就是继续做好售后服务（涉及售后服务价格及态度等），维护客户关系，提高客户品牌忠诚度。

因手机市场的特殊性，不是所有手机都会经历上述四个阶段，有些手机可能在导入期就已经退出市场，或者有的手机经历导入期、成长期之后就立即进入衰退期。所以手机企业必须要紧跟市场环境变化情况，及时调整营销策略。

（资料来源：根据微信公众号资料整理，2021年8月）

第四节　品牌策略

一、品牌的概念及作用

（一）品牌的概念和构成

1. 品牌含义

现代营销学之父菲利普·科特勒认为：品牌是用以区别某个生产者或某些销售者的产品或服务，并使之与竞争对手的产品和服务相区别的商业名称和标志（符号、图案、色彩等），或其组合。

2. 品牌构成

品牌主要包含品牌名称、品牌标志两个要素。

品牌名称（Brand Name），指品牌中可以用语言称呼的部分。例如百事可乐、雪佛兰等都是美国著名的品牌名称；同仁堂、五粮液、中华等则是我国著名的品牌名称。

品牌标志（Brand Mark），指品牌中可以被认知，但不能用语言称呼的部分，如符号、图案、色彩或其他特殊的设计。例如我国永久牌自行车以永久二字排成类似自行车的图案作为品牌标志；美国米高梅电影公司以一只吼狮作为品牌标志。

3. 品牌能表达的六层内涵

完整的品牌应包含六层内涵："属性、利益、价值、文化、个性和使用者"，如图7-6所示。

图7-6　品牌属性

（1）属性。一个品牌首先给消费者带来的认知是代表某一产品大类或品类，是某一产品大类或品类的知名品牌。如华为代表了通讯类产品，可口可乐代表的是饮料类，麦当劳代表的是快餐类，淘宝和京东代表了电商等。

（2）利益。某一个品牌体现的是消费者需要的功能和情感的利益。华为作为通讯类产品，提供了现代领先的、高技术的通讯设备，以及便捷、清晰的触摸屏移动手机，这些都是华为品牌为用户提供的实际利益。

（3）价值。品牌还体现了企业的价值感，如海尔品牌体现的是"真诚到永远"的企业用户观念，华为品牌体现的是"聚焦、创新、稳健、和谐"的价值观。这些都构成品牌的深层要素，是比符号本身更强大的东西。

小资料：　不同企业产品代表的价值观

可口可乐：乐观奔放、积极向上、勇于面对困难；百事可乐：奋发、激昂；万宝路：牛仔的粗犷；奔驰：高贵、王者、显赫、至尊；飘柔：自信；海飞丝：清新、潇洒；潘婷：靓丽；红塔：中国精神，山高人为峰……

（资料来源：根据网络资源整理）

（4）文化。品牌可能附加和象征了一定的文化。品牌能不能成为名牌，与品牌能不能凝聚文化直接相关。所以企业文化很多时候成为品牌差异化的一个重要因素。

（5）个性。品牌代表了一定的个性，品牌可视为消费者人格的体现，如万宝路代表粗犷、豪迈的男子汉，倾倒了无数的吸烟者；而麦斯威尔则是一个善解人意，可以与之倾诉的朋友，所以“好东西要与朋友分享”。李维斯的品牌个性塑造成了浪漫、性感、叛逆、体魄雄健、聪明、独立、喜欢受崇拜。这些都成为品牌差异化优势的重要来源。

（6）使用者或用户。品牌还体现了购买使用这种产品的是哪一类消费者。欧洲消费类电子巨头荷兰皇家飞利浦公司，它的核心目标群体是为它带来80%消费额的20%消费者。他们是典型的购买决策者，收入较高。在中国，这群人的年龄在25～45岁之间，他们容易接受新的事物和观念，但不喜欢技术带来的复杂。迎合消费者的这种简单需求，飞利浦赋予了其品牌新的内涵，并通过“Sense and Simplicity”（精于心，简于形）的品牌诉求来加以体现。

（二）品牌的分类

1. 根据品牌知名度的辐射区域划分

根据品牌的知名度和辐射区域划分，可以将品牌分为地区品牌、国内品牌、国际品牌。地区品牌是指在一个较小的区域之内生产销售的品牌。例如，地区性生产和销售的特色产品。这些产品一般在一定范围内生产、销售，产品辐射范围不大，主要是受产品特性、地理条件及某些文化特性影响。国内品牌是指国内知名度较高，产品在全国范围销售的品牌。例如海尔、娃哈哈等。国际品牌是指在国际市场上知名度较高，产品辐射全球的品牌，例如可口可乐、麦当劳、海尔、奔驰、微软、华为等。

2. 根据产品生产经营的不同环节划分

根据产品生产经营的所属环节可以将品牌分为制造商品牌和中间商品牌。制造商品牌是指制造商为自己生产制造的产品设计的品牌。中间商品牌是中间商根据自身的需求和对市场的了解，结合企业发展需要创立的品牌。制造商品牌很多，如SONY（索尼）、华为、海尔等。中间商品牌如英国的马狮百货的“圣米高”品牌、美国西尔斯公司的“顽强”电池、沃尔玛的“惠宜”品牌等。

3. 根据品牌的来源划分

根据品牌的来源可以将品牌分为自主品牌、外来品牌和嫁接品牌。自主品牌是企业依据自身需要创立的，如本田、摩托罗拉、全聚德等。外来品牌是指企业通过特许经营、兼并，收购或其他形式而取得的品牌。例如联合利华收购的北京“京华”牌，香港迪生集团收购法国名牌商标S. T. Dupont。嫁接品牌主要指通过合资、合作方式形成的带有双方品牌的新产品。

4. 根据品牌的生命周期长短划分

根据品牌的生命周期长短来划分，可以分为短期品牌、长期品牌。短期品牌是指品牌生命周期持续较短时间的品牌，由于某种原因在市场竞争中昙花一现。长期品牌是指品牌生命周期随着产品生命周期的更替，仍能经久不衰，永葆青春的品牌。例如同仁堂、全聚德等。也有些是国际上经长久地发展而来的世界知名品牌，如可口可乐、奔驰等。

5. 根据品牌产品内销或外销划分

依据产品品牌是针对国内市场还是国际市场，可以将品牌划分为内销品牌和外销品牌。由于世界各国在法律、文化、科技等宏观环境方面存在巨大差异，同一种产品在不同的国家市场上可能有不同的品牌，在国内市场上也有单独的品牌。品牌划分为内销品牌和外销品牌并不利于企业形象的整体传播，但往往由于历史、文化等原因，不得不采用。

6. 根据品牌的行业划分

根据品牌产品所属的行业不同可将品牌划分为家电业品牌，食用饮料业品牌、日用化工业品牌、汽车机械业品牌、商业品牌、服务业品牌、网络信息业品牌等大类。

7. 根据品牌的原创性与延伸性划分

根据品牌的原创性与延伸性可划分为主品牌、副品牌、副副品牌，如“海尔”品牌，现在有海尔冰箱、海尔彩电、海尔空调……海尔洗衣机又分海尔小神童、海尔节能王等。另外，也可将品牌分成母品牌、子品牌、孙品牌等，如宝洁公司的海飞丝、飘柔、潘婷等。

8. 根据品牌的本体特征划分

广义上讲，根据品牌的本体特征划分又可将品牌划分为个人品牌、企业品牌、城市品牌、国家品牌、国际品牌等。如某明星属于个人品牌；哈尔滨冰雪节、郑州少林武术节等属于城市品牌；金字塔、万里长城、埃菲尔铁塔、自由女神像等属于国家品牌；奥运会、国际红十字会等属于国际品牌。

（三）品牌的作用

美国品牌价值协会主席拉里·莱特说过：拥有市场比拥有工厂更为重要，而拥有市场的唯一途径就是拥有占统治的品牌。品牌是产品组合中极为重要的组成部分，随着市场经济的发展，其作用日益显著，具体表现在三大方面。

1. 对消费者的作用

（1）有利于保护消费者利益。品牌是企业向消费者提出的承诺，同一商品，同一质量。如果某一企业的品牌出了质量问题，企业应该向消费者进行赔偿，维护消费者利益。

（2）有利于方便购买。消费者从中可以更好地了解产品质量，购买到自己满意的产品。品牌可以帮助消费者识别品牌的制造商和产地，帮助消费者快速做出正确的购买决策，并有助于提高购物效率。

（3）品牌给人以心理暗示，满足消费者情感和精神寄托。消费者都希望购买到称心如意的产品并得到周围人的认同。选择知名品牌不仅可以降低购买风险，还可以实现自己的身份和地位，满足虚荣心。

营销专家为品牌作了一个有趣的实验：将A啤酒的空瓶子灌上百威啤酒，再在百威的空瓶子灌上A啤酒，然后摆在繁华的王府井大街，请过往的行人免费品尝。先请他们品尝用A啤酒瓶装的百威啤酒，大多数的人都说不好喝，味道不正宗，其中一个人当场吐了出来，抱怨说：“这是什么味啊？真难喝。”然后专家请他们品尝用百威啤酒瓶装的A啤酒，结果清一色的都说：“这个好喝，味道正”。于是专家问他们喝过百威没有，都说喝过，其中一个还说中午刚喝一瓶，就是这个味。这真令人哭笑不得。接下来，专家将瓶子上的标签撕去，再让人品尝，这时品尝者表现得无所适从，一会说这个好喝，一会又说那个好喝。无独有偶的是，在美国举行的一次啤酒大会上，主办单位将30多种啤酒装在相同的瓶子里，然后将瓶子的标签全部撕去，让30多个啤酒厂的老板一一品尝，找出自己家的啤酒，结果竟没有一个从中找出，在产品日益同质的时代，产品里的物理属性已经相差无几，唯有品牌给人以心理暗示，满足消费者的情感和精神寄托。

2. 对企业的作用

（1）有利于保护企业的知识产权。经过注册取得商标所有权的品牌从法律意义上讲它是一种知识产权，凝聚着企业技术、管理、营销等方面的智力创造，受国际“马德里协定”保护。商标所有权是企业享受的一种权利，包括专用权、使用许可权、继承权、转让权和法律诉讼权。企业通过注册商标，可以保护企业的合法权益和竞争优势，如有侵犯商标专用权的行为将受到法律制裁。

(2) 有利于企业推销商品。品牌是产品质量特征的标志，品牌宣传后，能够产生较好的效果。例如，在广告中反复登载，在包装上经常出现，就会给人们留下深刻的印象，易于引起消费者的重复购买。

(3) 有利于企业争创名牌产品。品牌凝聚了企业产品的质量、性能、风格与服务等内容，是企业经营管理理念、管理水平、科技水平、人员素质的高度概括和集中反映。品牌特别是名牌能为大众识别和认同，所以品牌的导向非常鲜明。例如，松下、索尼、三星、丰田、可口可乐、宝洁、麦当劳、宝马等企业都是高举品牌大旗迈进中国市场的。国家对优质名牌产品实行奖励政策，鼓励企业争创名牌产品。企业运用品牌或其商标，不断提高产品质量，生产“拳头”产品，从而能够获得较好的经济效益。

(4) 有利于提升创造财富的能力。知名品牌能培养顾客的忠实度。一种商品在市场上获得成功后，消费者往往由对品牌或商标的认识发展为对商品的信任和偏好，这样，就会给企业培养一大批忠实的顾客，提升创造财富的能力。例如 LV 包和皇冠包在材质上并不见得有多大区别，但因为品牌归类不同，一个归类奢侈品，一个是一般商品，在价格上则天壤之别。

二、品牌设计与命名

（一）品牌设计

企业进行品牌设计的目的是将品牌个性化为品牌形象，为了更好地实现这一目标，在进行品牌命名时，应遵循下列原则：

第一，简单易记，易读，易传播。品牌是进入市场的通行证，一定要让消费者易识易记，有强大的视觉冲击力。如 999、555、小天鹅、娃哈哈、乐百氏、高乐高、七喜、雪碧等。

第二，暗示产品属性。指品牌的命名尽可能与产品属性相符，让消费者一看到名字就想到产品或产品的功能、效用、用途，刺激购买。如永久、五粮液、雪碧、创可贴、固特异等，与产品属性都非常一致，起到非常好的促销效果。

第三，寓意美好，正面联想。即产品命名一定要给消费者带来美好的联想，不能有不好的含义或寓意。金利来、金六福、吉利、美的、百威、七喜、蒙牛、力士，就能够给人带来美好的联想；相反，雪碧最早进入香港命名“时必利”，结果让香港人认为这个品牌太“势利”，从而不被人接受。

第四，避免雷同，超越时空。市场国际化，产品命名一定要注意各国的文化差异。文化不同，品牌命名不同，同一名字，不同文化就有不同的含义。白兰地“洁白如雪的兰花盛开在大地上”，Hisense 是“高度灵敏”，海尔代表“更高更好”。

第五，注册原则。注册为商标，才会受到法律的保护。品牌是个市场概念，不是法律概念，不注册不受法律保护，品牌命名后一定要注册，否则就是为别人做嫁衣。乡巴佬、南极人、二锅头，因为没有注册，由数十个厂家共用。

（二）产品命名

第一，以产品给消费者带来的利益命名。飘柔、美加净、舒肤佳、汰渍、锐步。

第二，以姓氏人名命名。福特、飞利浦、凯迪拉克、孔乙己。

第三，以地名命名。青岛、燕京、茅台、白沙。

第四，以动物名字命名。熊猫、骆驼、猎豹、小天鹅。

第五，自创命名。Timex、Cocacola、Sony。

第六，数字命名。999、555、505 等。

三、品牌策略及其选择

（一）品牌注册策略

1. 商标储备策略

为了加强对新产品开发权的保护，适应消费者对新的牌号喜新厌旧的心理，产品品种多的、有条件的企业，应当预先注册一批商标，建立企业自己的商标库，实行商标储备的做法，称为商标储备策略。例如，日本丰田公司于 1980 年 1 月一次性就在中国申请注册了“Toyota”“Carina”“Celica”“Corolla”“Dyna”“Hilux”“Camry”等十几件商标。

2. 联合占位策略

就是指把与自己商标相近似，容易产生联想的，包括和商标有关的图案、文字、形似、音同的都作为商标注册，防止别的企业借机做文章。

3. 商标地域辐射策略

商标有严格的属地限制，在一个国家注册的商标只有在该国才能收到法律的保护，不存在跨国效力。企业要进入国际市场竞争，除在本国注册外，还要在进入国或潜在的进入销售国抢先注册占位。

4. 防御商标注册策略

即在该注册商标核定使用的商品（服务）或类似商品（服务）以外的其他不同类别的商品或服务上注册的若干相同商标。

（二）品牌使用策略

品牌不仅是商品的重要组成部分，而且是一个有效的竞争手段，正确地运用品牌策略可以取得出奇制胜的效果。品牌策略主要是指企业如何合理、有效地使用品牌，以达到一定的营销目标。通常有以下几个方面：

1. 品牌有无策略

指确定是否使用品牌的问题。一般有两种选择，即使用品牌策略和无品牌策略。使用品牌策略是指企业决定为其产品起名字、设标识并注册，即品牌化策略；无品牌策略是指企业不为其产品规定品牌。根据品牌功能的分析可以看出，在市场经济的条件下，一般产品都应使用品牌，以利于增强产品的竞争力，培养品牌的忠诚度和树立企业形象。但是，为节省品牌的设计、广告和包装费用，降低产品的营销成本和销售价格。一般在下列情况下可以不用品牌。

（1）产品本身并不具有因制造者不同而形成的质量特点，只要规格相同，不同企业产品的质量是相同或相似的，如电力、钢材、水泥等。

（2）消费者习惯上选购的产品，如粮食、食油、食盐等。

（3）生产工艺简单、没有统一技术标准、选择性不强的产品，如小农具、小工艺品等。

（4）企业临时或不打算长期经营的产品。企业对某些产品不使用商标，实行“非品牌化”，其主要目的是节省包装、广告等费用，降低价格，扩大销售。一般来讲，无牌产品使用质量较差的原料，而且其包装、广告、标贴的费用都较低。

2. 品牌归属策略

如果企业采用品牌化策略，紧接着就应决定品牌归谁所有，由谁负责。在这方面主要有以下策略可供选择：

（1）制造商品牌策略。制造商品牌也叫企业品牌、全国性品牌，制造商品牌策略即使用权属于制造商或生产者的品牌。这是一种普遍使用的策略，因为产品的性能、质量是由制造商确定的，随着广告费用的投入和产品销售的扩大，牌子一旦打响，就会吸引更多的顾客购买，中间商也乐于销售，因而绝大多数有能力的生产者都应该尽可能使用自己的品牌。

（2）中间商品牌策略。中间商品牌也叫自有品牌或私人品牌，中间商品牌策略即由中间商自行设计、注册，由制造商加工并在自己的商店销售的品牌。对于中间商而言，建立并使用私人品牌销售可带来种种利益，诸如：可以更好地控制价格，并且可以在某种程度上控制供应商；进货成本较低，因而销售价格降低，竞争力较强，可以得到较高利润。但也会带来一些问题，如中间商必须投入巨资宣传其品牌；必须大批量订货，导致大量资金占压在商品库存上，并且须承担一些风险。因此，有越来越多的中间商特别是一些实力雄厚的大型零售商和批发商都建立和发展了自己的品牌和商标。著名的零售企业西尔斯百货公司销售商品中有90%以上的商品都用自己的品牌，英国马狮百货公司一直在使用自己的牌子。

（3）混合品牌策略。即生产者将部分产品用自己的品牌，部分产品用中间商的品牌；或在产品上同时挂上属于自己的品牌和中间商的品牌（联用）。特别是当生产者进入一个自己不熟悉的新市场销售自己的产品或制造商的商誉远不及中间商的商誉时，就应采用中间商的品牌，目的在于借助中间商的良好信誉使产品尽快进入目标市场。这种策略比较灵活，可以适应不同的营销条件，也可以作为过渡性策略运用。这样既可以保持本企业品牌的特色，又能扩大产品销路，一举两得。

3. 品牌统分策略

企业决定其大部分或全部产品都使用自己的品牌名称后，还须决定其产品是分别使用不同的品牌名称，还是统一使用一个或几个品牌名称。这里有四种品牌名称策略可供选择：

（1）统一品牌名称策略，即企业以单一的品牌推出所有的产品，形成一个品牌系列。企业采用统一品牌名称策略的好处是：企业宣传新产品的费用开支低，利于已有的品牌信誉，很容易推出其他新产品。这一策略的缺点是：任何一种产品的失败都会使整个家族品牌蒙受损失。因此企业必须对所有产品的质量严格控制，使采用统一品牌的产品必须保持相同的质量水平，以免发生连锁反应。

（2）分类品牌策略。即对企业的各种不同大类产品分别使用不同的品牌。这种策略的优点是将个别产品的成败与其他产品和整个企业的声誉区分开来，同时还可以区分不同种类、不同档次的产品；缺点是广告宣传费用大，成本高，力量比较分散，不利于创建名牌。

（3）个别品牌策略。个别品牌策略指企业对其不同的产品采用不同的品牌。这样可以分散产品营销的市场风险，避免某种产品失败所带来的影响，也有利于企业开发不同档次的产品，满足不同层次消费者的需求。但使用个别品牌策略，企业要增加品牌设计和市场推广的投入费用。如果企业的资金雄厚，产品类型较多，产品线之间的相关程度较小，企业的生产条件、技术专长在各产品上有较大的差别时，采用个别品牌策略比较有利。

（4）“企业名称与个别品牌名称”并用。即企业决定其各种不同的产品分别使用不同的品牌名称，而且各种产品的品牌名称前面还冠以企业名称。以企业名称表明出处，以品牌名称表明产品的特色。采用这种策略的好处是可以利用企业名称推出新产品，使之享受企业的信誉，节省广告费用，又可使各种品牌保持自己相对的独立性。如美国通用汽车公司生产的所有产品都采用 GM 两个字母组成的总商标，而对各类产品又分别使用“卡迪拉克”“别克”“雪佛兰”等个别品牌。每个个别商标都表示一种产品的特点，如“卡迪拉克”表示豪华型高级轿车，“别克”表示中档轿车，“雪佛兰”表示普及型大众轿车。

4. 复合品牌策略

（1）主副品牌策略。同一产品使用一主一副（副品牌不能独立存在）两个品牌。

主副品牌策略兼容统一品牌与个别品牌的优点，避免其缺点。

但要注意：主品牌知名度要高，美誉度要好；副品牌要有个性；副品牌质量或性质有区别。

（2）多品牌策略。是指企业同时经营两种或两种以上相互竞争的品牌。

企业采取多品牌策略的主要好处是：多品牌可占用更大的货架面积，增加与顾客接触的频率；多品牌可吸引更多顾客，提高市场占有率；多品牌有助于在企业内部各个产品部门、产品经理之间开展竞争，提高效率；多品牌可使企业深入各个不同的市场部分，占领更大的市场。但多品牌策略会增加生产成本和推广费用。

5. 品牌更换策略

（1）品牌更换的原因：一是企业形象要更新；二是产品定位的修正或再定位；三是产品更新换代。企业如不进行品牌更换，就有可能降低销量，失去市场，从而退出市场。

（2）品牌更换策略。

第一，品牌更新策略。即完全废弃原有品牌。

品牌更换主要是因为企业发现原品牌产品已不能完全符合目标市场消费者的偏好；二是企业发现具有某种新型偏好的消费群体正在形成或已经形成，面临有巨大潜力的市场机会。企业采用品牌更换策略时，要考虑两个方面的因素：一是品牌转移市场位置的成本；二是品牌更换后所得收入。企业必须权衡多种品牌更换的收入和成本，然后进行决策。

第二，品牌扩展策略。即利用成功品牌推出改良产品或新产品。

这是指企业利用其成功品牌名称的声誉来推出改良产品或新产品，包括推出新的包装、规格、式样等。企业采取这种策略，可以节省宣传介绍新产品的费用，利于新产品市场的开拓。还有一种品牌扩展，是企业在其耐用品类的低档品中增加一种式样过于简单、档次低一点的产品，以宣传其品牌。如通用汽车公司大肆宣传其新雪佛兰汽车售价低，将其作为“促销品”来吸引顾客购买式样较好的高档产品。

四、品牌打造策略

（一）广告策略

一个成功的广告除了要拉动销售外，他的每一次播出都应该是在为品牌增值，为品牌积累资产。好的广告，应该能引导消费者顺利完成 AIDAS 过程，从第一眼看到广告就被其 A（Attention）吸引、注意；几次后就萌发 I（Interesting）产生兴趣；通过汇聚多渠道的信息，发生 D（Desire）引发欲望；与自身需求吻合的卖点、终端铺货的由点及面和陈设以及导购人员的专业热情服务，让消费者最终完成了第二个 A（Action）促使购买行为；过硬的产品质量和功效及售后服务，最后达到了 S（Satisfaction）满意。为重复购买奠定基础，成功的广告让这一过程一气呵成。

但同时，我们也要注意到，广告不是万能的，不能盲目推崇广告。

（二）公共关系策略

公共关系的目的就是获得广大公众的好感，提升企业和产品的美誉度。与广告相比有较强的公信力。

（三）赞助营销

多年来，企业为扩大知名度和提升美誉度，都不惜财力去赞助各项公益事业，比如奥运会、希望工程等。例如，联想为冬奥会提供了所有的计算机硬件设备，其中包括 5 000 台桌面电脑、600 多台笔记本、近 400 台服务器、1 600 台桌面打印机以及技术支持和服务。联想在奥运会上不仅告诉了世界“中国有一个企业叫联想”，还告诉他们“联想的产品都是经过奥运会检验的产品。”借助奥运会赞助使联想成功进入世界名牌行列。

（四）俱乐部营销

指由企业经营者出面组织，会员在自愿、互助、互惠的基础上自主参加，并有相应的权利和义务的自由协会或团体。俱乐部营销即是指企业通过组建俱乐部吸收会员参加，并提供适合会员需要的服务，提升品牌在会员心中的美誉度，培养企业的忠诚顾客，以此获得经营利益的营销方式。

（五）工厂参观（拉式营销）

国外不同企业都有各具特色的参观通道及设定不同参观对象，如日本食品公司非常愿意让消费者，特别是小学生来参观，大的食品公司，每年都要接待上万名参观者。通过参观，眼见为实，提高顾客对企业的好感，产生对企业的信赖，购买更多公司产品。

（六）高品质的产品

产品质量是企业成功的基石，是企业抵御一切竞争对手的最有力的武器，是企业美誉度塑造的试金石。正如人们常说：金杯银杯不如顾客的口碑。顾客口碑的形成主要来自顾客购买产品的满意度与广告给顾客建立的期望值进行比较，只有用后感知度高于期望值，才能让顾客愉悦，成为企业主动的宣传员。

第五节　产品包装策略

包装是指产品的容器或外部包扎物，是产品策略的重要内容。产品包装是一项技术性和艺术性很强的工作，企业可以通过包装策略达到多种目的。

一、产品包装的概念与作用

（一）产品包装的概念

包装是指产品的容器或外部包扎物，是产品策略的重要内容，有着识别、便利、美化、增值和促销等功能。企业产品的包装，是指产品在到达购买者的过程中，为了保护产品、方便储运和有利于销售，采用适当的材料、容器和各种辅助物对产品进行的一种技术经济措施。产品包装是一项技术性和艺术性很强的工作，通过对产品的包装可以达到多种效果。

具体而言，产品包装具有两个方面的含义：从静态角度来说，指能合理容纳商品、抵抗外力、保护商品并宣传商品的物件，也即包装器材或包装工具。如装商品的容器或包装物。从动态角度来说，指包裹、捆扎商品的工艺操作活动，也即包装技术或包装方法。包装设计应适应消费者心理，显示产品的特色和风格，包装形状、大小应为运输、携带、保管和使用提供方便。包装工作是企业生产过程的一个重要组成部分，是产品转化为商品并加以实现的技术手段。

装潢是指给包装物进行的装饰和美化，它具有强化包装、促进销售的作用。包装和装潢是紧密联系不可分割的统一体，通常简称包装。

产品包装一般包括三个部分：

（1）首要包装。即产品的直接的包装，如牙膏软管、啤酒瓶、饼干的小包装等。

（2）次要包装。即保护首要包装和促进销售的包装物，也叫中层包装。如牙膏纸盒、啤酒箱、饼干的外层大包装、化妆品的套盒等；

（3）运输包装。即为了便于储运、识别某些产品的包装，也叫外包装。如快递包装箱等。

此外，在产品包装上还有标签，这是为了说明产品而贴在包装上的招贴或印在包装上的文字、图案等。在标签上一般都印有包装内容和产品所包含的主要成分、品牌标志、产品质量等级、生产厂家、生产日期和有效期、使用方法等，有些标签上还印有彩色图案或实物照片，以促进销售。

（二）产品包装的作用

1. 保护产品

这是包装最原始和最基本的功能。在产品的流通和使用过程中，包装可以起到防止各种损坏的作用，如防止破损、散失、变质、挥发、污染、虫蛀、鼠咬等，以保证产品的清洁卫生和安全，保持产品的良好本色。特别是对于某些产品，如感光器材、药物、食品、饮料等，包装的保护作用更加明显。

2. 易于识别，促进销售

精美的包装，给人以美的享受，可以增加产品特色，改进产品的外观，提高顾客的视觉兴趣，激发顾客的购买欲望。包装是货架上的广告，被称为“无声推销员”，在产品使用时，亦产生长久的广告作用。产品包装装潢已成为营销的一个重要手段。优质产品应配置优质的包装，才能与众不同，产生竞争力，促进产品的销售。产品的包装外观上要与同类产品有所区别，以显示本企业的特色，不仅有利于消费者的识别和选择，而且不易被别人仿制和假冒。

3. 增加利润

包装是产品质量的组成部分，优良精美的包装可以更好地体现产品的内在质量、价值以及企业产品档次、实力和知名度等，而且能够提高产品的附加价值。消费者宁愿出较高的价格来购买包装精致的商品，有时超出的价格往往高于包装的附加成本，同时完善的包装使产品的损耗率大大降低，企业的盈利也会增加。

4. 提供便利

产品在流通过程中要经过多次转移，良好的包装会给买卖双方提供方便，便利消费者购买、携带、储存和使用。

二、产品包装设计的原则

包装的设计是一项技术性和艺术性很强的工作，企业在设计产品的包装时，应遵循一定的基本原则。

（一）安全性原则

安全是包装设计最基本的原则，在包装过程中，所选择的包装材料以及包装物的制作，都必须适合被包装产品的物理、化学、生物性能，以保证产品不损坏、不变质、不变形、不渗漏、不串味。总之，要保证产品品质完好、数量完整。比如德芙巧克力的内、外包装均有铝箔纸，可以有效保证巧克力的表面不融化。

（二）形象性原则

包装的图案、文字必须清晰如实地反映出商品的特点、功能、规格以及使用方法等，以方便消费者选购和使用。挑选性强的商品，如服装、头巾、床单等，应使消费者透过包装看到花色、款式等，以加强商品的直观性。有的商品还应该在包装物中置入产品说明书，以便消费者使用。

（三）艺术性原则

包装设计要美观大方，图案生动形象，不落俗套，不搞模仿，采用新的包装材料，使人耳目一新。

（四）经济性原则

包装材料的选择应务求安全、牢固、量轻、价低，内部结构科学合理，外观形状美观大方，既能保护产品，又无不良副作用，也不致造成成本过高，加重消费者不必要的负担。要防止出现小商品大包装和低价商品豪华包装的浪费现象。

（五）信誉性原则

信誉性原则即要讲究包装道德。包装设计体现了一个企业的职业风范和道德水准。企业应从维护消费者利益出发，尽量采用新材料、新技术，为消费者着想，给消费者方便，树立企业良好的信誉，杜绝在包装上弄虚作假、欺骗蒙蔽等损害消费者利益的不道德行为。

（六）尊重消费者的宗教信仰和风俗习惯原则

包装设计中要尊重不同国家、不同民族、不同的宗教信仰和风俗习惯，包装装潢上的文字、图案、色彩等不能和目标市场的宗教信仰和风俗习惯发生抵触。

（七）科学性原则

包装的造型和结构应充分考虑使用、保管和携带的方便，有利于运输、储存和在商店的陈列。

（八）环保性原则

产品包装要尽可能减少对环境的影响。企业对包装进行设计要有环保观念，开发绿色包装材料，发展绿色包装，避免产品包装废弃后污染环境，更好保障社会公共利益。如蒙牛盒装牛奶上标注空盒应投放到垃圾桶的图示，蜜雪冰城的吸管是用纸制作的。

小链接：　消费者注重包装安全

在一家大型超市的食品专柜前，记者随机采访了一些正在选购商品的顾客，多数消费者表示自己在购买食品时越来越注意包装的安全性。一位中年消费者说："如果食品包装明显有异味，我肯定不会购买。"另一位绿色食品的忠实消费者表示，她非常喜欢购买绿色食品，但往往对于绿色食品所使用的包装是否安全环保产生疑问。她说："如果绿色食品被包装污染了，又怎么能再称为绿色食品呢？"有的人认为，对于普通消费者来说，辨别食品包装是否存在安全隐患非常困难，有关部门应该出台相关标准对企业进行规范，从生产源头控制食品安全问题。

（资料来源：绿色食品要配"绿色"包装，农博网，2007-4-28）

三、产品包装策略

良好的包装必须与正确的包装策略结合起来，才会发挥应有的作用。常用的包装策略主要有：相似包装策略、等级包装策略、相关包装策略、复用包装策略、附赠品包装策略、绿色包装策略、更换包装策略、性别包装策略。

（一）相似包装策略

相似包装策略是指企业将其所生产的各种不同产品，在包装外形上采用相同的图案、近似的色彩及其他共同的特征，使消费者或用户极易联想到这是同一家企业生产的产品。相似包装策略的优点是：其优点在于能节约设计和印刷成本，树立企业形象，有利于新产品的销售。但此策略仅适应同样质量水平的产品，若产品质量相差悬殊，会因个别产品质量下降影响其他产品的销路。如伊利的几款牛奶：有机牛奶、低脂纯牛奶、金小典等系列产品均采用相似包装。

（二）等级包装策略

等级包装策略是指按照产品的价值、品质、分成若干等级，并实行不同的包装，使包装与产品的价值相称，如优质包装与普通包装，豪华包装与简易包装等。优质产品采用高档包装，一般产品采用普通包装。等级包装策略有利于消费者依据包装辨别产品的档次差别和品质的优劣。这种策略适用于产品相关性不大、产品档次、品质比较悬殊的企业，其优点是能体现产品的特点，并与产品质量协调一致；缺点是增加了包装设计的成本。比如德芙巧克力既有礼盒装、铁盒装，又有塑料碗装和袋装等。

（三）相关包装策略

相关包装策略是指把使用时相互关联的多种商品纳入一个包装容器中，同时出售，如家用药箱、针线包、工具箱等。这种策略不仅有利于充分利用包装容器的空间，而且有利于满足同一消费者的多种需要，扩大销售。

（四）复用包装策略

包装内产品使用完后，包装物本身可以回收再用或让顾客用做其他用途。如啤酒的瓶子，装咖啡的瓶子等可回收重复使用。此策略的目的在于通过给顾客额外的利益，扩大销售。同时包装物在使用过程中，也可起到广告宣传的作用，诱发消费者购买或引起重复购买。例如，果酱、酱菜采用杯形包装，空的包装瓶可以作水杯；糖果包装盒还可以用作文具盒等。这种包装策略一方面可以引起用户的购买兴趣，另一方面能使刻有商标的容器发挥广告宣传作用，吸引用户重复购买。但是这类包装成本一般较高，实际上包装已成为一种产品。

（五）附赠品包装策略

在包装或包装内附赠奖券或实物，以吸引顾客购买。例如，儿童市场上玩具、期刊、糖果等商品附赠连环画、认字图；化妆品包装中附有赠券，积累到一定数量，可以得到不同的赠品等。

（六）绿色包装策略

设计或使用产品包装时，要遵循一定的标准，企业实施绿色包装策略可从以下几个方面实现：①包装减量化，尽可能使用少量包装材料；②采用可重复利用的包装材料；③采用可腐化降解的包装材料；④采用可食性的包装材料（如：大家熟悉的糖果包装上使用的糯米纸及包装冰激凌的玉米烘烤包装杯）；⑤包装材料要对人体无毒无害等。绿色包装策略的实施旨在降低环境污染，提高社会公众利益。当下许多企业已经愈来愈重视包装的环保性，推崇绿色包装策略。如可口可乐公司宣布自 2022 年 8 月 1 日起，雪碧将把绿色塑料瓶装改为更加环保透明包装，可有效减少塑料垃圾。这一策略有效顺应发展潮流。

（七）更换包装策略

包装材料，当某种产品销路不畅或长期使用一种包装时，企业可以改变包装设计、通过使用新的包装，使顾客产生新鲜感，达到扩大销售的目的。但是，对于优质名牌产品，不宜采用这种策略。

商品包装的改变如产品本身的改进一样，对扩展产品销路同样具有重要意义。当企业的某种产品销路不畅时，可以考虑改进包装设计。如果一种产品的包装已采用较长时间，也可考虑推陈出新，改变包装。当然，这种通过改变包装办法来达到扩大销路的策略是有条件的，即产品内在质量必须达到使用要求。

（八）性别包装策略

性别包装策略即针对不同性别的人群设计与之相适应的包装。男性产品包装强调稳重、大方、实用、潇洒等特性，避免华而不实；女性产品包装强调凸显个性、色彩搭配、造型新颖、彰显魅力等，以此激发女性购买欲。

小链接：　**乳制品行业的绿色包装**

案例 1：伊利金典的植物基 PE 奶瓶盖

2021 年世界环境日，伊利金典推出有机纯牛奶系列产品，这款产品使用植物基 PE 梦幻盖。这是国内首款植物基 PE 梦幻盖，瓶盖部分原料来源于甘蔗，在保持瓶盖外观与功能的同时，可以助力降低碳足迹，减少对化石资源的依赖。

案例2：生物基BOPLA酸牛奶袋

国内某头部乳企旗下一款酸牛奶袋采用了新型生物基可降解材料BOPLA，这种材料具有生物基和可控降解的特性，原料来源于植物中提取的淀粉，产品使用后在一定条件下最快8周内可完全降解成水和二氧化碳，对环境污染指数基本为0。

同时，BOPLA的印刷适应性非常好，且可多色印刷、可单独热封成袋、高透、高亮、挺度好，也可为薯片等食品提供绿色包装。

案例3：达能集团的生物基PLA酸奶包装

全球食品巨头达能集团将5%的酸奶产品包装转用生物基PLA材料。其中达能集团旗下生产的“石原农场”品牌有机酸奶是最先使用生物基PLA材料的。

目前，全球乳业已将实现全产业链的绿色可持续发展作为共同的目标。

（资料来源：全球乳制品绿色包装创新案例盘点，今日头条，2022-6）

第六节　产品创新与扩散理论

产品生命周期理论揭示，任何产品都不会持续畅销。消费者需求越来越多样化、个性化，市场竞争激烈，企业要取得可持续发展，就必须不断推陈出新，生产出满足消费者需求的新产品。有效的产品创新和开发，能使企业持续获得利润增长点，避免产品全面进入衰退期，如此，企业方能持续保持稳定发展的趋势。因此，企业应把产品创新作为企业的经营战略的重点。

一、产品创新

（一）新产品的概念

新产品是指与旧产品相比，产品整体概念中的任何一个环节有所创新和改变，并且满足消费者新的需求的产品。新产品可分为全新产品、换代产品和改进新产品等。

1. 全新产品

即科技上新发明的产品，是指采用新原理、新技术及新材料研制成功的前所未有的产品，也称首创产品。这种产品往往代表了科学技术发展史上的一个新突破，甚至将改变人们的生活习惯和生活方式。例如，世界上第一台打字机、电话、汽车、飞机、尼龙、电视机、复印机、电子计算机以及手机等，都是科学技术发展史上的一项重大发明创造。一个完全创新产品的出现，从理论到应用，从实验试制到组织大批量生产，不仅时间过程长，而且投资代价大，这类产品的开发是非常困难的，因此一般企业很难胜任。但这种产品一旦开发成功，会给企业带来巨大的利润。

2. 换代产品

即在原有产品的基础上，利用现代科学技术或工艺制成的具有新的结构和性能的产品，例如黑白电视机革新为彩色电视机；电子计算机从最初的电子管，经历了晶体管、集成电器、大规模集成电路几个阶段，发展到现在的人工智能电脑，这些都属于换代产品。开发换代产品较开发全新产品，技术难度降低，效果好且风险小。

3. 改进产品

改进产品即对原有产品在品质、性能、结构、材料、花色、造型或包装等方面作出改进而形成的产品。这种新产品与原有产品差别不大，往往是在原有产品的基础上派生出来的变型产品。如普通牙膏改为药物牙膏；普通洗发液改为护发养发洗发液等。改进后的新产品，其结构更加合理，功能更加齐全，品质更加优质，能更多地满足消费者不断变化的需要。改进新产品较为容易实现，缺乏技术壁垒，因此，容易被竞争者复制和模仿。

以上 3 种新产品尽管“新”的角度和程度不同，科技含量相差悬殊，但都有一个共同特点，就是消费者在使用时，认为它与原有产品相比具有特色，能带来全新的体验，获得更多的满足感。

（二）产品创新的程序

企业产品创新的过程是一个矛盾、风险和创新并存的工作过程。从新产品创意构思、筛选、设计、试制、鉴定、试销、评价直到全面投产上市，工作环节相当多，涉及面也非常广。因此，产品创新一般要按照一定的流程展开。企业产品创新的过程，并没有固定的模式或统一的流程。但产品创新一般要经历创意构思、创意筛选、形成产品概念、制定营销战略规划、商业分析、产品设计与试制、市场试销、正式上市 8 个阶段，如图 7 -7 所示。

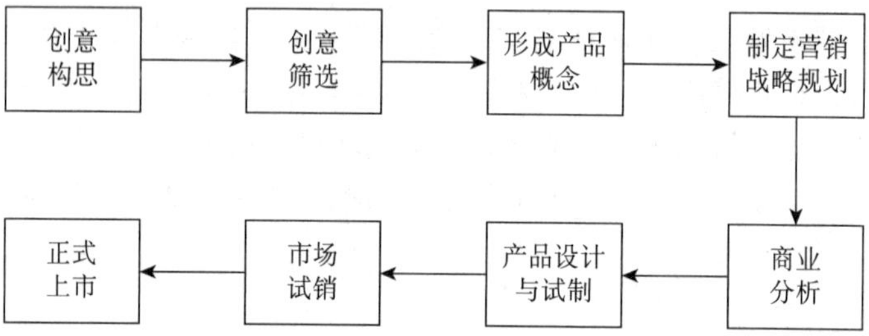

图 7 -7　新产品开发程序

1. 创意构思

产品创新都是从新产品创意构思开始的。所谓创意构思，就是开发新产品的设想。虽然并不是所有的创意都可变成产品，但寻求尽可能多的创意可为开发新产品提供较多的机会，所以，现代企业都非常重视创意的开发。

新产品创意来源主要有 5 个：一是顾客，顾客的需求是寻求新产品构想的重要来源。企业可通过顾客调查以及顾客来信来了解他们的需求；二是科技人员，他们的科技攻关对企业开发新产品非常重要，特别是一些发明专利；三是竞争对手，从竞争对手的产品中可以看出哪些产品是受顾客欢迎的；四是企业的推销人员和经销商，由于他们经常与顾客接触，因此他们了解市场需求；五是发明专利权代理人、大学及科研机构、市场研究机构等。企业应注意发现顾客的需求，广泛收集新产品的开发资料。

2. 创意筛选

即对来源于多个渠道的新产品创意进行甄别和评估，从中选出最具有开发价值的创意。这是一个决策过程，需要剔除那些与企业发展目标和长远利益不一致，或缺乏科学依据和可操作性，或企业资源条件还无法实现的创意，进而把精力和资源集中于成功机会较大的创意上。创意筛选的主要目的是尽可能早的发现和排除不合理的创意。

创意筛选时，企业一般都要考虑两个因素：一是构思方案是否符合企业目标，包括利润目标、销售目标以及企业形象目标等；二是构思方案是否适应企业的能力，包括开发新产品所需的资金、人才、技术和设备等。同时，企业要避免两种错误，即“误舍与误用”：一是漏选良好的构思，对其潜在价值估计不足，使企业失去机会；二是采纳错误的构思，导致资源的错误投入。

3. 形成产品概念

形成产品概念是企业从消费者的角度对产品创意进行的详尽描述，即创意具体化。这一阶段需要描述出产品的性能、用途、形状、特性、提供给消费者的利益等，形成最佳产品概念，同时基于具体、明确的产品概念，进一步进行试制并转变成真正的产品。

4. 制定营销战略规划

形成产品概念并将产品概念转化为真正的产品之后，就需要拟定一个把新产品引入市场的营销战略规划，并在未来的发展过程中不断完善。制定的营销战略规划一般由 3 大部分组成。

（1）市场细分及明确目标市场；描述目标市场的规模、结构、行为习惯；新产品在目标市场上的定位。

（2）制定新产品不同阶段的市场营销组合策略以及不同阶段的营销预算。

（3）明确短期、中期及长期的销售量、销售额、市场占有率、市场增长率以及利润额目标等。

5. 商业分析

即新产品的经济效益分析，也就是根据企业的利润目标，对新产品进行财务上的评价。主要包括以下内容：①预测新产品的市场销售额和可能的生命周期；②预测新产品可能的市场价格和开发新产品总的投资费用及其风险程度；③对新产品预期的经济效益作出综合性的分析和评价。

6. 产品设计与试制

产品设计是从技术上把新产品构思变成现实的一个重要的阶段，是实现用户对产品的特定性能要求的创造性劳动。新产品的设计直接影响到产品的质量、功能、成本、效益以及产品的竞争力。实践证明，产品的成功与否，很大程度上取决于产品的设计工作是否成功。

产品试制是按照一定的技术模式实现产品的具体化或样品化的过程。它包括工艺准备、样品试制和小批量试制等工作。产品试制是为实现产品大批量投产的一种准备或实验性的工作。同时，产品试制也是对设计方案可行性的检验。

7. 市场试销

实践表明，很多产品试制出来后仍然会遇到被淘汰的命运。因此需要对产品进行市场测试，也称市场试销，是指将试制的产品投放到挑选出来的且具有代表性的市场范围内进行销售试验，以了解顾客对新产品的反映和意见。市场试销的结果能便于发现产品存在的问题，方便企业采取相应的对策。

并非每种新产品都需要试销，如果企业在产品概念形成及试制阶段已经通过各种方式收集顾客对该产品的意见和建议，并且已经对产品做出改进；或者顾客对该产品的选择性小（如一些价格较昂贵，并非大量销售的产品），就可以不必进行市场试销，可直接推向市场。市场试销主要是面对那些使用面较广、市场生命周期较长以及市场容量较大的产品。

市场试销过程中必须注意的问题是竞争者有可能立即对试销中的新产品进行仿制，一些仿制能力极强的企业很可能在新产品还未批量上市之前已抢先推出仿制产品，从而令企业功败垂成。所以企业对于试销的新产品：一是要加强专利保护，二是要掌握关键技术。

8. 正式上市

经市场试销成功的新产品，即可正式上市。在正式上市之前，企业还要考虑以下4点：

（1）推出时机。即回答何时推出的问题。新产品进入市场的时间要适当，新产品上市过早，会加速原有产品的老化；新产品上市太迟会因新老产品都不盈利，给企业造成损失。一般来说，当老产品由成熟期进入衰退期时，新产品大量投放市场，力争既能满足顾客需要，又能使企业提高或保持原有的市场占有率，获得较好的经济效益。

（2）推出地点。一般来说，对于新产品开始上市的地点，小企业可选好一个中心城市推出新产品，迅速占领市场，站稳市场后再逐步扩展到其他地区；大企业可在全国各地同时上市，迅速占领全国市场。

（3）目标顾客。企业应根据新产品的特点，选择最具潜力的消费者群，作为新产品销售的目标市场，并充分利用相关群体的影响作用，不断扩大产品的消费群体。

（4）营销策略。营销策略指针对产品特点和不同的消费者做出相应的营销组合，如产品定价、确定分销渠道、广告和售后服务调查等。

（三）产品创新的意义

近几年，国货正变得越来越流行。手机、美妆等热门行业的中国自主品牌的关注度全面反超海外品牌，2021年国货品牌关注度达到国外品牌的3倍。产品创新是我国每个企业的必由之路，也是提升我国企业整体形象的必由之路。企业坚持产品创新意义重大。

1. 有助于树立企业的品牌形象，提升竞争力

品牌形象是企业的无形资产，是企业发展的重要依托，也是企业的竞争力之一。众所周知，如苹果公司、IBM、华为、高通、微软以及颠覆传统汽车行业的特斯拉公司等，在各自的行业领域范围内都坚持自主研发核心技术，注重产品创新，因此也成为行业的佼佼者。因此，产品创新对于树立企业的品牌形象，提升企业竞争力有着举足轻重的意义。

2. 有助于获取和保持行业领先地位

在科技日新月异的大背景下，企业都面临着前所未有的巨大挑战，企业如果拒绝主动改变，最终只能面临被淘汰的结果。数据显示，“财富1000强”榜单，几乎每10年一次大换血，而且换血速度越来越快。

由此可见，想要获取和保持行业领先地位，拒绝改变是行不通的。我国的华为和比亚迪之所以能在相关行业中脱颖而出，也是持续坚持自主研发核心技术，不断创新产品，推动产品迭代升级。因此，企业只有随时关注行业的迭代，关注行业最新的技术，坚持产品创新，才有可能获取和保持行业领先地位。

3. 产品创新是企业发展生存的不竭动力

消费者需求不会永恒变化，产品也就不会在市场上永恒畅销。想要维持市场对企业产品的需求水平，作为企业，必须依托技术创新去推动产品创新，随着市场变化不断开发出适合市场需求的新产品。当下科学技术发展日新月异，企业面临的挑战也更加严峻，如果不及时进行产品创新，企业就会丧失生存发展的动力，最终走向灭亡。一个企业只有自觉迎合市场的变化，开发相应的产品，企业才能够持续发展下去。

小链接： **华为的创新之路**

华为经过几十年的拼搏努力，这艘大船已经划到了“与世界同步的起跑线”上。华为从小到大、从大到强、再到国际化的全过程，就是基于创新的成功。

（1）遵循全球主流标准，搭“大船”出“大海”。只有主流标准才能孕育大产业，才能成为领先者。华为采用世界最先进的技术、零部件、软件及平台，站在“巨人”的肩膀上，与顶尖“高手”过招，才能更快进步，才能取得行业技术主导权。华为积极参与国际产业组织及标准组织，加入全球400多个产业组织（如3GPP、AII、IIC、ECC、LF、TMF等），并担任了超过400多个重要职位（如IEEESA、BBF、ETSI、TMF、Linaro、Openstack、OPNFV和CCSA等董事会成员）；华为在全球拥有8万多件授权专利，其中很多基础和核心专利被标准组织广泛使用，华为是5G标准的最大贡献者。

（2）以客户需求为牵引，创立联合创新中心。以欧洲市场为例，该市场的成功拓展奠定了华为国际一流公司的地位，而其成功的原因就是基于客户需求的创新。欧洲市场是国际主流通信设备公司的本土市场，低价竞争只会扰乱市场，只有技术领先和创新才可能被欧洲领先运营商所选择。华为站在客户视角，站在帮助客户商业成功的角度主动创新。真正从客户战略、产品方案、商业模式、产业发展等各方面与客户深度合作创新，牵引客户需求，共同解决行业面临的挑战和难题，实现商业成功。发展到今天，华为与客户和合作伙伴建立了遍及全球的36个联合创新中心。

（3）开放式创新，利用全球资源，与合作伙伴共建共享。①围绕着全球技术要素及资源，华为在全球建立了超过16个研发中心，60多个基础技术实验室，包括材料、散热、数学、芯片、光技术等。②产业的竞争，也是产业联盟之间的竞争，而产业联盟必须是开放的、先进的。华为发起成立了绿色计算机产业联盟，共同拓展基于ARM的绿色计算机产业，目前已有国内外50多家成员单位。③为了推动各行各业的数字化转型的进程，华为还发起成立了跨行业、跨产业的全球产业组织（Global Industry Organization，GIO），共同推动数字化转型的框架、规范、标准和节奏，从抢蛋糕到做大蛋糕，做大产业空间。

（4）压强原则，厚积薄发。技术、解决方案创新背后是持续的研发投入。华为在研发领域的投资不惜成本，不仅投资于现在，同时投资于未来。早在1996年，华为预研部就明确要求预研费用必须占研发费用的10%以上，现在提高达到20%～30%，这意味着每年有20亿～30亿美元投入到前沿和基础技术研究。华为在全球现有超过8万研发人员，占总人数45%左右。我们看到的是产品，而冰山之下的核心技术才是产品竞争力的来源，包括数学、芯片设计、材料、散热等。早在1991年，华为就设计了第一片ASIC芯片，并成立了芯片设计室，也就是今天海思半导体有限公司（以下简称“海思”）的前身。今天看到的技术进步，都是研发长期的投入、厚积薄发取得的。

（5）管理的创新。创新不是漫无目的布朗运动，创新是可以被管理的活动。从1997年开始，华为构建了研发、供应链、财经、人力资源、市场等国际化的并经过最佳实践证明了的流程体系，从而奠定了华为走向世界的管理基础。同时，确保了华为的运行和创新是有序的，通过确定性的流程和方法来应对创新的不确定性。

(6) 与科研院所的合作。开放合作，共同研究，以及把大家及科研机构的成果，通过产品转化成商业成功，这里要特别感谢中国科学院对华为的帮助和支持。2011 年以来，在芯片、人工智能、计算机等领域，华为与中国科学院 34 家合作单位开展了 286 项合作。

以上案例是基于客户需求的工程、技术和解决方案的创新，也即创新 1.0。今天信息产业遇到瓶颈的根源，在于理论创新的滞后，没有理论的创新，很难突破技术的瓶颈。面向未来，华为的创新该如何进行？

(1) 预判：人类将进入智能社会。我们认为未来 20～30 年人类社会将演变成一个智能社会，智能社会有 3 个特征——万物感知、万物互联、万物智能。在智能社会，万物可感，感知物理世界，并转变为数字信号；网络联接万物，将所有数据实现在线联接；基于大数据和人工智能的应用将实现万物智能。ICT 基础设施（如 5G、物联网、AI 等）将是智能世界的基石。

(2) 基础：理想主义与现实主义的结合。华为将从客户需求出发，进行产品的研发，同时以未来趋势为判断依据。通过战略务虚会，多路径开发试错，“红军”“蓝军”对抗等，深入到技术的“根”；同时，通过愿景和假设以及先进技术驱动开发，实现理想主义和现实主义双轮驱动的创新。

(3) 路径：从“创新”到“发明”。面向未来，华为的创新将从基于客户需求的技术和工程、产品和解决方案的创新的 1.0 时代，迈向基于愿景驱动的理论突破和基础技术发明的创新 2.0 时代。①创新 1.0 的核心理念是：基于客户需求和挑战，是技术创新、工程创新，是产品与解决方案的创新，是从“从 1 到 N 的”创新。核心是帮助客户和合作伙伴增强竞争力，帮助客户增加收益或者降低成本，帮助客户实现商业成功。②创新 2.0 的核心理念是：基于对未来智能社会的假设和愿景，打破制约 ICT 发展的理论和基础技术瓶颈，是实现理论突破和基础技术发明的创新，是实现“从 0 到 1”的创新。

(4) 思想理念：开放式创新，包容式发展。华为创新 2.0 的核心是基于愿景的理论突破和基础技术的发明，而理论突破和基础技术发明源头之一是学术界；同时，工业界提出的挑战和向大学、研究机构进行研究的投资是助推器。理论突破和技术发明的不确定性非常高，这种不确定性的性质就决定了不能是封闭的创新。因此，大学和研究机构、学术界、工业界要联合起来，共同推动，即利用全球科研资源和人才进行合作创新。为此，华为成立了战略研究院，统筹创新 2.0 的落地，确保华为不迷失方向，不错失机会。

(5) 方法论：愿景假设 + 技术突破。华为从愿景假设出发，研究未来智能世界，研究未来人们如何生活、工作、娱乐、健康等，提出问题，带着问题找技术，带着问题捕捉未来的技术方向和商业机会，孵化出新产业。同时，进行大胆假设。比如，未来 10 年提升 100 倍宽带，达到 100 倍的计算能力……在此基础上，规划华为的技术要素。

(6) 流程：以“信息为中心”，增加布局“突变的技术”。围绕信息的全流程，研究和发掘未来的技术，从信息的产生、存储、计算、传送、呈现，一直到信息的消费。比如，显示领域的光场显示，计算领域的类脑计算、DNA 存储、光子计算、传送领域的可见光通信等，以及基础材料和基础工艺领域的超材料、原子制造等。

(7) 战略举措：大学及科研机构合作，技术投资。工业界的参与不仅帮助高校和科研机构加快研究成果的商业落地，同时把工业界的挑战和真实场景、需求，与科学家分享，这对研究方向有极大的促进作用。华为将采取“支持大学及科研机构的研究、自建实验室、多路径技术投资”等多种方式实现创新2.0。把工业界的问题、学术界的思想、风险资本的信念，整合起来，共同创新。创新成果为全人类、全产业所共享，点亮世界，点亮华为。

华为的愿景和使命是，“把数字世界带入每个人，每个家庭，每个组织，构建万物互联的智能世界”。这意味着华为将继续开放、合作，与全球科学家、研究机构、伙伴、产业一起共建未来的智能世界。

（资料来源：徐文伟．从追赶到领先——华为的创新之路．中国科学院院刊，2019，34（10）：1108－1111）

二、产品扩散

产品扩散，是指产品上市后随着时间的推移不断地被越来越多的消费者所采用的过程。扩散过程与采用过程有区别。采用过程是从微观角度考察消费者个人由接受创新产品到成为复购者的各个心理阶段，而扩散过程则是从宏观角度分析创新产品如何在市场上传播并被市场所采用的问题。

（一）新产品采用者的类型

在新产品的市场扩散过程中，由于个人性格、文化背景、受教育程度和社会地位等因素的影响，不同的消费者对新产品接受的快慢程度不同。罗杰斯根据这种接受程度快慢的差异，把采用者划分为5种类型，即创新采用者、早期采用者、早期大众、晚期大众和落后采用者，如图7－8所示。尽管这种划分并非精确，但它对于研究产品扩散过程有重要意义。

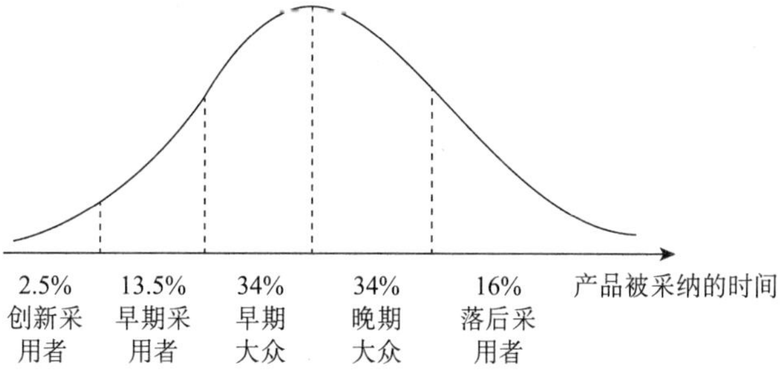

图7－8 新产品扩散

1. 创新采用者

创新采用者也称为“消费先驱”。通常他们富有个性，受过高等教育，勇于革新冒险，性格非常活跃，经济宽裕，社会地位较高。任何新产品都是由极少数创新采用者率先使用，创新采用者占全部潜在采用者的2.5%。企业推出新产品时，应将营销重点集中于创新采用者身上，通过他们的影响，促进新产品的市场扩散。

2. 早期采用者

早期采用者一般也接受过较高的教育，年轻，富于探索，对新事物、新环境比较敏感，并且有较高的适应性，经济状况良好。早期采用者多在产品的介绍期和成长期采用新产品，并对后面的采用者影响较大。但与创新采用者相比，他们的态度较为慎重。所以，他们对新产品的扩散有着决定性的影响。这类顾客是企业推广新产品极好的目标。此类消费者占全部潜在采用者的13.5%。

3. 早期大众

早期大众约占全部潜在采用者的34%，这类顾客的基本特征是：深思熟虑，态度谨慎，较少保守思想，受过一定的教育，有较好的工作环境和固定收入。他们虽不甘落后于时尚，但是却常常观望一段时间，在早期采用者认可后再购买，成为赶时髦者。由于这部分顾客比重较大，企业研究他们的消费心理和消费习惯，对于加速新产品的扩散有着重要的意义。

4. 晚期大众

这部分消费者的采用时间较平均采用时间稍晚，其基本特征是犹豫不决。他们的信息多来自周围的同事或朋友，很少借助宣传媒体收集所需要的信息，其受教育程度和收入状况相对较差，所以，他们从不主动采用或接受新产品，直到多数人都采用且反映良好时才行动。显然，对这类采用者进行市场扩散是极为困难的，此类消费者占全部借在采用者的34%。

5. 落后采用者

这类消费者的基本特征是：思想保守，拘泥传统的消费观念，很少借助宣传媒体，对新事物持怀疑、反对的态度，只在产品进入成熟后期甚至衰退期时才会购买。此类采用者约占全部潜在采用者的16%。

当然，认识创新采用者和早期采用者并非易事。因为，一种产品的创新采用者不一定是其他产品的创新采用者，他们的购买可能具有专业化性质，他们的影响可能仅局限在某一特定的领域。因此，任何企业都必须具体情况具体分析，区别对待。

（二）产品扩散过程管理

产品扩散过程管理，是指在新产品上市后，企业通过采取措施使新产品扩散达到既定市场营销目标的一系列活动。新产品在扩散过程中不仅要受到外部不可控制因素（如竞争者行为、消费者行为、社会环境等）的影响，还会受到企业市场营销活动（如产品质量、价格战略、分销渠道、人员推销、广告水平等）的制约，因此企业必须对新产品扩散过程进行管理。

企业新产品扩散管理的目标主要有：在介绍期尽快打开局面；在成长期实现销售额快速增长；在成熟期产品全面占领市场；尽可能长时间维持一定水平的销售额。

为使产品扩散达到既定市场目标，企业市场营销管理部门应该采取一些措施和战略来保证。

（1）在介绍期尽快打开局面，应派出大量销售队伍，积极展开推销活动，开展强大的广告攻势，使目标市场尽快知晓、了解新产品，积极开展促销活动，鼓励消费者试用新产品。

（2）在成长期实现销售额快速增长，应保证产品质量，加强和消费者的沟通，继续加强广告攻势，推动后期采用者加入购买行列，推销人员向中间商提供各种支持，运用各种各样的促销手段使消费者重复购买。

（3）在成熟期产品全面占领市场，应继续采用快速增长的各种战略，更新产品设计和广告战略，以适应后期采用者的需要。

（4）要想长时间维持一定水平的销售额，应使处于衰退期的产品继续满足市场需要，扩展分销渠道，加大促销投入。

本章小结

产品，是指能满足目标顾客某种欲望和需要的有形与无形事物的总称，主要包括实物、服务、场所、组织、思想、主意等因素。产品整体的概念由核心产品、形式产品、期望产品、延伸产品、潜在产品 5 个层次组成，营销者从 5 个层次出发向市场提供产品，从而满足顾客价值。

产品生命周期是指产品的市场寿命，即一种新产品从开始进入市场到被市场淘汰的整个过程。它分为介绍期、成长期、成熟期、衰退期 4 个阶段。

产品组合是指企业生产经营的所有产品线和产品项目的组合方式，即全部产品的结构。产品组合由各种各样的产品线组成，每条产品线又由许多产品项目构成。

新产品是指产品整体概念中的任何一个部分有所创新、改革和改变，能够给消费者带来新的利益和满足新的需求的产品。新产品可分为全新产品、换代产品、改进新产品等。产品创新程序包括创意构思、创意筛选、形成产品概念、制定市场营销战略规划、商业分析、产品设计与试制、市场试销、正式上市 8 个阶段。产品扩散，是指新产品上市后随着时间的推移不断地被越来越多的消费者所采用的过程，可以从 4 个方面加强产品扩散过程管理。

产品的包装，是指产品在到达购买者的过程中，为了保护产品、方便储运和有利于销售，采用适当的材料、容器和各种辅助物对产品进行的一种技术经济措施。企业在设计产品的包装时，应遵循安全性原则、形象性原则、艺术性原则、经济性原则、信誉性原则、尊重消费者的宗教信仰与风俗习惯原则、科学性原则和环保性原则。常见的包装策略有相似包装策略、等级包装策略、相关包装策略、复用包装策略、附赠品包装策略、绿色包装策略以及更换包装策略。

品牌是一种名称、术语、标记、符号或图案，或是它们的相互组合，用以识别某个生产者或某些销售者的产品或服务，并使之与竞争对手的产品和服务相区别。品牌命名和设计要遵循不同的原则。品牌策略有品牌注册策略、品牌使用策略、品牌打造策略等。合理的设计和使用品牌策略能提高企业知名度和公众认可度。

思考题

1. 什么是产品？如何理解产品的整体概念？试举例说明。
2. 产品组合的相关概念有哪些？含义分别是什么？
3. 扩大产品组合策略有哪几种？
4. 产品线延伸是从哪个角度延伸？产品线延伸策略有哪几种？
5. 何谓产品的市场生命周期？它包括哪几个阶段？
6. 产品市场生命周期各个阶段可分别采取什么样的营销策略？
7. 新产品可分为哪些类型？产品创新的程序涉及哪些环节？
8. 新产品采用者有哪些类型？各自有哪些特点？
9. 产品包装设计应遵循的原则有哪些？

10. 常用的包装策略有哪些？
11. 什么是品牌？分析品牌有何意义？
12. 品牌如何设计？
13. 如何使用品牌策略？

营销实训

实训一：学生以小组为单位开展讨论，列举出大家印象最深刻的产品包装，最终确定其中 5 种比较有代表性的产品包装，讨论不同企业产品的包装策略是什么。

实训二：学生以小组为单位，假定学生现在正准备自主创业，让学生团队自选行业和产品，思考如何创新产品，分析拟开发产品的市场生命周期，分析拟开发产品市场生命周期不同阶段的特点以及企业拟采取的营销策略，并说明依据。

实训三：学生运用品牌命名方法和策略，为自己的小组或团队命名。

案例分析

案例一：爱马仕的产品策略

1837 年，Thierry Hermès 在法国巴黎创立了爱马仕（HERMÈS）品牌，目前是法国知名奢侈品牌。早年以制造高级马具起家，陆续推出不同系列产品。发展至今，爱马仕旗下产品系列逐步增多，涉及皮革、丝巾、领带、男女时装、香水、腕表、文仪精品、鞋类、配饰、马具用品、家居生活系列、餐具及珠宝首饰等。

爱马仕始终定位于高端客户。因此，它在产品品质方面追求极致，坚持独行和精工细作的高品质。因此爱马仕品牌每年的发展及产品开发均有一致的规律：拥有鲜明的品牌个性，规律型服饰品牌均有自己独特的产品风格，并在其产品设计之时，聘请专业的设计人员（包括产品设计师、专业生产工匠乃至摄影师、画工等专业人员），根据品牌固有的产品风格进行本季主题的传承开发。

另外爱马仕在进行网点设置之时，往往选择高档商务地区及外资百货进行专卖店的设立。对门店装潢要求也非常高，甚至连门店专柜都要从法国制作好空运至世界各地。虽然其店铺营运成本会成倍提升，但限于规律型品牌所设定的客户阶层及消费习惯往往更具有针对性。在其所开设的店铺中，更多的现时销售的产品以饰品及服装为主，而作为其经典的产品，如要购买则只能定制。

基于爱马仕的客户定位以及对产品品质、门店装潢等方面的极致追求，爱马仕的产品价格普遍偏高，一条印花丝巾价格也达上千元，爱马仕的有些包甚至比房子还贵，可达百万元。

2019 年上旬，HERMÈS 宣布将于 2020 年正式进军美妆行业。2020 年，高冷的爱马仕第一次推出美妆产品：由其珠宝及鞋履创意总监 Pierre Hardy 亲自操刀设计，即 Rouge Hermès 口红系列，该系列口红带有爱马仕调香师定制的香气，无不体现爱马仕品牌的高级感。相比于爱马仕曾经推出的售价约13万元的自行车、将近10万元的棒球用具、1千块的扑克牌，这次定价换算成人民币约合461元的口红，绝对是亲民产品，旨在抓住更广、更年轻消费群体。

在包装方面，爱马仕的口红外壳由品牌珠宝配饰和鞋履创意总监Pierre Hardy设计，采用不同颜色的漆色木块拼接而成，因口红的膏体可以替换，所以口红管身则可永久使用。口红的包装可谓是简单又环保。

（资料来源：爱马仕发售口红，帮年轻人实现奢侈品自由，创业邦，2020－3－6）

思考： 1. 什么是产品线？爱马仕主要有哪些产品线？

2. 案例中爱马仕使用的产品组合策略是什么？所用的产品组合策略有哪些优缺点？

3. 爱马仕口红使用了什么样的包装策略？为什么？

案例二：麦当劳提供的整体产品

麦当劳成功的秘诀在于它所提供的产品具有整合概念，概括起来可用以下七个“F”。

新鲜（Fresh）：美国人很重视食品的新鲜：豆子要碧绿，生菜要鲜嫩，鱼肉要洁白，油炸食物要酥脆。因此，优良的冷冻和通风设备必不可少，清洁的就餐环境至关重要。

饱（Filling）：快餐要给人以物美价廉之感。为此，麦当劳在炸鸡上多撒些面包屑，把面包卷做得更厚，每份炸马铃薯片和生菜沙拉都更容易让人吃饱。同时，还注意各色食品中的营养搭配。

快（Fast）：由于人们吃快餐的目的就是为了节省时间，因此，食品必须是速食品。为节省时间，柜台上设有多台付款机，以减少人们排队付款时间。麦当劳公司还在高速公路两旁建立了快餐店，司机们足不出车就可以拿到几分钟前所预订的食品。

油炸（Fried）：美国人喜欢吃酥脆的油炸食品，但又不愿在家中做，因为会有讨厌的油炸气味和大量渣滓。麦当劳提供的油炸食品恰好又快又易携带。

家庭式（Family）：忙碌的人们不常在家做饭，却想在外面找个家庭式的地方就餐，即餐厅符合家庭的要求，食品对孩子不能太腻且价格相对便宜，餐厅清洁卫生、通风明亮，一般不供应酒类。

浪漫感（Fantasy）：在家庭氛围之余，还应让人感到就餐是一种享受，因此，麦当劳公司对有的店铺进行了怀古装饰，特别是运用了古老西部的装饰。

福特主义（Fordism）：通过采用自动化设备代替手工操作、精密分工、统一食品标准来节省时间、降低成本，同时，可以保证人们在不同地方吃到的麦当劳食品都是一个口味。

（资料来源：《有效管理者——产品战略》，李航主编，对外经济贸易大学出版社）

思考： 1. 结合案例分析麦当劳产品的整体概念是什么？

2. 麦当劳提供的整体产品有何特点？

案例三：比亚迪的产品策略

比亚迪品牌诞生于深圳，于1995年成立，业务横跨汽车、轨道交通、新能源和电子四大产业。1997年，公司自主研发，开始生产锂离子电池，并且很快投入量产，2003年8月，上海工厂投产，开始动力电池和电脑电池的研发。2003年成长为全球第二大充电电池生产商，同年组建比亚迪汽车。比亚迪凭借多年积累的研发实力和创新的发展模式，获得了全面的发展，在电池、电子、乘用车、商用车和轨道交通等多个领域发挥着举足轻重的作用。

在电池领域：比亚迪具备100%自主研发、设计和生产能力，产品已经覆盖消费类3C电池、动力电池（磷酸铁锂电池和三元电池）、太阳能电池以及储能电池等领域，并形成了完整的电池产业链。其中，比亚迪从最早起家于3C电池制造领域，1995年开始已经开始生产3C电池，在2002年，比亚迪开始了磷酸铁锂的研发工作，逐步涉足动力电池领域，2020年3月29日，比亚迪正式推出刀片电池，一汽集团、福特、丰田、PSA集团、戴姆勒集团、东风集团等多款新能源车型都在应用或者计划应用比亚迪刀片电池。

在电子领域：比亚迪于2004年跨界进入半导体领域，在2005年，组建IGBT研发团队，正式进军IGBT产业，到2011年，成功自主研发IGBT1.0芯片并在纯电动车E6上批量装车，发展到今日，比亚迪已经成为国内最大的车规级IGBT厂商，在国内市场的占有率达到18%。凭借强大的材料、产品研发能力，自动化设备开发和应用能力，以及规模庞大的加工制造能力，比亚迪已成为全球领先的电子产品设计制造服务商，主要客户包括三星、华为、vivo、OPPO、小米、LG、联想、苹果、谷歌、微软等全球知名企业。

在汽车领域：新能源汽车的制造成本中，“三电”（即电池、电机和电控）是成本的主要构成部分。凭借技术研发和创新实力，比亚迪已经掌握电池、电机、电控等新能源车核心技术。目前，比亚迪新能源车已经形成乘用车和商用车两大产品系列，涵盖七大常规领域和四大特殊领域，实现全领域覆盖。虽然比亚迪最初是面向低端市场的，推出的车型都是低端系列。但是在新能源时代，比亚迪的内线掌握着电动新能源车的核心，“三电”技术。所以依靠内线的强大基础，比亚迪可以制造出任何车型。另外，比亚迪汽车品牌架构布局合理，无论是比亚迪王朝系列、海洋系列，还是高端产品，始终保持一个主品牌。比亚迪不局限于车型，从轿车、轿跑，到各种SUV（紧凑级SUV、中大型SUV、小型SUV）再到MPV，比亚迪几乎覆盖了大部分主流车型，也覆盖绝大多数价格区间，价位上从10万元以下到30万元以上都已覆盖，在30万元以上的豪华车市场，也有35万元起的腾势D9。

交通领域，为解决城市交通拥堵问题，比亚迪于2016年10月发布轨道交通产业子品牌——“云轨”，正式宣告进军轨道交通领域。“云轨”属于中小运力的轨道交通，综合优势非常突出。

（资料来源：比亚迪的产品策略资料整理，人人文库，2023-4-10）

思考： 1. 比亚迪的整体产品概念是什么？

2. 比亚迪的产品组合策略是什么？产品组合策略有哪些特点？

3. 比亚迪新能源汽车持续推出新产品的核心是什么？

在线测评

第七章　自测题

第八章　定价理论与方法

学习目标

1. 了解影响定价的因素；
2. 熟悉定价的三种方法并能够正确计算；
3. 掌握不同的定价策略并能够开展价格策略设计；
4. 熟悉价格调整的策略。

导入案例

无法复制的奶茶帝国——蜜雪冰城

提到国内的知名奶茶品牌，值得一提的是“蜜雪冰城”。奶茶行业竞争激烈，蜜雪冰城却能够一直稳步前行，逐渐发展成为奶茶行业巨头，这离不开蜜雪冰城的定价方法与策略。

其一，对于市场的价格标杆指向是5元、6元的冰淇凌，蜜雪冰城冰淇凌直接做到1块钱。1元冰淇凌爆款的推出，为蜜雪冰城带来了流量，迅速推动品牌出圈。此后“柠檬水”爆款的出现，更是推动其销量直线上升。

其二，蜜雪冰城被称为“茶饮界的拼多多”。2020年，喜茶新开门店289家，而蜜雪冰城40多天即完成门店数量从9 500家到10 000家的冲刺。目前蜜雪冰城在全国门店数量已达20 000多家。门店数量的增多，再加上完善的供应链体系，使得蜜雪冰城的成本得到大幅降低，也给它带来了定价优势。

其三，不论是引流的爆款产品还是店里的其他产品，如草莓啵啵、珍珠奶茶、港式杨枝甘露和满杯百香果等，价格在全国所有的城市都是统一的。

其四，不定时对某些饮品做折扣促销，线上支付送优惠券，很好地促进了产品的销售和顾客好评的提升。

资料来源：蜜雪冰城被复制到底有多难，搜狐新闻，2023－3－16.

点评：

这一案例体现出：一是蜜雪冰城在定价方法上选择的是成本导向定价法。因为强大的供应链体系使得蜜雪冰城能更好的控制原材料以及物流等成本，所以蜜雪冰城基于成本确定的价格总体水平偏低。二是蜜雪冰城采用的定价策略有招徕定价、地区统一交货定价和折扣定价策略。蜜雪冰城的定价方法和定价策略，迎合了众多消费者的心理，取得了巨大的成功，这就是定价的奥妙所在。定价理论与方法有很多，不同企业有不同的选择，选择的结果也是大相径庭。

价格策略是市场营销组合策略中一个重要的构成内容。在市场经济中，任何商品和劳务都有价格。只有商品有了价格，供需双方才能进行交易。价格是商品价值的货币表现。同时，价格又是一个十分活跃、敏感而又难于控制的营销要素，它直接关系着顾客和企业双方的切身利益。企业要想实现预定的营销目标，必须综合考虑各种影响定价的因素，依据恰当的定价方法为各种产品制定合理的价格，采用合适的价格策略。

第一节　影响定价的因素

影响产品价格制定的因素有很多，大致可以将其分为企业内部影响因素和外部影响因素两大类。内部因素主要包括企业的定价目标、产品成本、产品特点、分销渠道、促销策略等；外部因素主要包括市场供求状况、市场竞争程度、政府政策和法律以及其他宏观社会经济因素等（见图 8－1）。企业在定价时，必须深入分析影响企业产品定价的因素，基于这些因素与产品价格之间的关系，同时选择合适的产品定价方法，制定企业的定价策略。

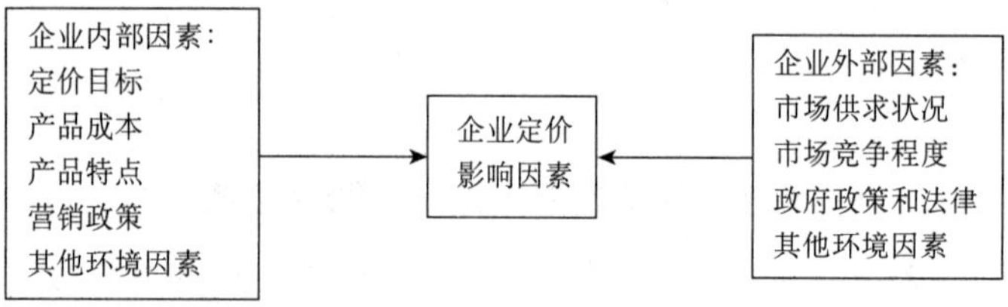

图 8－1　影响企业价格制定的因素

一、成本因素

产品成本是产品价格制定的基础，产品价格必须能够补偿产品生产和市场营销的所有支出，并补偿产品的经营者所承担的风险支出。产品成本是影响产品价格水平的最低界限，即产品价格必须高于产品成本，否则企业将会亏本。根据产品定价需要，可以从不同角度对产品成本进行分析。

（一）固定成本

固定成本是指在一定时期和一定业务范围内不随产品产量变化而变化的成本。如固定资产折旧费、产品设计费、管理人员工资以及办公费等，这些费用与产品产量无关。平均固定成本，即单位产品所分摊的固定成本，则随产量变动而变化。产量增多，平均固定成本下降；反之，平均固定成本上升。短期来看，固定成本是固定不变的，但从长期来看，企业规模变化时，固定成本也会随之变动。

（二）变动成本

变动成本是指在一定时期和业务范围内，随产品产量的变动而成比例变动的成本。如原材料费用、生产工人工资、销售费用等。平均变动成本，即单位产品所分摊的变动成本，它不会随产量变动而变动，在一定的时间范围内保持相对稳定。

（三）总成本

固定成本与变动成本之和为总成本，平均固定成本与平均变动成本之和为平均总成本，是单位产品的总成本，也可由总成本除以总产量求得。企业在定价时，依据不同的成本，可以定出不同的价格或做出不同的价格决策。这些成本中，平均变动成本更适合作为价格决策的依据。而平均总成本则适用于核算企业的实际收益或利润。这些成本各自有其不同的作用。

（四）边际成本

即在原有产量基础上，产品产量每变动1个单位（增加或减少1个单位），所引起的总成本变动的数额（增加额或减少额）。企业研究边际成本的最大意义在于寻求最大利润的均衡产量和价格。与边际成本相对应的概念是边际收益。

边际收益就是多增加一个产品的生产而增加的收入，实际上就是最后一个产品卖出所取得的收益。

边际成本随着生产规模的扩大先是递减然后是递增的。边际成本小于边际收益时，企业的总利润是随着生产规模扩大而不断增长的。当边际成本大于边际收益时，企业的总利润是随着生产规模扩大而不断下降的。因此，企业可以根据边际成本等于边际收益的原则，确定最佳产量和最佳价格，由此保证企业利润最大化。

（五）机会成本

企业可能要为从事某项经营活动而放弃另一项经营活动，或利用一定资源获得某种收入而不得不放弃另一种收入。那么这个被放弃的经营活动所应取得的收益，即为正在从事的经营活动的机会成本。由于定价过高，企业可能会失去一定数量的客户，虽然卖出一件产品的收益增多，但因为失去客户而损失的收益可能会更多，因此企业定价也需考虑机会成本。

二、企业定价目标

由于受到资源条件的限制，处于不同行业、有着不同规模或采用不同管理方法的企业往往制定不同的战略目标，营销目标作为企业总体战略目标的组成部分，会影响企业产品价格策略的制定。不同时期的营销目标不同，价格策略也会随之不同，定价方法和技巧也会随之发生变化，以更好的服从于企业决策的总体战略目标。

通常来说，与企业产品价格制定密切相关的营销目标主要有以下几种：

（一）以当期利润最大化为目标

获取最大利润是市场经济条件下企业从事经营活动的最终愿望。利润最大化目标可以区分为当期利润最大化和长期利润最大化，这里所说的是当期利润最大化目标。在一定经营时限内要获得最大利润，必须考虑产品价格对市场需求量以及需求量对产品成本的影响。一般来说，定价越高，需求量就会下降，企业也需进一步降低生产量，生产量降低，企业的单位产品成本就会上升；定价越低，需求量就会提升，企业也需进一步提升生产量，生产量提升，企业的单位产品成本就会下降。因此企业产品定价必须找到价格与利润最大化之间的平衡点。除此以外，企业产品定价还必须遵循一定的原则，如边际成本等于边际收益的原则，来确定产品的价格。

最大利润价格在企业的实际定价中，是很难确定的。因为它要求企业必须有非常完备和准确的市场需求变动和产品成本变动的有关资料，如需求函数、成本函数等。在实际工作中，取得这些资料是十分困难的，即使可以得到，其准确性也很难保证。并且，企业追求短期最大利润，不一定能使其长期利润最大。因此，企业通常都是通过提高市场占有率、扩大销售量、增强市场竞争优势、树立良好形象等方式，而不仅仅是通过价格来追求长期利润最大化。

（二）以保持或扩大市场占有率为目标

指企业在保证一定利润水平的前提下，谋求最大的市场份额。从反映企业经营状况和产品竞争能力来看，市场占有率比其他指标更能说明问题。因此，追求市场占有率或市场份额领先是企业普遍采用的定价目标。一般情况下，较高的销售额不一定能带来较高的利润，而高市场占有率可以带来低成本，从而使企业可以获得较高的利润。

据美国市场营销战略影响利润系统（PIMS）的分析表明：占有 10% ~20% 市场份额的企业，其税前利润率平均水平为销售收入的 3.42%，而市场份额超过 40% 的企业其利润率平均水平为销售收入的 13.6%。这其中的主要原因在于拥有较高市场占有率的企业可以具有较强的市场支配能力，广开销路，享受更大的规模经济效益，降低单位产品成本，具有获取长期利润的可能性。

（三）以产品质量最优为目标

即企业以追求优质高档产品形象为目标。如果企业提供的产品质量、性能和服务等方面都与众不同、高人一筹，产品自然可以索取较高的市场价格，并通过较高的价格收回高额的科研费用和生产成本。

（四）以维持企业生存为目标

当企业面临市场需求的巨大波动和强大的竞争对手，以致受到破产威胁时，维持生存成了企业的首要目标。企业以维持生存为目标时，只能通过降低产品价格吸引顾客，这时产品价格只要能收回成本即可。不过，维持生存只能是企业的短期目标，从长期来看，企业必须设法在市场上提高产品价格，否则企业将面临灭亡。

除上述定价目标外，企业还可以有保持价格稳定、阻止竞争者进入、保持与中间商的良好关系、促进产品销售、维持企业形象等目标。对于大多数企业来说，产品价格往往不是由单一定价目标所决定的，而是会同时追求或兼顾几个目标来综合确定企业产品的定价。

三、需求因素

（一）市场需求

商品需求与价格是相互影响、相互制约的关系。一方面，需求影响价格。需求增多，价格上涨；需求下降，价格下降。另一方面，价格也影响需求。价格提高，需求下降；价格降低，需求上涨。当然，市场供求关系和价格变动的基础是商品的价值，商品价格总是围绕商品价值上下波动，如图 8 -2 所示。

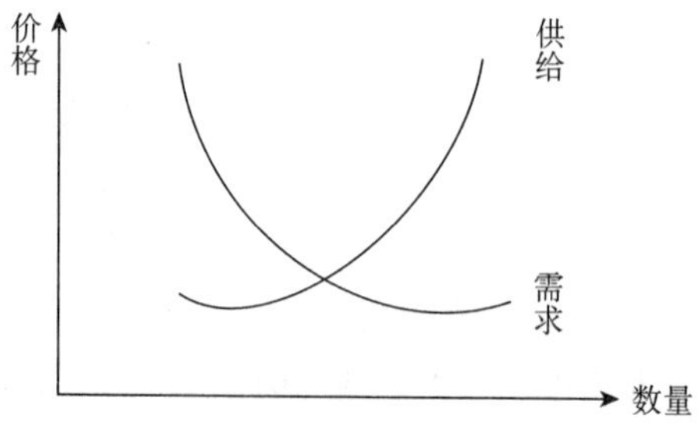

图 8 -2　供求与价格变化曲线

对于某一具体企业，在研究市场供求与价格的关系时，还必须了解本企业产品价格的变化与竞争者产品价格的变化，以及与竞争者产品需求量变化之间的关系。

（二）需求弹性

不同的消费者对于不同产品的价格变化，会表现出不同的敏感性。这就是需求弹性，需求弹性可通过测定需求的价格弹性系数、需求的收入弹性系数和需求的交叉弹性系数来反映。

1. 需求价格弹性

需求价格弹性表明需求量对于价格变动的反应灵敏程度。产品的需求量变动与价格变动之间有着密切的关系。但是对于不同类型的产品，价格变动对需求量变动的影响程度有着极大的差异，即这些产品需求的价格弹性不同。需求的价格弹性大小，可以根据需求价格弹性系数来测定。需求价格弹性系数反映单位价格变动导致的需求量变化的量。如果用 E 来表示需求价格弹性系数，其计算公式为：

$$E = \frac{\Delta Q/Q}{\Delta P/P} = \frac{\Delta Q}{\Delta P} \cdot \frac{P}{Q}$$

式中：ΔQ——需求量的变动量；

Q——需求量；

ΔP——价格的变动量；

P——价格。

一般而言，当 $|E|>1$ 时，表明需求价格弹性大。如名牌轿车、服饰、家电等。而 $|E|<1$ 时，表明价格弹性小。如面粉、食盐等。影响需求价格弹性大小的因素很多，主要有：①产品被视为必需品的程度；②产品本身的独特性；③获得替代品的可能性；④价格在顾客收入中所占的比例。

需求价格弹性不同的产品的定价策略有所差异。对于需求价格弹性大的产品，可通过降低价格来扩大销售量，提高销售收入；对于需求价格弹性小的产品，降低价格使销售量增加的幅度较小，提高价格使销售量的减少的幅度也较小，通过提价可以增加销售收入。

2. 收入弹性

需求弹性也要受到收入的影响，可通过测定需求收入弹性系数来反映。需求收入弹性系数的计算公式为：

$$E = \frac{\Delta Q/Q}{\Delta I/I} = \frac{\Delta Q}{\Delta I} \cdot \frac{I}{Q}$$

式中：ΔQ——需求量的变动量；

Q——需求量；

ΔI——收入的变动量；

I——收入。

消费者的收入高低对需求会有影响，体现在：一是收入变化时，不同商品需求量随之变化。在收入增加或降低时，生活必需品的需求变化不大；高档商品的需求变化却很大，收入增加，高档商品的购买量会大幅增加，收入降低，高档商品的购买量会大幅下降。二是收入变化会影响需求价格弹性大小。即收入增加时，价格在顾客收入中所占的比例下降，则富有弹性的商品会逐渐变得缺乏弹性，即收入增加到一定程度，价格的变化已经不会导致商品需求量的大幅变化。三是不同收入的消费者对价格的敏感程度不同。高收入对价格不敏感，而低收入者对价格却非常敏感。

因此企业在定价时要结合宏观数据，分析居民人均总收入以及居民人均可支配收入等数据的变化趋势，以此指导企业产品的定价。

3. 交叉弹性

交叉弹性是指替代品或互补品价格的变化对其他相关产品需求量的影响程度，或者相关产品需求量对替代品或互补品价格变化的反应程度。通过分析需求交叉弹性，企业可以知道自己产品的需求量会因其他产品价格的变动而变动。

对于互补品而言，某种产品价格的变化与其互补品的需求量之间呈现负相关关系。如剃须刀与剃须刀片、电脑与操作系统、眼镜架和眼镜片、芯片与汽车等，剃须刀的价格上升，会导致剃须刀片的需求量下降；汽车价格大幅上升，必然也会导致对汽车芯片的需求量下降；反之，亦然。

对于替代品而言，某种产品价格的变化与其替代品的需求量之间呈现正相关关系。如框式眼镜与隐形眼镜、面粉与大米、矿泉水和饮料等。面粉价格下降，会导致大米的需求量下降；饮料价格下降，会导致矿泉水需求量下降。反之，亦然。

交叉弹性会对产品定价产生影响。从利润最大化的角度看，互补品和替代品的定价策略有所不同：

（1）互补品一般反向定价较好，但也要结合实际情况。一般而言，互补品中耐用消费品应定低价，如打印机等产品，消费者需求频次低，低价销售可以促进产品的销售，而易耗品应定高价，如打印机墨盒等产品，可以定高价，有利于企业获得更高利润。

（2）替代品一般应该保持同行业基本价格。因为高于同行价格会导致其失去市场，降价则会引发恶性竞争，都不利于实现企业利润最大化的目标。但是特殊情况下，例如某一产品没有替代品，此时交叉弹性较小，企业可以定高价，有望获得更多利润。

四、市场竞争状况

在最低价格和最高价格的幅度内，企业能把产品价格定得多高，则主要取决于竞争对手的同类产品的价格。分析市场竞争这一因素，要结合不同的市场竞争结构。在现代市场经济中，有4种常见的市场竞争结构，即完全竞争市场、完全垄断市场、垄断性竞争市场和寡头垄断市场，不同市场竞争结构下的产品定价策略有着显著区别。

（一）完全竞争市场

又称纯粹竞争市场或自由竞争市场，是指一个行业中有非常多的生产销售企业，它们都以同样的方式向市场提供同类的、标准化的产品的市场。

完全竞争市场具有如下特征：市场上有众多企业从事商品买卖活动，各个企业买卖的数量相差不大，且各自均只占市场容量的一定比例；他们买卖的商品是同质的，产品之间基本无差别；企业可以随时进入和退出市场，不存在障碍；买卖双方的信息灵通，决策是理性的；生产要素可在市场上自由流动；买卖双方都是“价格的接受者”，价格完全由市场供求关系决定。

在完全竞争市场条件下，企业无法自由制定价格，如此来说，企业开展的系列促销活动均会增加产品的成本，降低企业的利润，也不会促进产品的销售，因而任何促销活动对企业而言都是多余的，企业也不会有兴趣开展促销活动。另外，在完全竞争市场中，企业想要提高利润，只能依靠提高生产效率、降低成本的方式来实现。

不可忽略的是在实际生活中，不同企业的产品无法做到完全同质，企业也会采取各种各样的促销方式来影响和吸引顾客，顾客的决策也绝非是完全理性，以及其他难以预测的因素都可能影响产品的价格，使得完全竞争市场不可能存在。

（二）垄断竞争（或不完全竞争）市场

即含有独占倾向又有竞争的市场。在垄断性竞争市场条件下，各个企业依靠自己的特色，各占据一方市场，形成相对的局部垄断，这使企业拥有一定的价格控制能力。垄断竞争市场上有众多企业从事同类产品的生产经营，但是不同企业的产品是非同质的，产品之间具有差别性，如档次、质量、功能、个性等。在这种情况下，企业已不是一个消极的价格接受者，而是一个对价格有影响的决定者。

目前，垄断竞争市场是比较符合现实条件的市场竞争结构，许多产品都可列入这种市场，如汽车、电脑、服装、化妆品等产品。

（三）寡头垄断市场

指一个行业中少数几家企业生产和销售的产品占据绝大部分市场份额的市场。是一种介于垄断竞争和完全垄断之间的一种市场竞争结构。

寡头垄断市场具有如下特征：市场上有少数几家大企业从事商品买卖活动；市场上各企业买卖的商品可以是同质或非同质的；其他企业进入或退出相当困难，甚至极其困难；各个企业的定价相互依存，相互影响，不是完全的“价格制定者”或“价格接受者”；存在较明显的规模经济性。

在寡头垄断市场条件下，其他企业很难进入，价格实际上也是由少数几家企业共同控制，具有较大的价格决策权，与此同时，其中任意一个企业产品产量和价格变动都会对其他竞争对手以至于整个行业的产品产量和价格变动产生影响。寡头垄断市场各企业间的价格联盟一旦形成，相当长一段时间内不会变动。

根据市场上企业生产的产品是否同质，寡头垄断市场又分为完全寡头垄断市场和不完全寡头垄断市场。

完全寡头垄断市场，又叫无差别寡头，具体表现为：少数几家企业生产与销售的产品基本相同，如钢铁、轮胎、水泥等产品的生产企业，价格基本上由他们通过达成协议或默契来规定的，即操纵价格或联盟价格。

不完全寡头垄断市场，又叫差别寡头，少数几家企业生产与销售的产品有差异，如电脑、汽车、香烟、重型机械等产品的生产企业，基于产品的差别性，各家企业产品的价格可以自由决定。

（四）完全垄断（或纯粹垄断）市场

指某种产品或服务完全被一个企业所独占。

完全垄断市场具有如下特征：市场上只有唯一个企业从事商品买卖活动；企业产品无任何替代品；其他企业进入或退出该行业都极为困难或不可能。因此，在完全垄断的市场中，垄断企业完全操纵市场，有自由定价的能力，是完全的“价格制定者”。

但实际上，这极易受到消费者的抵制和政府的干预，使垄断企业的价格决策不可能完全随心所欲。完全垄断的市场在现实生活中也很少见，只局限于对某种产品拥有专利（美国高通对芯片的专利权）或拥有独家原料开采权（包钢集团公司拥有全球最大的稀土矿——白云鄂博矿的独家开采权）的企业以及某些国家特许的行业（中国国家电网）。也有一些在某些特殊地区，由于运输成本或其他因素的影响，使得当地销售者可以在一定时期内和在一定价格范围内实行垄断。

五、互联网对定价的影响

（一）信息透明化影响差异化定价

互联网时代，一方面可以使用信息技术手段对不同国家或区域的客户实现差异化定价；另一方面，商品的价格随时可以在网上查到，变得更透明、比价机制更加完善，差异化定价难度反而进一步增加。

（二）消费者需求个性化使得定价多样化

互联网时代，个性化、定制化将成为主流，消费者可以直接联系或沟通到生产厂家，一对一定价成为可能，定价也更加多样化。如现在电商平台会有私人订制的礼物等，根据需求的差异化定价也有区别。

（三）渠道多样化使得价格竞争压力增大

互联网时代，各种线上、线下渠道的发展，让整个市场竞争更加激烈。在电子商务平台搜索框中检索，每一个品类下都有一堆商品，价格都非常透明，“没有最便宜，只有更便宜”。网上经营的企业都会采用诸如动态价格或价格折扣等各种价格竞争方式。

（四）信息便利性有助于价格精准定位

消费者对每种产品都有一个价格不敏感区间，即不是价格变动就一定会影响销量，处于价格不敏感区间里变动即对销售量影响很小甚至无影响。互联网时代，寻找客户对某种产品的价格不敏感区间则具有明显的成本和效率优势，而在现实环境下，通过实际调研去计算价格不敏感区间则要耗费高昂的资金。

小链接：　　Priceline 的“客户自己定价”

“Name Your Own Price，NYOP（客户自己定价）”是美国 Priceline 公司独创的一种商业经营模式，并获得专利。这种定价模式由买家掌握定价主动权，在需求相对稳定或对价格比较敏感的市场中非常实用，如机票预订、酒店预订等。

Priceline 公司开拓了一种创新的零售渠道和零售价格系统：通过 Priceline 网站客户可以按自己认为合适的价格去寻找旅馆、机票或租车服务。他们只要向 Priceline 网站提供所期望的产品或价格等相关需求信息，后续 Priceline 公司则会向卖主（航空公司、酒店、金融服务公司）询问是否有商家愿意接受客户提出的报价。中间环节减少，也进一步降低了客户的交易成本和商品搜寻时间，客户只需付出 30% ~50% 的常规价格就可享受同等质量的住宿或其他服务。这也成为 Priceline 公司吸引客户的关键原因。

与此同时，生产者（航空公司、酒店等）也可通过 Priceline 网站获得市场需求信息，进而根据客户需求针对性提供客户所需产品。一方面生产者赚取利润，另一方面也提高了缺乏消费时间弹性产品（如过期的机票、闲置的旅馆房间都是具有时效性的产品）的交易概率和效率，降低了生产者的经营成本。这为客户提供打折商品创造空间同时也增加了生产者的收入。

作为电子中间商，Priceline 公司制定了严格的交易规则。以旅馆预订为例，客户须将银行卡与平台绑定后才能交易，交易成功后平台自动划账，如果交易失败则不收任何费用。在竞拍旅馆时，客户不能指定旅馆，能指定竞拍的只有区域、旅馆星级、日期和价格。当客户报价后，Priceline 公司会根据客户的条件，与相应区域的各个挂钩旅馆联系，沟通是否愿意以客户所报条件出租房间。假如交易成交，Priceline 公司会收取 5.95 美元的交易手续费。

（网络资料："自我定价"：Priceline 独特的商业模式，延之有旅微信公众号，2018－6－12）

六、其他外部环境因素

企业定价时还必须考虑其他一些环境因素，如国家的政策法律法规、国内外的经济形势、汇率因素、货币流通状况、通货膨胀程度以及顾客的社会心理状态等。

综合而言，企业的价格决策会受到各种各样内外部因素的影响，因为因素的多样性导致企业定价的复杂性。企业定价不仅仅是简单确定一个数字，更重要的是基于多个因素构建一个价格体系，能反映企业的产品类型以及随着竞争环境变化的价格调整等。

第二节　定价方法

企业要按照确定的程序为产品或服务定价：首先选择定价目标，其次分析市场需求、估算产品的成本、分析竞争环境，最后选择合适的定价方法，确定最终的价格。

任何企业都不能只凭直觉随意进行定价，必须借助科学的定价方法。在企业实际定价中，常用的定价方法大致分为三类：成本导向定价法、需求导向定价法和竞争导向定价法。

一、成本导向定价法

成本导向定价法是一种以产品的完全成本为基础、按卖方意图确定价格的方法。其主要理论依据是：在定价时，首先要考虑收回企业在生产经营过程中投入的全部成本，明确企业定价的下限，然后再考虑取得一定的利润。

在采用成本导向定价法时，关键是准确测算产品成本。在测算产品成本时，要考虑产品成本随生产规模变化以受经验曲线影响而发生的变化。另外，随着市场竞争的加剧，企业的各种促销费用也在不断增加，并会根据产品的市场销售情况随时发生变化。所以，在采用成本导向定价法对产品定价时，必须要对市场进行详细研究，使产品成本测算尽可能准确。成本导向定价法主要有以下 5 种具体的定价方法。

（一）成本加成定价法

成本加成定价法是在产品完全成本的基础上，加上一定比例的预期利润确定产品价格的方法。对生产企业来讲，完全成本就是生产成本加销售费用之和；对流通企业来讲，完全成本就是进价加销售费用之和。成本加成定价法是成本导向定价法中最简单的一种。

其计算公式为：

$$P = C \times (1 + R)$$

式中：P——产品价格（单价）

C——单位产品成本

R——加成率，为预期利润占成本的百分比

［例 8－1］ 某生产企业生产的某种冰箱的成本为 2 400 元/台，加成率为 20%，则每台冰箱的销售价格为：

$P = 2\ 400 \times (1 + 20\%) = 2\ 880$（元）

采用成本加成定价法的关键是确定加成率。作为一种传统的定价方法，它没有考虑市场需求和竞争对手的情况，而是完全的卖方导向定价，缺乏灵活性，而且因为加成率较难确定，经常被认为是落后、不科学的。但是，由于其操作简便易行、方便、公平，可控性强，可有效减少企业间的价格竞争，所以有不少企业都采用这一方法定价。

（二）边际成本定价法

边际成本定价法又称边际贡献定价法。这种方法在定价时不是考虑价格对全部成本的补偿，而只是考虑价格对单位变动成本的补偿，并力争取得更多的边际贡献来补偿固定成本。

所谓边际贡献，就是从边际收入（单位产品价格）中扣除单位变动成本后的收益。用公式表示为：

$$边际贡献 = 边际收入 - 边际成本 = P - VC$$

边际贡献的大小，从根本上说，取决于产品价格和单位变动成本。产品价格大于单位变动成本，边际贡献就大于零；反之，就小于零。边际贡献对企业决策分析有特别重要的意义。

边际成本定价法是建立在这样一种基本思想之上的，即在产品成本中，固定成本不管企业是否生产产品都要发生，而变动成本则只有生产产品才发生，它与产品有直接的关系。企业销售产品所获得的收入应首先补偿产品的变动成本，只要销售收入能完全补偿产品的变动成本并有剩余，即销售收入大于变动成本，就说明产品对企业有收益贡献，销售这种产品就是有意义的，企业无须停工停产。其次才是补偿产品的固定成本，边际贡献大于固定成本时，销售这种产品将为企业创造利润，当边际贡献小于固定成本时，销售这种产品所带来的边际贡献可以补偿一部分固定成本，为企业减少亏损。

但是，如果销售收入低于变动成本，则边际贡献小于零，这表明销售该产品不仅不能增加企业的收益，而且还会使企业付出额外的成本，企业的收益为负。这种情况下，产品销售的越多，企业则需用更多的现有收益去补偿额外成本。此时停产是最佳选择，不会引致额外的成本，也就不会降低企业的现有收益。

一般是当市场竞争非常激烈，企业的市场份额大面积被竞争对手侵蚀时，或企业产品市场供过于求、企业生产任务不足、生产能力大量闲置时，为了保住市场、维持生产，而在短时期内采用的一种灵活的定价方法。如酒店定价时，因在淡季销量不佳，房间空置率高，这种情况下也可以采用边际成本定价。

［例 8－2］ 某企业生产某商品，投入固定成本 50 万元，单位变动成本为 25 元，成本加成率为 20%，年产量 2 万件，已完成。现有一企业又订货 1 万件，报价为 40 元，请问企业是否接受订货？

如果按照产品加成定价法：$P = (25 + 50/2) \times (1 + 20\%) = 60$（元），报价低于 60 元，

则不接受新的订单。

但现在是企业任务已完成，固定成本已经得到补偿，新订单的报价只要大于单位变动成本即可接受新订单。因为新订单的边际贡献为 40 - 25 = 15 元，即企业每额外生产 1 件产品，即可额外获得 15 元的收益。因此，按照边际成本定价法，可以接受新订单。

（三）收支平衡定价法

收支平衡定价法是运用“收支（盈亏）平衡图”来确定价格的方法，如图 8 - 3 所示。该图反映出不同销售量下的总成本和销售收入变化情况，并通过分析收支平衡销售量、固定成本、单位变动成本、价格之间的内在关系，确定出保证盈亏平衡的价格。确定依据：

总收入 = 总成本

总收入 = 总变动成本 + 总固定成本

价格 × 收支平衡销售量 = 单位变动成本 × 收支平衡销售量 + 总固定成本

即：$P \times Q_0 = V + F = C_V Q_0 + F$

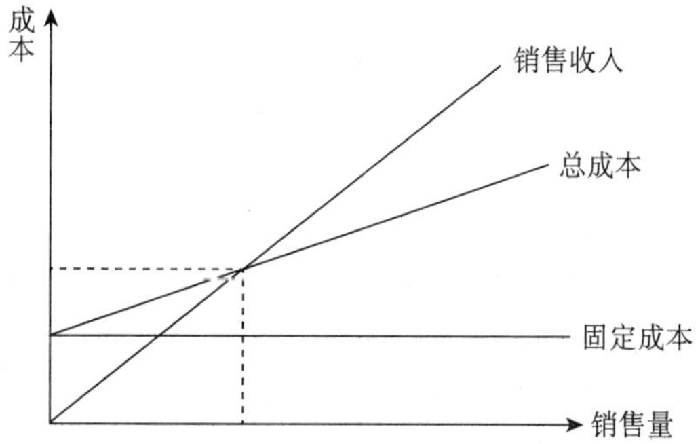

图 8 - 3　收支平衡图

由此推出收支平衡价格（保本价格），其计算公式为：

$$p = C_V + F/Q_0$$

若已知收支平衡价格，也能预测收支平衡销售量（保本销售量），其计算公式为：

$$Q_0 = \frac{F}{P - C_V}$$

式中：P——价格；

V——总变动成本；

C_V——单位变动成本；

F——固定成本；

Q_0——收支平衡销售量。

［**例 8 - 3**］某企业现有库存产品 2 万件，为生产产品投入固定成本为 50 万元，单位变动成本为 15 元，但因为企业产品面临激烈竞争，此时企业为了保本并生存下去，产品的价格应为多少？

根据上面给定的价格计算公式，产品价格应定为 40 元，即：

$P = C_V + F/Q = 15 + 50/2 = 40$（元/件）

即定价每件 40 元，库存产品 2 万件全部卖出时，企业即可收回全部成本。在产品销售量不变的情况下，如果要实现盈利，可通过提高价格来实现；在产品价格不变的情况下，如果要实现盈利，企业可通过提高销售量的方式来实现。

这一方法应用的前提是必须预测收支平衡的销售量，这一数值是不确定的。所以这种方法通常是在企业产品销售遇到危机时，企业为了快速解决现有存货以避免更大损失时而使用的一种保本定价方法。

（四）目标利润定价法

目标利润定价法是根据企业所要实现的利润来确定产品价格的方法。它是在收支平衡定价法的基础上，将目标利润作为固定成本的一部分定价。其公式为：

$$P = C_V + (F + G) / Q$$

式中：P——产品价格（或保利价格）；

C_V——单位变动成本；

F——固定成本；

G——目标利润；

Q——预期销售量（或保利销量）。

[例 8-4] 某企业生产某产品，固定成本为 100 万元，单位产品变动成本为 20 元，企业的目标利润定为 50 万元，如果企业的产品预期销售量为 5 万件，则产品的价格应为多少？

$P = C_V + (F + G)/Q = 20 + (100 + 50)/5 = 50$（元/件）

即定价每件 50 元时，销售 5 万件产品，即可实现利润 50 万元。这时总收入为 250 万元，总成本为 200 万元，收支相抵后，剩余 50 万元。

采用目标利润定价法进行定价的关键是能否实现预期销售量，而预期销售量的实现，要受到产品的需求价格弹性和竞争者产品价格的制约。因此，在采用这一方法时，首先应明确所要实现的目标利润是多少；再根据产品的需求价格弹性以及竞争者产品价格来考量相关因素对产品销售量的影响；最后将价格定在切实能够使企业目标利润得以实现的水平上。

（五）投资收益定价法

这种定价方法的出发点是通过定价来达到一定的投资收益率，以期在一定时期内收回全部投资的方法。

其基本步骤如下：

（1）根据投资回收期确定投资收益率。

$$投资收益率 = 1/初期投资回收期 \times 100\%$$

（2）确定目标利润额。

$$目标利润额 = 初期投资总额 \times 投资收益率$$

（3）确定投资回收期内的年平均总成本。

$$年平均总成本 = 年平均固定成本 + 年平均变动成本$$

（4）确定预期年销售量。

（5）确定产品价格。

$$产品价格 = (年平均总成本 + 目标利润额) / 预期销售量$$

[例 8-5] 某企业投资 100 万元开发生产一种新产品，预期年销售量为 5 万件，年平均总成本为 25 万元，期望在 4 年内收回投资，则：

投资收益率 $=(1/4)\times100\%=25\%$

目标利润额 $=1\ 000\ 000\times25\%=250\ 000$（元）

产品价格 $=(25+25)/5=10$（元/单位）

即该企业必须将单位产品价格定在10元以上时，才能在4年内收回投资并获得预期的收益。

一个新投产的企业往往会把投资回收作为自己经营中最重要的目标，即使是老企业，有时在科研和新产品的开发上花费了巨额投资，当新产品投入市场后，企业首先考虑的也是投资回收问题。

这一方法也有缺点，即年销售量是预估的，颠倒了价格与销售量的因果关系，忽视了市场需求以及竞争环境的影响。但是对于需求比较稳定、需求价格弹性较小的产品来说，这一方法是适合的。所以，这种定价方法常为一些大型企业和一些关系国计民生的公用事业单位所采用。

小链接：　可口可乐缘何涨价？

2021年4月，"可口可乐将涨价"登顶热搜。但是在此之前的20年内，因为可口可乐20年只从2.5元涨到了3元钱。

但原本3块一瓶的快乐水如今居然要涨价。而对于涨价，可口可乐首席执行官表示：我们在2021年有很好的对冲措施，但2022年的压力越来越大，因此价格必须有所上涨。

之所以价格必须上涨，原因有二：

一是铝制易拉罐价格上涨。

随着原材料铝的价格上涨，2021年春节前后，铝制易拉罐单价普遍上涨，平均每个装饮料的铝罐涨了4分钱左右。

二是大宗商品原材料价格上涨。

据CNBC，可口可乐上次宣布涨价还是在2018年，由于特朗普执政期间征收钢铝关税的影响，600mL可口可乐从3元涨到了3.5元。后来迫于压力不得改变包装尺寸来"变相不涨价"。

但2021年以来，大宗商品环境不容乐观，塑料、铝、果汁和咖啡方面存在通胀压力，高果糖玉米糖浆也看到了通胀迹象。而这些都是可口可乐必备原材料。

在可口可乐涨价前后，包括安井食品、李锦记、洽洽食品、海天味业、百事可乐、达利集团、雀巢集团、好丽友等在内的食品生产商也宣布将计划上调产品的价格，以帮助释缓原材料上涨压力。

由此可见，众多企业产品的定价方法之一是成本导向定价。由于原材料、包装、宣传等成本的上涨，企业为了保持利润或者维持生存，必然会调整商品的售价。

（根据微信公众号："3分钟分析可口可乐定价方法"等资料整理）

二、需求导向定价法

需求导向定价法是依据消费者或用户对产品的需求强度和对产品价值的认知程度来给产品定价。它的突出特点是体现了营销观念、灵活有效地运用产品的价格差异。需求导向定价法主要包括：认知价值定价法、需求差异定价法和反向定价法。

（一）认知价值定价法

所谓认知价值，又称感受价值或理解价值，是指消费者或用户在观念上对产品价值的认同程度，而不是产品的实际价值。当产品的价格水平低于或接近于消费者或用户对产品价值的理解和认识水平时，消费者或用户就会接受这个价格。反之，消费者或用户就不会接受这个价格，产品就将卖不出去。

消费者或用户对产品价值的感受不是由产品成本决定的。例如，一盒成本几块钱的减肥药，售价 20 元时无人问津，当价格达到 100 元时顾客却争相购买，因为消费者认为 100 元的减肥药才是货真价实的。又如，同一幅水墨画，在古董店售卖会比在街边售卖高出几倍甚至更多，这就是由于古董店里的环境、氛围、服务等因素提高了产品的附加价值，使消费者感到值得支付那么高的价格。因此，消费者或用户对产品价值的感受不是一成不变的，而是会随着企业的营销策略、产品特性、品牌知名度、服务质量等的变化而随之变化。

认知价值定价法运用的关键是准确地分析和测定顾客对产品的价值认知水平，否则，对价值认知水平过高或过低的估计都会导致产品销售上的损失。当然实际上是很难评判消费者对意见产品的价值感知，因为有很多因素是主观层面上的，但有关专家学者也基于经验总结出一些评判方法，目前经常采用的测评方法主要有以下 3 种：

1. 直接认定价格定价法

邀请有关人员（如顾客、中间商等）直接认定产品价格。

2. 直接认知价值评比法

即对市场上的多种同类产品按顾客的接受程度进行评分，再按分数的相对比例和现行市场平均价格推算顾客对产品的认知价值。

3. 诊断评议法

由有关专家和顾客组成诊断小组，用评分法对产品的信誉、功能、质量、服务水平等多项指标分别进行评分，认定各指标的相对认知价值，再根据不同指标的重要程度，用加权平均的方法计算出各产品的综合认知价值。

［**例 8-6**］假设有 A、B、C、D 四家企业均生产同一种灯泡，开关的产品属性有产品耐用性、产品可靠性、交货可靠性和服务质量 4 种，每一种属性按 100 分，同时根据四种属性的重要程度确定权重（权重之和是 100%）。评分结果、相对认知价值以及各企业产品的综合认知价值见表 8-1。

表 8-1　**诊断评议法**

权重（%）	属性	产品			
		A 企业	B 企业	C 企业	D 企业
20	产品耐用性	30	30	25	15
35	产品可靠性	30	30	20	20
25	交货可靠性	35	25	25	15
20	服务质量	40	20	20	20
100	认知价值	33.25	26.75	22.25	17.75

由表 8-1 可以看出，A、B、C、D 四家企业产品的认知价值分别为 33.25、26.75、

22.25、17.75，平均认知价值为25。假设平均质量的价格为10元，按照各企业产品认知价值的比例，综合确定各企业灯泡的价格分别可定为13.3元、10.7、8.9、7.1元。

小链接：　**递降销售法（阶梯价格）**

递降销售法（阶梯价格）即在商品数量一定或时间一定时，商品价格每隔一段时间降一定幅度，直至商品售完为止。

资料一：1997年夏天，杭州工联商厦对200台1 200毫米吊扇进行“日减1元”销售，价格从142元开始，每天降1元钱，以探测消费者的购物心理，为企业提出产品的促销价格、时机、需求等一系列信息。结果，到第35天，即每台降到107元时，被消费者一抢而光。

资料二：美国法林自动降价商店：自动降价是针对消费者心理采用的一种价格促销技巧。

商品上架时间	价格变动情况
1～12日	原价销售
13～18日	降价25%
19～24日	降价50%
25～30日	降价75%
31日	赠送慈善机构

请问：这两种资料属于什么定价导向？有何利弊？

（二）需求差异定价法

需求差异定价法，是企业根据市场需求在时间、地点、人群、需求强度、消费心理及消费水平等方面的差异，来确定产品价格，以满足不同的需求，促进产品销售。需求差异定价法是收入弹性在定价中的应用。主要有以下四种形式：

1. 因地点而异

即同一种产品在不同地区、不同地点、不同场所销售时，其价格也不同。如体育场、音乐会的门票，位置不同，价格不同；同一啤酒，在高档餐馆和路边小店，价格就相差很大；机场的商店、餐厅向乘客提供的产品价格普遍要高于一般的商店和餐厅。

2. 因时间而异

即产品的价格随时间的不同而变化。如季节性销售的产品，在销售旺季时价格较高，淡季则价格较低；节假日时产品价格与平日不同，甚至在一天的不同时段，有些产品也可以定出不同的价格，如电视广告费、电影的票价等。如八月十五前后月饼的价格以及端午节前后粽子的价格等会有明显差异。

3. 因产品特性而异

即根据产品的新旧、需求强度或重要程度不同（急需商品与一般商品）定不同的价格。如标有奥运会会徽或吉祥物的T恤价格，会比其他同类产品的价格要高。

4. 因顾客而异

即同一种产品以不同的价格销售给不同的顾客群。如工业用电与民用电的电价不同；成人与学生、儿童、老年人观看电影或乘坐公共交通的票价不同；景点的门票，对于军人、老年人、学生、普通成年人的优惠各不同；同一种产品卖给批发商、零售商或消费者的价格不同；有稳定业务关系的老顾客与新建立关系的顾客或临时顾客的价格也会有差异等。

需求差异定价法可以更好地满足不同顾客的需求，促进产品销售，提高利润，对买卖双方都有利。但在实际经济生活中，实行需求差异定价必须具备一定前提条件：①市场必须是可以细分的，并且各个细分市场的需求有明显差异；②顾客不可能把低价买进的产品以高价转手倒卖；③高价的市场上不可能有竞争者以低价竞销；④差异定价不会导致消费者的误解或者反感；⑤需求差异定价法的形式必须合法，并能获得社会公众的认同，不至于引起消费者反感或不满。

小链接：　航空公司定价

北京首都机场飞往广州白云机场，飞行距离 1 967 公里，飞行时间 3 小时 15 分钟。某一时间，北京首都机场对该路线定价如下：

不同舱别的差别票价：航空公司的舱别分为头等舱、公务舱和经济舱。国航航班分为两种票价，头等舱为 5 730 元，经济舱为 1 910 元，头等舱的票价为经济舱票价的 3 倍。

不同预订时间的差别票价：当天预订，票价基本没有折扣。随着提前预订天数的增加，票价折扣的幅度逐渐增大。如提前 5 天预订，票价折扣为 8.3 折；提前 10 天预订，票价折扣为 5.1 折；提前 1 个月预订，票价可低至 4.6 折。

不同时间点的差别票价。以 2017 年 11 月 8 日的票价为例，国航航班的不同起飞时间，票价不同。上午 8：40 的航班票价最高，为 1 890 元；早上 7：40 的航班票价 1 160 元；下午 16：00 的航班票价为 980 元；晚上的航班票价最低，为 780 元。

出行高峰期与淡季的差别票价。中国的出行高峰期一般为节假日，如春节、十一黄金周、五一及清明等小长假、暑假等。出行高峰期的航空票价基本上是全价销售，没有折扣，淡季会出现不同幅度的折扣和优惠。

工作日与周末的差别票价。一般来说，工作日的出行需求比周末的相对较低，因此工作日的票价比周末的要低。

另外，儿童票和婴儿票。儿童票一般针对 2 周岁以上 12 周岁以下的儿童，票价折扣为 5 折。婴儿票针对 2 周岁以下的婴儿，票价折扣为 1 折左右。

（资料来源：王晓芳．航空公司差别票价的经济学分析——以国航为例［J］．中国商论，2017（33）：169－170.）

（三）反向定价法

所谓反向定价法，主要针对于生产型企业，是指生产型企业依据终端零售市场上消费者能够接受的最终销售价格，逆向推算出产品的出厂价。

出厂价＝零售价×（1－批零差率）×（1－进销差率）

三、竞争导向定价法

在激烈竞争的市场上，企业为了应对竞争局面、争取顾客，常常采取竞争导向的定价方法。这种定价方法是通过研究竞争对手的产品价格、生产条件、服务状况等，以竞争对手的价格为基础，确定本企业同类产品的价格。

竞争导向定价法的特点是产品的价格与产品成本、市场需求没有直接关系，而主要与竞争者的产品价格有关，企业产品的价格随竞争者的产品价格变化而改变。竞争导向定价法主要有以下几种形式：

（一）随行就市定价法

又称同行价格定价法，即依据本行业平均价格水平定价。对于市场竞争激烈、需求弹性难以预测或市场供需基本平衡的产品，往往采用这种定价方法。另外，随行就市定价既能充分利用同行业的集体智慧，反映市场的正常供求情况，又能保证适当的收益，有利于同行业企业之间的友好相处。因此，这种定价方法特别适合于实力较弱的中小企业。

随行就市定价法优点在于：简单易行，行业平均价格水平能反映行业公平报酬水平，通常被认为是“合理价格”，故可以避免同行业企业之间爆发价格战，也易被消费者接受，降低经营风险。缺点在于：当市场领先者首先变动价格时，中小企业很难应对突发状况；容易诱发行业垄断行为。

（二）密封投标定价法

即买方通过引导卖方相互竞争以取得商品最低价格的定价方法。一般用于建筑工程、大型设备制造、政府的大宗采购等。买方公开招标，卖方则密封递价，竞争投标。买方按物美价廉的原则择优选取，到期公布中标企业名单，中标企业与买方签约成交。

采用这种方法应注意，投标递价是以竞争者可能的递价为转移。递价低于竞争者可增加中标机会，但最低不能低于平均变动成本，否则难以保证合理的收益；反之，递价高于竞争者则会降低中标机会，也无法获得相应收益。因此如何确定投递的价格是关键。另外，买方为保证产品的质量，还要全面衡量投标企业，不可单纯以价格作为唯一的标准。

（三）拍卖定价法

指卖方预先展示所要出售的产品，在一定的时间和地点、按一定的规则，由买方公开叫价竞买，不再有人竞争的最高价格即为成交价格，卖方按此价格当场拍板成交。在艺术品、古董、房地产等交易中常采用这种定价方法。

第三节　定价策略

价格是影响企业营销活动的重要因素，企业在价格的制定过程中，除了要考虑各种价格影响因素，采用不同的定价方法，确定出适当的产品价格，还需要根据不同的市场情况，采取各种灵活多变的价格策略，对产品价格进行必要的调整，以使企业能通过产品价格策略的具体实施来实现企业的营销目标。企业常用的价格策略有：新产品定价策略、地区定价策略、心理定价策略、折扣定价策略、需求差异定价策略、产品组合定价策略等。

一、新产品定价策略

新产品定价是企业产品定价中的一个十分棘手的问题。新产品上市之初，产品定价没有可以借鉴的依据。价格定得高，顾客不接受，很可能会使一个原本很有前途的产品夭折，给企业造成巨大损失；价格定得低，不仅会影响企业的效益，还可能影响到企业的产品形象，也给企业其他产品的销售带来不利影响。所以，新产品定价时企业一般都很慎重。

不同类型的新产品，由于其生产经营条件不同以及顾客对其需求状况不同，企业定价时可以根据具体情况选择不同的定价策略。

（一）撇（取）脂定价

即新产品上市时，为其制定一个尽可能高的价格，以期在短期内获取高额利润，尽快收回投资。

美国杜邦公司的许多新产品以及苹果公司的手机刚进入市场时都采取这种定价策略。他们首先通过比较新产品和原有的将被替代的产品的特点，估计出足以使某些细分市场接受的新产品最高价格，而后以此价格将产品投放市场。随后视销售情况逐渐降低产品价格，不断吸引下一层的新顾客。

采用撇（取）脂定价策略有利有弊。

好处在于：①高价利厚，能够迅速收回投资，补偿成本。②为以后的降价留下余地，不至于让降价后的价格低于产品的成本。③在消费者心中树立高端品牌形象。

不利之处在于：①高价诱发竞争。众多竞争者看到利益之后会争相进入该行业，引发激烈竞争甚至是恶性竞争，必然也会导致众多企业退出该行业。②高价限制销量。即价格太高，具有相应购买力的人数可能会减少，企业的销售量也会进一步下降。

因此，采用撇（取）脂定价策略的前提条件是：①新产品有足够多的购买者，并且需求价格弹性较小。②产品供不应求。③竞争对手较难仿制。④企业的产品质量和形象与所定的高价相匹配，消费者愿意支付高价购买。

（二）渗透定价

即新产品上市时，为其制定一个较低的价格。目的是使新产品一上市就能吸引大量的顾客购买产品，迅速打开市场，并赢得较大的市场占有率。同时，有效地阻止竞争者进入市场，从而为企业长期占领市场打下坚实基础。

企业采用渗透定价策略，在进入市场的初期可能会有亏损，但随着产品产销量的扩大，产品单位成本下降，不仅可以弥补亏损，还会因为较高的市场占有率而获得丰厚利润、收回投资，且市场基础稳固，一旦开始盈利，利润将会十分稳定。所以，这是一种着眼于企业长期发展的策略。瑞典的宜家就是利用渗透定价方式成功占领中国市场的。

采用渗透定价策略有利有弊。

好处在于：①排斥竞争。如果定价显著低于企业竞争者，其他竞争者会放弃进入该市场。②薄利多销。价格较低，会极大促进产品的销售，销量会显著高于定高价时的销量。不足之处在于：①价低利微，甚至有可能亏损，没有降价的空间。②诱发“价格战”。即企业为争夺市场而争相定低价，诱发“价格战”，不利于行业的健康发展。③树立产品低端的形象。如小米手机成立之初就是以低价打入市场，成为性价比的代名词，在人心中树立小米手机档次不高的形象。

因此，采用渗透定价策略也需具备一定的前提条件：①顾客对价格比较敏感。②产品需求价格弹性较大，价格的变动对销量影响显著。③该产品生产具有规模效益。④产品供过于求。⑤必须持续维持低价。

对于企业来说，采用哪一策略更合适，应根据市场需求状况、竞争形势、生产能力等各种因素综合考虑，来加以判断和选择。表 8－2 列出了定价的各种制约因素及不同影响因素作用下选择定价策略的参考。

表 8－2　定价策略比较

制约因素	撇（取）脂定价策略	渗透定价策略
1. 产品特性	特殊品	便利品
2. 产品信誉	优良	一般
3. 产品质量	优良	一般
4. 产品差异化	大	小
5. 市场寿命周期	导入期	成长期
6. 商品用途	广	窄
7. 售后服务	多	少
8. 生产方式	预定	标准化
9. 生产要素	技术密集	劳动密集
10. 市场规模	小	大
11. 生产周期	长	短
12. 市场占有率	低	高
13. 技术变迁性	创新速度快	相对稳定
14. 需求价格弹性	小	大
15. 投资回收期	短	长
16. 供给量	小	大

二、地区定价策略

一个企业的产品，不仅在当地销售，还会在全国甚至全世界销售，把产品运到需求所在地就需要装运、保险、通关等费用，因成本的变化必然会导致企业在不同地区定价有所差异。所谓地区定价策略，就是企业对不同地区的消费者或用户销售的产品如何区别定价的策略。下面归纳的是 5 种常见的地区定价策略：

（一）FOB（离岸）定价

所谓 FOB（离岸）定价，就是所有购买者统一按照出厂价购买某种产品，企业只负责免费将产品运到原产地某种运输工具（如卡车、火车、船舶、飞机等）上。交货后，从原产地到目的地的一切风险和费用都由购买者承担。如果按原产地某种运输工具上交货定价，那么每一个购买者都各自负担从原产地到目的地的费用。

FOB（离岸）定价简便易行，降低企业的成本，但对企业有不利之处，即距离远的购买者有可能因运输成本太高而不愿意购买企业的产品，而购买距离近的企业的产品。

（二）统一交货定价

统一交货定价正好与 FOB（离岸）定价相反。所谓统一交货定价，是企业对于卖给不同地区购买者的产品，按照相同的出厂价加相同的运费（按平均运费计算）来定价。也就是说，对于全国甚至全球不同地区的购买者，不论远近，都实行一个价。

这种定价虽然能吸引远距离的购买者，但对近距离的购买者很不划算，容易引起不满情绪。

（三）分区定价

这是介于前两者之间的定价策略。所谓分区定价，就是企业把全国分成若干区域，对于卖给不同区域购买者的产品，分别制定不同的价格。距离企业远的地区，价格定得较高；距离企业近的地区，价格定的较低。

企业采用分区定价存在的问题：①在同一区域内，有些购买者距离企业较近，有些购买者距离企业较远，对前者就不划算。②处在两个相邻区域临界处的购买者，虽然相距不远，但是要按高低不同的价格购买同一种产品。

（四）基点定价

所谓基点定价，是指企业选定某个或某些城市为“基点”，然后按一定的出厂价加上从基点城市到购买者所在城市运费来定价，而不管货物实际上是从哪个城市起运。

有些公司为了提高灵活性，选定许多个基点城市，按照距离购买者最近的基点计算运费。如京东在全国建立 8 大仓库，每个仓库所在城市都可以作为一个“基点”。

（五）运费补贴定价

所谓运费补贴定价，是企业负担部分或全部运费。这些企业认为，如果企业的市场规模扩大，其产品平均成本也会降低，利润会足以抵偿这些运费。采取运费补贴定价，可以使企业加快市场渗透的速度，并且能在竞争日益激烈的市场上站稳脚跟。当下随着电子商务平台的发展，各大平台的许多商家均实行包邮制，受广大消费者喜欢，而加收运费的商家则不太受消费者欢迎。

三、心理定价策略

产品定价不但要考虑经济因素，也要分析心理因素。基于消费者的不同心理和对价格的不同感受，可以制定出多种不同的心理定价策略。常见的心理定价策略有：

（一）声望定价

是指利用顾客仰慕名牌或名店的心理来确定产品价格的策略。采用这种策略往往把产品的价格定得较高或定成整数。

声望定价法尤其适用于在消费者心中享有声望，具有信誉和市场影响力的产品。这些产品能够体现购买者的身份、地位等，定价高更能符合消费者的购买心理。如劳斯莱斯作为身份、地位的象征，定价就很高。这一方法在零售以及餐饮、服务、高科技、日化等行业都被广泛运用。如香奈儿、迪奥等日化品牌。

（二）整数定价

是指将产品价格定为整数的方法。因整数能给人一种方便、简洁的印象，使顾客产生“一分价钱一分货”的感觉，即产品质量相对比较好。一般以“0”作为尾数。这一策略与尾数定价策略相反，与声望定价策略有共通之处，适用于那些名牌优质商品或者是消费者不太了解的商品。如2部手机，分别标价1 995元和2 000元，消费者可能认为2 000元的手机质量会优于标价1 995元的手机。

（三）尾数定价

利用顾客对数字认识上的某种心理，在价格的尾数上做文章，即保留价格尾数的定价策略。这一策略会给人以心理暗示，即所售商品很便宜，而且因为有零有整也会给人以定价精准的信任感。例如，当下很多企业都将产品价格定为1.99元或19.89元等。我国的很多企业将产品价格的尾数定为8，就是由于8与“发”发音相近，满足顾客追求吉利的心理需求。一般适用于非名牌或中低档商品。采用为尾数定价的商品，一般是需求价格弹性大、价格定位不高、消费者容易把握或了解的日用消费品。

心理学家的研究表明，价格尾数的微小差别能够明显影响消费者的购买行为。一般认为，5元以下的产品，尾数为9最受欢迎；5元以上的产品，尾数为95效果最佳；百元以上的产品，尾数为98、99最为畅销。

（四）招徕定价策略

即企业利用顾客求廉的心理，特意将某几种产品的价格定得较低甚至低于成本，以此吸引顾客并带动其他产品销售的策略。这一定价策略又被称为特价品定价策略或“牺牲品”定价策略。如一些大型超市将特定的商品以低价出售，或者一些网络店铺会在搜索页显示较低价格，作为宣传来吸引消费者。采用这一策略时应注意：①特价品一般是顾客喜爱的畅销产品或日用品。②特价要真实，不能有欺诈。③商品种类要丰富，满足顾客多样化需求。

（五）习惯定价

即按照消费者的习惯心理确定价格的策略。这一策略适用于日用品，因为消费者已经形成习惯性的价格标准。价格高于心理预期，消费者不接受；价格低于心理预期，消费者会认为商品质量有问题。因此这类商品须按消费者购买习惯定价，而且要力求价格稳定，不得不涨价时要变相涨价，如改变包装等措施。

（六）模糊定价

是通过提升比价的时间成本，对既有商品通过改变包装或产品组合方式等的方式来模糊商品的价格的策略。这一策略充分利用消费者不愿意花费过多时间和精力去比较和计算本身定价不贵的商品的价格的心理。如文具通常是按件售卖，但是有些商家打出“文具借地清仓，8.9元一斤”的旗号，或把每斤多少钱换成每袋多少钱或每125g多少钱，比如三只松鼠。

（七）参照定价

即消费者看到某个产品时，会在心中设定一个参照的价格，企业可以利用消费者会选择参考价格的心理来对产品进行定价。参照的价格可能是现场其他类似产品的价格、其他店铺同款产品的价格或者回忆之前同款产品的价格等等。如假如小米公司出售一款价值2 799元的净水器，然后旁边放置一款外观和性能接近的价值3 599元的净水器，最终必然是价值2 799元的净水器销量较高。

小链接： **打五折和加量 50% 选择哪一个？**

行为心理学中有一个实验，让人们选择是直接五折购买某件商品，还是加量 50% 后原价购买（即加量不加价），结果大多数人都选择了加量 50% 后原价购买。到底哪个更划算呢？

但实际上“加 50% 量”仅等同于“降价 33%”，即相当于打 6.7 折。例如原价 10 元买 80g 的干果，五折购买，相当于 10 元买了 160g，加量 50% 相当于 10 元买了 140g。通过直观的数字对比发现，明显是 5 折购买更划算。

这一选择充分反映消费者从来不是因为“便宜”而购买，而是因为觉得“占便宜”才会买的心理。

再者，买一送一和直接五折效果一样吗？当然也不一样，直接五折是原价 10 元，消费者只需支付 5 元即可。而买一送一时消费者仍需要支付 10 元钱，只不过买到的数量多 1 倍。买一送一会使购买用户知觉为“额外获得”，而打五折会使购买用户知觉为“损失减少”，有时候，用户希望额外获得，有时候用户更希望减少损失，对于有不同心理诉求的消费者而言所选的优惠方式肯定也不相同。但大多数时候，相比得到，人更害怕失去。

类似的，心理学家也发现，在促销活动中，折扣体现得越直观，消费者越会觉得实惠。如明确标出“省 50 块钱”，比“原价 200 现价 150”，更让消费者感觉实惠。

（资料来源：根据网络资料整理而来）

四、折扣定价策略

物美价廉的商品往往受到消费者的欢迎。折扣定价策略就是低价让利于消费者的一种定价策略。常见的折扣定价策略包括：

（一）现金折扣

对约定日期付款或提前付款的顾客给予一定的折扣。例如，顾客在 30 天内必须付清货款，如果 10 天内付清货款，则给予 2% 的折扣。这有利于加速资金周转，减少坏账损失。

（二）数量折扣

指按购买数量多少，给予不同的折扣，购买数量越多，折扣越大，鼓励顾客购买更多的物品。因为大量购买能使企业降低生产、销售、储运、记账等环节的成本费用。例如，顾客购买某种物品 100 单位以下，每单位 10 元；购买 100 单位以上，每单位 9 元，这就是数量折扣。数量折扣有累计数量折扣和非累计数量折扣两种。

（三）功能折扣

又叫贸易折扣或商业折扣。功能折扣是指制造商给予某些批发商或零售商的一种额外折扣，促使它们执行某种市场营销功能（推销、储存、服务）。这一策略主要针对的是渠道成员。

（四）季节折扣

生产季节性商品的企业对淡季购买商品的买主，给予折扣优待；零售企业对于购买过季商品或服务的顾客给予一定的折扣，这些均属于季节折扣。这有利于企业的生产和销售在一年四季保持相对稳定。例如滑雪橇制造商在春夏给零售商以季节折扣，以鼓励零售商提前订货；旅馆、航空公司等在营业额下降时给顾客以季节折扣；羽绒服的制造商或零售商在夏季也会开展季节折扣。

（五）价格补贴

这是另一种类型的减价。例如，一台冰箱标价为3 000元，顾客以旧冰箱折价200元购买，只需付给2 800元，这属于以旧换新。在汽车行业最为常见，也适用于耐用品，如电视机等。如果经销商同意参加制造商的促销活动，则制造商卖给经销商的物品可以打折，这属于促销补贴。

五、产品组合定价策略

对于绝大多数企业来说，生产经营的产品都不止一种，每一种产品都是企业整个产品组合中的一个组成部分。这时，企业就产品组合的具体情况，为每种产品或每种大类产品组合定出合适的价格，从而使整个产品组合所取得的总利润最大。

一般而言，企业产品组合中的各种产品，由于它们的功能相近、市场定位相似或者技术密切相关，使得这些产品在成本和需求方面相互影响，甚至相互竞争，某一产品价格定得合适与否，会对其他产品的销售产生巨大影响。所以，对于生产多种产品的企业来说，必须从整个产品组合收益最大化的角度出发，来确定每一种产品的价格。

（一）产品线定价

在产品线上，各个产品项目在产品品种、档次、规格、花色、式样、等级等方面存在差异，又有着非常密切的关系和相似性。一方面，如果产品项目之间的价格差别不大，顾客就会倾向于购买功能和性能较先进的、价格高的产品。另一方面，如果产品项目之间的价格差别较大，顾客就会倾向于购买价格较低的产品。整个产品线上产品组合的获利水平，主要取决于产品项目间成本差异与价格差异大小的比较。

当企业对整个产品线进行定价时：首先，必须对产品线内推出的各个产品项目之间的特色差异进行评估，同时考虑竞争对手同类产品价格等方面的差异；其次，以某一产品项目为基点定出基准价；最后，围绕这一基准价定出整个产品线的价格，使产品项目之间存在的价格差异。产品特性需要能够通过价格差别明显地体现出来。

具体来说，产品线的产品项目定价差异可以体现为品种差异定价（如白砂糖和赤砂糖）、档次差异定价（如高档轿车与中档轿车）、规格差异定价（如水果因大小不同，则价格不同）、花色差异定价（如畅销花色定价高，一般花色定价低）以及式样差异等方面。

（二）互补品定价

互补产品就是与主要产品配套使用的产品，分为必须附带与任选附带两大类。

主导产品可以反复多次使用，而附带产品属于易耗品，顾客购买主导产品后就必须不断购买附带产品，这类附带产品就属于必须附带产品。如照相机与胶卷、计算机硬件与软件以及剃须刀架与刀片等。一般情况下，同时生产主导产品和附带产品的大企业，可以把主导产品的价格定得较低，目的是以主导产品的大量销售带动附带产品的销售。例如，柯达公司的照相机的价格就定得较低，为的是消费者更多的购买其胶卷；邮电通信行业中以便捷的电话机初始安装服务和低廉的安装费，吸引顾客大量安装电话机，然后通过收取使用费赚取利润。基于必须附带产品的定价策略又可以叫附属品定价。

与主导产品的使用关系密切，但顾客在购买主导产品时可买可不买的附带产品属于任选附带产品。这类附带产品的成本与价格远远低于主导产品，如汽车与汽车收录机、电冰箱与电源电压稳定器等。一般情况下，如果任选附带产品的有无会影响到顾客对主导产品的选择，就可把其价格定得很低，甚至赠送；如果顾客对主导产品的偏好十分强烈，这时任选附带产品的价格可以定得高一些，例如特色餐馆里的酒水价格就定得较高。基于任选附带产品的定价策略又可以叫备选品定价。

（三）组合定价

为了促进产品组合中所有产品项目的销售，企业有时将有相关关系的若干产品成套销售。例如，化妆品的配套销售，公园内所有娱乐项目成套销售以及体育比赛的各个项目门票的整套出售等。企业通过将产品配套销售，使顾客感到成套购买比单独购买便宜和方便，会带动整个产品群中某些不太畅销产品的销售。但在采用这一策略时要注意避免硬性搭配。

（四）副产品定价

副产品定价是制造业内常用的定价策略，是在企业主产品的副产品可以销售出去的状况下使用。副产品的售卖可在一定程度上补偿主产品的销售或运输等费用。因此，如果副产品的价值相当高，制造商可以让主产品走一个很有竞争性的低价位，占领更多的市场份额，然后通过副产品的销售赚取利润；如果副产品的价值一般，只能补偿部分主产品的销售或运输等费用，则主产品的定价则不宜过低。

（五）分部定价

在消费项目中包含多个产品或服务项目时，可以采取分部定价策略。如逛公园、动物园等，除了门票外，还有收费项目；电话用户除了付固定月租外，还要支付使用费。

六、互联网时代常用的定价策略

（一）撇（取）脂定价

直接定位中高端群体，利用消费者“只买贵的，贵的就是好”的心理。据统计，电商平台的获客成本不断提升，商家定价太低的话，没有利润，则是卖得越多亏损越大。

（二）模糊定价

如用210g、2 265g、185g的单位来定价，或同一款产品放置于不同的产品组合套装里，增加消费者比价的难度。当下各大电子商务平台推出的“618”“双十一”等狂欢购物节活动，优惠方式花样百出，则充分利用了模糊定价策略，一方面让消费者觉得便宜；另一方面消费者算不明白到底优惠多少。

（三）产品组合定价

在店铺里面把商品分引流款、利润款和高端款，引流款低价销售，吸引流量，利润款用来赚钱，高端款用来提升品牌。

（四）顾客差异定价

对不同的消费者进行不同的定价策略。基于大数据分析不同顾客的购买频率、购买时间等，从而为不同顾客定不同价格。当下的大数据杀熟即是采用的顾客差异定价策略。但是这种行为是不推崇的。

（五）时间差异定价

即产品的价格随时间的不同而变化。例如滴滴打车根据汽车的高峰期和订单数量随时调整价格，自动售卖机根据温度调整饮料价格。

第四节　价格调整

企业产品价格并非一成不变，必须随着市场环境的动态变化进行调整。企业产品价格调整有两种情况：一是根据市场需求变化或企业战略、策略实施的需要进行主动调整；二是当竞争对手的产品价格变动后为应付竞争进行的被动调整。

一、主动调整价格

企业主动调整产品价格，不可避免地对顾客、竞争对手等产生影响。因此，在调价前后，需要对各方面的可能反应进行调查与评估，以减少不利影响、实现调整价格的目标。

（一）企业主动提价

1. 提高价格的原因

企业提高价格原因多种多样，主要有以下几种：

（1）产品质量和服务水平等均有所提高，产品自身价值得到提升，或因为通货膨胀，导致企业成本费用提高，因而不得不提高产品价格补偿成本。西方国家在通货膨胀情况下都采取提价策略。

（2）现有竞争者不多，企业产品供不应求，不能满足市场旺盛的需求。

（3）企业产品产量下降，无法维持规模经济。

（4）企业为了获取更高的利润，实现短期利润最大化目标。

2. 顾客的可能反应

顾客对产品价格调整的敏感程度依据产品类型不同等因素，反应是有差异的。一般情况下，价值较高、购买频率高的产品价格变动对顾客的影响会比较大；反之，价值低、不经常购买的产品价格变动时顾客反应的敏感程度较低。需求弹性大的产品调价时，顾客反应的敏感性一般比较高。当然，顾客反应的具体情况还主要依赖于当时当地的市场实际状况。

3. 提高价格策略

针对顾客的反应，尤其是消极反应，如何做到提价不会产生负作用呢？具体可借鉴以下一些策略：

（1）减少价格折扣。即本来是打折售卖，现在降低或取消折扣。

（2）减少包装容量，价格不变（减量不减价）。

（3）使用便宜的材料或配方做代用品。

（4）减少或改变产品特点（尺寸、规格和型号）。

（5）使用价格较为低廉的包装材料。

（6）创造新的经济的品牌或使用无品牌产品。

上述（3）~（6）均是通过降低成本的方式来变相提价，虽然展示给消费者的价格可能并未发生变化。

（二）企业主动降价

1. 降低价格原因

（1）企业的生产能力过剩需要扩大销售，而且通过其他营销策略扩展销售的余地很小。

（2）在强大的竞争压力之下，企业的市场份额明显下降。企业为维持或拿回市场份额而降价。

（3）企业的成本费用低于竞争对手，降低价格可以扩大销售、提高市场占有率。

（4）出现经济衰退。

2. 顾客的可能反应

产品降低价格，顾客的可能会认为：

（1）产品式样过时或临近保质期，价格自然下降。

（2）产品质量有问题。由于运输、装卸、搬运、加工、销售等不当造成商品损害，不能正常出售。

（3）价格会进一步下跌。消费者会认为企业产品价格会进一步下降，等到最低才购买。

（4）企业财务困难，为了收回货款。

3. 降低价格的策略

针对顾客的反应以及降价的可能影响，企业要慎重，尽量避免因为降价而产生负面影响。

（1）降价要“师出有名”。找出一个合适的降价理由来，不能让顾客认为是商品卖不出去，或质量不好才降价。商家可采纳的降价理由有：季节性降价、重大节日降价酬宾、商家庆典活动降价、特殊原因降价。另外，即使降价，也应尽量使用“折扣优惠价”“商品特卖”“让利酬宾”等给人较好印象的字眼。

（2）率先降价要精心策划，高度保密，才能收到出奇制胜的效果。

（3）降价要取信于民。信誉好的商场降价顾客信得过，信誉不好的商场降价顾客信不过。所以在现实中不同的商家同样降价促销，效果会大不相同。

（4）降价幅度要合理。根据以往的经验，降价幅度在10%以下时，几乎收不到什么促销效果。降价幅度至少要在15%到20%以上，才会产生明显的促销效果。但降价幅度超过50%以上时，必须说明大幅度降价的充分理由，否则顾客会怀疑这是假冒伪劣商品，反而不敢购买。

（5）降价幅度与商品范围要结合。一家商店少数几种商品大幅度降价，比很多种商品小幅度降价促销效果好。知名度高、市场占有率高的商品降价的促销效果好，知名度低、市场占有率低的商品降价促销效果差。

（6）传递降价信息要有科学性和艺术性。把降价标签直接挂在商品上，最能吸引消费者立刻购买。因为顾客不但一眼能看到降价金额、幅度，同时能看到降价商品。两相比较权衡，立刻就能作出买与不买的决定。

如“现在购买只要80元”，就不如“现在购买省10元”更有冲击力，更能令顾客产生共鸣。因为前者是要你“掏钱买”，而后一句则是“帮你省”，在心理感觉上就不一样，当然接受效果也会有差别。

（7）真实标注价格。内容应包括“原价格”“新价格”“降价幅度”“起止日期”等信息，以证明降价的真实性。

综合来说，企业不论是提高价格还是降低价格，均会对顾客产生影响。因此，在企业调价前后，企业必须要对顾客对企业调价的反应进行调查和评估，以降低调价的影响。

二、竞争者对调价的可能反应

预先估计和及时了解竞争对手的反应关系到企业产品调价后市场竞争格局的变动。了解竞争者的反应比了解顾客的反应更复杂。竞争者对其他企业的主动调价可能有整套应对措施，也可能每次采取不同措施。企业必须对竞争对手的市场应对方式进行深入的调研、分析和评估，以掌握不同竞争对手的反应模式。

一般认为对手的反应有以下两种：

（一）消极反应

消极反应是指竞争者以不变应万变的策略应对价格调整，始终保持价格不变。这种情况一般都是企业处于行业领导地位，其他企业产品价格变动对本企业产品销售影响不大，或影响会很快消除，或对手无论如何调价都不会对其构成威胁，则维持原有产品价格不变。即采纳维持价格策略。

（二）积极反应

积极反应是指竞争者认为这是我方向对方发起的价格战，会主动应战。应战的策略有：

1. 相向式反应

即我降他也降，我涨他也涨。这种行为一般影响不会太大，后果不太严重，企业坚持自己的价格策略即可。

2. 逆向式反应

即我降他涨或不变，我涨他降或不变。我降他涨或不变，是因为对方认为自己的产品质量高、服务好、档次高，保持提价或保持原价。如丰田汽车以“一样的性能，不一样的价格”向奔驰发起挑战时，奔驰却提价应战，打出了“奔驰轿车——不一样就是不一样”的广告。而我涨他降，如果双方产品相当、服务无差别、目标市场相同、业态相同，价格战就不可避免了。

小链接：　奔驰灵活应对丰田的降价

许多人都有想购买奔驰车的梦想，但是由于奔驰的定价太高，所以只有极少数人能实现梦想。丰田的工程师发现这一现象后，开发出一款性能良好但价格却比奔驰便宜的汽车，即雷克萨斯汽车。

丰田公司在进行产品宣传时将雷克萨斯和奔驰的图片放在一起，并打上广告语：用 36 000 美元就可以买到价值 73 000 美元的汽车。还在录像中拍摄了这样的镜头：在奔驰和雷克萨斯的发动机盖上分别放上一杯水，当汽车发动时，奔驰车上的水晃动起来，而雷克萨斯车上的水却没有动，用以显示雷克萨斯发动机更具优越性。面对这一突如其来的挑战，奔驰汽车不得不思考应对策略。

最终，奔驰公司出人意料，不是被动降价，而是采纳逆向式应对方式，即把自己的价格在原有基础上又做了进一步提高。奔驰公司对此只有一句解释：奔驰是富裕家庭的车，和雷克萨斯不在同一档次。

奔驰公司打破常规的这一举措，使得自身化被动为主动，一方面明确将自己的消费群体与雷克萨斯区分开来；另一方面也让自己成功摆脱危机。

资料来源：根据网络资料整理而来。

3. 交叉式反应

是指对手对我方的调价行为，可能同向反应，也可能逆向反应，也可能采取非价格方式——广告、提质等非价格策略参与竞争。

一般来说，竞争者都会积极应对其他企业价格的变动。若其他企业降价，在不能有效维持本企业产品正常的市场销售时，为了维持既有的竞争格局，竞争者需要进行价格调整以跟进其他企业的价格变动。若其他企业提价，竞争者同样可以随之提价。这只有在竞争者的产品质量过硬、形象高档时才采用，否则一般不要采用提价策略参与竞争。

如果运用非价格手段能消除竞争对手价格变动的影响，或非价格手段对顾客更具吸引力，则在保持原产品市场价格不变的情况下，调整营销组合中的其他策略更为恰当。即采纳非价格竞争策略。

本章小结

价格是营销组合的重要内容之一。企业定价目标、成本、需求和竞争是影响定价的 4 大因素。成本是定价的最低界限，需求是定价的最高界限，而竞争则使定价在成本与需求之间波动。

定价方法有 3 大类，分别是成本导向定价法、需求导向定价法和竞争导向定价法。成本导向定价法又有完全成本加成定价法、收支平衡定价法、目标利润定价法、投资收益定价法和边际成本定价法。需求导向定价法又有顾客认知价值定价法、反向定价法和需求差异定价法。竞争导向定价法则有随行就市定价法、投标定价法和拍卖定价法。

定价策略主要有新产品定价策略、地区定价策略、心理定价策略、折扣定价策略、差异定价策略、产品组合定价策略。具体来说：新产品定价策略包括撇脂定价和渗透定价策略。地区定价策略有 FOB 定价、统一交货定价、分区定价、基点定价、运费补贴定价策略。心理定价策略有声望定价、尾数定价、整数定价、招徕定价、习惯定价、模糊定价等策略。折扣定价策略有现金折扣、数量折扣、功能折扣、季节折扣和价格补贴策略。差异定价策略有顾客差异、产品差异、地点差异和时间差异定价 4 种策略。产品组合定价策略有产品线定价、互补品定价、组合定价、副产品定价、分部定价等策略。

面对激烈的市场环境，企业价格不是一成不变的，企业随时要调整价格，主动降价或主动提价。面对竞争对手的挑战，也要不断调整价格。

思考题

1. 影响企业定价的主要因素有哪些？
2. 企业定价目标主要有哪些？
3. 什么是产品需求的价格弹性、收入弹性和交叉弹性？互补品和连带品如何定价，才能实现利润最大化？
4. 定价方法主要有哪些？各自的出发点有何区别？

5. 常用的心理定价策略有哪些？

6. 常用的地区定价策略有哪些？

7. 常用的产品组合定价策略有哪些？

8. 新产品的定价策略有哪些？各自的利弊和适用条件是什么？

9. 2017 年 1 月，某企业投入固定成本 50 万元，生产 A 商品，生产能力为年产 5 万件，单位变动成本为 25 元，成本加成率为 20%。2022 年建成投产，但市场已发生变化，替代品出现，且很受欢迎，A 商品的价格被迫降到 30 元。那么，该企业是否要继续生产 A 商品？

10. 对于竞争对手发起的价格战，企业应该如何应对？

营销实训

实训一：教师向学生指定市场上某行业某类产品。学生以小组为单位在市场上收集该类产品中相近产品的不同企业的定价情报。

实训二：假定学生现在正准备自主创业，让学生自选行业和产品，收集实际市场情报，为产品制定相应的价格策略。

案例分析

案例一：休布雷公司巧定酒价

休布雷公司在美国伏特加酒的市场中属于营销出色的企业，他们生产的史密诺夫酒在伏特加酒的市场占有率达 23%。有另一家公司推出了一种新型伏特加酒，其质量不比史密诺夫酒低，而每瓶酒的价格却比史密诺夫酒低 1 美元。

按照惯例，休布雷公司面前有三条对策可用：

第一，降低 1 美元，以保住市场占有率。

第二，维持原价，通过增加广告费用和推销支出与竞争对手竞争。

第三，维持原价，听任市场占有率降低。

由此看来，不论休布雷采取上述哪种策略都很被动，似乎将输定了。

资料来源：程云喜，休布雷公司巧定酒价，销售与市场，1995.13

思考：如果是你是休布雷公司的负责人，面对竞争对手的价格优势，你该如何变不利为有利从而瓦解竞争对手的价格优势？

案例二：电子玩具商店改个数字增加销量

有一家专门经营电子玩具的商店，新引进两种不同型号、质量相差无几、价钱一样的电子游戏机，可摆在柜台上却很少有人光顾。

该店新上任的女经理便在标价上出了个主意，她把型号小的那种游戏机的标价，从 80 元提升到 160 元，而型号较大的游戏机的标价却维持不变，还是 80 元。

有人看到型号又大、价格又便宜的游戏机并不比标价高的那种质量差，以为捡到了便宜，机会难得，便毫不犹豫将其买下。

一些有派头的人，看到型号小，价格反比型号大的游戏机的价格高出 80 元，以为遇到了“真货”，也慷慨解囊，趁游戏机盛行之时买回去。

很快，几千台两种型号的游戏机被抢购一空。

资料来源：100 种实体店引流裂变经典案例，万链猫传媒，2022 - 12 - 20.

思考：电子玩具商店女经理采用的价格策略是什么？为什么能起到如此好的促销效果？

案例三：钱大妈阶梯降价销售

近年来，生鲜类的超市逐渐进入了社区，如生鲜超市“钱大妈”。

“钱大妈”的商业模式主打菜品的新鲜度，号称“不卖隔夜菜”。为了确保菜品新鲜度，“钱大妈”采取统一供货、统一定价模式。相对来说，菜品原价可能比周边菜市场稍贵，也是为了平衡打折后的亏损。另外，“钱大妈”品牌方会规定每天进货的最低限量，对销售价格严格限制，不允许加盟商私自上调售价，一旦加盟商不遵守价格管理，就会被罚款甚至停货。

“钱大妈”门店一般集中在社区、街道，以线下服务为主，主要目标客户群体集中在大爷大妈身上。

钱大妈的菜和肉品等到每天 19 点以后开始打折，从九折到一折，直至免费。同时，不定时在白天推出特价菜品，吸引消费者进店，也会进一步带动其他高价菜品的销售。除此之外，特价菜品过了 19 点以后也还会进一步打折。低廉的售价让“钱大妈”赚足了人气。钱大妈采取低 SKU 和日清模式，坚持定时阶梯式折扣，确实给其带来不错的流量。

但如此一来，加盟商只能被迫承压，生鲜运输、冷藏损耗巨大，平进平出必然导致经营者亏损，19 点以后开始打折，打折金额由加盟商自行承担，对于没有持续现金来源的加盟商来说，也是难以承受之痛。

资料来源：邹帅，钱大妈“收割”大爷大妈 分时段打折是实惠还是套路？新浪财经，2021 - 8 - 25.

思考：1. 钱大妈的客户群体对钱大妈产品的需求价格弹性如何？

2. 钱大妈使用的价格策略有哪些？

3. 你认为钱大妈定价时应重点考虑哪些因素？为什么？

在线测评

第八章　自测题

第九章　营销渠道理论与方法

学习目标

1. 掌握营销渠道的概念、类型及策略；
2. 理解渠道的两大中间环节：批发商和零售商；
3. 掌握营销渠道的设计影响因素；
4. 熟悉渠道管理的内容与方法。

导入案例

华帝全渠道营销布局

华帝股份有限公司主要从事生产和销售燃气用具、厨房用具、家用电器及企业自有资产投资、进出口经营业务。其渠道包括线下、线上与新零售终端等，实现多渠道融合共生发展。如加强渠道差异化，助力线下经销商实现高端定位转型，将专卖店渠道打造成为核心渠道，实现渠道“以线下渠道为核心，以专卖店为基石”的布局。除线下渠道外，华帝积极布局线上渠道，与抖音、快手、小红书等为年轻消费者所喜爱的购物场景和购物渠道的战略联盟合作，在公域流量平台组建销售达人矩阵，开设自营店铺，通内容直播和产品销售之间的转化链条。如通过微信、抖音、京东、天猫、苏宁等多个直播平台，华帝的直播布局深入而全面，已经实现了互联网趋势下的全渠道融合。2020 年，华帝在抖音直播厨电行业的销售额同比大幅度增长 224%，狂揽品牌销售额、店铺销售额、单品销售额等多个单项冠军，实现了抖音直播厨电行业的“大满贯”。新零售方面，华帝借助京东专卖店、苏宁零售云等新零售渠道的终端网点，加速在三四线城市的渗透，推动渠道下沉发展；在新兴渠道方面，多线布局家装产业链，整合前装渠道、异业渠道等一切有流量的平台。此外与金螳螂、尚品宅配等 11 家行业前列的客户建立销售联系。同时，华帝股份大力发展合伙人店铺销售模式，通过合伙人模式搭建营销模式，打造一店一爆款和一店一特色店铺。

资料来源：蒋凌伟，构建全渠道内容生态系统，与消费者同频共振，集成厨房说，2024 - 3 - 18.

点评：

营销渠道策略是市场营销组合策略中的四个基本要素之一，是去特实现产品从生产者转移到消费者手中的重要途径，是连接企业与消费者之间的桥梁，企业营销离不开渠道。华帝的渠道建设勇于创新，不断突破，从以丰富优质的产品布局为出发点，敏锐洞察渠道变革的方向，“线上 + 线下”双管齐下，全渠道布局稳健推进，实现了全渠道营销。

第一节　营销渠道的类型

一、营销渠道的概念和特征

（一）营销渠道的概念

“渠道”一词源于流水的水渠，商品在生产出来之后同样也需要从生产领域转向消费领域，即渠道。渠道有分销渠道与营销渠道之分。

分销渠道，是指商品或服务从生产领域转移到消费领域的全过程中，实现其所有权转移和实体运动的所有企业和个人等构成的体系。

营销渠道中的所有企业和个人是指批发商、代理商、零售商及储运商等，这些企业和个人也可以称之为中间商。

（二）营销渠道的特征

营销渠道是企业产品进入市场的通道，它是企业营销活动中的一个很重要的环节。深入了解其基本特征，有利于企业搞好营销渠道的决策与管理工作，制定出合理的营销策略。营销渠道的特征主要有以下几个方面：

1. 营销渠道是实现产品价值的通道

营销渠道的起点是生产者，终点是消费者或用户，起点与终点通过渠道联结在一起，形成实现商品价值的流通体系。价值实现是营销渠道的基本职责。

2. 营销渠道是一些相关经营组织和个人的组合

商品的运动需要借助于组织或人的推动才能实现，营销渠道就是由批发商、代理商、零售商及储运商等构成的体系，从而完成了商品从生产领域向消费领域转移的任务。由于营销渠道中存在众多经营者和个人，因而形成了纵横交错的渠道体系，承担了产品价值和使用价值转移的活动。

3. 营销渠道以产品所有权转移为前提

营销渠道是商流（所有权转移或价值形态变化）与物流（商品实体运动）等的统一。商流是前提，物流是保证。只有产品所有权转移，才有产品实体的运动，即只有商流才会有物流，没有商流就不会有物流。

二、营销渠道的作用

营销渠道的存在对商品流通有着非常重要的作用，没有渠道，商品价值和使用价值就不可能实现，消费者或用户需要不可能满足。

（一）有利于提高营销活动效率

如果离开中间商构成的营销渠道支持，由生产企业直接将产品销售给顾客，产品生产企业将会陷入繁重复杂的交易工作之中，其复杂程度是难以想象的。

我们假定某一产品市场上有 3 个供应者（即生产者）和 8 个购买者，如果生产者与购买者直接进行交易，直接交易图示见图 9－1（a）图，双方共需要进行 24 次交易；而利用中间商交易产品时，见图9-1（b）图，可以看出，供应者和购买者的数量没变，加入一个中间商即可使得生产者与购买者之间的交易次数大大减少，只需要11次交易。随着生产商和顾客的数量不断增多，交易次数减少效率更为明显。之所以交易次数会减少，原因在于中间商将商品进行汇总和分类，简化了产品的交易过程，从而使生产企业获得了较高的营销效率。

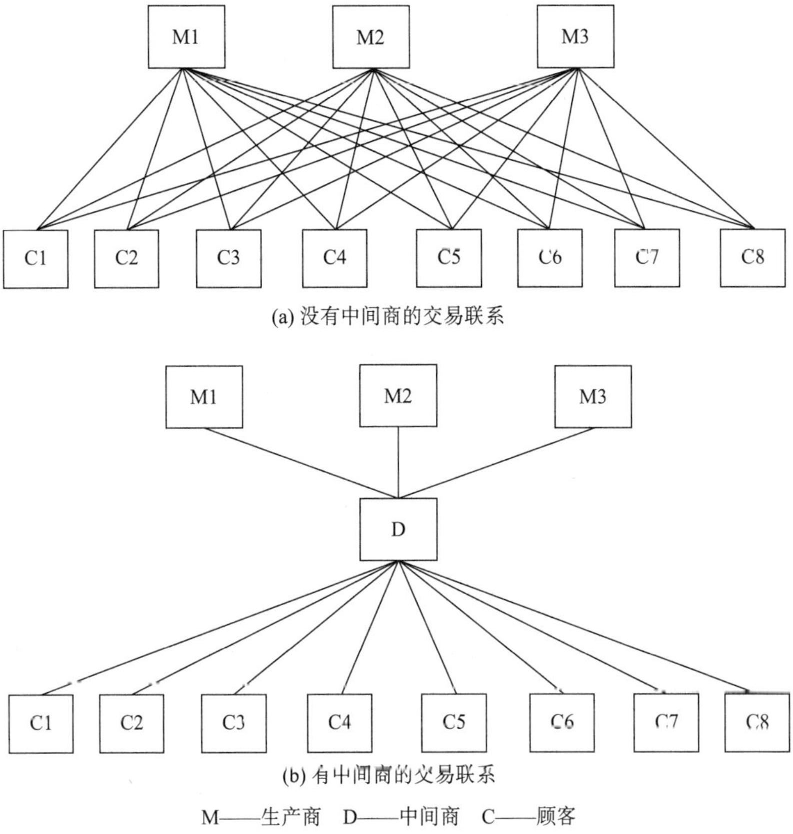

图9-1　直接交易与间接交易效果对比图

（二）有利于开拓市场，扩大市场需求

市场经济的发展，市场不断在扩大，由一地市场发展到全国市场，甚至世界市场。目标市场范围的不断扩大，使得大部分生产企业由于资源和能力所限并不能将产品全部直接销售给最终消费者或用户，必须借助于一系列中间商，即营销渠道来完成。企业只有合理地选择和利用营销渠道，才能低成本、高效率地将商品转移给消费者和用户，通过满足他们的需要来使商品的价值得以实现，也使企业的生产经营活动获得进一步发展的基础和保障。相反，如果厂家忽视营销渠道的这一作用，完全靠自己来营销商品，虽然建立了庞大的销售机构，却会背上沉重的包袱。

（三）有利于开发、生产新产品

对一个生产企业来说，营销渠道不仅是将产品输送给消费者的工具，而且还要承担反馈市场信息的职责，要很好地发挥“市场信息反馈”的功能。营销渠道中的中间商起着纽带的作用，把产销联系在一起，在生产者和消费者之间传递信息，使生产者得以不断改进、开发、生产新产品，从而更大程度地满足消费者的需要。合理有效的营销渠道将使企业及时准确地获得相关的市场信息，从而为下一阶段的生产计划调整提供依据。反之，若营销渠道选择不当，市场信息不能及时反馈或出现变形失真，也会给企业的经营决策造成不良影响。

（四）有利于更好地满足消费者或用户的需要

营销渠道的存在，可以利用其遍布市场的网络，在网点布局上做到集中与分散相结合，固定与流动相结合，专业与综合相结合，高中低档经营相结合，多零售业态相结合，实体经营与虚拟经营相结合，随时随地为消费者或用户提供完善的、系列化服务，使消费者或用户需要得到更大程度的满足。相反，如果没有营销渠道体系，生产者自建网点，是不可能做到这一点的。

小链接：　东方甄选助力农产品营销

中国在农业种植方面历史悠久，农产品类型和规模方面居于世界前列，但随着技术、人力成本、机械化水平等方面的变化，国内农产品始终在消费品发展模式的边缘走动，在标准化、一体化、流程化、品牌化等方面发展受限。

农产品走品牌化道路，是强化发展的有效路径。而品牌化之外，是完善的供应链。目前农产品的销售模式主要有三种：农户直接对接消费者；限定产品国家统一收购；转化为品牌产品一体化销售。其中第三种模式的溢价水平最高，也是东方甄选布局的方向。

东方甄选的橱窗里有420件产品，食品饮料占比44%，生鲜蔬果占比26%，农产品为主要带货类型。其中，贡献率最高的是已经断档很久的五常大米，还包括迟迟未发货的调味品，鸡蛋、玉米、南瓜等农产品在主播没介绍完时便卖光下架。

新东方在线创立东方甄选直播卖货系统，转型为以农产品筛选和销售为核心的电商平台，为农产品开拓了一个新的营销渠道，使得本来滞销的农产品更畅通、更高效地转移到消费者手中。

未来，新东方可能还会借助自身天然的外语优势，布局海外市场，也有助于让更多国内商品销往全球。

（资料来源：根据新消费智库，第1700期文章整理而来）

三、营销渠道的职能

（1）研究。收集和传播营销渠道及渠道成员的信息，为渠道选择与管理做出最优决策。

（2）促销。发展和传播有关商品的富有说服力的吸引顾客的活动。如 MR. DIY 是一个提供全方位服务的家具和家居维修零售商，于 2022 年 4 月推出“神清气爽购物，喜迎泼水节”促销活动，旨在拉动第二季度消费购买力。

（3）接洽与谈判。寻找购买者并尽力达成有关产品的价格和其他条件的最终协议，以实现所有权的转移。

（4）融资。获得和分配资金以负担渠道各个层次存货所需的费用，保证渠道的畅通无阻。

（5）物流与配送。产品实体从生产者经中间商到最终顾客或用户的连续储运、包装、加工、装卸、配送等活动。

（6）风险。在执行渠道任务的过程中承担有关风险（资金风险、库存风险等）。

四、营销渠道的类型与策略

营销渠道作为实现产品价值与使用价值的通道，由于生产者、中间商、消费者或用户众多，因此，渠道就形成了一个复杂庞大的系统。产品从生产者向消费者或用户转移的过程中就存在多个通道及多个通道的选择问题。渠道从纵向和横向讲就形成了不同的渠道网络体系。当然也就存在一个渠道体系的使用问题。

（一）营销渠道的类型

根据产品类型的不同，营销渠道可分为以下两种：

1. 消费品渠道（见图9－2）

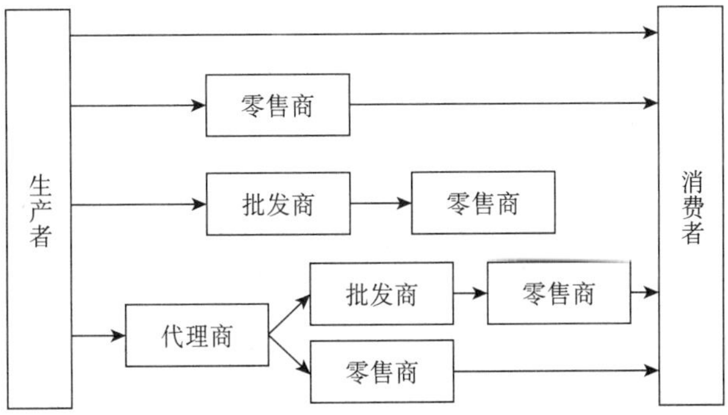

图9－2　消费品渠道

2. 产业用品或生产资料渠道（见图9－3）

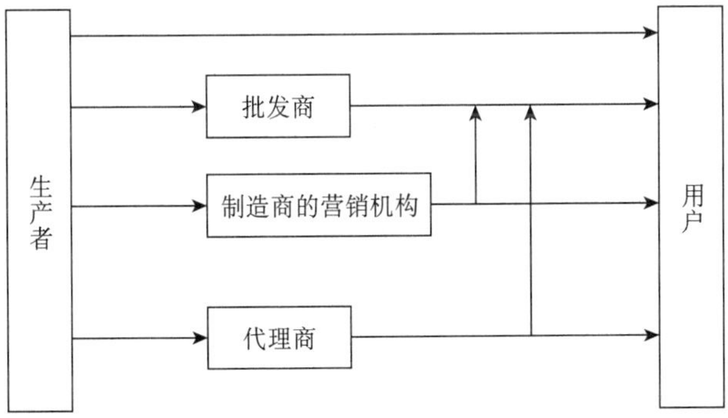

图9－3　产业用品渠道

（二）营销渠道的策略

1. 营销渠道层次策略

营销渠道的层次是指从纵向来讲，中间环节数量不同将形成不同的渠道。一般渠道有：

零阶（层）渠道：即直销渠道，不通过任何中间环节，直接将商品销售给最终消费者或用户的渠道。

一阶（层）渠道：通过一个零售商（一个环节）将商品销售给最终消费者或用户的渠道。

二阶（层）渠道；通过批发商、零售商（两个环节）将商品销售给最终消费者或用户的渠道。

三阶（层）渠道：通过代理商、批发商、零售商（三个环节）将商品销售给最终消费者用户的渠道。

多阶（层）渠道：通过代理商、一级批发商、二级批发商、零售商等多个环节将商品销售给最终消费者用户的渠道。

营销渠道的层次实际就是渠道的长短。经过两个或两个以上环节的渠道叫长渠道；经过一个或没有中间商的渠道叫短渠道，见表 9 – 1。

表 9 – 1　　短渠道与长渠道比较

类型	优点	缺点	管理技巧
短渠道	市场密集；厂家对渠道控制要求较高；适宜专用品、时尚品及顾客密度较大的区域	厂家要承担的渠道功能多；必须具备足够的资源；市场覆盖面窄	执行标准化的深度营销管理；教育、引导渠道成员承担部分营销渠道职能；网络与电子商务及现代物流技术的应用
长渠道	市场覆盖面广；占有的市场资源多；可以借用营销渠道的资源。适合顾客密度小、较分散的区域	对渠道控制程度较低；管理难度大；服务难度大，易造成渠道成员之间的矛盾	适合粗放型生产资料、一般消费品及工业品的经营；加强层次渠道管理；加强渠道传播

营销渠道不是越长越好，也不是越短越好，而是越经济合理越好。营销渠道太长即环节太多，一是费用增加，价格提高，不利于产品销售和竞争；二是周转时间过长，不利于资金周转：三是产品的使用价值易受到破坏。而营销渠道过短，一则不利于产品大批量流向更远的市场；二则流通环节的出现也是分工发展的必然结果，环节太少，剩余环节不能承担商品流通的任务，渠道就会堵塞，影响商品流通的顺利实现。

2. 营销渠道宽度策略

营销渠道的宽度是从横向来讲，是指每个层次同时使用中间商的多少，见表 9 – 2。

宽渠道：同时使用更多中间商的渠道。

窄渠道：同时使用少数几个中间商的渠道。

表 9 – 2　　宽渠道与窄渠道比较

类型	优点	缺点	管理技巧
宽渠道	同一层次的营销渠道成员较多，利于保证商品的价格体系；市场密集度高	竞争激烈，极易爆发渠道冲突	完整的渠道管理、控制和利益分配战略；良好的营销政策执行能力和兑现能力
窄渠道	同一层次的营销渠道成员较少；多为垄断性独家经营	竞争程度不高，不利于企业和营销渠道的进步；市场覆盖面较低	增加卖点，增强营销渠道的核心竞争力，成为窄渠道的领袖

渠道宽度决策又由于同时使用中间商的不同而有 3 种渠道策略可供选择。

（1）密集性营销策略。密集性营销是使用尽可能多的中间商销售自己的商品或劳务。密集性营销又叫广泛营销，是最宽的一条渠道。其优点是市场覆盖面广，缺点是难以调动中间商的积极性，制造商需承担相当大的广告费用。此策略适合消费品中的便利品和产业用品中的供应品。

（2）独家性营销策略。独家性营销是在一定地区和一定时间内，只选择一家中间商经营本公司产品或服务。一般来说，独家性的零售商不再经营竞争品牌。其优点是能调动中间商的积极性，提高经营效率，控制价格。缺点是会失去潜在顾客。此策略适合特殊品、名牌商品和专业技术性强的商品。

（3）选择性营销策略。选择性营销指仅通过少数几个精心挑选的最合适的中间机构来经营某一种特定产品。此策略比独家性营销宽，利于市场开拓，同时比密集营销节省费用，便于管理和控制，加强协作，提高销售水平。此策略适合各种商品，尤其是名牌商品。

小链接：　特斯拉渠道模式

在渠道模式上，特斯拉核心渠道模式是“去中介化+粉丝粘合经济”。特斯拉可以说是汽车直营模式的开创者。

在过去，汽车的营销渠道只有4S店，或者是通过汽车经销商。但是特斯拉抛弃了原有的模式，而是选择建立体验店，并进行互联网直销。

在当下，众多车企纷纷效仿特斯拉在商超开店卖车时，特斯拉却悄然变革渠道模式，开始回归到传统车企的4S店模式，建设“前店后厂”的网点，旨在提高展销和售后服务能力。虽然形态类似于传统汽车4S店，但特斯拉依旧采用直营模式，即没有中间代理商环节，新建的网点均由特斯拉直接管理。此外，这些网点没有建设交付功能，以上海为例，交车、金融、上牌、车主培训仍集中在外高桥的交付中心。

特斯拉另外一个非常重要的模式是就是预订模式，把原有的供应链模式转化为基于客户的需求链打造。

与传统的模式完全相反，特斯拉只会在预订并支付完部分现金后，才会生产车辆，进而向供应商支付款项。而车型不同，也会有不同的预定金。正是这一预订模式，使得特斯拉可以拥有充足的现金流。有人帮助特斯拉算了一笔账：假设在3年的时间里，一共有20 000名车主预订车辆，那么光是收预定金都可以有10亿美元之多。这样一笔庞大的资金量不但可以支撑新车型的研发，也可以保证公司的正常运行。

（资料来源：网络资料整理）

五、营销渠道的发展

20世纪80年代以来，营销渠道系统突破了由生产者、批发商、零售商和消费者组成的传统模式和类型，新型的渠道形式不断出现。新型渠道是一种实施专业化管理和集中计划的组织网络，渠道上的各个成员之间采取了不同程度的一体化经营或联合经营的方式，从而形成了经营规模，加强了交换能力，提高了整体运行效率和经营效益，有效地增强了环境适应力和市场竞争力。

新型的渠道系统主要有垂直渠道系统、水平渠道系统、多渠道系统等。

（一）垂直渠道系统

这是由生产企业、批发商和零售商组成的统一系统。垂直营销渠道的特点是专业化管理、集中计划，销售系统中的各成员为共同的利益目标，都采用不同程度的一体化经营或联合经营。它主要有3种形式：

1. 公司型垂直渠道系统

指一家公司拥有和统一管理若干工厂、批发机构和零售机构，控制营销渠道的若干层次，甚至整个营销渠道，综合经营生产、批发、零售业务。实际上，当一条营销渠道中两个或两个以上环节存在着共同所有权，或者一个层次的职能被另一个层次的成员所取代时，也就形成了公司系统。公司系统有两种形成方式或经营方式：由生产企业主导的工商一体化的经营方式和商业企业主导的商工一体化经营方式。

2. 管理型垂直渠道系统

指制造商和零售商共同协商销售管理业务的渠道系统，其业务涉及销售促进、库存管理、定价、商品陈列、购销活动等。在这一渠道系统下，领导权取决于一个或几个占据主导地位的渠道成员的规模和力量。如宝洁公司与其零售商共同商定商品陈列、货架位置、促销、定价。另外，高乐氏公司销售额的26%由沃尔玛创造，因此高乐氏公司必须同沃尔玛之间建立良好的关系。

管理型系统下制造商与零售商的关系不是通过所有权和合同来建立的，而是在有关成员自愿加入、互利合作的基础上，通过相互尊重、相互支持来协调与维持系统的存在与运行。一般在制造商拥有深受广大消费者或用户欢迎、顾客依赖的产品或品牌，各方面利益都有所保障的情况下管理型系统才易于成功。

3. 合同型垂直渠道系统

也称契约型垂直系统，指不同层次的独立制造商和经销商为了获得单独经营达不到的经济利益、以契约为基础建立的一种关系较为紧密的联营营销系统。特许经营、自愿连锁和零售商合作社是合同型垂直渠道系统的3种形式。

（二）水平渠道系统

指同一层次的若干制造商之间、若干批发商之间或若干零售商之间自愿组成的长期联合关系。它们可实行暂时或永久的合作。这种系统可发挥群体作用，共担风险，获取最佳效益。这些企业或因技术不足，或因资金不足、营销资源不足等，无力独立开发某一市场，建立水平渠道系统，可以共承风险，分享市场利益，共生共存。例如沃尔玛联手百事公司的菲多利共同购买土豆，可以降低采购成本，两家公司都可以获利。同时沃尔玛可以与麦当劳合作，在沃尔玛超市内开设麦当劳餐厅，麦当劳可以从沃尔玛的客户流量中获取收益，而麦当劳可以将沃尔玛作为其土豆等原料的供应商，双方也可以合作共赢。又例如，贵州茅台和蒙牛跨界合作推出茅台酒味冰激凌，采用53度飞天茅台酒与纯牛乳冰激凌混合而成，两者资源互补，旨在分食“冰激凌”规模逾千亿元的市场。

（三）多渠道系统

多渠道系统是指对同一或不同的细分市场采用多条营销系统。这种系统一般分为两种形式：一种是生产企业通过多种渠道销售同一品牌的产品，这种形式易引起不同渠道间激烈的竞争；另一种是生产企业通过多渠道销售不同子品牌的产品。

多渠道系统是企业设计构建的组合多种营销途径和组织的渠道系统。由于任何产品都不存在一个同质的市场环境，所有市场都可以进一步细分，仅依靠单一营销渠道不可覆盖整个市场需求。所以，为了有效占领多个细分目标市场，多渠道系统便成为许多企业的选择。多渠道系统可以有效扩大国际市场份额；高传递和共享国际市场信息；降低营销成本。

多渠道系统一般适合于规模大且经营产品较为复杂或子品牌较多的企业。

（四）基于互联网的营销渠道

现代信息通信技术的发展，为企业开展网络交易提供极为便利的条件。基于互联网的营销渠道就是指通过互联网及其技术为消费者或用户提供产品或服务的系统。比如通过在线销售、网上零售、网上拍卖、网上采购、网上配送等为消费者或用户提供服务。这种渠道模式同传统渠道模式相比，销售更直接、环节更少、渠道更短、价格更具竞争力。消费者足不出户，即可完成商品的购买活动，大大地降低了货币成本、时间成本和精力成本。这种渠道会对传统渠道形成一定程度的冲击。如亚马逊公司的出现，使得很多线下书店被淘汰出局。

小链接：　小米全渠道建设

1. 小米早期的互联网电商

小米早期通过米聊积累用户，100 个梦想赞助商均来自 MIUI 用户。小米通过线上（小米社区、新媒体、小米商城促销）方式发展粉丝，发展到百万粉丝，通过小米家宴达到了粉丝建设的高潮。目前小米家宴已成为小米为粉丝量身打造的年度盛宴。

2. 小米电商平台

小米电商线上第三方代理，在国内主要与京东、苏宁合作，在世界其他地区，主要通过 Flipkart、亚马逊等第三方电商销售。代理商直接购买小米的产品后向终端用户营销。

小米线上直营通过小米商城，主打小米手机、平板等科技数码产品，也涉及周边生活商品。同时，小米开设天猫旗舰店，进行自营。2017 年，小米推出小米有品，打造精品生活电商平台。这次，小米有品采用了多品牌合作的模式，除了卖小米和米家的产品，也有第三方独立品牌。

3. 小米线下布局

小米线下布局主要有几种类型：

（1）小米之家，自建自营，以线下直营为主，主要分布在一、二线城市，进驻大型商场，旗舰店面积为 1 000～2 000 平方米，一般店面积为 250～300 平方米，集形象展示、产品体验咨询和销售功能为一体。

（2）小米专卖店，以他建自营为主，主要分布在三、四线城市，店铺面积为 150～200 平方米，小米与各地优秀服务商、零售商合作，小米直供产品、直接管理运营。

（3）小米体验店，以他建他营为主，小米指导，类似代理商模式，在四线城市以下主推，在产品 SKU 选取上因地制宜，对城市中心店和郊区店做出了区分。

（4）小米直供店，当作 C 端客户，店主在线申请即可获得销售资质，直接从小米小规模订货，店主可通过微信、电商、抖音等方式推广。

4. 小米社交电商

自 2017 年小米有品上市以来，小米便着力打造精品生活电商平台，推广社交电商，在全国范围内招募合伙人，通过平台赋能模式，发展小米渠道的外部合作力量，开始大规模发展的社交电商。

小米有品、小米商城、小米之家是小米着重推广的社交电商。小米有品是小米精品购物开放平台，依托小米生态链体系，借助小米模式主打生活消费品，将来预计超过20 000种商品，是众筹和筛选爆品的平台；小米商城上线有2 000种商品，主营小米自己和生态链企业产品；小米之家大约有200种商品。

它们共同组成小米自营全渠道的三层结构。小米平台为优质商家提供物流、客服、品控等全方位的支撑。小米与400余家行业头部企业达成了合作。小米有品同时打造会员模式“有品推手”，有品推手采用邀请制注册，新用户通过邀请码注册开通成为推手会员，推手会员享有自购省钱，推广赚钱的权益。

5. 小米物流

物流是全渠道策略成功实施的保障，小米在物流方面也不断建设。2019年小米宣布与中国邮政建立战略合作，双方在北京小米科技园举行了战略合作签约仪式，签署战略合作协议。在快递物流方面，小米与中国邮政开展了更广泛的业务交流和合作，中国邮政将为小米集团提供仓储、物流及快递配送和行政办公类文件、物品寄递等服务。中国商标局信息显示，“小米快递”商标已经通过审核。小米快递方面可以提供的服务内容如下：包裹投递、快递服务（信件或商品）、运载工具故障牵引服务、船运货物、旅行陪伴、贵重物品的保护运输、司机服务、运输、商品包装、导航、货物贮存等。小米快递的成功注册，无疑为小米全渠道的建设增添了助益。

（资料来源：微信公众号——时代光华出版，吴越舟、赵桐原创）

第二节　中间商

中间商是指处于生产者和消费者之间，参与产品交易活动，促进买卖行为发生和实现的具有法人资格的经济组织或个人。

中间商是营销渠道的主体，大部分制造商都需要利用中间商形成营销渠道和营销体系，中间商的优劣对企业的营销效果会产生直接甚至决定性的影响。对营销渠道的研究就必须对中间商进行深入的研究和分析，深入了解其功能及各种类型中间商的特点，将有利于企业选择适当的中间商，从而实现企业的营销战略。

中间商，按其在流通过程中所起的不同作用可以分为批发商和零售商，按其是否拥有商品所有权可以分为经销商和代理商。我们在这里重点分析批发商和零售商。

一、批发商

批发指一切将商品或服务售予为了转售或商业用途而购买的企业和人的活动。它不包括制造商和农民，因为他们主要从事的是生产，也不包括零售商，因为零售是最终销售。从事这种批发活动的企业或个人称为批发商。

批发商是产品流通的大动脉，是关键性的环节，它是连接生产企业和零售企业的枢纽，是调节商品供求的蓄水池，是沟通产需的重要桥梁，对企业改善经营管理及提高经济效益、拓展市场需求、稳定市场具有重要作用。

批发商的类型一般有：

（一）独立批发商或商人批发商

独立批发商或商人批发商即拥有商品所有权的批发商。是批发商的主要类型。它又分为完全服务批发商和有限服务批发商。

1. 完全服务批发商

完全服务批发商执行批发商的全部职能。他们提供的服务主要有保持存货、提供信贷、运送货物以及协助管理等。

这类批发商之间也有一定的分工，按照面向的对象不同，可以分为工业营销商和批发商人。工业营销商主要是向制造商销售商品，批发商人主要是向零售商销售商品。前者要求经营的产品的品种、规格及型号的齐全，后者则对交货期以及各种服务要求较高。

2. 有限服务批发商

有限服务批发商为了减少成本费用，降低批发价格，因而只能实现批发商的部分职能和提供部分服务，所以称为有限服务批发商。有限服务批发商主要有6种类型：

（1）现购自运批发商。现购自运批发商不赊销不送货，客户要自备货车去批发商的仓库选购货物并即时付清货款，自己把货物运回来。现购自运批发商主要经营食品杂货，客户主要是小食品杂货商、饭馆等。

（2）承销批发商。承销批发商拿到客户（包括其他批发商、零售商、用户等）的订货单后，就向制造商、厂商等生产者求购，并通知生产者将货物直接运送给客户。承销批发商不需要有仓库和商品库存，只需要一间办公室或营业所办公，因而也被称为“写字台批发商”。

（3）卡车批发商。卡车批发商从生产者处把货物装车后立即运送给各零售商店、饭馆、旅馆等客户。由于卡车批发商经营的商品多是易腐或半易腐商品，所以一接到客户的要货通知就立即送货上门。实际上卡车批发商主要执行推销员和送货员的职能。

（4）托售批发商。托售批发商在超级市场和其他食品杂货店设置货架，展销其经营的商品，商品卖出后零售商才付给其货款。这种批发商的经营费用较高，主要经营家用器皿、化妆品、玩具等商品。

（5）邮购批发商。邮购批发商指那些全部批发业务均采取邮购方式的批发商，主要经营食品杂货、小五金等商品，其客户主要是边远地区的小零售商等。

（6）农场主合作社。指为农场主共同所有，负责将农产品组织到当地市场上销售的批发商。合作社的利润在年终时分配给各农场主。这些批发商都是承担一些专业的职能，在各自的领域发挥着积极的作用。

（二）代理商和经纪人

代理商和经纪人即不拥有商品所有权的批发商。经纪人和代理商是从事购买、销售或两者兼有的洽商工作，但不取得商品所有权的商业单位。他们不存货，不卷入财务，不承担风险，多见于食品、不动产、保险和证券经纪人。通过经纪人和代理商促进交易开拓市场，是现代市场营销的一种通用手段，在市场经济发达国家十分普遍，目前在我国也有较快的发展。

代理商和经纪人与商人批发商的差异表现在：①经纪人和代理商没有货物的所有权，所提供的服务比有限服务商人批发商还少，其主要职能在于为买卖双方的交易提供方便，从中收取一定比例的佣金作为自己的报酬收入，而商人批发商拥有所经营商品的所有权；②经纪人和代理商经营风险小，而商人批发商的经营风险大。其中两者最大的差异主要表现在经营商品的所有权上。

代理商和经纪人与商人批发商的相似之处在于他们通常都专注于某些产品种类或某些顾客群。

除此之外，经纪人和代理商之间也有区别，主要表现在产品的处置权上。经纪人的主要作用是为买卖双方牵线搭桥，协助它们进行谈判，并向雇用一方收取费用，它们既不持有存货，也不参与融资或承担风险，对产品不具有任何处置权；代理商虽然不拥有产品的所有权，但对产品有一定的经营处置权。

（三）制造商及零售商营销机构和销售办事处

制造商及零售商的营销机构属于卖方或买方自营批发业务的内部组织。

随着生产企业和零售商店的发展壮大，为了更好地了解市场、把握市场、开拓市场，往往在国内不同地区建立自己产品的营销机构或营销店，执行产品储存、销售、送货以及销售服务等职能。

营销店和销售办事处主要是为了改进存货控制、销售和促销业务。一般是营销店持有存货，销售办事处不持有存货。

二、零售商

零售是指将商品或服务直接销售给最终消费者以供其个人消费或非商业性用途的活动。从事这种活动的企业或个人称为零售商。

零售商的类型一般分为 3 大类，即商店零售商、非商店零售商和零售商业组织。

（一）商店零售商

1. 专业商店

这类零售商店往往只经营某一类产品，产品组合较窄，但所经营的产品的花色品种、规格型号较为齐全。一般经营的主要商品类别为店名招牌，如服装商店、五金商店、饮食商店等。这种商店的专业化程度可以非常高，如专营纽扣的商店、专营婚纱的商店，专营冰激凌的商店等。

2. 百货商店

百货商店是指经营的商品类别多样，每一类别的商品品种齐全，经营部门是按商品的大类进行设立，是多个专业商店的集中或集合。经营特点是类别多、品种规格全，服务程度高。百货商店大多设在城市繁华区和郊区购物中心，店内装饰富丽堂皇，橱窗陈列琳琅满目。经营的商品主要是优质、高档商品和名牌货，其价格也高于一般的超级市场（约高10%～20%），其目标顾客一般是中产及中产以上阶层。

3. 超级市场

这是一种以薄利多销、顾客自我服务为特点的零售商店，主要经营各类中低档日用消费品和食品。其营销策略是通过顾客自选、较少的服务项目，较低的营销成本，以低价格吸引顾客。超级市场主要经营各种食品、洗涤用品和家庭日用品等。如沃尔玛、永辉超市等。

4. 便利商店

即通常所说的便利店，是一种以自选销售为主，销售小容量应急性的食品、日常生活用品及服务，以满足顾客便利性需求为主要目的的零售业态。如丹尼斯全日鲜、7－11便利店。

5. 折扣商店

折扣店以销售自有品牌和周转快的商品为主，限定销售品种，并以有限的经营面积、店铺装修简单、有限的服务和低廉的经营成本，向消费者提供“物有所值”的商品为主要目的的零售业态。如特惠3、她衣柜品牌女装折扣店。

6. 仓储商店

仓储式商店是一种仓库与商场合二为一、并实行会员制的一种零售经营形式。如麦德龙、Costco超市等。

7. 购物中心

购物中心是指在一个大型建筑体（群）内，由企业有计划地开发、拥有、管理运营的各类零售业态、服务设施的集合体。如万达广场、王府井、360购物广场等。

8. 专卖店

专卖店是指专门经营或授权经营某一主要品牌商品（制造商品牌和中间商品牌）为主的零售业形态。如李宁专卖店、鸿星尔克专卖店、艾玛电动车专卖店。品牌专卖店能更好地与顾客沟通信息，提升顾客体验，树立良好的品牌形象。

（二）非商店零售商

近年来非商店零售发展得比较快，非商店零售商主要有以下3种形式：

1. 直复市场营销

直复市场营销，是使用一种或多种广告媒体传递商品信息，以使广告信息所到之处迅速产生需求反应并最终达成交易的销售系统。直复市场营销者利用广告介绍产品，顾客可通过写信、打电话等形式订货，订购的货物一般通过邮寄交货，顾客用信用付款。

2. 直接销售

直接销售，主要有挨门挨户推销、逐个办公室推销和举办家庭销售会推销等形式。由于需要支付雇佣、训练、管理和激励销售人员的费用，因而直接销售的成本费用很高。

在我国，允许的直销是指直销企业招募直销员，由直销员在固定营业场所之外直接向最终消费者推销产品的经销方式。一个企业要成为直销企业应当具备4个条件：①投资者具有良好的商业信誉，在提出申请前连续5年没有重大违法经营记录；外国投资者还应当有3年以上在中国境外从事直销活动的经验；②实缴注册资本不低于人民币8 000万元；③依照规定在指定银行足额缴纳了保证金；④依照规定建立了信息报备和披露制度。且规定直销企业及其分支机构不得招募下列人员为直销员：①未满18周岁的人员；②无民事行为能力或者限制民事行为能力的人员；③全日制在校学生；④教师、医务人员、公务员和现役军人；⑤直销企业的正式员工；⑥境外人员；⑦法律、行政法规规定不得从事兼职的人员。

3. 自动售货

自动售货就是利用自动售货机进行商品销售的方式。自动售货机一般设置在客流量较高的交通要道，以及车站、码头、机场、邮局、影院等场所，利用机器自动向顾客出售商品。自动售货机销售的商品有经常购买的产品（香烟、软饮料、糖果、报纸等）和其他产品（袜子、化妆品、点心、食品、书籍、鞋油等)。自动售货因可以向顾客提供24小时售货、自我服务和无需搬运产品等便利条件而受欢迎。但由于要经常补货、机器分布较为分散、机器常遭破坏、失窃率高等原因，自动售货的成本很高，因此商品的销售价格比一般商店要高15%～20%。

4. 虚拟商店

虚拟商店又称“网上商店”“网上商场”“电子商场”，是电子零售商业的典型组织形式，是建立在互联网上的商场，可以让顾客从家里的计算机或移动手机端购物，商人既可以销售产品服务，又可以缩减维护实际店面的成本。在因特网上，虚拟商店的网站主页就是顾客和店主交流的渠道。与传统超市或百货商店相比，虚拟商店具有以下特征：①实行无店铺销售，可以节省昂贵的店面租金。②经营规模不受场地限制，提供广泛的商品和服务。③库存商品资金占用少，可以做到商品的零库存。④实行开放式，全天候24小时营业，消费者购买十分方便。⑤打破了国家的界限，形成全球市场。世界最大、最早的虚拟商店就是亚马逊书店，其创始人贝索斯被称为“电子商务之父”。

(三) 零售商业组织

零售商业组织主要有连锁商店、消费者合作社等类型。

1. 连锁商店

连锁经营起源于美国，1859年美国纽约的“大西洋与太平洋茶叶公司”开启了连锁经营的先河。目前，连锁经营方式已经渗透到零售、饮食、服务业等各个领域，大型百货店、大型宾馆饭店、综合批发企业、大型零售企业等都在走连锁经营发展的路线，而且在深度和广度方面仍存在着进一步发展的潜力。

连锁经营是指流通域内若干同业店铺以共同进货或授予特许权等方式联结起来的，实现经营专业化，管理规范化，服务标准化，共享规模效益的一种现代经营方式和组织形式。

连锁经营主要有3种形式：正规连锁、自由连锁和特许连锁。

(1) 正规连锁又称直营连锁、公司连锁、联号商店。是以单一资本直接经营11家以上商店的零售业或餐饮业的企业形态。如海底捞即是一家以经营川味火锅为主，融汇各地火锅特色于一体的大型直营连锁企业，目前海底捞全国直营门店数量达到1 300家以上。

(2) 特许连锁，又称合同连锁、加盟连锁。是主导企业把自己开发的产品、服务的营业系统（包括商标、商号等企业形象的使用，经营技术、营业场合和区域)，以营业合同的形式，授予加盟店在规定区域内的经销权或营业权；加盟店则交纳一定的营业权使用费，承担规定的义务。如各地的钱大妈和蜜雪冰城均是加盟连锁店。

(3) 自由连锁，又称自愿连锁、任意连锁。是分散在各地的众多的零售商，既维持各自的独立性，又缔结着永久性的连锁关系，使商品的进货和其他事业共同化，以达到共享规模利益的目的。如湖南步步高超市联合中小零售企业成立“上海家联采购联盟有限公司”就是典型的自由连锁。

2. 消费者合作社

消费者合作社是一种消费者自发组织、自己出资、自己拥有的零售单位。消费者合作社采用出资人投票方式进行决策，并推选出一些人对合作社进行管理。消费者合作社可以定价较低，也可以按正常价格销售，年终根据每个人的购货数量给予惠顾红利。2007年8月，国仁绿色联盟与西二旗社区居民主办的消费合作社——西二旗社区消费合作社即为国内首家消费合作社。

小链接：　　星巴克——引领绿色零售

如今的零售商正在积极采取有利于环境可持续发展的方案，以绿色的形式经营门店，推出更多环保产品，采用顾客更为信任的方案，并与渠道伙伴共同努力减少对环境的影响。即零售业的发展呈现出朝向绿色零售发展的趋势，甚至已经有零售商早已布局绿色零售。比如星巴克咖啡。

1. 更环保的店面

星巴克已经在20个国家/地区开设了超过1 200家拥有LEED®（能源与环境设计领导者）认证的店面，在咖啡行业中，它开设的绿色店铺数量最多，在全球拥有LEED®认证的零售项目中占了20%。现在，星巴克将通过制定店面验证计划来深化其对环保零售业的承诺，从而提高所有店面的创新性、可持续性和效率。目标是到2025年实现10 000个更环保的零售店，其中包括新开设的店面和现有的店面。它会针对这些店面评估和制定建筑标准、实用性效率目标以及合作伙伴项目。此新计划将星巴克定位为真正善加利用其规模的公司，并有助于履行其成为世界上最环保零售商的愿望。

2. 创造性地研发更环保的杯子

星巴克已经在研发更环保的杯子方面取得了重大进展，并认识到还有很长的路要走。星巴克是第一家为自带可重复使用的杯子的顾客提供折扣的公司，并且一直在引领行业倡导增加回收利用基础设施。虽然星巴克如今可以在许多社区回收杯子，但其将继续与当地政府和利益相关方合作，共同倡导在所有自营市场中加强回收利用。其目标是加速实现更环保的杯子的进程：①目标是将热饮杯中的可回收物质的含量增加一倍，并探索冷饮杯的替代材料。②继续致力于回收利用，并努力将使用杯子回收利用的店面和社区数量增加一倍。③宣传和鼓励“在店内饮用”和使用可重复使用杯子。

3. 投资更环保的电力

自2005年以来，星巴克投资了可再生能源，并在去年实现了一个里程碑式的进展，即采购相当于全球自营店面用电量100%的可再生能源，主要利用美国和加拿大的可再生能源信贷（REC）和通过欧洲的绿色电力供应合约实现。在咖啡行业的EPA绿色电力合作伙伴关系计划全国前100强榜单中，星巴克是第一大可再生电力采购商。去年，星巴克加入了气候组织的RE100，世界上一些规模最大的致力于使用可再生电力的企业都是该联盟的成员。在展望未来时，星巴克专注于确定与地理位置相关的新方式来采购可再生能源，并将新的可再生能源项目推广到世界上那些它开设店面的国家/地区。

4. 支持更环保的合作伙伴

星巴克专注于激励那些对可持续性充满热情的合作伙伴（员工），以激发他们的灵感并传授知识。2016年，星巴克与零售和非零售合作伙伴合作试行了Greener Apron™计划，这是一个自愿认证计划，通过与亚利桑那州立大学可持续性学院共同创建的三个短模块帮助合作伙伴了解环境可持续性。星巴克推出试行活动时，有1 100多位合作伙伴参与其中。2017年春季，星巴克将范围扩大到美国、加拿大、英国和荷兰的合作伙伴。星巴克的目标是让全球更多合作伙伴参与此计划，并打造一个可持续性支持者网络。

（资料来源：引领绿色零售，星巴克官网，2024－7－2）

第三节　营销渠道设计

营销活动的核心是使产品或服务被使用或消费，从而为企业带来经济利益。而营销渠道正是促使产品或服务顺利地被使用或消费的一整套相互依存的组织，营销渠道决策是企业面临的最重要的决策，其所选择的渠道将直接影响所有其他营销决策。营销渠道的设计和管理将通过成功的、科学的营销渠道和渠道决策更快、更有效地推动商品广泛地进入目标市场，从而为生产商及中间商带来极大的现实及长远收益。

营销渠道的设计可以按照以下流程来进行：

一、设计营销渠道目标

营销渠道目标，就是企业预期达到的顾客服务水平等。因此，渠道目标设计必须了解消费者或用户的服务需求。一般而言，消费者或用户的需求服务类型包括：

（一）批量大小

批量是营销渠道在购买过程中提供给用户的单位数量。不同批量，供应价格不同，服务水平也有所差别。一般来讲，批量越大，享受的优惠和服务较高；批量越小，得到的优惠和服务也会较少。此外，批量越大，存在的营销商越少；批量越小，存在的营销商越多。

（二）等候时间

等候时间是指渠道用户等待收到货物的平均时间。一般，营销渠道越长，等待时间越长；营销渠道越短，等待的时间越短。对于易腐易坏商品，渠道越短，等待时间也越短，损失也越小；其他商品一般用户对快速交货的供应者非常满意，这就要求渠道成员必须提高自己的供货服务水平，甚至缩短营销渠道，以减少营销过程所用时间。

（三）空间便利

空间便利是营销渠道为用户购买产品所提供的方便程度。这主要是指渠道成员的仓储设施、供应网点数量是否足够多以及分布是否足够广。它直接影响到用户购买的成本和便利性，也影响到用户产品的供应保障程度。渠道越宽，对用户来说，购买越便利，但是成本相对也更高。因此渠道的宽度应在考虑到成本的情况下满足顾客空间便利性需求。

（四）产品品种

产品品种是营销渠道提供的产品花色品种的宽度。花色品种越多，越有利于用户选择购买，而且用户都比较喜欢花色品种多的渠道成员网点进行选购。企业品牌各类渠道定位不同，售卖产品的档次、价格、时尚性往往不同。如有些运动品牌的线上渠道销售的产品定位、价格档次较低，线下品牌专卖店则销售最新的时尚款式，而工厂零售店则销售品牌的存货等。

（五）服务支持

服务支持是营销渠道附加服务（信贷、交货、安装、维修等）。服务支持越多，越受用户欢迎，用户的忠诚度就越高，但渠道成员支出的成本就越高。

二、分析影响营销渠道设计的因素

（一）顾客特性

顾客特性直接影响产品销售，因此，它是影响营销渠道设计的重要因素之一。顾客特性主要涉及目标市场范围、顾客的集中程度、顾客的购买习惯、购买频率及购买行为、顾客对不同促销方式的接受程度等因素。目标市场范围越大，渠道就越宽、越长；反之，则越短、越窄。顾客越集中，渠道越短、窄；反之渠道则长、宽。如果顾客愿意到零售店购买，则适宜间接渠道；反之则适宜直接渠道。购买频率高的、经常小批量购买商品，一般就近购买，则需要长、宽渠道；反之则需要短、窄渠道。同时，顾客对不同促销方式的敏感性也影响到渠道选择。

（二）产品特性

产品的价格、体积、重量、式样、自然生命周期、标准性和专用性以及市场生命周期等因素都是产品的特性，这些因素将会影响企业的营销渠道决策。单价低的商品适合长、宽渠道；相反则适合走短、窄渠道。体积大、重量重的商品应该走短渠道或直接渠道，以避免商品质量受损；反之则走长渠道或间接渠道。流行性商品应该走短、宽渠道。易腐烂变质的商品、专用性商品宜走短渠道；而易存商品、标准商品则宜走长、宽渠道。在产品市场生命周期的导入期，商品应该走短、窄渠道，成长期和成熟期则应该走宽、长渠道，衰退期则要收缩网点，选择短、窄渠道。

（三）竞争特性

企业营销渠道的设计往往要受到竞争对手营销渠道的影响。竞争特性主要涉及竞争者的实力、营销目标、营销战略以及市场营销组合策略等情况。一般而言，生产者都要避免选择与对手相同的渠道，以避开竞争对手，造成两败俱伤。若实力较强，也不妨选择同一渠道展开竞争。

（四）企业自身特性

企业自身特性涉及企业的规模和声誉、营销战略与政策、管理能力与经验以及企业控制渠道的愿望和能力等。企业自身实力强的，一则自建渠道体系，二则也会选择中间商，因为消费者喜欢购买其产品，中间商也愿意经营；实力弱的一般选择中间商经营。如果企业要求对用户快速交货，则对中间商提出更高要求，如服务要求、配送要求、存货要求等。管理能力高、经验丰富的企业，渠道选择有较高的灵活性。企业愿意控制渠道，则会选择短渠道或自建渠道；反之会选择长、宽渠道。

（五）环境特性

宏观经济环境特性涉及的因素较多，如经济形势、交通运输条件、民族传统与民族习惯等。一些关系国计民生的重大商品，必须按国家同意规定的营销渠道进行，如粮食、棉花、石油等；所涉及的法规主要有专卖制度、反垄断法、进出口规定和税法等，如税收政策、价格政策等因素都影响企业对营销渠道的选择，烟酒的专卖制度就要求企业应当依法选择营销渠道；经济越发达、市场化程度越高的地区越适合经销商密集覆盖销售，宜选择多家营销，而市场化程度低的地区宜选择独家营销商。

小链接：　中国空调企业营销渠道战略模式

一、美的模式——批发商带动零售商

1. 渠道成员分工

批发商负责营销：一个地区内往往有几个批发商，美的公司直接向其供货，再由他们向零售商供货。零售指导价由制造商制定，同时制造商还负责协调批发价格，不过并不一定能强制批发商遵守。

制造商负责促销：美的空调的各地分公司或者办事处虽然不直接向零售商供货，但是他们往往会要求批发商上报其零售商名单。这样做可以和零售商建立联系，一方面可以了解实际零售情况，另一方面还可以依此向零售商提供包括店面或展台装修，派驻促销员和提供相关的促销活动。

共同承担售后服务：在这种模式中，安装和维修等售后服务的工作一般都是由经销商负责实施的，但费用由制造商承担。经销商凭借安装卡和维修卡向制造商提出申请，制造商向顾客回访确认后予以结算。

2. 美的模式的利弊分析

渠道优点：①降低营销成本；②可以利用批发商的资金；③充分发挥渠道的渗透能力。

渠道弊端：①价格混乱；②渠道不稳定。

二、海尔模式——零售商为主导的营销渠道系统

1. 渠道政策

在海尔模式的营销网络中，百货店和零售店是其中主要的营销力量，海尔工贸公司就相当于总代理商，所以批发商的地位很虚弱。海尔的销售政策也比较偏向于零售商，不但向他们提供了更多的服务和支持，而且保证了零售商可以获得比美的模式的政策更高的毛利率，一般情况下零售商的毛利率都在8%～10%之间。这在家电行业已经非常好了。

海尔模式中的批发商不像美的模式中那样可以掌握营销权力，海尔公司留给他们的利润空间十分有限，批发毛利率一般仅有3%～4%。而且在海尔公司有分支机构的地方，批发商的活动余地更是非常之小。不过好在海尔空调的销售量很大，而且价格十分稳定，所以最终获得的利润还是可以得到保证的。

2. 渠道成员分工

制造商：在海尔模式的营销网络中，制造商承担了大部分的工作职责，而零售商基本依从于制造商。海尔公司还严格规定了市场价格，对于违反规定批发或零售价格的行为必须加以制止。

零售商：在上面提到的销售工作中，海尔公司都承担了绝大部分的责任，而零售店几乎不用操什么心，只需要提供位置较好的场地作为专柜给海尔公司就行。

3. 典型的海尔模式的商业流程

（1）海尔工贸公司提供店内海尔专柜的装修甚至店面装修。

（2）全套店面展示促销协助品（POP）；部分甚至全套样机。

（3）由于一般的零售商无论资金，场地都无法囤积太多的货物，因此海尔公司必须库存相当数量的货物，还必须把较小的订货量快速送到各个零售店。

（4）专柜内的促销员也是海尔派出的，人员的招聘，培训和管理都是由海尔公司负责；海尔公司的市场部门还要制定市场推广计划。从广告促销宣传的选材，活动计划和实施，例如媒体的关系、现场的布置、事后的整理等工作，海尔公司有一整套人马在为之运转，零售店一般只需配合海尔的工作就行了。

（5）实现销售以后顾客马上就会要求安装，这时候海尔建立的售后服务网络就发挥了作用，他们将承担起现场的安装和后来的售后服务工作。

（6）某些大的零售店每一批销售款可能要过几周才能收到，零售店中的种种财务手续都需要海尔的业务人员去办理，直到收回了货款，一次销售周期才算完成。

4. 海尔模式的利弊分析

渠道优点：①提高企业的利润水平。②占据卖场位置，有利于品牌建设。③可以实现精益管理，提高市场应变能力。④由于和零售商之间长期稳定的关系，营销成本大大降低。

渠道弊端：①渠道建设初期需要消耗大量的资源。②收效慢。③管理难度大。

三、格力模式——厂商股份合作制

1. 渠道成员分工

促销：在格力模式中，格力公司负责实施全国范围内的广告和促销活动，而像当地的广告和促销活动以及店面装修这样一类工作则由合资销售公司负责完成。格力公司只是对品牌建设提出建议。有关的费用可以折算成价格在货款中扣除，有时也上报格力总部核定后再予以报销。

营销：营销工作全部由合资公司负责，他们制定批发价格和零售价格，并要求下级经销商严格遵守。物流和往来结算无需格力公司过问。

售后服务：售后服务也是由合资公司承担并管理的，他们和各服务公司签订合约，监督其执行。当安装或维修工作完成后，费用单据上报给合资公司结算。格力总部只是对其中一部分进行抽查和回访而已。

2. 格力模式的利弊分析

渠道优点：①与自建渠道网络相比，节省了大量资金。以湖北公司为例，如果单纯由格力自己投资，需要840万元，成立股份公司，吸纳了经销商640万元的资金，节约成本76%。②消除了多个批发商之间的价格战。③解决了经销商在品牌经营上的短期行为。

渠道弊端：①股份制销售公司缺乏规范的管理。②股东的发展方向不易统一。③渠道内的利益分配不公。④以单纯利益所维系的渠道具有先天的脆弱性。

（资料来源：空调营销渠道模式比较研究，销售与市场网，2022-3-1）

三、选择营销渠道方案

在营销渠道中，可供选择的方案多种多样，见表9-3。

表9-3　　　　渠道方案类型

渠道长度	渠道宽度	渠道广度	渠道系统	营销与代理
零层渠道	独家营销	一种渠道	传统系统	营销商模式

续表

渠道长度	渠道宽度	渠道广度	渠道系统	营销与代理
一层渠道	选择营销	多种渠道	垂直系统	代理商模式
二层渠道	密集营销	全渠道	水平系统	营销与代理结合模式
三层渠道			网络系统	

上述营销渠道各有特点，各有利弊，分别有适宜的使用条件，企业应根据自身优劣势选择相应的渠道方案。不过，我们在这里重点分析企业是自建渠道还是利用中间商渠道。

（一）自建渠道

自建渠道是企业通过建立或收购现有的渠道成员而组成的营销网络。企业自建渠道是基于保护企业核心能力和与“外来者”合作难的观点。著名营销学者安德森和维兹认为：只有很少的外来合作者能令人满意地工作：如果现存的合作伙伴不能完成工作，要寻找新的合作伙伴需要相当长的时间并付出昂贵的代价；一个公司的地位、程序及产品都是独一无二的，要使一个“外来者”默契合作需要很多的训练；购买手续既复杂又麻烦；亲密的合作对于实施营销活动是基本要求；购买者对销售商忠诚而非对公司忠诚；规模经济在市场中运行；环境非常不确定：要监控外来者的行为极其困难；对于渠道成员来说“自由搭乘”便车非常容易，交易量大而且经常发生成客观必然。于是，自建渠道就成客观必然。

自建渠道的优势是能够控制渠道产出期望的服务水平；通过控制营销能够达到赚取更多利润的目的；可以提供更多的品种和更好的展示；试验新产品和价格；与消费者直接接触；获得更准确的信息等等。自建渠道的劣势是不一定能产生更高的营销效率。一个企业既从事生产，又从事营销，会导致企业规模扩大而复杂，从而降低效率。

（二）使用中间商渠道

这是生产者向外部寻求合作，利用社会商业机构的营销网络实现商品与服务的销售方式。

如果要利用中间商渠道，就存在一个中间商的选择问题。选择中间商一般考虑以下标准：

（1）中间商的合法资格。必须对中间商的各种合法证件认真审核，检查其是否具有国家（或该地区）准许的经营范围和项目，特别是食品、药品、烟酒等限制条件较多的中间商更要谨慎，将中间商持有的证件经销登记、复印以备案。

（2）中间商的目标市场。一定要选择目标市场与生产商相似的中间商。考虑：①地理位置。商业店铺位置是否接近企业目标顾客的所在地；②店客关系。经常光顾此商店的顾客是否接近企业目标顾客的类型；③经营特色。商业企业本身是否具有对企业目标市场的吸引力和经营特色。

（3）中间商的销售能力。中间商的市场占有率或覆盖程度要与生产商的既定营销目标相符合。若中间商的市场覆盖能力小于生产商的要求，则达不到预期目标；反之，如覆盖面太大，可能对其他经销商是威胁，容易出现矛盾。还需考虑中间商是否具有稳定的、高效的销售队伍，健全的销售机构，完善的销售网络，足够的推销费用和良好的广告媒体环境。

（4）中间商的服务水平。现代商业经营服务项目甚多，选择中间商要看其综合服务能力如何，有些产品需要中间商向顾客提供售后服务，有些在销售中要提供技术指导或财务帮助（如赊购或分期付款），有些产品还需要专门的运输存储设备。合适的中间商所能提供的综合服务项目与服务能力应与企业产品销售所需要的服务要求相一致。现代市场营销更要求一体化服务，包括运输、安装、调试、保养、维修和技术培训等各项售后服务相结合，中间商是否具有懂专业技术的人员，为消费者提供良好服务，更是一个重要条件。

（5）中间商的财务状况。中间商的财务状况是重要的选择条件，这对于经销那些需要有相当资金支持的产品尤为重要。中间商财务状况需要考虑的是固定资产量、流动资产量、银行贷存款、企业间的收欠资金等情况，这关系到中间商能否可以按期付款，甚至预付款等问题。

（6）中间商的信誉和中间商的经营历史及经销绩效。中间商越讲诚信，越有利于合作，越容易合作，合作的成本越低。中间商的经营绩效和经营历史也是重点考察的内容。经营历史意味着悠久的传统、品牌价值、影响力和忠诚的顾客；良好的经营绩效则是企业实现渠道目标和营销目标的重要保证。

（7）对生产商的合作态度及其经营的积极性。生产越发展，分工越细，一个企业不可能脱离其他企业而生存和发展。分工时代，合作更为宝贵。渠道目标的实现更是离不开渠道成员的分工和积极合作。选择合作意愿强的渠道成员不仅意味着降低了交易成本，也是一件一劳永逸的事情。所以，中间商与生产企业合作得好会积极主动地推销企业的产品，对双方都有益处。有些中间商希望生产企业也参与促销，扩大市场需求，并相信这样会获得更高的利润。生产企业应根据产品销售的需要确定与中间商合作的具体方式，然后再选择最理想合作中间商。

（8）竞争与发展能力。对经销商的竞争和发展能力进行评价，从企业学习与创新的角度，营销渠道要想持续提升并创造价值，就必须不断成长，这包括人力资源、技术、能力等方面的进步，还必须有自我成长的能力即学习与创新的能力。在衡量营销渠道绩效的同时，可以为长远发展营造积极健康的文化环境，培养经销商的竞争力，其中主要包括渠道组织建设、员工个人才干的增长、建立和谐的工作氛围。要从当前渠道组织适应性，变化到新组织结构的困难度，渠道组织设计实力着手。

上述 8 个方面是企业在对其渠道成员进行选择时一般要考虑的因素，在实践中企业要根据企业营销战略和战术、企业资源以及企业发展阶段等作出一些取舍，选择那些对企业发展有重大影响的要素进行严格、详细的考核和评估，同时运用一些数学方法进行决策的量化，从而使决策更具有规范性、科学性和合理性。

一般来讲，企业在选择渠道成员的过程中，要了解中间商经营时间的长短、成长记录、人员的素质与数量、清偿能力、合作态度、经销的其他产品大类的数量与性质、商店的位置、经常光顾的顾客类型、市场形象与声望、未来发展潜力等情况，以便作出合理、科学、高效的决策。

企业在选择渠道成员时经常出现两种情况：一是毫不费力地找到愿意加入渠道系统的中间商；二是必须费尽心思才能找到期望数量和质量的中间商。不论遇到哪一种情况，企业利用、选择中间商构架企业的营销渠道与营销体系，就要发掘和发挥中间商的优势与特长，尽量使不同中间商之间、企业与中间商之间能够相互补充、协调配合，从而使营销系统的功能更强，效率更高。

四、评估营销渠道

每一个营销渠道选择方案都是企业将产品送达目标顾客的可能路线，营销渠道方案确定后，企业就要根据各种备选方案，按照一定的标准进行评估、筛选，找出最优的渠道路线和满足企业长期目标的最佳方案。

营销渠道方案的评估标准有以下三个方面：

（一）经济性标准

经济性标准是营销渠道方案评估的最主要标准。主要是通过比较营销渠道的销售额与销售成本之间的关系，对不同渠道的经济效益进行评估。

经济性分析主要是比较每个方案可能达到的销售额及费用水平，比较由本企业推销人员直接推销与使用销售代理商哪种方式销售额水平更高，比较由本企业设立销售网点直接销售所花费用与使用销售代理商所花费用，看哪种方式支出的费用大，企业通过对上述情况的权衡和比较，从中选择最佳营销方式。

（二）控制性标准

企业对营销渠道的设计和选择不仅应考虑经济效益，还应该考虑企业能否对其营销渠道实行有效地控制。因为营销渠道是否稳定对于企业能否维持其市场份额，实现其长远目标是至关重要的。

一般说，采用中间商可控性小些，企业直接销售可控性大；营销渠道长，可控性难度大，渠道短，可控性较容易。企业必须进行全面比较、权衡，选择最优方案。如格力集团近几年的渠道变革，通过整合全国区域性销售渠道，进一步加强了对渠道的控制权。

企业对于自销系统是最容易控制的，但是由于成本较高，市场覆盖面较窄，不可能完全利用这一系统来进行营销。而利用中间商营销，就应该充分考虑所选择的中间商的可控程度。一般而言，特许经营、独家代理方式比较容易控制，但企业也必须相应作出授予商标、技术、管理模式以及在同一地区不再使用其他中间商的承诺。在这种情况下，中间商的销售能力对企业影响很大，选择时必须十分慎重。如果利用多家中间商在同一地区进行销售，企业利益风险比较小，但对中间商的控制能力就会相应削弱。

然而，对营销渠道控制能力的要求并不是绝对的，并非所有企业、所有产品都必须对其营销渠道实行完全的控制。如市场面较广、购买频率较高、消费偏好不明显的一般日用消费品就无需过分强调控制；而购买频率低、消费偏好明显、市场竞争激烈的高级耐用消费品，对营销渠道的控制就十分重要。又如在产品供过于求时往往比产品供不应求时更需强调对营销渠道的控制。

总之，对营销渠道的控制应讲究适度，应将控制的必要性与控制成本加以比较，以求达到最佳的控制效果。

（三）适应性标准

在评价各渠道选择方案时，还有一项需要考虑的标准，那就是生产者是否具有适应即应变环境变化的能力，即应变力如何。每个渠道方案都会因某些固定期间的承诺而失去弹性。当某一制造商决定利用销售代理商推销产品时，可能要签订 5 年的合同。这使得渠道成员互相之间在一个特定的时期内有某种程度的承诺。这段时间内，即使采用其他销售方式会更有效，但制造商也不得任意取消销售代理商。但这种承诺往往会影响制造商的应变能力。所以，一个涉及长期承诺的渠道方案，必须考虑营销渠道的长期适应性。在迅速变化的市场上，生产商需要寻求能获得最大控制的渠道结构、政策和寻求快速变化营销策略的能力。

如果生产企业同所选择的中间商的合约时间长，而在此期间，其他销售方法如直接邮购更有效，但生产企业不能随便解除合同，这样企业选择营销渠道便缺乏灵活性。因此，生产企业必须考虑选择策略的灵活性，不签订时间过长的合约，除非在经济或控制方面具有十分优越的条件。

在这3项标准中，经济标准最为重要。因为企业是追求利润而不是追求渠道的控制性与适应性。经济分析可用许多企业经常遇到的一个决策问题来说明，即企业应使用自己的推销力量还是应使用制造商的销售代理商。

总之，一个营销渠道方案只有在经济性、控制性和适应性方面都具有比较优势时才可予以考虑。

第四节 营销渠道管理

一、渠道合作与冲突

由于渠道是由不同的渠道成员构成，渠道成员为了共同的利益以及各自的利益，会产生冲突与竞争，从而影响到渠道成员的合作，因此，须对渠道成员进行管理，加强合作，避免冲突，以防破坏渠道成员之间的良好关系。

渠道合作是指同一渠道不同企业之间为了谋取共同利益而结成联盟。渠道合作可有效地了解市场，更好地服务市场和满足目标市场需要，是共存共荣的“共赢”关系。

渠道冲突是指生产者建立的多渠道之间，同一渠道中不同环节以及同一环节中的不同渠道成员之间的矛盾。而渠道冲突则是一损俱损，是一个“共输”的结局。

（一）渠道冲突类型分析

1. 从渠道冲突产生的环节看

（1）垂直渠道冲突。指同一渠道中不同环节的冲突。如供应商与零售商之间的冲突。

（2）水平渠道冲突。同一渠道中同一环节的不同成员之间的冲突。如在同一区域内同一供应商的零售商之间的冲突。

（3）多渠道冲突。指制造商建立的两个或两个以上的渠道，这些渠道在向同一市场销售同一商品时产生冲突。如自建渠道与中间商渠道之间的冲突。

2. 从渠道冲突的后果和严重性看

（1）良性冲突。这是指渠道成员之间的冲突能够促进更好、更新的观点与方法产生，相互之间的攻击行为没有失去理智，不具有破坏性，有利于提高整体渠道绩效。

（2）恶性冲突。指渠道成员之间的敌对情绪和对抗超过一定程度，对渠道关系和渠道绩效产生破坏性影响，带来严重的消极后果。这种冲突分散了渠道成员为实现整体目标所做的努力，渠道资源被用于报复对方所采取的行动中，渠道成员彼此不信任和敌视。

（二）渠道冲突原因分析

渠道冲突的原因很大程度都是由于渠道成员的利益不一致所致，具体有以下几点：

（1）目标不一致。如一个要市场占有率提升，一个要利润提升。

(2) 任务和权力不明确。双方在签订合同时，对双方的责权规定模糊。如销售区域、价格折扣等。

(3) 互相依赖程度。渠道成员之间的相互依赖程度越大，冲突的可能性就越大，相反，则可能性越小。

(三) 应对渠道冲突的对策

1. 树立“共赢”的指导思想

渠道成员之间是一损俱损，一荣俱荣的关系，只有实现渠道整体利益的最大化，才有可能实现渠道成员利益的最大化。没有“共赢”的指导思想，只能是双败的结局。

2. 目标管理策略

在渠道成员选择好之后，双方就要对达到的目标进行充分磋商，保证目标的实现，不能因小失大。

3. 寻求多层次、全方位合作

除了正常的沟通机制外，建立信息一体化机制、督导机制、互换销售人员等，加强双方沟通与协调，减少冲突与对抗。

4. 协商与仲裁策略

在发生冲突时，渠道成员要面对面交流、沟通，双方应本着信任、理解的思想，解决冲突。当冲突协商无效时，可将冲突交给中立的第三方进行调解。

二、渠道成员激励

渠道成员激励是渠道管理的重要内容之一。对渠道成员的激励是否有效，直接关系到渠道管理目标能否顺利实现。事实上，渠道成员激励不仅是渠道管理的重要组成部分，更是企业实现渠道管理目标的重要手段之一。

渠道成员激励，简称为渠道激励，就是指生产企业为促进渠道成员努力完成企业制定的营销目标而采取的各种激励或促进措施的总称。

(一) 激励渠道成员的措施

需要渠道激励的根本原因在于，大多数情况下，构成营销渠道系统的各个渠道成员与生产企业属于完全独立的不同经济实体，维系这种渠道成员之间、渠道成员与生产企业之间的合作关系的纽带则是双方对利益的一致追求。

渠道成员激励主要措施有：

(1) 向中间商提供适销对路、物美价廉的产品。适销对路、物美价廉的产品周转快、销售好，利润高，因此受到中间商欢迎，得到中间商支持。

(2) 合理分配利润。利大大合，利小小合，无利不合。生产者只有向中间商提供合理利润才能调动中间商的积极性，赢得其真诚合作。

(3) 促销支持。在中间商促销活动中，生产者向中间商提供广告支持、陈列费用支持、培训支持等等，都可得到中间商的合作。

(4) 融资资助通过融资，如代销、赊销等，帮助解决中间商的资金紧张问题，实际上就是帮助企业自己。

(5) 信息提供。双方互通信息、情报，及时掌握市场行情和动态，可为双方的经营决策提供依据。

在市场竞争如此激烈的情况下，对于渠道成员的有效管理就显得格外重要，但现代管理更多地强调通过激励来营造整个渠道系统的和谐气氛，通过激励来调动渠道成员的积极性。因此，对于渠道成员的有效激励，就成了几乎任何企业渠道管理中一项不可或缺的重要内容。

（二）运用权力，取得渠道成员的合作

（1）强制力。是表示对不合作的中间商，制造商就威胁停止提供某些资源或中止关系。这在中间商对制造商的依赖性非常强的情况下极为有效。如曾经成都国美与成都格力发生渠道冲突后，格力决定与国美中止合作关系，由此轰动空调业的“格美”大战就此展开。

（2）奖赏力。是指在中间商执行特定活动时，制造商给予的附加利益。报酬力量通常比压力效果更好，但开支过高。如格力曾安排营销人员去各省份协调一级经销商自由发展二级经销商，并根据年销售额给予一级经销商返利，使得一级经销商有足够动力继续发展全国范围内的经销商；另外格力也首创淡季返利销售政策，以解决淡季资金回笼问题。

（3）法定力。生产者要求中间商履行双方合同而执行某些职能的权力。

（4）专长力。指生产者拥有专业知识而对中间商构成的控制能力，而这些专门技术正是中间商认为有价值的。

（5）感召力。是中间商对生产者心存敬意，并希望与之长期合作而形成的权力。

一般情况下，生产者尽可能多运用感召力、奖赏力、法定力和专长力，尽量避免使用强制力，这样效果往往会更好。

当然，激励渠道成员，一要防止激励过分，二要防止激励不足。当生产者给予中间商的优惠条件超过取得合作与努力水平所需条件时，就会出现激励过分的情况，其结果是销售量提高而利润下降；当生产者给予中间商的条件过于苛刻以致不能激励中间商努力工作时，则会出现激励不足的情况，其结果是销售量降低、利润减少。激励过分和激励不足都会给企业的营销渠道策略带来消极的影响，所以，生产者必须确定采用何种方式以及花费多少力量来鼓励中间商。

三、渠道成员考核

（一）建立考核指标

营销渠道成员的考核指标一般有：销售额、销售范围、平均订货量、平均交货时间、商品损失处理、促销技术与培训、为顾客提供的服务等。

（二）考核方法

（1）销售额排行榜。一定时期内，通过对中间商销售额排名，判断中间商销售完成情况。排在前面应该奖励，排在后面的给予惩罚，实在不行就要解除合作关系。

（2）与上期销售业绩对比。此方法主要考核中间商销售增长情况，与中间商平均增长相比，看中间商销售增长快慢。

（3）与当地销售潜量对比。即一定时期内，根据中间商的实际销售额与该地销售潜量进行对比，判断中间商销售完成情况。

渠道成员考核也要具体问题具体分析，不能一概而论。中间商和销售人员的销售绩效低于群体平均水平或未达既定比率而排名偏后，可能是主观原因所致，也可能是一些客观原因造成的，如当地经济衰退、某些顾客不可避免地流失、主力推销员的丧失或退休等。因此，企业应根据具体情况采取有针对性的措施来加以扭转。

四、渠道调整

当企业营销渠道战略不能实现企业营销目标时，企业渠道战略就要调整了。营销渠道调整一般在以下三个层次展开：

（一）增减某些渠道成员

这是指某一营销渠道模式中增减个别中间商，而不是增减各种渠道模式。当某一渠道成员经营绩效不佳或安于现状或合作意愿下降时，企业就要考虑减少此渠道成员。当然也会相应增加某些渠道成员。

（二）增减某些营销渠道

这是指增减某一渠道的模式，而不是增减渠道里的个别中间商。如美国国际收割机公司在一段时间内，大约有5%的经销商每年销售的卡车不超过5辆，而公司付给他们的费用远大于他们的销量。因此，剔除这些营销渠道是必然的。又例如，格力集团近几年力推渠道变革，董明珠带领格力转型做线上渠道，另外也对传统渠道层次加以精简。

（三）改进整个营销渠道体系

这是指生产者对所利用的全部渠道进行调整。如直接渠道改为间接渠道，单一渠道改为多渠道等。这种调整是最困难的，因为它不仅改变了整个渠道体系，而且也影响到整个营销组合策略的实施。

小链接：　娃哈哈渠道模式

一、联销体模式

联销体模式首创于娃哈哈，核心思想在于：厂家掌控主动权，让利的同时对经销商严格控制。

联销体成员的责任：

（1）结清历史欠款。

（2）给娃哈哈付一定金额的保证金（一般为年预计销售额10%）。

（3）在保证金额度内订货，每月可分两次结清货款，超过保证金额度的订货必须先打款。

（4）不得以低于公司规定的最低价格出货。

（5）保证特定区域内的铺货、配送。

娃哈哈方的责任：

（1）区域内独家供货。

（2）根据对方保证金金额，按月返还略高于银行利率的返息（如当年银行月息为1.2%，则娃哈哈的返息为1.5%；若银行月息为0.8%，则娃哈哈的返息为1%）。

（3）保证金金额内最优惠价供货。

（4）产品紧张，保证金金额内优先发货。

（5）年底根据对方销量和公司利润状况，给予一定比例的返利（俗称模糊返利）。

(6) 负责广告促销等市场支持工作。

保证金制度成为资金链保护伞，保证金使得经销商变为主动经营。

渠道控制：

主要通过规定经销商销货指标，年终返利，完不成任务者动态淘汰。

分区渠道冲突控制：

(1) 全国专门巡查机构。

(2) 区别包装，商品编号。

(3) 控制经销商的辐射半径。

(4) 精选经销商。

(5) 销售人员连带处罚制度。

娃哈哈的联销体模式曾是美国哈佛商学院唯一引用的中国渠道创新案例。

二、快销网

随着市场竞争加剧，企业创新不足，缺少大单品出现等众多原因造成食品饮料巨头整体业绩下滑。曾经的联销体模式也严重掣肘娃哈哈的发展。联销体的基因只适合三、四线城市，在一、二线城市的大卖场、连锁超市无立足之地。

与联销体的出现时隔近30年后，娃哈哈依托成熟的联销体系，再次进行渠道创新，搭建全新销售网络——快销网，即一种电商工具，是一款面向全行业开放的服务型管理软件。目前，娃哈哈快销网是PC端、App和小程序三端一体，平台上有200多款产品，主要是全国各地的优秀国货品牌和特产。作为S2B2C（S即是大供货商，B指渠道商，C为顾客。）模式，把娃哈哈销售体系内的经销商、批发商、零售终端都收录到平台里，依托于娃哈哈强大的销售网络及配送能力，可以实现线上下单、就近配送、线下交付的闭环。在这个闭环里，厂家或品牌方可以共享娃哈哈联销体渠道资源，切实解决“渠道下沉难”的问题。

2020年4月，娃哈哈快销网全国开始大范围零售商收录工作，截至2021年7月初，已实现177万家终端店信息定位，89万零售商入网，4万批发商入网，娃哈哈经销商全部入网，累计营业交易额达45亿元。

快销网的4点优势，分别为：资源共享、互利共赢、简单高效以及帮助解决就业与资金问题。

（资料来源：微信公众号：品牌风云榜）

本章小结

营销渠道是指商品从生产领域转移到消费领域的全过程中，实现其所有权转移和实体运动的所有企业和个人等构成的体系。消费品与产业用品有不同的营销渠道体系。营销渠道从纵向和横向来讲也有不同的渠道策略，即长度策略与宽度策略。长度策略就是渠道的长短，宽度策略就是同时使用渠道成员的多少，它有密集营销、独家营销和选择营销三大策略。

中间商是指处于生产者和消费者之间，参与产品交易活动，促进买卖行为发生和实现的具有法人资格的经济组织或个人。它分为批发商和零售商。批发商一般有商人批发商、代理商或经纪人、制造商的销售办事处。零售商分为三大类：商店零售商、非商店零售商和零售商业组织。商店零售商包括专业商店、百货商店、超市、便利店、折扣店、仓储商店和购物中心；非商店零售商有直复营销、直接销售、自动售货和虚拟商店；零售商业组织包括连锁商业和消费合作社。

营销渠道设计是营销渠道决策的重要内容。营销渠道设计一般要考虑顾客特性、市场特性、竞争特性、制造商特性、中间商特性和环境特性等。还要考虑是自建渠道还是选择中间商渠道。

营销渠道管理也是渠道决策面临的重大问题。渠道管理主要涉及渠道合作与冲突、渠道成员激励、渠道成员考核和渠道调整。

思考题

1. 什么是营销渠道？
2. 消费品营销渠道与产业用品营销渠道有何不同？
3. 什么是分储渠道的长度决策？它有哪些策略？
4. 什么是分价渠道的宽度决策？它有哪些策略？这些策略有何利弊？分别适应哪些产品营销？
5. 营销渠道是越长越好？还是越短越好？为什么？
6. 影响营销渠道设计的因素有哪些？有何影响？
7. 如何评价和选择中间商？
8. 渠道冲突类型有哪些？为什么会产生渠道冲突？如何解决渠道冲突？
9. 如何激励渠道成员？
10. 什么是窜货？有什么危害？如何应对窜货？
11. 我国营销渠道管理存在哪些问题？如何解决？

营销实训

实训一：以小组为单位确定 5 种产品，搜集资料，确定这些产品是如何从生产商手中“转移”到消费者手中。

实训二：假定你现在正准备自主创业，请自选行业和产品，为产品制定相应的营销渠道策略。

案例分析

三星的渠道结构

三星手机在2001年之前，没有在中国生产，主要依靠代理商从国外进口到中国，并代理全国销售。如：鹰泰、新大陆、长远等都是三星早期的代理商。

早期由于三星手机国代较少，国代也处于起步阶段，没有相应的分支机构，而且渠道利润空间大，国代多采用高端放货的形式进行批量销售。因此，渠道层级也较多，没有国代直供到零售渠道营销方式，而是由国代到区域批发商，由区域批发商或区域代理再进行区域营销。在这种情况下，产品从生产者流向最终消费者的过程中要经过三到四个层次，甚至更多的渠道层级。三星早期的渠道长度多是四级，而在三、四级市场可达到五个层次，渠道较长。

但是随着中国手机市场的逐步扩大和三星手机销量的上升，2001年三星在中国天津建立工厂和研发机构，并开始很多型号手机的国内生产。由于，三星自身的销售队伍和整体市场管理实力的局限，三星一直延续全国总代理的销售渠道模式。但是具体来说，三星手机采用分型号代理模式，将不同的型号手机交给多家国内代理商：鹰泰数码、长远电信、爱施德、新大陆、天音和派普，最高三星曾经有七家国代。这一时期三星的国代发展壮大，鹰泰、爱施德等国代纷纷建立起全国性销售网络和分支机构。国代也有实力开始对大型销售终端，如手机连锁、家电连锁等进行直接供货，对其他重点客户也开始直接供货。对于主要零售商的供货渠道变为两级，其他渠道长度也基本上缩短为三级。只有少数比较集中在三、四级市场和一些通讯市场的零售散户的更长营销渠道。下图展示的是三星这一阶段的渠道结构：

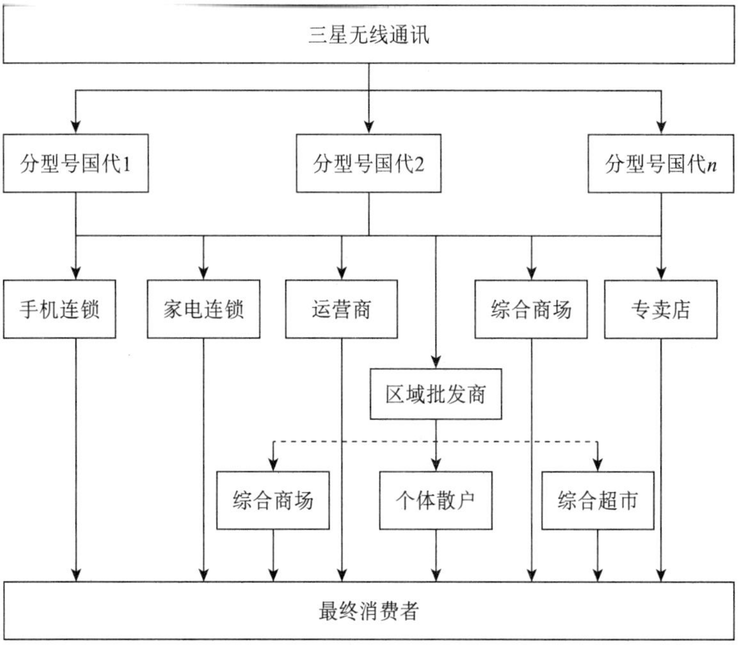

资料来源：三星渠道，百度文库，2023-11-28.

思考：（1）分析三星这两个阶段的渠道策略分别是什么？前后发生哪些变化？
（2）结合案例分析三星使用这些渠道策略有哪些优缺点？
（3）三星所适用的渠道策略是否可能会引起渠道冲突？为什么？

在线测评

第九章　自测题

第十章　促销理论与方法

学习目标

1. 熟悉促销、促销组合的概念及影响因素；
2. 掌握促销组合中广告、公关、人员推销和营业推广的含义、类型、作用和策略；
3. 能够运用促销组合理论进行促销策划与设计。
4. 掌握移动营销策略。
5. 熟悉社交媒体营销策略。

导入案例

法国队夺冠，华帝退全款

活动目的：

提升品牌知名度、认知度。华帝并未成为世界杯官方赞助商，对于2018年的足球相关营销活动，华帝之前也并未称之为“世界杯营销”。而是要在足球大年里做一次足球营销。放眼于未来整个体育营销层面。

活动策划：

华帝初期规划与各大互联网平台合作，建立华帝冠名的讨论专区。合作平台包括同样成为法国队合作伙伴的网易、社交网络平台微博，以这些资源来取得保底的曝光度。同时签下了法国名宿亨利为代言人，并在5月份签约后举办了一场《枪王之王·最燃之约》的线上直播，录得700万观看量。当时是准备以“最燃”为关键词，在世界杯期间输出形象。通过初期的试水，华帝认为这场足球营销战固然以品牌输出为主，也可让终端销售一同配合。于是才推出“夺冠退全款”的活动策划。“夺冠退全款”系列活动，包括两种消费者可选方案。方案一是优惠促销，消费者在促销期间以优惠价格购得华帝产品，该交易与法国的表现不存在挂钩关系。方案二是消费者可以选择当时不享受优惠，但是假如法国最终夺冠，购买指定“冠军套餐”的消费者将获得全额退款。“夺冠退全款”活动的目的，是让一个品牌推广活动的同时，也让华帝在终端市场上的销售得到带动。“夺冠退全款”将消费者自身的利益与法国队的表现产生关联，使消费者对华帝品牌的关注持续下去，并贯穿世界杯比赛期间。对于消费者来说，厨电产品不是快消品，购买者一般出于刚需，选择“夺冠退全款”的方案，又有一种竞猜的刺激感。未来还有收获更具“乐趣”。而对别有用心的囤积者来说，产品体积相对较大，假如真有囤积之意，需要付出一定的储存成本；而法国夺冠又并非板上钉钉，所以囤积的收益期望值其实不高。所以华帝营销的风险在可控范围之内。

活动效果：

“法国队夺冠华帝退全款”营销活动带来的销售额大概为10亿元，退款额为7 900万元，线下渠道5 000万元，线上2 900万元，加上其他成本，包括广告投放及签约，总成本为1.1亿~1.2亿元，成本占收入10%。活动产生的费用在公司年度预算内，属于公司可控费用。就算把这笔钱视作广告费，也绝对物超所值。华帝官方微博主持的两个话题#法国队夺冠华帝退全款#和@华帝退全款启动#，加起来有1亿的阅读量，整整半个月的时间，华帝的百度搜索指数都居高不下，尤其是法国队杀进决赛的7月11日，该指数更一度冲上44 188的高点。

海信是本届世界杯的官方赞助商，而且被认为是营销做得比较好的一家企业。为获得世界杯赞助商资格，海信付出的代价是一亿美元，约合6.6亿元人民币，这还不包括海信为宣传投入的配套资金。总体下来，估计海信为世界杯营销付出的代价不会低于7亿元人民币。但是，世界杯期间媒体对华帝的报道量远远大于对海信的报道量。几乎所有媒体都对华帝进行了相关报道——从传统媒体到新媒体，从中央级媒体到地方媒体，从专家解读到自媒体传播。这在中国企业传播史上是罕见的。华帝世界杯营销的价值，是否相当于海信7亿元营销投放的价值？

资料来源：网易网站资料，2018－10－19.

点评：

华帝在本次世界杯上收获了远超投入了数亿的海信、蒙牛等大品牌商的传播效果，“花最少的钱，做最赢得人心的广告”，这个“四两拨千斤”的经典案例被许多业内人士奉为本年度最佳营销案例，载入营销史册。企业促销应抓住时机，创意新颖，另外做好各项服务计划，才能让消费者愿意参与，积极参与，给予企业或品牌较高的评价。

第一节　促销组合理论

一、促销的含义

促销，即促进销售，是企业通过人员和非人员的方式，沟通企业与消费者或用户之间的信息，刺激顾客的欲望，转变其购买态度，使其产生购买行为的活动。

促销是企业市场营销活动中的关键环节，企业通过广告、公共关系、人员推销和营业推广等促销手段把企业的产品或服务的信息传递给消费者或用户，以影响和促进消费者或用户的购买行为，使消费者或用户对企业及其产品或服务产生好感和信任。因此，促销本质上是一种告知、说服和沟通的过程，即沟通者有意识地安排信息，选择促销媒体，以便对特定沟通对象的行为与态度进行有效的影响。

促销是企业向消费者或用户传递信息并影响其行为的过程。可以从以下3个方面理解促销：

（一）促销的核心或本质是信息沟通

促销的实质是企业与消费者或用户的信息沟通与传递。信息沟通是企业进行促销活动的基本要求。只有首先将产品信息传播给消费者或用户，企业才能进行深层次的说服工作。

沟通具有艺术性，通过艺术的方式沟通往往能达到更好的沟通效果。因此，促销沟通中，如果使用艺术的方式也可以达到较好的促销沟通效果。

沟通是人与人之间、人与群体之间思想与感情的传递和反馈的过程，以求思想达成一致和感情的通畅。因此，沟通最终要求思想观点达成一致，如果不能够达到思想观点的一致，则是沟而不通，沟通失败。因此，促销不仅强调信息的发送，还强调信息反馈正确，是有效沟通，否则，促销的费用就白花了。

小链接：　促销是一种沟通的艺术——网易云音乐《看见音乐的力量》

2017 年 3 月 20 日，网易云音乐在杭州包下了 1 号线的车厢及江陵路地铁站，发起了一场名叫《看见音乐的力量》的营销活动。网易云音乐把点赞数最高的 5 000 条优质乐评，经过层层筛选，最终筛选出 85 条，红底白字的方式印满了杭州市地铁 1 号线和整个江陵路地铁站。乐评选择的标准包括三条：简单，一语中的，脱离了歌曲环境仍然能被看懂和有共鸣。

地铁车身以网易云音乐红为主色调，还有一些声波符号的点缀，而在车厢内部，各个角落都分布着精选的网易云音乐精彩评论。来自网友的热门评论分布在地铁的各个角落。它们直击人心，这种“感同身受”的力量在“乐评专列”中迅速扩散，治愈那些负面的情绪。让走进地铁的人们不仅可以感受到音乐的力量，更能够感受到网易云音乐对我们的治愈。

活动效果：线下活动能积极反馈到线上，通过线下打卡乐评地铁专列，在网络上引起一波全句热度，让网易云的歌曲评论数量翻至以往的 3 倍。网易云音乐在音乐系列排行榜中从第 3 名升到第 1 名，免费应用排行榜从 35 位左右升至第 16 位。线上和线下渠道的完美结合，让这场内容营销的影响力得到充分的发挥。官方微信公众号上的主传播文案成为了首篇 10 万 + 的文章，是平时阅读量的 5 倍。

（资料来源：https：//mp. weixin. qq. com/s/WxOs_s05rY_NINXtiqEqxQ）

（二）促销的任务是向消费者传递产品的相关信息

促销沟通的是广告主产品或服务的信息。通过信息传递，让消费者或用户知晓产品存在，以及产品的性能等，认识到产品的使用价值或其核心效用，这样才能打动消费者或用户购买。

（三）促销的目的是转变消费者或用户的态度，激发消费者或用户的购买行为

促销不仅仅是传递信息，更重要的是引发消费者的兴趣，刺激消费者欲望并促使其采取购买行动。因此，促销的目的是诱导需求，激发购买欲望，以扩大市场占有率。

二、促销的作用

（一）传递信息

传递信息是促销的核心要求。及时、有效的信息传播可以加快产品进入市场的进程。因

为消费者对产品不了解，只有通过一些必要的促销措施，向消费者告知产品的各类信息，如功能、用途、价格等，才能刺激消费者对产品产生兴趣和积极反应。当然，信息传递有单向与双向之分。单向信息传递是一方发出信息，另一方接收信息，是一种间接促销。双向信息传递是双方都是信息的发出者和接收者，具有直接促销之功效。广告、营业推广就是单向信息沟通，而人员推销、公关则属于双向信息沟通。

（二）诱导购买

在买方市场态势下，企业面临众多竞争者，且同类产品很多，其质量、功能差异又小，消费者往往很难辨别。通过促销手段则可以将产品信息及产品优于竞争对手的信息展示出来，并让消费者知晓，从而达到诱导其购买之目的。

（三）指导消费

通过各种形式的沟通，让消费者不仅了解产品的一般功能特性，而且更深一步地了解产品的最基本的操作、使用、维护方法，对消费者起到一定的指导作用，使消费者或用户能够合理消费、科学消费，避免不必要的浪费。

（四）促进销售

不断的促销可以强化消费者对某个品牌、某个企业的产品的认识、理解和认同，从而产生对某个品牌、某个产品的信任感，起到扩大销售的作用。

三、促销的分类

（一）按照促销借助的工具不同分类

按照促销借助的工具不同进行分类，企业促销的方式主要包括两类，人员推广和非人员推广两类。人员推广即企业运用销售人员向消费者或用户直接推销产品。这种方式适合于工业产品、大宗产品的促销，其优点是信息沟通灵活、及时，但成本较高；非人员推广是企业通过一定的渠道或手段传递企业、产品信息，以促使消费者或用户购买，包括广告、公共关系和营业推广。一般来说，人员推广针对性较强，但影响面较窄，而非人员推广影响面较宽，针对性较差。企业促销时，只有将两者有机结合并加以运用，方能发挥其理想的促销作用。

（二）按照促销活动运作的方向不同划分

按照促销活动运作的方向划分，可分为推式促销与拉式促销。

1. 推式促销

推式促销是以人员推销为主，辅之以对中间商营业推广，兼顾消费者的营业推广，把产品推向市场的促销策略，其目的是说服中间商与消费者购买企业产品，并层层渗透，最后到达消费者手中。这种方法是通过分销渠道将产品“推”给最终消费者，也就是企业直接对其渠道成员进行营销活动，以诱导他们选购产品并促销给终端消费者。推式策略主要是运用人员推销和营业推广的手段，重点调动批发商及零售商销售产品的积极性，比较适合于生产资料的促销，即生产者市场的促销活动，如图 10 - 1 所示。

2. 拉式促销

拉式促销是企业通过广告或其他非人员促销手段，直接诱发消费者的购买欲望，由消费

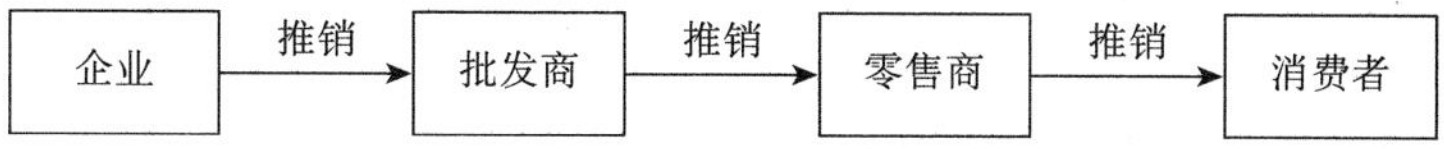

图 10－1　“推式”促销

者向零售商、零售商向批发商、批发商向企业求购，由下至上，层层拉动购买，其中重点则以调动广大潜在顾客强烈的购买欲望为主，由消费者的购买欲望推动各级各类中间商主动进货，如图 10－2 所示。

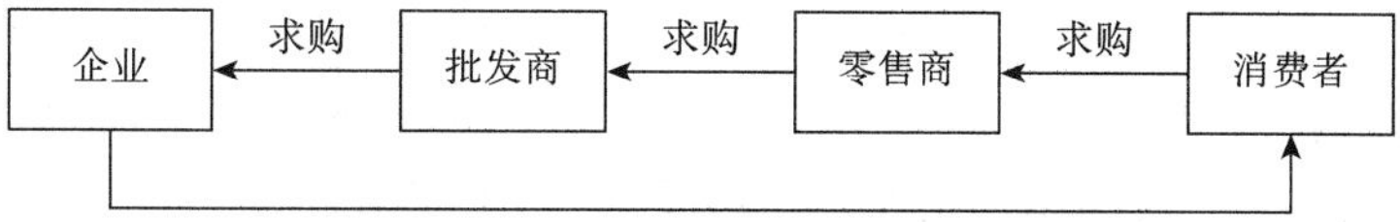

图 10－2　“拉式”促销

实践中，一些工业品公司只采用推式策略，如医疗机械公司，而一些采取直接营销的公司则只用拉式策略。但大多数的公司采用的是推拉结合的混合策略，也就是说，一方面要用广告来拉动最终用户，刺激最终用户产生购买欲望；另一方面要用人员推销的方式向中间商推荐，以使中间商乐于经销或代理自己的商品，形成有效的分销链。如可口可乐公司，一方面通过广告树立品牌，刺激消费者购买；另一方面大力支持中间商，帮助中间商铺货、促销，使产品随时随地到达消费者手中。

四、制定促销组合的影响因素

企业促销方式与手段多种多样，主要有广告、人员推销、公共关系、营业推广。但这些促销方式各有利弊，因此，企业在运用促销工具时，应该针对实际的市场环境合理使用，可单独使用，也可以将各种促销方式组合一起以达到最佳的促销效果。在未来越来越激烈的竞争环境下，企业往往将多种促销方式综合运用，即促销组合。所谓促销组合，是指企业根据产品特点和营销目标，综合各种影响因素，对广告公共关系、人员推销和营业推广的综合运用。

企业在实际促销活动中，如果选择两种或两种以上的方式，就要涉及以哪种方式为主、以哪几种方式为辅的问题。促销组合就是指企业根据产品、市场性质等因素的不同，将直接促销手段和间接促销手段加以灵活选择、巧妙组合和综合运用，形成一套针对选定的目标市场的促销策略。它体现了企业促销的整体决策思想，将各种促销方式有目的、有计划地组合起来，形成整体效果最优的促销决策。促销组合包括促销沟通过程的各个要素的选择、搭配及其运用。如何选择、搭配、有效地运用促销组合，如何优化促销组合，是每一个企业需要面临的问题。企业必须考虑预算、产品以及生命周期、促销策略、消费者购买阶段等因素。

（一）促销目标

企业不同时期有不同的促销目标。促销目标不同，所使用的促销方式也就不同。通常要达到知晓目标，最好使用广告，其次是公共关系、营业推广；以信任为目标，最好使用人员推销，其次是公共关系；以提高订货量为目标，最好使用人员推销，其次是营业推广、广告；以理解为目标，最好使用公关，其次是广告；以提醒消费者为目标，最好使用广告，其次是营业推广；以证明产品有效为目标，最好使用人员推销，其次是营业推广。

（二）产品因素

产品的性质不同，则促销组合就有差异。如消费品和工业品是两类不同性质的产品，各种促销手段对于它们来说具有不同的重要程度。一般而言，消费品的促销组合次序是：广告、公共关系、营业推广和人员推销；工业品的促销组合次序是：人员推销、营业推广、公共关系和广告。

产品所处的生命周期阶段不同，促销目标不同，应采取的促销组合就不同。在导入期，产品鲜为人知，企业应加强广告宣传，提高潜在顾客对产品的知晓程度，同时配合营业推广和人员推销等方式刺激购买试用。在成长期，产品市场销售增长迅猛，但竞争者出现并快速增多，这一时期广告依然是主要促销方式，但广告内容转变为产品优势宣传上，同时配合营业推广和公关宣传，使其度过试用期的顾客形成对产品的偏爱、新顾客涌现。在成熟期，销售增长率下降、市场供应量达到高潮，竞争更加激烈，应该是广告配合适当的营业推广的同时，还应利用公共关系突出企业声誉、提高企业形象、显示产品魅力，以稳定并扩大市场。产品进入衰退期，以营业推广为主，辅以提醒式广告，此阶段促销费用不宜过多，以免得不偿失，见表 10－1。

表 10－1　产品生命周期各阶段的促销组合策略

产品生命周期阶段	促销目标重点	主要促销方式
导入期	认识了解产品	介绍广告为主、人员推销为辅
成长期	提高产品知名度、增进兴趣与偏爱	品牌宣传广告为主，辅以人员推销
成熟期	增加产品竞争力	促销工具综合运用
衰退期	促成信任、忠诚顾客购买	营业推广为主，辅以提醒广告

（三）市场条件

针对不同性质的市场，企业应采取不同的促销组合。一般凡市场范围小，顾客集中，以人员推销为主；市场范围大，市场的顾客分散，以广告及营业推广为主。消费者特性，若目标消费者群文化水平较低，以视听广告为主；文化水平较高，则以说理性强的知识介绍及宣传为主。

（四）促销预算

任何促销活动的实施都需要花费一定的费用。促销费用在一定程度上可以说是影响企业选择促销组合策略的最主要因素。在促销费用一定的情况下，如何在不同促销手段中进行合理分配以达到最佳的促销效果就成为促销组合策略决策的主要问题。不同促销方式与媒体的费用差异很大，企业应全面衡量、综合比较，促使有限的费用发挥出最大效用。企业可以运用一些预算方法来作出促销预算，确定其应该支出多少促销费用，以便筹措资金和进行费用支出控制。

第二节　广告理论与方法

广告是企业产品促销的重要手段之一，广告在促进产品销售及树立产品形象乃至企业形象方面起着日益重要的作用。在商品经济社会中，广告是企业成功的关键。虽然广告不一定能使产品成为名牌，但没有广告，产品肯定不会成为名牌。

一、广告的概念

广告，从字面理解即“广而告之”，广义的广告即向公众通知某一件事情。广义的广告包括盈利性的广告和非盈利性广告。狭义的广告即盈利性广告，是广告主以付费的方式，通过各种传播媒介向目标消费者有计划的传递商品或服务信息，从而影响其购买行为的活动。广告的传播功能经历了“广而告之”“劝说说服”“引导”“沟通”四个阶段，越来越注重以消费者为中心，满足消费者的需求，与消费者进行平等沟通。广告活动的构成要素包括：广告主、广告信息、广告对象、广告媒介。

广告的内涵应包括以下几个方面：

（1）广告必须有广告主，即广告的发布者，是商品或服务的提供者，主要是工商企业。

（2）广告的对象是广大的目标消费者。

（3）广告的内容是产品、品牌或企业的相关的信息。

（4）广告是非人员的促销方式，需要借助一定的媒介进行传播。

（5）广告需要支付一定的费用。

（6）广告向目标顾客传递信息时必须使用一定的传播技巧。

二、广告的分类

（一）按照传播媒介划分

1. 报纸广告

报纸广告即刊登在报纸上的广告。报纸广告是一种印刷广告，它的主要特点是发行频率高、发行量大、覆盖面广、信息传递及时、价格较低，因此报纸广告自产生以来，运用比较广泛，广告效果明显。但是报纸广告的印刷不够精美，视觉表现效果不够理想。

2. 杂志广告

杂志广告即刊登在杂志上的广告。由于各类杂志的读者兴趣爱好明确，专业性强，因此杂志广告具有印刷精美、表现力强、针对性强、可反复阅读、便于储存，但是杂志的覆盖面较窄、出版周期较长、信息传递不够及时。

3. 广播广告

广播广告即通过广播向目标消费者传递的广告。广播广告具有制作成本低、受众广泛、播出时间灵活、信息传递及时、具有声音感染力等特点，但是广播广告有稍纵即逝、不易保存记忆的缺点。

4. 电视广告

电视广告是通过电视媒体传递的广告。电视广告视听结合表现力强、感染力强、可信度高，塑造品牌形象快，面向大众覆盖面广等优点。但是电视广告的制作成本与媒体购买成本较高。

5. 网络广告

网络广告即通过网络传递的广告。网络广告利用网站、网络平台、App 等刊登广告，方便灵活、信息量大、宣传及时、互动性强、速度快、效果理想。但是网络广告的信息可靠性不够高。

6. 其他广告类型

借助其他媒介进行广告宣传的类型有很多，如 POP 广告、电影广告、包装广告、交通广告、电梯广告等。POP 广告即售卖点广告，如店内的条幅、商店的牌匾、海报、价格牌、充气广告、指示牌等都属于 POP 广告。电影广告是以电影或其衍生媒体为载体的广告形式。如电影内的植入广告、电影放映前或电影放映后有独立的广告内容的广告。包装广告即印在包装上的标志、产品介绍等对产品或品牌起到宣传作用的信息。交通广告即在火车、飞机、地铁、公交、轮船等交通工具及候车地点进行的宣传。电梯广告即在城市楼宇电梯内壁上张贴、播放的广告。此外还有直邮广告、人体广告、单立柱广告、墙体广告等。随着技术的发展，未来借助新型媒介进行广告宣传的现象也会越来越多。

（二）按照广告的内容划分

1. 商品广告

商品广告是针对商品销售所做的广告。它又有开拓性广告、劝导性广告和提醒式广告。

（1）开拓性广告——以介绍商品为主，主要用于介绍产品用途、特点或使用方法以及生产企业的情况和所能提供的服务。这类广告常用于产品的导入期，希望能引起消费者的注意。此广告主要是激发顾客的原始需求。

（2）劝导性广告——以竞争为主，它旨在培养消费者的品牌偏好、鼓励消费者使用本企业产品、改变消费者对产品特性的认识、说服顾客购买本企业产品。在产品的成长期，这类广告特别适用。它主要影响顾客的选择性需求。

（3）提醒式广告——以满足消费者惯性需求为主。用来提醒顾客注意企业的产品，加深记忆，提高重复购买率。在产品成熟期经常被使用。它主要是满足顾客的惯性需求。

2. 企业广告。企业广告是以宣传企业名称、企业精神、企业理念、企业文化、企业概况为主的广告。侧重于介绍企业历史、成就、经营范围等，旨在加深社会印象，树立企业形象，推动企业事业的发展。

3. 公益广告。公益广告是以宣传公益事业或公共道德的广告，目的在于通过某种社会活动或社会公共利益活动，获得公众认同，以提高企业的知名度和美誉度。

（三）按照广告辐射的范围划分

1. 全国性广告

指覆盖全国范围的媒体广告，如央视、各省卫视广告；《人民日报》《经济日报》广告；《读者》杂志和《中国青年》杂志广告等。这种广告适合全国通用产品，且实力强的企业。

2. 地方性广告

指覆盖地方范围的广告，如郑州电视台、《大河报》广告等。此类广告传播范围小，多适合生产规模小的企业和产品做广告。

三、广告信息

（一）广告主题

广告信息即广告传播的内容，一般传播内容要明确一个中心、一个广告主题，该主题作为广告信息的统帅，统领整个广告信息，即广告信息的中心思想。广告主题是广告主与目标受众沟通的凝聚点，广告作品为达到某项目标而要表述的基本概念，是广告表现的核心，也是广告创意的主要题材。只有主题鲜明、诉求突出才有可能是优秀的广告作品。如王老吉广告的主题一般围绕“预防上火”展开，广告语“怕上火喝王老吉”即是广告主题的体现，该广告主题体现了产品的功能定位，广告主题的确定需要考虑三个方面的要素：广告目标、信息个性、目标消费者的心理需要。广告主题必须围绕本次广告宣传的目标进行选择，是广告战略的核心；信息个性指所宣传的信息要有鲜明的个性，突出自己特点；目标消费者的心理需要是指广告主题立意点要符合消费者某一方面的心理需要，能引发消费者共鸣。消费心理需要很复杂，时代不同、地域不同、文化不同、性别、年龄不同、阶层不同，消费者心理差异很大。以上三方面的要素的有关资料都是通过前期详尽周密的市场调查取得的，千变万化的市场动态始终是广告主题确立的基础与核心。确定广告主题应注意以下几个问题：

（1）广告主题必须为消费者提供利益承诺，如解决销售难题、是消费者的关心点、最能体现产品信息个性。

（2）广告主题应单纯、集中、精炼。即每个广告只能有一个中心论点，如果你有多个中心论点，应该制作一系列的广告，比如绿箭系列广告主题包括清新口气、放松压力、让你我更亲近等。

（3）广告主题应保持统一性和连贯性。

（二）广告创意

广告创意是围绕广告主题，经过精心思考和策划，运用艺术手段，把所掌握的材料进行创造性的组合，来表现广告主题的一种艺术构思。简单的说，广告创意即围绕广告主题进行的艺术构思。广告主题是一个抽象的概念，与消费者沟通时，广告创意则是把广告主题变成消费者易于接受的表达艺术。主题只是一种思想或观念，比较抽象、难以理解，难以给消费者留下深刻的印象。因此，要运用艺术构思，使消费者易于接受、乐于接受。通过创意，使广告看起来既有新意，同时又具有促销的效果。

广告的创意的表现方法：

1. 对比法

即把两个不同的事物放在一起做比较，使形象更鲜明，感受更强烈。如形状、方向、明暗、空间、大小、高低、动静、聚散、使用前后效果等的对比。通过对比，往往达到更好的表达效果。

2. 联想法

即由甲事物联想到乙事物的方法。如接近联想、类似联想、对比联想、因果联想等。在广告创意中，通过适当的联想可以把两个看起来不相干的事物联系在一起，使广告表现更有新意。

3. 幽默法

即将生活中的幽默巧妙的运用在创意中，从而增加人们的愉悦体验，增强受众对广告及其产品的印象。

4. 情感法

即在广告创意情境中融入感情要素，引起人们的情感共鸣。如亲情、友情、爱情、爱国之情、道德、理智等，这些能够打动人们情感的要素可以引起人们共鸣，引发人们的思考，获得人们的认可和支持。

5. 专家法

即通过该领域的权威人士对产品的功效进行说明或证明的方法。专家法能够让消费者更好地信任、认可该产品，也有利于树立该产品的专业形象。

6. 名人法

即邀请明星做产品形象代言人，通过明星的号召力来扩大产品的吸引力。这种方法可以借用名人的影响力快速提升产品的知名度，快速打开市场，但是费用较高。

7. 夸张法

夸张法即借助想象，对宣传产品的某些特性进行非常明显的过分夸大，以加深或扩大受众的认识。

广告创意的方法很多，还有悬念法、暗示法等，不拘泥于以上的这些方法，只要有新意，艺术的表达产品主题，达到促销的效果，都可以尝试运用。

（三）广告创意的原则

1. 真实性

广告是向消费者传递信息，真实性是根本要求，对产品、品牌的各项宣传要以事实为依据，不允许有虚假、欺骗或让消费者难以辨别真假的宣传信息，广告的艺术手法要得当，可以艺术夸张，但是不能夸大，注意夸张和夸大的区别。

2. 社会性

广告是通过文化媒体进行信息传递的，因此，广告在传播信息的同时，也传播了一定的思想意识，必然会影响到社会文化、社会风气等。广告设计必须遵循党和国家的有关方针政策，遵循国家相关法律，能够促进社会主义精神文明建设，促进社会风气的好转。例如我国《广告法》就规定广告不得使用我国国旗、国徽、国歌；不得使用国家级、最高级、最佳等用语；不得含有民族、种族、宗教、性别歧视的内容等。

3. 针对性

由于各个消费者群体都有自己不同的购买心理、习惯和行为方式，广告要能够在目标市场中产生共鸣，广告内容和形式的设计必须有针对性。对不同的产品、不同的目标市场要有不同的内容，采取不同的表现手法。针对性越强，广告效果就越理想！没有针对性的广告，只能造成广告费用的大量流失。

4. 艺术性

广告是一门科学，也是一门艺术。广告设计应把真实性、合法性、针对性寓于艺术性之中。这就要求广告要具有较强的艺术魅力与较高的审美情趣。广告应该成为精美的艺术作品，给人以很高的艺术享受，使人受到感染，增强广告的效果。可以说，广告应该是艺术形式与商品、服务内容的高度统一。

四、广告媒体选择

（一）广告媒体选择考虑的因素

广告媒体分析主要是对广告媒体的选用及组合进行事先的分析，是广告主使用各种媒体的事先考虑或安排，最终目标是如何在广告预算允许的范围内，运用广告媒体来传达广告信息所进行的周密安排及协调实施。简言之，就是如何才能在尽可能少花钱的基础上使广告产生更好、更为显著的效果，其中广告媒体选择是最为关键的环节。广告媒体优缺点分析是媒体选择的重要依据。除此之外，在调查、选择适宜的广告媒体时，还应该考虑以下因素：

1. 产品的性质

不同的产品对广告媒体有不同的要求。广告媒体只有适应产品的特点才能取得较好的广告效果。例如依靠外观、颜色、光泽打动消费者购买的产品，最好选择电视、杂志媒体，如服装、化妆品、珠宝首饰等，因为电视、杂志表现外观、色泽的能力强；而对于需要详细加以介绍的产品广告，通常应采用报纸、杂志作为媒介，如轿车广告、机械器材广告等。

2. 目标消费者接触媒体的习惯

广告的目的是被消费者，特别是目标消费者接受，因此，必须根据目标市场的特点来选择媒体。例如，在农村可以利用数十年建立起来的有线广播网进行促销；对办公用品则多采用报纸、杂志来进行广告传播；对于儿童用品则常采用电视广告，且集中在播放动画片时段最好。

3. 广告媒体的覆盖范围和影响力

广告媒体的覆盖范围直接关系到广告的传播区域、接触频率及作用强度。一般来说，媒体的传播范围应与市场范围一致，就会对目标市场具有最强的影响力。因此，必须了解媒体的发行量、发行地区、顾客类别、视听率等指标。如丰田轿车选择北京、上海、广州三大城市的报纸作为主要广告媒体，主要是考虑这些城市是丰田轿车目标消费者集中的地区，是广告产品的主要市场。

4. 媒体的费用

不同广告媒体的收费标准不同，即使是同一种媒体也因传播范围和影响力的大小而有价格差别。另外，广告在考虑媒体费用时，还应该注意其相对费用，常用每千人成本指标衡量。

企业在选择广告媒体时，要根据广告目标的要求，结合各广告媒体的优缺点，综合考虑各种影响因素，尽可能选择使用效果好、费用低廉的广告媒体。

（二）广告媒体投放策略

1. 持续型

就是一年中不间断地投放广告费。此种模式的优点是有连续知名度，不容易被遗忘，而且可以连续强化广告信息。其缺点是需要足够的预算，而且多适用于无季节性的产品。有实力的企业往往采用这一策略。

2. 集中型或间断型

集中力量，抓住几次机会大做广告。这种投放可使有限的预算集中投放，但品牌投资不连贯，易使消费者遗忘，达不到预期的效果。因此适合新产品的上市或季节性的产品。

3. 脉动型

广告费投放就像跳动的脉搏一样，多少不定。脉动投放既可保证品牌的持续性，又可根据客户不同时期不同需求加强力度，使广告投入有松有弛，真正做到有的放矢。

当然，媒体费用投放也要注意在不同媒体之间合理安排，比如在电视、广播、报纸、杂志等媒体之间如何分配？在央视、卫视、地方电视之间如何分配？都需要去策划和设计。

五、广告预算

做广告要支付费用，但也讲究投入产出，不能盲目地投入广告费用，要科学合理。

（一）销售比例法

是指按预定的促销费用占企业（目前或预测）销售额的百分比来确定其促销费用。当百分比一定时，企业销售额越高，其促销费用也越高。这种方法有不少优点，但是它在理论上存在严重缺陷。它错误地把销售额视为促销费用的“因”，这意味着销售状况好时，促销费用投入多，而销售状况差时，反而促销费用投入得少，颠倒了因果关系。

（二）量力支出法

是指企业根据自己的财力水平来确定其促销预算。这种方法简便易行，但并不合理。它忽视了促销活动对销售量的巨大影响作用，将促销活动看成是可有可无的。这种方法存在一定的片面性。

（三）竞争对等法

是指保持与竞争对手相同支出水平的促销预算。这样的促销预算可以维持市场竞争均势，并有助于防止促销战。美国纳尔逊调查公司的派克汉通过多年的研究得出结论：要确保新上市的产品达到同行业平均水平，其广告预算必须相当于行业平均水平的1.5～2倍。这一法则通常称为派克汉法则。

（四）目标任务法

是指通过确定特定的目标，并估计和测算实现这些目标需要完成的任务以及完成这些任务的成本，以此为依据确定其促销预算。这种方法被认为是最合逻辑的预算方法。此方法比较科学，但没有从成本观点出发来考虑某一广告目标是否值得追求这一问题。

六、广告效果测评

企业花费大量的人力、物力、财力投入在广告上，总希望能达到预期的市场促销目标。把广告传播出去，这只是整个市场传播过程的第一步，究竟发布的广告有没有促销效果以及效果量的大小等，都不得而知。因此为了对广告投放进行有效的计划和控制，企业还必须对广告的效果进行测定分析。通常，广告效果指的是广告接受者的反映情况。广告效果主要表现为广告促销效果及广告沟通效果两个方面。

（一）广告促销效果

广告促销效果指的是广告促进产品销售和利润增加的程度，它反映广告费用与产品销售量（额）之间的比例。广告促销效果的测定，是以产品销售量（额）的增减幅度作为衡量标准的。常用的测定方法有以下几种：

1. 广告费用占销率

这种方法测定的是计划内广告费用对广告产品销售量（额）的影响。广告费用占销率越小，表明广告促销效果越好，反之则越差。其计算公式为：

$$广告费用占销率=[广告费用/销售量(额)]\times 100\%$$

2. 广告费用增销率

这种方法可以测出计划期内的广告费用增减对广告产品销售量（额）的影响。广告费用增销率越大，表明广告的促销效果越好，反之越差。其计算公式为：

$$广告费用增销率=[销售量(额)增长率/广告费用增长率]\times 100\%$$

3. 单位广告费用促销率

此法可以测出单位广告费用对产品销售量（额）的影响。单位广告费用促销量（额）越大，表明广告效果越好，反之越差。其计算公式为：

单位广告费用促销率 = 产品销售量(额)/广告费用 ×100%

4. 单位广告费用增销率

此法可以测出单位广告费用对产品销售量增减程度的影响。单位广告费用增销量（额）越大，表明广告效果越好，反之越差。其计算公式为：

单位广告费用增销率 = [报告期产品销售量(额) - 基期产品销售量(额)]/广告费用 ×100%

（二）广告沟通效果

广告沟通效果指广告对目标市场消费者心理效果的影响程度。可见广告沟通效果并不是以产品销售量的大小为衡量标准的，它反映了消费者对广告本身的反应程度，包括对产品信息的注意、兴趣、情绪、记忆、理解、动机等。因此，对广告心理效果的测定主要表现在知名度、注意度、理解度、记忆度、购买动机等项目上。一般，对广告心理效果测试，通常采用抽样调查的方式进行。具体的实施方法包括：

1. 前测法

前测法就是事前邀请专家、消费者等对事先拟定的同一商品的多种设计方案进行评价，然后排序，排在首位的应当是效果最好的，可以作为广告实施方案。

2. 后测法

（1）回忆测试法。回忆测试法指通过调查对象观看或阅读广告后对广告内容的记忆程度来测定广告效果。

（2）认知测试法。认知测试法指测定调查对象是否通过某一媒体接触过某个广告。一般认知测试常将调查结果分为三等：略微认知，看到过；联想认知，能记起某一部分内容并能由这一部分内容联想起有关的产品信息；深层认知，能识别一半以上的广告内容。

3. 实验室控制法

实验室控制法指利用各种实验室仪器、设备检测调查对象对某一广告产生的生理反应，如心跳、血压等变化，以此来衡量该广告是否具有吸引消费者注意和兴趣的能力。广告效果的测定是一项复杂的工作，应全面、多角度对广告效果进行研究从而为企业市场营销战略的准确性制订和实施提供重要的依据。

第三节　公共关系理论与方法

公共关系（Public Relations），是指企业与社会公众的关系。在市场营销活动中，公共关系是一种以长期目标为主的间接促销手段。尽管公共关系不能在短时期带来明显的直接促销效果，但它对于企业的意义在于通过媒介向公众传播企业的使命和价值观，增加公众对企业的产品或服务的公信度，从而在整体上塑造良好的企业形象，而后者的提升，将大大有助于企业的目标的达成，相应地，企业的利润也会提高。

一、公共关系

（一）公共关系

关于公共关系，又称公众关系，被誉为“公共关系之父”的美国人艾维·李于1906年在报界发表的《原则宣言》中，郑重提出了“凡是有益于公众的事务必有益于企业和组织”的信条，他认为：“公众应该被告知”，只有在宣传中说真话，把事实真情告诉公众，公司或组织才能获得信誉。

现代营销学之父菲利普·科特勒认为：公共关系就是“通过赢得有利宣传与有关公众建立良好关系，树立良好企业形象，并及时处理不利于企业的传闻或事件”。从上述定义中可以看到公共关系主要是通过举办或参与一系列的社会公共活动以及处理企业危机事件以建立企业的良好社会关系。因此，公共关系指企业以树立组织形象，提高组织声誉，融洽组织与公众的关系，取得公众支持与信赖的一系列决策与行动。公共关系一般简称公关。

公共关系不同于广告。第一，广告传递的信息是产品或服务信息，而公关传递的是企业文化、企业理念的信息。第二，广告卖的是商品，而公关树立的是形象。第三，广告是站在企业角度考虑问题，而公关是站在公众角度考虑问题。第四，广告注重当前利益，而公关注重的是长远利益。第五，广告表达方式是直白的，而公关则比较含蓄。

（二）公共关系的作用

1. 传播信息

信息是企业生存和发展必不可少的资源。通过公共关系活动传递企业理念、文化、精神等方面的信息，取得公众信任、认同，树立良好形象。

2. 监测环境

通过公共关系活动企业可以收集到各种相关信息，包括企业或产品形象信息，如对企业的评价和对产品、服务质量的反映、评价等；内部员工的意见、建议；以及企业外部各种客观环境的信息，如国内外政治、经济、文化的变化、竞争者动态、消费者需求及购买行为的变化等。通过监测环境，可以把握企业的知名度和美誉度，提供决策依据。

3. 协调关系

企业是一个开放的系统，系统内外各要素都需要相互联系、沟通。交流沟通是公共关系的基础，任何公共关系活动的实施都依赖于公共关系主客体之间的交流沟通，主动处理与各方关系。为此，企业要认真处理好与各类社会公众之间的关系，包括消费者、供销商、新闻媒体、政府相关部门、内部员工、社会公众、竞争对手等。只有处理好与这些公众的关系，企业和产品才能塑造良好的形象，在市场营销活动中处于有利环境，从而促进产品的销售。

4. 塑造形象

公共关系作为企业的“喉舌”，将企业的信息及时、有效、准确地传递给社会公众，为企业树立良好形象创造良好的舆论氛围，公共关系活动能提高企业知名度、美誉度，给公众留下良好的形象，并能引导公众舆论朝着有利于企业的方向发展。同时，还能及时地纠正和改善对企业不利地公众舆论，避免不良影响的进一步扩大，从而起到维护企业声誉的作用。

二、公共关系的对象与维护

公共关系又称公众关系，一般公众分为两大类，内部公众和外部公众。

（一）内部公众

1. 员工

在企业内部，搞好员工的思想工作，增强员工的凝聚力和团队精神，对企业来说，同样是至关重要的。只有内求团结，才能外求发展。企业内部像一盘散沙，在外部是不可能团结一致同对手展开竞争的。企业可以通过一系列手段，做好企业内部的公共关系：①内部渠道的信息沟通，如建立内部网络、广电交流平台，发行内部刊物等，宣传企业优秀文化，培养员工的自豪感、归属感；②定期举办各类集体活动，如旅游、参观、聚餐、文体活动等，融洽员工之间的关系。

2. 股东

股东是企业最大的顾客，也是最忠实的顾客。投资都希望好的回报，股东也希望自己投资的企业效益蒸蒸日上，也希望大家都购买企业的产品。因此处理好与股东的关系也是重要的一个方面。

（二）外部公众

1. 消费者

消费者满意是企业一切活动的围绕的中心。正如美国通用电器公司的首席执行官杰克·韦尔奇所说："公司不能为你们提供稳定地工作，只有消费者可以。"因此企业首先要使目标消费者或潜在消费者对本企业产生良好的印象，以良好的企业形象和信誉吸引消费者。

为此，企业应从三个方面做好工作：①为消费者提供优质产品和服务，这是建立良好公共关系的首要条件和根本保证。②与消费者定期进行有效的沟通，收集消费者信息。目前比较流行的做法是开展"消费者教育"活动，即通过免费杂志、讲座、组建消费者俱乐部、培训班等方式，对目标或潜在消费者进行引导和教育。以此来促进产品的销售和良好企业形象的树立。例如，IBM 提出的"先教电脑，再卖电脑"，要求公司必须首先对消费者进行免费产品培训，使其掌握产品的基本功能操作后，方可向其销售产品。③正确处理与消费者的纠纷，避免与消费者正面争吵。对待问题消费者应耐心、诚恳。如果消费者的投诉合理，在确认后应及时处理，使消费者感觉到受到尊重。即使出现一些不能解决的问题，也应耐心向消费者解释，争取消费者的谅解，化解矛盾。

2. 政府

政府及相关职能部门同样是企业重要的公众之一。企业的生存和发展离不开政府的支持和帮助。政府及相关职能部门通过一系列的法律、法规直接或间接对企业的经营活动产生影响。因此，企业必须经常与政府部门沟通，及时了解相关的政策、规定，并使之能尽量有利于本企业的发展。

3. 媒体

新闻媒体是企业最特殊的公众，企业的公关关系活动通常要借助一定的宣传媒体向外界发布，以扩大活动影响力。公关 10% 靠企业自己做，90% 靠媒体宣传。因此、企业要与各新闻媒体单位保持密切的关系。要积极与新闻媒体接触，提供可供选择的新闻素材，并欢迎媒体单位的采访报道。另一方面，对待媒体的负面报道，企业要冷静、谨慎，首先要认真核实新闻报道内容，迅速查清事实真相。如果是企业自身的问题，要尽快改正，并将改进后的情况及时通报新闻媒体，争取挽回不良影响。如果新闻报道，与事实不符，企业要立即通过新闻媒体说明真相，或举办新闻发布会澄清事实，并可要求发布不实报道的新闻媒体做出公开更正以免损害企业形象。

4. 社区

社区是指企业所在地的区域范围。企业的生存发展都离不开所在地的其他企业、学校、医院、团体、居民。社区顾客是企业最重要的顾客。社区被称为企业发展的“根”。因此，企业应与社区各界保持友好关系，积极支持社区公益活动和经济建设，为社区提供就业、税收、环保、安全环境等，以此获取社区的理解，为企业发展提供多方面的便利条件。

5. 金融部门

金融界对企业的融资能力有重要的影响。金融界主要包括银行、投资公司、证券公司。没有金融部门支持的企业是很难持续、长久发展的。

6. 社会团体

一个企业营销活动可能会受到消费者组织、环境保护组织、少数民族团体等的质询，也要处理好与他们之间的关系，取得他们的支持和帮助。

三、公共关系的原则

因为公共关系影响到企业未来发展，在进行公共关系策划与设计时，必须应遵循以下原则：

（一）真实性

广告作为一门科学和艺术，允许一定程度的夸张，但公关是不能夸张的。公关强调以事实为基础，以真诚真实取信于公众。任何公关策划都必须建立在事实基础之上，不能有丝毫的虚假与欺骗。形象问题无小事。

（二）适时性

公关策划要十分注意实施的时间。实施时间并无固定的规律，一般来讲要与某些强烈吸引公众注意力的事件相结合，抓住社会上的“热点、难点、重点、冰点”等时机进行公关。“热点”就是整个社会都关注的问题；“难点”就是长期解决不了的老大难问题；“重点”就是一定时间内突出要解决的问题；“冰点”就是一定时期内没有关注的但将来可能成为热点的问题。

（三）创新性

公关贵在创新，它不像广告那样直接宣传产品，针对性强，如果公关立意不新，手法不新，是很难吸引公众注意的。公关要强调与众不同，以奇制胜。

（四）含蓄性

公关以间接方式表达企业意图，而非广告方式。“劲酒虽好，可不要贪杯哦”（劲酒公关广告）就是含蓄促销的方式，非常得体，获得公众认同。

（五）长期性

广告要求立竿见影，公关则注重长远利益，切忌急功近利，更不能半途而废。

四、公共关系策略

（一）宣传型公关

宣传型公共关系，就是利用各种宣传途径、各种宣传方式向外宣传自己，提高本组织的知名度，从而形成有利的社会舆论。宣传型公共关系的特点是：利用一定媒介进行自我宣传，其主导性、时效性极强。具体表现在以下三点：第一，运用公关广告形式，按照本组织的意图在报纸、杂志、广播、电视等新闻媒介上宣传自己、树立形象，争取有关公众的好感。第二，策划专题活动“制造新闻”，吸引新闻界报道。这是一种不支付费用的宣传方式，在效果上比公关广告更有说服力和吸引力，更有利于提高本组织的知名度。第三，利用举办各种纪念会、庆祝典礼，或利用名人、明星等特殊人物的声望，达到提高组织知名度的效果。

（二）交际型公关

交际型公共关系，就是指不借助其他媒介，而只在人际交往中开展公关活动，直接接触，建立感情，达到建立良好关系的目的。交际型公共关系是一种有效的公关方式，它使沟通进入情感阶段，具有直接性、灵活性和较多的感情色彩。实施交际型公共关系必须注意以下三点；第一，完善自我形象，掌握交际的礼貌礼仪和交际艺术，善于运用有声语言和无声语言与人打交道。第二，经常保持联系，注意平时的感情投资，“有事要登三宝殿，无事也要登三宝殿”。保持经常的接触与联络，可以缩短人际交往的心理距离，密切相互之间的感情联系，长期保持彼此之间的良好关系。第三，团体交际形式。通过各式各样的招待会、工作餐、宴会、茶会、舞会、慰问等进行人际交往，增进双方的感情。

（三）社会型公关

社会型公共关系，就是组织利用举办各种社会性、公益性、赞助性活动开展公关的模式。它是以各种有组织的社会活动为主要手段的公共关系活动方式。社会型公共关系通过举办社会活动如各种纪念会、庆祝典礼、社会赞助等，来尽量扩大本组织的社会影响，具有公益性、文化性特征，影响面大，其活动范围可大可小、可简可繁。社会型公共关系不拘泥于眼前效益，重点在于树立组织形象、追求长远利益。第一，善于运用各种时机灵活策划各种公关活动，以期引起新闻界和公众的兴趣与重视，通过大众传播达到扬名在外的目的。第二，坚持利他原则，特别是尊重公众利益，重视社会整体效益。北京某餐厅本无名气，某次举行“支援非洲、义卖三天”的活动，引起新闻界的极大兴趣，作了专题报道，知名度迅速提高。

（四）服务型公关

服务型公共关系，就是一种以提供各种优良服务为主要手段的公共关系活动模式，以自己的优质服务赢得社会公众的好感。服务型公共关系的特点是依靠本身实际行动做好工作，其特别媒介是服务，而不是依靠宣传。所以，它基本上仍是人际之间的直接传播形式。传播形式多种多样，人情味十足，反馈灵敏，调整迅速。搞好服务型公共关系的具体做法是：第一，完善服务措施，加强售后服务。完善服务可以赢得广大公众的信任和支持，树立良好形象。第二，把出售商品和其他文化娱乐等活动相结合，可方便顾客，使顾客一举数得。

（五）维系型公关

维系型公共关系，就是通过各种传播媒介，比较平淡地持续传递信息，使社会组织在长时期中对有关公众起到潜移默化的作用。维系型公共关系主要用于稳定、巩固原有的良好关系。其特点是通过优惠服务和感情联络来维持现状，不求大的突进、但也不中断，通过不间断的宣传和工作，维持良好关系。具体方法很多，例如：可以让长期顾客享有低价优惠；可以在节假日向老主顾赠送小礼品；可以邀请参加活动以加强感情联络等。例如，日本有一家公司每天在门口向过路顾客赠送印有公司名号的香水巾，迅速扩大了知名度。

（六）建设型公关

建设型公共关系，就是指社会组织为开创新局面而在公共关系上不断努力，使有关公众对该组织及其产品、服务产生一种新的兴趣，以直接推动本事业的发展。一般说来，建设型公共关系适用于企业初创时或新产品首次推出时，其特点在于创新、开拓，能大大提高本组织的知名度。方法诸如开业典礼、新产品展销、免费试用、招待参观、开业折价酬宾、赠送宣传品等。

（七）进攻型公关

进攻型公共关系，就是在往会组织与外部环境发生某种冲突时，以守为攻，改变旧环境，创造新局面。进攻型公共关系的特点是：内容形式新颖，能迅速吸引有关公众的注意和兴趣，可迅速提高本组织的信誉度与知名度。

（八）征询型公关

征询型公共关系，就是以提供信息服务为主的公共关系模式。它通过新闻监测、民意测验、社会调查等方式了解掌握信息和社会动态，为组织决策提供参考。征询型公共关系的特点是长期性、复杂性、艰巨性。在一般情况下，必须设立专门的信息渠道，由专人负责，如厂长信箱、市长专用电话、人民来信来访办公室等。只有坚持长期广泛搜集、综合处理，才能收到理想的效果。做好征询型公共关系的具体方式是：第一，设立信息渠道，广泛搜集信息。第二，开展各种咨询业务，设立监督电话，处理举报和投诉等。

（九）防御型公关

防御型公共关系，就是在社会组织出现潜在危机（或不协调）时，为防止自身公共关系失调而采取的一种公共关系模式。防御型公共关系的特点是：采取防御和引导相结合、以防御为主的策略，敏锐地发现本组织公共关系失调的症状和前兆，及时采取措施调整自身的政策和行为，促使其向有利于良好公共关系方面转化。方法主要是：采用调查及预测手段，了解潜在危机，提出改进方案。

（十）矫正型公关

矫正型公关又叫危机公关，在企业出现严重危机时，为挽回企业声誉进行的公关。所谓矫正型公共关系，就是采取措施来纠正因主客观原因给本组织带来的不良影响（风险或严重失调），恢复本组织被损害的良好形象和信誉的公共关系方式。矫正型公共关系的特点是：及时发现，及时采取应对措施，妥善处理，以挽回损失，重新确立起组织的形象和声誉。形象与声誉遭受损害的情况有两种：一种是由于外界的某种误解，甚至是人为的破坏；另一种是由于组织内部不完善或过失所致。对前者，公关部门应迅速查清原因，公布真相，澄清事实，采取措施来消除损害组织形象的因素。对后者，应迅速采取行动，与新闻界联系，控制影响面，平息风波。只有内部及时纠正、弥补，才能尽快恢复公众信任，重新树立良好形象。

危机的发生，常常源于媒体和受众对事实的误解和企业的不透明。企业无论犯错与否，都需要一个正确的心态，增加透明，向公众坦诚的解释。危机发生时，企业对媒体及公众的态度要沉着、冷静，企业应该注意以下两点：一是表示出对媒体的尊重，第一时间主动与之进行直接的、面对面的沟通。媒体是舆论的传播者，要想影响受众，必先争取传播者的理解。真诚的姿态，更容易使媒体感觉到“尊重”，沟通也会更加有效。二是对公众态度要坦诚，传达的信息必须准确、清晰，争取公众的理解。

小链接：　海底捞的危机公关

2017 年，海底捞北京劲松店、北京太阳宫店出现食品卫生安全事件，事件曝光后，海底捞“服务神话”形象瞬间崩塌，不少网友表示震惊失望的同时也表示“不会再去了”。事后，海底捞火速发布致歉信，成功逆转舆情。这次“危机公关”更是被视为舆情处理典范。海底捞连发两条致歉信：

①事发约 4 个小时，海底捞发布致歉信，回应称媒体报道中披露的问题属实，表示十分抱歉并致歉，且告知事件处理进展如何查询。

②事发约 7 小时，海底捞再次发微博，公布了事件处理通报，并给出了详细的整改措施及责任人联系方式。

从负面爆出到做出回应，不少网友表示海底捞的回应“有担当”，堪称“成功的危机公关”，一下完成了从沦陷到逆袭的转身。那么，这次堪称“满分”的公告有哪些地方值得大家学习的呢？

一是态度诚恳，勇于认错。在海底捞第一次的致歉信中，其首先承认错误，并表示“每个月我公司也会处理类似的食品安全事件”。接着告知大家类似安全事件的处理结果可通过其官网或微信平台进行查证，足见其重视，也敢于接受公众监督。同时，也感谢了媒体和公众对海底捞火锅的监督。致歉信强调了海底捞一直坚持的社会责任感，给予了公众非常正面的主观感受。

二是整改措施责任到人，清晰可查。事件处理通报，不仅表示在处理，并详细而明确列出了具体行动，并一一对应了责任人：在问题的处理上，还聘请第三方公司，对下水道、屋顶等各个卫生死角排查除鼠。消除了公众对于自改自查不透明的怀疑。责任到人，说明整改确实在落实，公布责任人也是表示接受公众监督。

三是不甩锅给临时工，不粗暴开除员工。而海底捞“处理通报”中第 6 条中表示，“涉事停业的两家门店的干部和职工无需恐慌，你们只需按照制度要求进行整改并承担相应的责任。该类事件的发生，更多是公司深层的管理问题，主要责任由公司董事会承担。”不可否认，部分事故发生，有临时工的原因，对涉事人员进行开除也不一定不可采。而同时，太多事故是“临时工”的原因，不免有“甩锅”嫌疑，海底捞没有直接开除涉事员工，而是将责任归到管理层，体现了其一直主打的“将员工当做顾客来服务”的企业文化。

四是回应快速全面。自媒体时代，网上的任何微小事件都有可能全面爆发，形成巨大的舆情，舆情回应有黄金4小时之说。在负面舆情爆出4个半小时后，海底捞首先发布了致歉信，又在不到3小时后，发出了整改详细的通报说明。并在通报中对消费者、员工、政府、媒体等都做了相应回应：向消费者致歉，感谢媒体和消费者帮助其发现问题，并接受监督，依据相关法规进行整改，涉事员工无需恐慌等。

简言之，做到了不抵赖、不狡辩，快速、坦率回应，原本的民怨沸腾瞬间扭转为“当然是选择原谅它”。

（资料来源：企业怎样转危为机，海底捞危机公关高在哪里》齐鲁热点，2020－4－3）

五、公共关系程序

开展公关活动，公关方案的制定、实施与评价是一个系统工程，其基本包括调查、策划、实施和评估4个步骤。

（一）公共关系调查

任何策划都是建立在调查基础之上的。公共关系调查是公共关系活动的起点和基础。通过调查，能了解企业目前在市场上的知名度和美誉度，从而为今后的公关策划提供依据等。公关调查的内容主要有企业基本状况、公众意见和社会环境三个方面。

（二）公共关系策划

以调查为依据，在明确公共关系活动目标的基础上，要设计、制定合适的公关活动方案，包括选择针对性的公关活动目标对象；具体的公关活动项目，如记者招待会、庆典活动、慈善募捐等；整个公关活动的费用预算等。公关策划是公关成败的关键。

（三）公共关系实施

在考虑影响公关因素（时间、地点、人物、对象、事件等）的基础上实施公关策划活动。公关方案实施需要考虑一个重要因素——时机。企业可以利用一些特殊事件或突发事件实施公共关系方案，或者通过巧妙的策划营造有利的公共活动氛围来实施。

（四）公共关系评估

对于公关活动的效果评估，由于其目标的隐藏性、长期性，多是建立长期的良好社会关系，而且公共活动又常常和其他促销手段结合使用，因此很难对公共关系活动的效果进行衡量与评价。一般的评价方法是依据社会公众的评价进行；或是公共关系活动实施后，消费者对企业或产品品牌知名度、美誉度，以及实际产品销售量等方面的变化。通过这些方面的考察，可以对企业公共关系活动及效果做出比较客观、准确的衡量和评价，并发现其中的问题，为企业未来的公共关系活动提供建议。

第四节　人员推销理论与方法

人员推销方式是一种非常古老的促销方式，在销售产品或服务方面有着非常重要的作用。不过现代人员推销是建立在营销观念基础之上的人员推销，是站在消费者角度进行的促销活动，而不是站在企业或产品角度开展的促销活动。

一、人员推销的含义和特点

（一）人员推销的含义

人员推销是指企业运用推销人员直接向用户介绍商品和服务的一种促销活动。在人员推销活动中，推销人员、推销对象和推销品构成人员推销的三大要素。推销人员是推销主体，推销对象是服务主体，推销品是推销活动的客体。通过推销员向推销对象实施推销，达到销售商品，满足推销对象需要，实现推销主体价值的目的。

（二）人员推销的特点

人员推销是企业重要的促销手段之一。对于工业产品、大宗产品或单位购买产品，如工业原料、机器设备、办公用品等，仅凭借广告、公共关系、销售推广等促销手段是很难把产品销售出去的，企业必须派出具有专业素质的销售人员向目标消费者或潜在消费者介绍产品、现场示范，解答消费者疑问等，才有可能促成消费者的购买。人员推销与非人员推销相比，其优点主要表现在：

1. 信息传递的双向性

成功的传播应该是一个信息双向传递的过程。与其他促销方式不同的是，人员推销是信息在同一时间进行双向传递的传播过程。一方面，销售人员通过向消费者介绍产品的相关信息，如产品质量、功能、特点、价格、服务等情况，来实现促进产品销售的目的。另一方面，销售人员通过与消费者的直接接触，能及时掌握消费者对企业和产品的评价以及一手的市场情报，为企业制定合理的市场营销策略提供依据。

2. 推销目的的双重性

推销员的目不仅是推销自己的产品，而是在增进顾客利益的基础上推销商品，为推销产品而推销产品是卖不掉的，是为了满足用户需要而推销产品。推销员推销过程应该是一个“双赢”的过程。

3. 推销过程的灵活性

销售人员与消费者或用户直接联系，可以掌握消费者或用户的态度行为特点，并依据不同消费者或用户的特点，有针对性地选用适当的工作方法，以适应消费者，诱导其购买。

4. 友谊协作的长期性

销售人员与消费者或用户直接接触，双方可以建立友好的商务友谊关系。建立长期联系，有助于展开产品销售工作以及培养忠实消费者。所以说人员推销应该是先交朋友，后做生意。

尽管人员推销是一种有效的促销方式，但也有缺点：①成本费用高。选择和培养优秀的销售人员对企业来说耗费较大。人员推销的费用通常高于其他的促销手段。广告、公共关系、营业推广只要花费较低单位成本，就可以接触到一个潜在消费者，但销售人员接触到一个潜在消费者往往要花费高出几十倍、几百倍的费用。②流动性高。销售人员的流失率普遍较高，企业培养销售人员需要花费大量的时间、金钱，一旦销售人员流失，特别是转向竞争对手的企业，往往会给企业带来巨大损失。

二、人员推销的步骤与策略

（一）寻找顾客

寻找顾客就寻找潜在顾客，从而有目的地进行推销。

销售活动的第一步就是寻找、确定潜在的目标消费者。寻找潜在的目标消费者，主要有以下途径：

（1）直接寻找法。有个人观察法、个人访问法、会议寻找法和查阅资料等方法。

（2）间接寻找法。有广告搜寻法、同行或朋友介绍等。

（二）接近准备

找到潜在的目标顾客后，不要急着去接触顾客，应该在接近顾客前进一步了解顾客情况，然后有针对性接触顾客。准备一般包括：

（1）搜集客户资料。主要是关于客户个人姓名、性别、职业、学历、年龄、收入、爱好、民族、籍贯、母校、家庭、风俗习惯、宗教信仰、经历、级别等。目的是进一步接近客户。

（2）做好精神准备。推销时要有信心、毅力，要不卑不亢，并注意个人仪容仪表。

（3）物质准备。主要包括推销产品、推销装备、产品鉴定证明、产品说明书等。

（三）接近顾客

接近顾客是推销洽谈活动的前奏，是推销人员与顾客正式就交易事件接触见面的过程。推销人员接近顾客的方法多种多样，要注意掌握各种方法并综合运用。

（1）商品接近法。指推销人员利用商品的某些特征来引发顾客的兴趣，从而接近顾客的方法。这种方法对商品的要求比较高，商品应具有某些吸引力的突出的特点，并最好能便于携带，使推销人员能以有形实体的商品展示给顾客。

（2）介绍接近法。指通过推销人员的自我介绍或他人介绍来接近顾客的方法。介绍的内容包括姓名、工作单位、拜访的目的等情况。为获取顾客的信任，一般应递交名片、介绍信等相关证明材料。

（3）社交接近法。指通过与顾客开展社会往来接近顾客的方法。采用这种方法一般不开门见山地说明用意，而是尽量先与顾客形成和谐的人际关系。

（4）馈赠接近法。指推销人员通过赠送礼物来接近顾客的方法。馈赠礼物比较容易博得顾客的欢心，取得他们的好感，从而拉近推销员与顾客的关系，而且顾客也比较乐于合作。

（5）赞美接近法。指推销人员利用一般顾客的虚荣心，以称赞的语言博得顾客的好感，接近顾客的方法。推销人员要注意观察顾客的仪表，在称赞顾客时要真诚、恰如其分，切忌虚情假意，以免引起顾客的反感。

（6）反复接近法。指推销员在一两次接近不能达成交易的情况下，采用多次进行推销访问来接近顾客的方法。该方法一般在交易较大的重点生意中经常采用。

（7）服务接近法。指推销人员通过为顾客提供有效并符合需要的某项服务来博得顾客的好感，赢得顾客的信任来接近顾客的方法。具体的服务内容如维修服务、信息服务、免费试用服务、咨询服务等。

(8) 利益接近法。指推销人员利用商品或服务能为顾客带来的实际利益以引起顾客的兴趣并接近顾客的方法。采用这种方法时，推销人员应把商品能给顾客带来的利益放在第一位，以引发顾客的兴趣，增强购买信心。例如，一位推销员在介绍产品时说："我们厂出品的账册、簿记比其他厂的产品便宜三成。"从顾客关心的重点入手，引发顾客对所推销产品的兴趣。

(9) 好奇接近法。指推销人员通过引发顾客的好奇心来接近顾客的方法。好奇心是人们普遍存在的一种心理。推销人员在采用该方法时，应注意新奇，但不荒诞，并注意在恰当的时机，将谈话引入正题。如一位推销办公用品的推销员对推销对象说："我有办法让您每年花在办公用品上的成本减少 30%。"

(10) 求教接近法。指推销人员通过请顾客帮忙来解答疑难问题，从而接近顾客的方法。例如，推销人员问："赵工程师，你是机电产品方面的专家，你看看与同类老产品相比，我厂研制并生产的产品有哪些优势?"推销人员采用这种方法主要是利用对方好为人师的特点。运用求教接近法时一定要注意问对方擅长的问题，并在求教后及时将话题导入有利于促成交易的谈话之中。

(四) 面谈——核心：关键是说服

1. 面谈的主要方法

语言说服（提示说服）、非语言说服（演示说服）两种。

(1) 语言说服（提示说服）。通过直接或间接、积极或消极的提示，将顾客的购买欲望与商品联系起来，由此促使顾客做出购买决策。

(2) 非语言说服（演示说服）。通过产品、文字、图片、音响、影视、证明等样品或资料去劝导顾客购买商品。

2. 处理顾客异议

在说服过程中要注意处理好顾客异议。顾客异议指顾客针对销售人员提示或演示的商品或劳务提出的反面意见和看法。处理顾客异议是推销面谈的重要组成部分。推销人员必须首先认真分析顾客异议的类型及其主要的根源，然后有针对性地使用处理策略。处理顾客异议的方法有：

(1) 肯定否定法。推销人员首先附和对方的意见，承认其见解，然后抓住时机表明自己的看法，否定顾客的异议，说服顾客购买。

(2) 询问处理法。推销人员通过直接追问顾客，找出异议根源，并做出相应的答复与处理意见。

(3) 预防处理法。推销人员为了防止顾客提出异议而主动抢先提出顾客可能异议并解释异议，从而预先解除顾客疑虑，促成交易。

(4) 补偿处理法。推销人员利用顾客异议以外的商品其他优点来补偿或抵消有关异议，从而否定无效异议。

(5) 延期处理法。推销人员不直接回答顾客异议，而是先通过示范表演，然后加以解答，从而消除顾客异议。

(五) 达成交易

在处理完顾客异议后，推销员要在保持沉着、冷静的基础上尽可能快地达成交易。达成交易的方法主要有：

（1）直接请求成交法。如果顾客没有什么问题，就可以直接成交。

（2）假定成交法。假定顾客已准备购买，然后问其所关心的问题，或谈及其使用某商品的计划，以此促进成交。

（3）优点汇集成交法。把顾客最感兴趣的商品优点或从中可得到的利益汇集起来，在推销结束前，将其集中再现，促进购买。

（4）小点成交法。让顾客先少量购买使用，如果产品质量没有问题，再次推销，顾客就会大量购买。

（5）优惠成交法。利用顾客的求廉心理，即时购买可以享受优惠的成交方法。

（6）从众成交法。通过推销员的销售记录或客户关系管理系统，让顾客看到购买的顾客数量的多少，既然大多数顾客都购买了，就说明产品没有问题，顾客自然而然也就会购买。

（7）保证成交法。就是推销员向顾客提出购买后的实际承诺，解除顾客的后顾之忧，使其放心大胆地购买。

（六）售后服务

交易完成后，并不等于销售过程的完成，销售人员需要提供后期的服务，履行销售诺言，维护良好的商誉，为今后的商务往来打下基础。

售后服务项目主要有：产品免费检查，产品定期保养，产品维修，产品使用指导说明，送给顾客新资料，送给顾客关于行业的商情资料，其他免费服务等。

售后服务的形式主要有：亲自拜访、信函问候、电话致意，也包括处理消费者投诉。处理技巧主要包括：真诚感谢消费者的反馈，仔细倾听，绝不争辩，找出问题，迅速采取补偿行动，让消费者满意。

三、推销人员的管理

（一）优秀的推销人员必备的素质

1. 感同力

感同力就是推销员感染对方、同化对方的能力。推销人员首先要具有高度的事业心和责任感，热爱推销工作，积极进取，不畏困难，坚持不懈的努力做好销售工作，才能感染对方，同化对方。

2. 自我驱动力

由于工作的性质，销售人员需要较强的心理素质和身体素质。销售人员要适应各种市场环境，以平和的心态面对困难，并且要有一个健康的体魄，只有这样，才能适应变化多端、业务繁重的销售工作。要有信心、耐心、毅力，坚持不懈地去完成推销任务。

3. 形象力

作为一名销售人员，给消费者留下的第一印象是至关重要的，它往往决定着销售的成败。因此，销售人员应十分注意仪表、形象。衣着、打扮都应符合一定的商务礼仪规范。另一方面，销售人员也应具备良好的语言表达能力，要做到语言亲切、简练、清晰。同时销售人员要做到要谦虚谨慎，善于聆听他人的发言。

4. 应变力

销售人员面对复杂的市场环境需要具备灵活的反应力，并善于把握时机，迅速行动。这就要求销售人员，还需要娴熟的工作技巧，能对不同的市场环境采用适当的推销方法。

5. 知识力

丰富的知识是销售人员成功推销的有利条件。优秀的销售人员需要具有过硬的专业知识，要对企业和产品有深刻的认识，熟练掌握相关的企业、产品知识。同时，还要有丰富的社会学、心理学知识，善于与消费者沟通，建立良好的、长期的商务关系。除此之外，优秀的销售人员也应该不断学习，提高自身的知识水平。

（二）推销人员的聘选与培训

1. 推销人员的选聘

（1）内部选聘。优点是对企业、产品等非常了解，但市场、推销知识缺乏。

（2）外部选聘。优点是市场、推销等知识丰富，但企业知识缺乏。

2. 选聘程序

无论何种渠道选聘，企业都要对应聘者进行筛选。一般地，筛选过程包括：填写申请表、笔试、面试、签约录用等。关键在于面试。

3. 推销人员的培训

（1）讲授培训。通过聘请教授、专家、优秀推销人员等为学员上课等形式进行培训。

（2）模拟培训。由学员在某一场合手拿产品对专家、教授等进行推销。

（3）实践培训。对销售人员的推销技巧的培训，包括寻找新消费者的技能、与消费者联系的技能、介绍产品的技能、如何处理消费者异议、成交的方法与策略、如何收款等。

（4）综合培训。一般企业很少采用一种方法进行培训，而将上述三种方法结合进行。先讲授，再模拟，后实践，达到全面提高推销员素质的目的。

（三）推销人员的分派

1. 按区域分派

按地理区域分派销售人员，每一位销售人员负责一定的区域，在此区域内负责企业产品在该地区的销售工作。这种配置方法适合于产品差异不大，市场比较集中的情况，其优点是：销售人员的责任明确，有利于销售人员与当地消费者建立长期的联系，提高推销效果，并可以减少销售人员的费用。

2. 按产品分派

按产品类型配置分派销售人员，销售人员负责某一种或某一类产品的销售工作。当企业产品类型多，而且各产品之间的关联性不大时，可以采用这种方法。这样，销售人员可以熟悉其产品，更好地向消费者介绍产品。但缺点是会产生重复推销，造成浪费，也容易使消费者产生混淆。

3. 按用户分派

按客户的类型分派销售人员，每位销售人员负责某一家或某几家类型的消费者或用户，通常是按客户行业或为大用户单独配置销售人员等。这种方法的优点是在于销售人员能深入了解消费者，更好地满足消费者的需求。但如果同类的消费者过于分散，则会增加销售人员的费用。

（四）推销人员的激励

1. 薪金制

是指在一定时间内，无论销售业绩多少，销售人员获得固定数额报酬的形式。具体来说，包括“职务工资＋岗位工资＋工龄工资＋津贴”等。薪金制度的优点是易于操作，计算简单，其缺点是难以调动销售人员的积极性。

2. 佣金制

即提成制。佣金制度，即企业根据销售额或利润额的大小给予销售人员一定比率的报酬，企业还可以根据产品、工作性质的不同给予销售人员不同的佣金。佣金制度能鼓励销售员尽最大努力工作，并使销售费用与现期收益紧密结合起来，但是佣金制度也存在着管理费用较高、容易导致销售人员短期行为等不足。

3. 混合奖励制

即“薪金＋提成”制。它既克服了薪金制和佣金制的缺点，又体现了薪金制和佣金制的优点。

4. 精神奖励制

精神激励主要是根据推销人员的工作表现给予精神奖励。精神激励的方式很多，如给予荣誉称号、传播典型事迹等，企业应根据实际需要加以选择。

（五）考核与评价

1. 资料收集

情报资料的主要来源是销售报告，包括销售人员的工作计划和访问报告。企业可以通过工作计划掌握销售人员的未来活动安排，了解销售人员规划工作以及执行规划的能力，从而为企业衡量销售人员的计划与成就提供依据，同时也可以通过访问报告掌握销售人员以往的活动、顾客账户状况，发现对以后访问有用的情报。情报资料的来源还有其他方面，如销售部门经理的评价、顾客信件与抱怨、消费者调查以及其他销售人员的看法等。企业应尽可能从多个方面了解销售人员的工作绩效，对销售人员进行客观、全面的评价。

2. 标准建立

评估指标要基本上能反映销售人员的销售绩效。评估指标主要有：①销售增长率、定额百分比、毛利。②每天平均访问次数、每次访问的平均时间、每次访问的平均费用、每次访问收到订单的百分比、销售费用及其占总销售额的百分比。③平均客户数、新增顾客数、失去的顾客数目等。为了使评估工作具有科学性，在评估时还应注意影响销售效果一些客观条件，如销售区域的潜力、地理状况、交通条件等。

3. 评价

（1）整体销售人员的绩效进行比较。进行销售绩效比较时，应建立在各区域市场销售潜力、工作量、竞争环境、企业促销组合等大致相同的基础上，比较的内容也应该是多方面的，除销售额外，销售人员的销售组合、销售费用、对净利润所做的贡献也要纳入比较的范围。

（2）销售人员个人绩效同过去的绩效相比较。这种比较方式可以完整了解销售人员的长期销售业绩，既有助于全面客观的评价过去，也有助于更好地规划未来。

第五节 营业推广理论与方法

一、营业推广的含义

营业推广即销售促进，是指企业运用短期诱因鼓励消费者或中间商购买、经销企业产品或服务的促销活动。营业推广能够迅速刺激消费需求，鼓励消费者购买的短期促销工具，具有立竿见影的促销效果。

营业推广是企业重要的促销方式之一，它具有刺激性、短暂性、针对性、辅助性等特点，在企业市场营销活动中被广泛运用。

(1) 刺激性强，以现实的利益诱导为核心。任何一种形式的营业推广活动，都包含某种程度的利益诱因。人们参加营业推广活动通常也是为了得到现实利益。这就是营业推广本质的特征。

(2) 效果迅速、明显、直接。营业推广与广告、公共关系不同，不需要较长时间的推广，就可以在短期内大量促销产品。

(3) 针对性强。在实践运用中，营业推广往往表现为“商业竞争”，用来在短期内对抗竞争对手，具有很强的针对性。

(4) 辅助性。多数情况下，营业推广是非经常性，只能作为企业产品促销的辅助手段，与其他促销方式配合使用。如若经常使用营业推广会使消费者对企业及产品质量产生怀疑，破坏企业形象。

二、营业推广的方式或工具

(一) 向消费者的推广方式

(1) 折价券。凭券买商品可免付一定的现金。

(2) 特价包。低于正常价销售组合包装或搭配包装商品。

(3) 包装兑现。凭包装领取商品或奖品。

(4) 赠奖。以低价出售或免费赠送另一种商品，赠品具有广告性质。

(5) 交易印花。当消费者购买某一商品时，企业给予一定数量的赠券或印花，赠券或印花达到一定程度，可换取这种商品、赠品或奖品。

(6) 有奖销售。

(7) 赠送样品。

(二) 向中间商推广的方式

(1) 购买折扣。规定短期内购买某一商品，可享受一次性折扣，鼓励大量购买。

(2) 广告折扣。酬谢中间商替其做广告。

(3) 经销奖励。给予其推销报酬或特别奖励。

(4) 陈列折扣。

(5) 免费样品。

三、制定营业推广方案

（1）诱因大小。必须确定所提供刺激的大小。诱因太大，虽刺激了消费者购买欲望，但企业损失较大。诱因太小，则难以激发消费者的购买欲望。诱因要合适。

（2）参与者条件。推广对象既可以是目标市场中的所有顾客，也可以是部分顾客。一般来说，企业应以那些现实的或可能的长期顾客为其目标对象。

（3）媒体分配。通过何种方式把方案传递给消费者。

（4）时间长短。确定合理的营业推广时间也是取得预期促销效果的重要一环。推广期限，既不能过长，也不宜过短。因为时间过长，会使消费者认为企业是在对产品进行的变相大拍卖，难以激发顾客的购买欲望，甚至对产品产生怀疑，致使推广效果欠佳；期限过短，又会使部分消费者对某种产品未能及时接受营业推广的好处，同样也收不到预期的促销效果。

（5）时机选择。营销经理还要决定促销时机，一般以节日为主，有针对地推广。

（6）推广总预算。营业推广费用的预算，应根据企业的人力、物力、财力条件，产品销售特点以及市场动态特点来做出。预算方法有：一是先确定营业推广的方式，然后预算出总费用；二是在一定时期的促销总预算中拨出一定的比例用于营业推广。

（7）预试推广方案。在一定范围内进行试销，了解方案的可行性，以修正不足，完善方案。

（8）实施、控制和评价营业推广方案。营业推广的实施，其关键为实施时机的把握。为此，需要权衡以下两个因素：一是从准备到正式公布实施的时间；二是推广始末的时间间隔，它应是95%的推广产品已经售完的时间。为了改进营业推广活动，还需要对其实施效果加以评价。一般先要确定一些能进行量化的标准，其中最重要的是销售额和市场占有率的标准。营业推广评价的主要方法为阶段比较法，即将营业推广之前、推广期间以及推广之后的销售额或市场占有率加以比较，从其升降变化的比较中来评估不同推广方式的效果。

第六节　网络营销

一、网络营销的含义

（一）网络营销的含义

网络营销（Online Marketing）是通过网络使用企业网站、在线广告和促销、电子邮件、在线视频、博客等营销产品、服务或建立顾客关系的活动。

（二）网络营销的特点

网络营销是以互联网为主要手段的一种新型营销手段，尽管历史较短，但已经在企业经营策略中发挥着越来越重要的作用，网络营销的价值也为越来越多的实践应用所证实。

网络营销与传统营销相比，既有相同之处，又有其显著不同的特点。网络营销与传统营销都是企业的一种经营活动，且都需要通过组合运用来发挥功能，而不是单靠某一种手段就能够达到目的的。两者都把满足消费者的需要作为一切活动的出发点和目的。但网络营销也具备一些传统营销所不具备的特点：

（1）市场全球化。由于互联网络具有超越时间约束和空间限制进行信息交换的功能，它使企业脱离时空限制达成交易成为可能，从而使企业面临一个更为广阔的、更具选择性的全球市场。

（2）产品个性化。网络营销能对顾客个别需求做出一对一的反应，生产出富有个性的产品以满足顾客的个别需求，从而使消费者个性的回归成为可能。

（3）价格公开化。顾客可以通过网络对所需的商品价格进行全球的比较和选择，极大地提高了价格的透明度。

（4）渠道直接化。厂商可以通过网络直接与顾客进行联系和销售，使商品流通过程大为缩短，使销售渠道更加直接化。

（5）服务大众化。企业通过网络连续不断地对位于世界任何角落的任意顾客提供全方位的服务，从而避免了企业因无法与每一位顾客沟通而不能满足其需求的可能，减少了顾客的不满意程度。

（6）沟通双向化。互联网络可以展示商品型号和目录，联结资料库提供有关信息的查询，可以和顾客做互动双向沟通，可以收集市场情报，并进行产品测试与消费者满意调查等。

（三）网络营销的优势与不足

1. 网络营销的优势

网络营销作为一种全新的营销方式，与传统的营销方式相比具有明显的优势：

（1）有利于降低成本。企业采购原材料是一项繁琐、复杂的工作，而运用网络可以使采购产品与制造相结合，简化采购程序。使用EDI（电子数据交换）进行无纸化办公，通常可以为企业节省5%～10%的采购成本。"EDI是通过电子方式，采用标准化的格式，利用计算机网络进行结构化数据的传输和交换的一种信息技术。"另外，传统店铺促销需要投入很多的资金和人力进行市场调查，而采用网上促销的成本是相当于直接邮寄广告花费的1%，利用网络发布广告的平均费用仅为传统媒体的3%，这样从成本和销售方面可以很好地降低企业的成本。

（2）能帮助企业增加销售商机，促进销售。网络可以提供给企业全天候的广告及服务，还可以把广告与订购连为一体，促成购买意愿。此外，通过网络，企业与国际接轨，还可以减少市场壁垒，消除不同国家间的公司因时间、地域的障碍而影响销售。传统的店铺销售有着地域的局限性，只能为当地消费者提供服务，这样就制约了店铺的发展规模，而网络营销有着没有时间限制的全天候经营，没有国界、没有区域界限的全世界范围内的经营，以及精简化的营销环节等特点，这样它就可以超越时空的限制。通过网络营销的独有特点，可以帮助企业更好在世界范围内进行促销，从而提高企业的市场占有率。

（3）有极强的互动性，有助于实现全程营销目标。网络具有主动性与互动性的特点，并且可以无限延伸。传统的店铺销售中，企业与消费者之间的沟通较为困难，而在网络环境下，企业可根据公告版、网站论坛、E－mail的形式，大大加强了企业与顾客之间的联系，企业可以有效地了解顾客的需求信息，从而建立数据库进行管理。利用这些信息，为企业所要进行的营销规划提供依据，这样把消费者与企业间的互动性提高上来，帮助企业实现销售目标。

（4）可以有效地服务于顾客，满足顾客的需要。营销的本质是排除或减少障碍，引导商品或服务从生产者转移到消费者的过程。网络营销是一种以顾客为主，强调个性化的营销方式，它比起传统市场营销中的任何一个阶段或方式更能体现顾客的“中心”地位。另外，网络营销能满足顾客对购物方便性的需求，提高顾客的购物效率，通过网络，顾客可以在购物前了解到相关信息，购物中可在家中进行，购买后也可与厂家取得联系。此外，网络营销能为企业节省传统营销方式不得不花费的巨额促销和流通费用，从而使商品成本和价格的下降成为可能。

（5）具有高效性。网络具有快捷、方便的特性，网络营销结合网络的这个优势，使商家进行营销活动的效率提高了。把这种高效性充分运用到销售活动的各方面，使许多对企业有用的信息综合运用起来，为企业的发展起到了指导作用。网络的高效性更有利于进行网络营销，使营销的过程更加快捷和及时适应市场的发展要求。

2. 网络营销的劣势

（1）信任问题。在信息交流中，双方的信任程度直接影响交流的效果。如果对对方提供的信息缺乏信任，很难想象这种交流有什么意义。互联网为交流双方提供的是一种虚拟的不见面的交流空间，其开放性的特征更容易使人对网上信息产生不信任感。这成为影响网上营销发展的重要障碍。

（2）信息安全问题。互联网是一个开放式的网络，它所采用的 TCP/IP 协议和 UNIX 操作系统本身也有安全方面的漏洞。在信息传递的过程中存在信息被截取、篡改和滥用的情况，最近几年关于上网用户的银行账号和密码被人从网上窃取的报道很多，而用户上网购物的记录被商家出售的新闻也不少。这造成许多用户不敢进行网上交易。

（3）费用问题。上网费用比较高，对用户来讲就是信息交流的成本高，这成为阻碍网络营销推广的一个重要因素，CNNIC 的调查表明，网民对互联网使用中不满意度最高的问题是费用高（14.3%的用户对费用很不满意）。

（4）物流配送问题。互联网的主要优势体现在信息交流方面，在物流方面，除了数字化产品或服务可以通过网络提供外，其他商品的配送还需要利用传统分销渠道。

二、网络营销的形式

（一）网站营销

实施网络营销的第一步就是建立网站，这是网络营销的物质基础。当然内容和目的不同，网站表现形式也不同。网站营销有两种形式：一种是营销网站。用于与顾客互动，使他们更容易产生直接购买或其他营销成果。如美国迷你建立了自己的营销网站，一旦有顾客登录，汽车制造商就会以最快的速度将这种需要转化为购买力，然后建立长期的顾客关系。这个网站提供了非常全面的有用信息和销售互动，包括当前迷你型号的详细资料和有趣的描述、迷你的改装工具、当地销售商的服务信息，甚至是从工厂到分销商运输过程中的追踪工具，交付之后，产品拥有者可以登录迷你在线休息室获取技术指导、说明视频、移动 App 和服务信息。

另一种是品牌社区网站。它并不销售产品，其主要目的就是围绕品牌建立顾客社区网站，通过品牌信息吸引消费者。此类网站一般提供一系列丰富的信息：品牌、视频、博客等，并与顾客进行互动。如体育网站上，可以获得大量的体育信息、体育数据、体育比赛及更新信息等。他们可以按照体育类型、比赛队伍、运动员、作者等定制自己独特兴趣爱好的网站内容。他们可以交流讨论，可以发布自己的信息。

网络营销不仅是创造网站，关键在于网站能否吸引消费者关注。为了吸引消费者，一方面，公司可以通过线下的印刷广告，以及其他网站的广告和链接推广其网站；另一方面，网站本身应该有巨大的吸引力。网站页面要新颖，内容在强大。据调查，人们在冲浪和购物时，多数人看重内容胜过形式，功能胜过浮华。因此，好的网站应该是形式与内容的统一，满足消费者消费需要，并能够给消费者带来兴趣和乐趣。

（二）在线广告

在线广告就是在网络上做的广告。它利用网站上的广告横幅、文本链接、多媒体的方法，在互联网刊登或发布广告，通过网络传递到互联网用户的一种高科技广告运作方式。

在线广告与传统广告相比，有利也有弊。在线广告的优点：①覆盖面广，观众数目庞大，有最广阔的传播范围。②不受时间限制，广告效果持久。③方式灵活，互动性强。④广告针对性强，可以分类检索。⑤广告费用低。⑥能够准确的统计受众数量。

在线广告的缺点：①强迫性广告过多。②监管滞后。③无序竞争。

随着互联网的发展和消费者在网络花费的时间越来越多，在线广告呈现快速发展趋势，越来越多的企业把资金投向在线广告。在线广告的主要形式是展示广告和搜索广告。

在线展示广告可能会出现在互联网用户屏幕上的任何地方，并且经常与被浏览的信息有关。只要你打开一个网页，广告会随时随地出现。可能以漂移形式出现，也可能是占据整个屏幕，或者是挂成屏幕两侧或四个角落。如打开新浪网页，经常会出现苏宁的巨幅广告占据整个屏幕 4、5 秒钟，时间不长但影响不小。展示广告近来在吸引和抓住消费者注意力方面有了长足的进步，以多种多样的形式出现，如卡通、影像、声音和互动性等。

在线广告占比最大的形式是搜索广告（文体广告），其在在线广告支出中接近一半。搜索广告是指文字广告和链接出现在搜索引擎网站（谷歌、百度、360 等）的搜索结果中。

广告商也可以在搜索网上购买搜索的关键词，并仅在消费者点击了他的网站后向搜索网站付费。比如可口可乐公司通过搜索引擎广告购买的方式对其流行的线上项目进行大力支持。

（三）电子邮件营销

电子邮件营销 EDM，即 Email Direct Marketing 的缩写，是指通过电子邮件的方式向目标用户传递价值信息的一种网络营销手段。

电子邮件营销可以加强企业和目标客户的合作关系为目的发送邮件，从而鼓励客户忠实于他或者重复交易，以获得新客户和使老客户立即重复购买为目的发送邮件，在发送给自己客户的邮件中添加其他公司或者本公司的广告。据估计，全球超过 36 亿的电子邮箱账户，电子邮件已经成为一种广泛使用的交流工具。所以，电子邮件营销有着很大的发展前景。

电子邮件营销应用范围广，操作简单，效率高，成本低，针对性和目标性强，精准度高，个性化强。如果使用恰当，它可以是一种数字营销中强有力的工具。但是，日益的电子邮件营销也有不利的一面，即垃圾邮件。垃圾邮件的爆发已经引起了消费者的反感和愤怒。基于此，大多数守法的营销人员开始采用“基于许可的电子邮件营销”方式，即只向选择加入的消费者发送邮件。

（四）在线视频营销

在线视频是指由网络视频服务商提供的、以流媒体为播放格式的、可以在线直播或点播的声像文件。在网络上以 WMV、RM、RMVB、FLV 以及 MOV 等视频文件格式为主，包括各类影视节目、新闻、广告、Flash 动画、自拍 DV、聊天视频、游戏视频、监控视频等。

在线视频广告的形式类似于电视视频短片，但平台却在互联网上。“视频”与“互联网”的结合，它具有电视短片的种种特征——感染力强、形式内容多样、个性创意等，又具有互联网营销的优势——互动性、主动传播性、传播速度快、成本低廉等。可以说，网络视频营销，是将电视广告与互联网营销两者有机结合的创新营销形式。

一部好的在线视频能够吸引数百万的消费者参与其中。通常，营销人员希望他们的视频能够形成病毒式传播。病毒营销是口碑营销的网络版，指的是当视频、广告或营销内容具有足够强的传染力时，消费者会主动寻找并分享给朋友。由于顾客扮演传递信息、向朋友推荐的角色，因此，病毒营销的成本很低。另外，当视频或信息来自朋友时，接收者更愿意去观看或阅读。

当然，在线视频能否有效传播，关键在于视频内容与形式。在线视频营销策略包括：

1. 网民自创策略

中国网民的创造性是无穷的，也是非常高超的。有句话叫：“高手在民间。”而且在视频网站，网民们不再被动接收各类信息，而是能自制短片，并喜欢上传并和别人分享。除浏览和上传之外，网民还可以通过回帖就某个视频发表己见，并给它评分。因此，企业完全可以把广告片以及一些有关品牌的元素、新产品信息等放到视频平台上来吸引网民的参与。例如向网友征集视频广告短片，对一些新产品进行评价等，这样不仅可以让网友有获得收入的机会，同时也是非常好的宣传机会。

2. 病毒营销策略

视频营销的厉害之处在于传播精准。首先顾客会产生兴趣，关注视频，再由关注者变为传播分享者，而被传播对象势必是有着和他一样特征兴趣的人，这一系列的过程就是在目标消费者中精准筛选传播。网民看到一些经典的、有趣的、轻松的视频总是愿意主动去传播，通过受众主动自发地传播企业品牌信息，视频就会带着企业的信息像病毒一样在互联网上扩散。病毒营销的关键在于企业需要有好的、有价值的视频内容，然后寻找到一些易感人群或者意见领袖帮助传播。

3. 事件营销策略

事件营销一直是线下活动的热点，国内很多品牌都依靠事件营销取得了成功。其实，策划有影响力的事件，编制一个有意思的故事，将这个事件拍摄成视频，也是一种非常好的方式。而且，有事件内容的视频更容易被网民传播，将事件营销思路放到视频营销上将会开辟出新的营销价值。

4. 整合传播策略

由于每一个用户的媒介和互联网接触行为习惯不同，这使得单一的视频传播很难有好的效果。首先，视频营销首先需要在公司的网站上开辟专区，吸引目标客户的关注。其次，也应该跟主流的门户、视频网站合作，提升视频的影响力，而且，对于互联网的用户来说，线下活动和线下参与也是重要的一部分。因此通过互联网上的视频营销，整合线下的活动、线下的媒体等进行品牌传播。

5. 博客营销

博客（Blog）是个人和企业发表想法和其他内容的在线载体。博客营销是通过博客网站或博客论坛接触博客作者和浏览者，利用博客作者个人的知识、兴趣和生活体验等传播商品信息的营销活动。

博客营销是利用博客这种网络应用形式开展的网络营销。公司、企业或者个人利用博客这种网络交互性平台，一是可以发布并更新企业、公司或个人的相关概况及信息，并且密切关注并及时回复平台上客户对于企业或个人的相关疑问以及咨询，二是可以通过较强的博客平台帮助企业或公司零成本地获得搜索引擎的较前排位，以达到宣传企业之目的。

博客营销形式一般有：企业网站博客，第三方企业博客平台的博客营销模式，个人独立博客网站模式，博客营销外包模式，博客广告模式等。企业可以在博客做广告，发表博客日记、专业文章进行宣传，可以监测营销环境等。

三、网络营销策略

网络营销策略是企业根据自身在市场中所处地位不同而采取的一些网络营销组合，它包括网页策略、产品策略、价格策略、促销策略、渠道策略和顾客服务策略。

（一）网页策略

企业可以选择比较有优势的地址建立自己的网站，建立后应有专人进行维护，通过一系列的推广措施，达到顾客和公众对企业的认知和认可。

（二）网络产品策略

企业要明确自己的产品或者服务项目，明确哪些是网络消费者选择的产品。因此，要认真分析网络目标顾客的需求特点，开展针对性的促销活动。

（三）网络定价策略

网络营销价格策略是成本与价格的直接对话，由于信息的开放性，消费者很容易掌握同行业各个竞争者的价格，如何引导消费者做出购买决策是关键。要求企业更要强调自己产品的性价比以及与同行业竞争者相比自身产品的特点，寻求差异化取胜之道。

（四）网络渠道策略

网络营销的渠道应该是本着让消费者方便的原则设置。设立网络店铺，及时在网站发布促销信息、新产品信息、公司动态，提供多种支付模式，让消费者有更加多种地选择。

（五）网络促销策略

网络促销是指利用网络技术向虚拟市场传递与企业相关的产品和服务信息，以引发需求，激发消费者购买欲望和产生购买行为的各种活动。网络促销形式有 4 种，分别是网络广告、站点推广、营业推广和关系营销等。

网络广告主要是借助网上知名站点（ISP 或 ICP）、免费电子邮件和一些免费公开的交互站点（如新闻组、公告栏）发布企业的产品信息，对企业和产品进行宣传推广。

站点推广是利用网络营销策略扩大站点的知名度，吸引上网者访问网站，起到宣传和推广企业以及企业产品的效果。

营业推广，就是企业利用可以直接销售的网络营销站点，采用一些营业推广方法如价格折扣、有奖销售、拍卖销售等方式，宣传和推广产品。

关系营销是借助互联网的交互功能吸引用户与企业保持密切关系，培养顾客忠诚度，提高企业收益率。

第七节　社交媒体营销

一、社交媒体营销的含义

社交媒体营销亦称社会化营销，是利用社会化网络——在线社区、博客、百科或者其他互联网协作平台媒体来开展营销的一种方式。

一般社会化媒体营销工具包括论坛、微博、微信、博客、SNS 社区、图片和视频通过自媒体平台或者组织媒体平台进行发布和传播。

二、社交媒体营销的形式

社交媒体营销有两种形式，一是独立的社交媒体；二是自建的社交媒体。

（一）独立的社交媒体营销

独立的社交媒体就是不属于自己的社交媒体网站，如美国的 Facebook、Twitter，我国的微信、QQ 等。独立社交媒体营销就是利用已有的社交媒体开展营销的一种形式。在美国的 Facebook、Twitter，我们可以经常看到可口可乐、耐克、苹果等品牌信息；在我国的微信、QQ 上，我们经常可以看到华为、淘宝、京东等企业广告。

独立社交媒体发展势头异常迅猛，且增长趋势也没有减缓迹象。据相关媒体报道，世界各地使用社交媒体的人数已经超过了 30 亿。事实上，社交媒体用户数量的增长表明，互联网使用率以同样惊人的速度在持续增长。

除了规模较大的独立社交媒体之外，一些小众社交媒体也开始出现。小众社交媒体迎合志趣相投的小众群体需要，在细分的基础上选择小群体作为目标市场，为他们打造有针对性的特色服务。

（二）自建社交媒体

市场营销的主体毕竟是企业，在社交媒体营销时代，企业的营销意识也要与时俱进，在利用独立的社交媒体之外，企业都在建立自己的社交媒体开展营销。

自建社交媒体营销方式包括：企业网站、在线品牌社区和手机 App。

1. 在线品牌社区

在线品牌社区是一种获得有价值的市场信息的方法。但要成功运作在线品牌社区需要注意如下的要点：

（1）互联网技术只是工具。因此，成功的关键还在于读懂消费者，吸引消费者的参与热情。

（2）社区参与人数要适度。社区规模过大，会导致粘性降低，满意度下降。小规模的社区更有利于培养良好的互动关系，如果社区的目的是为了洞察顾客，则以小规模的社区（400 人以下）为佳。

（3）通过线上线下的活动，为参与者提供联系和交流的机会，维系他们的热情。

（4）社区的基础是信任。不要在社区内推销，让社区沦为销售渠道，那样只会招致参与者的反感，而且会一去不返。

（5）始终保持热情参与、认真聆听的姿态，让顾客感觉到你很在乎他们的意见。你的任务是与社区建立长期的关系，真知灼见的浮现需要时间。

（6）为社区数据研究和企业内部沟通制定系统的计划，向不同的人（市场研究、产品管理、公司高管等）提供符合他们要求的报告。因为有人需要听到未过滤的顾客声音，有人需要深入了解具体细节，有人需要快速、粗略的简报。公司内部人员从在线社区获悉反馈信息越多，社区的价值就会得到越大的发挥。

2. 手机 App

手机 App 是指用户通过平台，自己打造个性 App 客户端。目前国内很多企业都自建一个属于自己的 App 客户端，让自己的粉丝追随。例如，中国人寿 App 提供车险精确报价及快速投保、意外险投保（涵盖交通保障、意外保障、旅游保障、出境保险、家庭保障等 5 大类 9 款产品）、卡片激活、营业网点查询等各种功能，既方便了客户，又提高了公司服务水平。

三、社交媒体营销的优势与不足

（一）主要优势

（1）社交媒体推动企业信息透明化。社交媒体比以往任何一次技术革新都更能够促进企业的协作精神，从而使得所有的公司和组织都能够处于公众的监督之下。企业对社交媒体积极性越高，其透明度也就越高。例如，惠普的员工博客计划使得外界能够更好的洞察惠普的内部状况。沃尔玛等公司甚至还邀请客户来撰写博客。在未融入社交媒体之前，大型企业很难与用户进行互动，也就无法获取反馈。融入社交媒体后，用户可以直达企业高层。除此之外，所有的企业面对环境问题、产品标准以及消费者和员工权益等问题时，也不得不更加慎重。

（2）社交媒体提升产品质量。社交媒体使得所有消费者都可以针对产品发表评论并提出批评，因此厂商的产品必须有过硬的质量。产品质量不过关的厂商将会被曝光并最终失败。这也是为什么好的产品往往在传统营销上投入的资金更少的原因所在。社交媒体的存在使得优秀的产品能够获得自己用户和粉丝的追捧。

（3）社交媒体可以提供优秀的客服渠道。看看维珍美国航空公司（Virgin America）是怎么利用 Twitter 的吧。如果你的航班有问题，只需要在 Twitter 上向维珍的客服人员求助即可。这种服务具有很强的前瞻性。

（4）社交媒体能够创造消费者真正需要的产品。星巴克、戴尔和宝洁都采取了这种模式，听取用户的意见和反馈，并借此创造更好的产品。大型企业对此越积极，就越能促进这种模式的发展。

（5）消费者可自主控制社交关系。你可以选择关注英特尔或福特的员工，至于是否需要加入他们的社区则完全由你做主。这与传统媒体产生了鲜明的对比，在传统媒体中，你完全无法控制自己与大型公司之间的关系。

（6）免费接触大型企业。企业建立平台、网站和服务通常都是为了赚钱和建立业务，但它们大部分都对用户免费开放。在很多情况下，这些服务都是依靠广告费和赞助费等形式来获取收入的。

（7）大型企业可借社交媒体提供有趣的资讯。如果某些品牌希望通过社交平台来发布视频且做法得当，那么消费者就可以从中获得资讯。

（8）用户主宰内容和互动。社交媒体上的许多交流都与大企业有关。无论企业是否出于自愿，大型企业已经实实在在的参与到社交媒体之中。

（二）主要不足

（1）社交媒体平台分享品牌内容不足。根据对中国社交媒体用户行为的调查，很多用户并不喜欢在社交平台分享品牌内容，社交媒体广告效果并不理想。另外，中国社交媒体用户确实喜欢在社交平台分享内容。腾讯智库对中国社交媒体用户的调查显示，超过75%的受访者在调查期间分享过社交平台上的内容，但是这些内容并不是品牌的营销内容。腾讯的调查显示，不足2%的受访者在社交平台上分享过品牌或零售商的打折、促销信息。

（2）网络消费者对品牌广告关注度不够。Kantar调查了社交媒体应用用户的态度，发现2/3的社交媒体用户要么对品牌广告不关注，要么只是有时关注而已。这给社交媒体的广告商未来的发展带来了挑战。

四、社交媒体营销策略

（一）互动营销

社交媒体营销以“分享和参与”为核心，消费者通过社交媒体来分享产品的信息和观点，这与以往传统营销中“自上而下”的理念不同，社交媒体强调“自下而上”进行品牌推广，企业必须进入到社交媒体营销中去，通过与消费者的对话和互动，与消费者建立情感联系。如商家欢迎消费者在购买后对商品进行评估和分享，将优秀的测评报告放到首页或给予返现之类的奖励，这样，既满足了消费者分享的目的，又提升了商品的品牌形象和认可度。

（二）口碑营销

在社交媒体时代，网络口碑在消费者购买决策过程中扮演着越来越重要的角色，消费者乐于通过以往消费者对于该商品的评价从而最大限度地减少购买风险，通过了解品牌在社交媒体上的口碑，消费者极易改变原有的对该品牌的态度。

（三）内容营销。

社交媒体所承载的内容与形式越来越丰富多样，从文字、图片、音频到视频，只要是人们能想到的信息，几乎都能以简短而快捷的形式进行传播，快节奏的生活和发达的移动通讯设备导致用户的注意力时间越来越短，获取的信息量也越来越大。因此，更需要重视传播的内容，众多品牌通过内容营销取得了不同凡响的营销效果，为品牌带来了极好的网络口碑。

（四）粉丝营销

在如今这个社交媒体时代，其实留住粉丝比吸引粉丝更重要，提升粉丝黏性当然是通过互动，其实广义上的互动就是和客户产生联系和交易，交易本身就是一种高质量的互动，当然互动的形式还包括通过内容推送、通过各类线上与线下的活动、通过建立品牌社群并让粉丝通过参与获得良好的品牌体验。

另外，要迎合互联网时代的阅读习惯，在互联网时代，人们的时间更加宝贵，人们更希望在碎片化时代来阅读。这样，随着生活节奏的加快，人们普遍感受到较大的生活压力，在这样的背景下，在内容输入上，一定要针对粉丝的具体情况投其所好。

五、社交媒体营销策略有效性的评价指标

（一）参与率

参与率，指的是每条社交帖子的用户评论、点赞和分享的总量。通过追踪参与率，识别有效元素和无效元素，努力推动更多的用户参与。

（二）扩增率

扩增率，就是每条社交帖子的转发数量。据尼尔森调查显示，92%的消费者信任他们的朋友的推荐。

（三）亲和率

亲和率，被定义为每条社交帖子的“积极点击”数量。亲和率是指对于任何已经发布的帖子来说，你到底取悦了多少人，让他们点赞或喜爱你的帖子。如果我看见某个帖子亲和率为0或者特别低，我就会明白，这篇文章对用户来说，和他们关联性不高、质量低、没有价值。

第八节　移动营销

一、移动营销的含义

移动营销（Mobile Marketing）指面向移动终端（手机或平板电脑）用户，在移动终端上直接向分众目标受众定向和精确地传递个性化即时信息，通过与消费者的信息互动达到市场营销目标的行为。

移动营销是基于定量的市场调研、深入地研究目标消费者，全面地制定营销战略，运用和整合多种营销手段，来实现企业产品在市场上的营销目标。

二、移动营销的特点

（一）分众识别

移动营销基于手机进行一对一的沟通。由于每一部手机及其使用者的身份都具有唯一对应的关系，并且可以利用技术手段进行识别，所以能与消费者建立确切的互动关系，能够确认消费者是谁、在哪里等问题。

（二）即时信息

移动营销传递信息的即时性，为企业获得动态反馈和互动跟踪提供了可能。当企业对消

费者的消费习惯有所觉察时，可以在消费者最有可能产生购买行为的时间发布产品信息。

（三）互动沟通

移动营销“一对一”的互动特性，可以使企业与消费者形成一种互动、互求、互需的关系。这种互动特性可以甄别关系营销的深度和层次，针对不同需求识别出不同的分众，使企业的营销资源做到有的放矢。

（四）个性化

手机的属性是个性化、私人化、功能复合化和时尚化的，人们对于个性化的需求比以往任何时候都更加强烈。利用手机进行移动营销也具有强烈的个性化色彩，所传递的信息也具有鲜明的个性化。

三、移动营销策略

（一）实用性策略

即多关注用户的生活细节。从用户的吃、住、行、玩、用等日常生活细节着手，发现还没有被满足的需求，然后结合产品看能否植入进去。

比如针对起床困难户，星巴克推出了一款 Early Bird（早起鸟），当你下载这个 App 以后，可以设定时间提醒你起床。用户在设定的起床时间闹铃响起后，只需按提示点击起床按钮，就可得到 1 颗星，如果能在 1 小时内走进任意一家星巴克分店，验证这个 App，即可打折买到一杯咖啡！

（二）将产品体验做成互动游戏

很多产品都可以将体验形式开发成小游戏。例如宜家手机 App，可让用户自定义家居布局，用户可以创建并分享自己中意的布局，同时可参与投票选出自己喜欢的布局，宜家还会对这些优秀创作者进行奖励，利用个性化定制营销来达成传播效果，对线下实体店来说，App 往往不是最好的销售工具，但是能弥补线下体验的短板，通过 App 能打通会员营销、体验与服务体系。

（三）个性化的产品或服务定制

将产品或服务通过 App 实现个性化定制，适合容易标准化生产的产品。比如服装类 App，它的颜色、款式、尺寸等都可选择，当然每个选项可提供多个选择，而不是随心所欲的填写。

如 21cake 推出的一款能帮客户随时随地订购蛋糕，并根据需要送到指定的地方。客户不仅可以根据口味选择蛋糕，还可以根据适用对象来选。即使在客户完全没有主意时，也可以通过“摇一摇”来选一款“缘分蛋糕”。

（四）逆向思维

告诉消费者，如果不用该产品会产生什么后果。适合智力产品、药品、安全产品等容易导致严重后果的产品。如不安全用药会导致什么情况，将此情况用游戏的形式演绎出来，让用户产生必须要用的心理反应。

（五）将人的欲望放大

人的欲望有很多种，如好奇、偷窥、分享、愤怒、健康、懒惰、善良、感性、嫉妒、虚荣等，如果将这些欲望与企业或品牌相关元素融合，则会达到传播润物细无声的效果。适合服装、电子产品、食品等快消品及容易和生活密切相关的行业。

（六）将服务平台用 App 呈现并创新

适合资讯类、服务类的平台。比如易居中国推出的“口袋乐居”，凭借“让不动产动起来”的出色表现在上线后的短短几个月，先后打破房屋精准估价、移动支付等先河，帮助房企实现营销目标的同时，又为网友提供了一款实用类型的移动应用，一度占领各大房产类应用下载排名的前列。

“口袋乐居”前身是已超百万级下载量的“口袋房产”，延续以用户体验为设计之本，综合用户各方需求，集信息平台、工具平台、数据平台和交易平台等多项功能于一体，切实贴近消费者生活，提供全方位的服务。此款产品的推出，开拓了房地产互联网产品除“房源型”“资讯型”“交易型”后的第四大导向“房价型”产品。

（七）线上线下联动

通过 App 的二维码扫描可以实现与线下的活动、广告、促销等形成联动，往往是线下活动、展示，线上抽奖、派送等。这样可以充分解决线下活跃度不足的问题。

（八）充分利用客户的等待时间

银行排队等候、机场候机等待、无聊的长途汽车上、吃饭时等号等，往往客户等待的时候是最无聊的时候，不能走，只能等，而且是干等。如果能让这个无聊的时刻不无聊，可能会给品牌加分。法国航空曾推出了一款空中音乐 App，安装此 App 后，在法航的航班上想听音乐，只要你用手机对着天空，搜寻空中随机散布的歌曲，捕到后可直接试听。不同国家空中散布的歌曲也不同。App 中还有互动游戏可以赢取优惠机票。让乘客乘飞机不再无聊，让音乐融入空中生活，创造独特的试听体验，形成了良好的口碑传播。

本章小结

促销是营销的 4 大组合策略之一，本章主要讲授促销的基本理论与策略，重点在策略的设计与策划。促销，即促进销售的简称，是企业通过人员和非人员的方式，沟通企业与消费者或用户之间的信息，刺激顾客的欲望，转变其购买态度，使其产生购买行为的活动。促销策略主要有广告、公关、人员推销和营业推广 4 种。影响促销组合的因素有促销目标、产品因素、市场因素、促销预算和促销策略等。

广告是指由广告主以付费的方式，通过各种传播媒体向目标市场的顾客传递商品或服务信息的活动。广告有商品广告、企业广告和公益广告 3 类。广告媒体主要有广播、电视、报纸、杂志、户外广告、网络广告等，选择广告媒体一般要考虑产品性质、消费者接触媒体的习惯、媒体的传播范围和媒体费用等。广告设计应当遵循真实性、社会性、针对性和艺术性原则。广告设计策略有广告内容设计策略、广告媒体设计策略和广告心理设计策略。

公关是指企业树立组织形象，提高组织声誉，融洽组织与公众的关系，取得公众支持与信赖的一系列决策与行动。公关应当遵循真实性、长期性、适时性、创新性和含蓄性原则。公关类型包括建设型、社会型、服务型、交际型、维系型、征询型、危机型等。

人员推销是指企业运用推销人员直接向用户介绍商品和服务的一种促销活动。它具有信息传递的双向性、友谊协作的长期性、目的的双重性和过程的灵活性等特点。人员推销一般包括寻找顾客、接近准备、接近顾客、面谈、成交和售后服务等步骤。人员推销的管理内容有推销员的选聘、培训、激励、考核等。

营业推广，是指企业运用短期诱因鼓励消费者和中间商购买、经销企业产品或服务的促销活动。营业推广工具有向消费者和向零售商两种。营业推广方案制订要注意诱因大小、参与者条件、媒体分配、时间长短、时机选择、推广总预算、预试推广方案和实施、控制等环节。

网络营销（Online Marketing）是通过网络使用企业网站、在线广告和促销、电子邮件、在线视频、博客等营销产品、服务或建立顾客关系的活动。

社交媒体营销亦有称社会化营销，是利用社会化网络——在线社区、博客、百科或者其他互联网协作平台媒体来开展营销的一种方式。

移动营销（Mobile Marketing）指面向移动终端（手机或平板电脑）用户，在移动终端上直接向分众目标受众定向和精确地传递个性化即时信息，通过与消费者的信息互动达到市场营销目标的行为。

思考题

1. 分析影响促销组合应该考虑的因素。
2. 什么是广告？从传播内容看，有哪些类型？有何特点？
3. 广告媒体有哪些？如何选择？
4. 广告效果应从哪些方面测定？如何测定广告效果？
5. 如何设计广告策略？
6. 公关与广告有哪些区别？
7. 什么是公共关系？应该遵循哪些原则？
8. 面对危机，企业应如何进行危机公关？
9. 分析人员推销的特点。
10. 分析售货员推销的步骤与策略。
11. 优秀推销人员应该具备哪些条件？
12. 如何培训推销人员？
13. 什么是营业推广？有何特点？
14. 如何制定营业推广方案？
15. 网络营销有哪些形式？
16. 如何实施网络营销？
17. 社交媒体营销策略有哪些？如何策划与设计？
18. 移动营销策略有哪些？

营销实训

实训一：为学校某一超市设计一次新生开学促销活动，写一份简单的促销计划书，主要包括促销时间、促销主题、促销活动内容、促销商品及促销力度、推广方式等内容。

实训二：针对上面的促销活动，设计一份促销海报。

实训三：为学校某个协会设计一次公关活动，把活动计划写下来。

实训四：为学校或专业设计一个短视频广告。或者为本校运动会设计一个短视频广告。

案例分析

案例一："推销之神"——原一平

在日本寿险业，他是一个声名显赫的人物。他的一生充满传奇，从被乡里公认为无可救药的小太保，最后成为日本保险业连续15年全国业绩第一的"推销之神"，最穷的时候，他连坐公车的钱都没有，可是最后，他终于凭借自己的毅力，成就了自己的事业。

1904年，原一平出生于日本长野县。23岁那年，原一平离开家乡，到东京闯天下。第一份工作就是做推销，但是碰上了一个骗子，卷走保证金和会费就跑了。为此，原一平陷入了困境之中。1930年，一事无成的原一平进入了明治保险公司，勉强当了一名"见习推销员"。没有办公桌，没有薪水，还常被老推销员当"听差"使唤。在最初成为推销员的七个月里，他连一分钱的保险也没拉到，当然也拿不到一文的薪水。为了省钱，他只好上班不坐电车，中午不吃饭，晚上睡在公园的长凳上。每天清晨5点起床从"家"徒步上班。一路上，他不断微笑着和擦肩而过的行人打招呼。有一位绅士经常看到他这副快乐的样子，很受感染，便邀请他共进早餐。尽管他饿得要死，但还是委婉地拒绝了。当得知他是保险公司的推销员时，绅士便说："既然你不赏脸和我吃顿饭，我就投你的保好啦！"他终于签下了生命中的第一张保单。更令他惊喜的是，那位绅士是一家大酒店的老板，帮他介绍了不少业务。从这一天开始，原一平的工作业绩开始直线上升。到年底统计，他在9个月内共实现了16.8万日元的业绩，远远超过了当时许诺的1万日元。之后，他逐步实现了自己的宏伟计划：3年内创下了全日本第一的推销纪录，到43岁后连续保持15年全国推销冠军，连续17年推销额达百万美元。

尽管原一平功成名就，但他根本不愿意停下来，还要继续工作，他的太太埋怨说："以我们现在的储蓄已够终生享用，不愁吃穿，何必每日再这样劳累地工作呢?"原一平却不以为然地回答："这不是有没有饭吃的问题，而是我心中有一团火在燃烧着，这一团永不服输的火在身体内作怪的缘故。"为此，他在世界各地连续不断的演讲，把作为优秀推销员应该具有的技巧推广开来。他定期举行"原一平批评会"，坚持6年，听取大家的意见，来检讨自我，改进自我。他对每一个客户都有一个详细清晰的调查表，建立了分类档案。他把微笑分为38种，对着镜子苦练，曾经在对付一个极其顽固的客人时，用了30种微笑，他的微笑被人们誉为“价值百万美金的笑”。他有坚强的毅力和信念，为了赢得一个大客户，他曾经在3年8个月的时间里，登门拜访70次都失败的情况下，最终锲而不舍获得成功。

资料来源：“推销之神”原一平，豆丁网，2015-7-4.

问题：成为优秀的推销员，你认为应具备哪些优秀品质？

案例二：请全国人民免费看《囧妈》

2020年春节，一切都以控制疫情为主，导致春节档全线撤档，各地集会取消。受疫情影响，2020年1月23日，包括《囧妈》在内的7部电影宣布撤出春节档。在一片“付费上网观看”的呼声中，《囧妈》开先河将于大年初一登录抖音、今日头条、西瓜视频、抖音火山版等在线平台，并免费播放。抖音和西瓜视频相关负责人表示，考虑到疫情防控的大背景，这次《囧妈》网络首播，将不会收取用户任何费用。希望《囧妈》的网络首映，能够丰富大家的假期生活，也希望所有人都能度过一个平安、健康的假期。这个史无前例的消息瞬间在年夜饭开席之前点燃了网络，一跃登上热搜。这是历史上首次选择网络首播的春节档影片，可以说字节跳动和《囧妈》的出品方欢喜传媒合作开启了“网络春节档”时代。

字节跳动公司此举也是应对竞争对手快手平台强势竞争的手段。2020年春节前，快手平台花10亿元成为2020年《春节联欢晚会》独家互动合作伙伴，将在除夕进行春晚红包互动。用户上快手搜索“春晚”，即可预约鼠年央视春晚直播。快手将通过直播、点播和短视频三种方式丰富人们的观看方式。而且在疫情期间，快手宣布捐款1亿元，体现了企业的社会责任担当。面对快手的出色表现，字节跳动则一直在科普和疫情专题等资讯角度切入，比较常规，没有亮点可言。2020年春节，抖音与全国人民分享了20亿元红包，字节跳动旗下产品包括抖音、今日头条、今日头条极速版、西瓜视频、抖音火山版、Faceu激萌、轻颜相机和皮皮虾共8款产品均可参与。同时，字节跳动公司看到了因疫情电影撤档及人们春节足不出户只能看电视、上网的这样的场景机会，迅速联系了围绕母子亲情展开剧情的《囧妈》，春节全家共同观看，两者一拍即合。疫情期间，快手捐钱，字节跳动请你免费看电影，一方面两个企业抓住了关键的宣传时机，另一方面也都做了利国利民的好事，一举两得。

资料来源：根据网络资料整理。

问题：字节跳动公司本次促销活动是否成功，为什么？

在线测评

第十章　自测题

第十一章　市场营销计划、组织与控制

学习目标

1. 掌握市场营销计划的概念及内容；
2. 掌握市场营销组织的类型；
3. 理解市场营销执行过程；
4. 理解市场营销控制的步骤及内容。

导入案例

耐克组织结构——团队、文化和部门

多年来，耐克公司的组织结构随着地区扩张而变得灵活多变。如今，耐克公司已在170多个国家设立了区域和次区域分部。

耐克的组织结构采用矩阵图方式，横向和纵向划分权力，公司采用区域化经营战略，其重点是满足特定市场对服装、鞋类和设备的需求。此外，它还帮助耐克公司最大限度地提高了透明度，并促进了员工和地区部门之间的官僚主义。

耐克公司的组织结构细分为执行运营部、地区分部和子公司。

行政级别：耐克公司的管理团队多才多艺，他们拥有跨行业的经验，包括公关、技术、人力资源和多元化，全球决策团队负责监督所有地区和全球业务。以下是耐克全球高管团队的详细情况。

耐克公司总裁兼首席执行官：John Donahoe 负责公司的全球业务组合，他还负责子公司（乔丹、匡威）在全球的运营。

全球营销运营：Dirk - Jan Va Hameren 自 2018 年起负责耐克的全球营销运营，他领导的“疯狂梦想”和“Just Do It”等活动屡获殊荣。

全球人力资源运营：Monique Matheson 是耐克的执行副总裁兼首席人力资源官，她负责公司的核心价值，包括人才管理、多元化和包容性。

全球设计运营：John Hoke 目前担任耐克公司的首席设计官，他领导着 1 000 多名设计师，每年为创新服装和鞋类设计提供灵感。

（资料来源：耐克组织结构——团队、文化和部门，雅各布专栏，百度文库，2024 - 4 - 27）

点评：

公司的组织结构图与公司的存在同样重要，尤其是当公司面向全球消费市场时。

一个完善的组织结构有等级制度和部门制度，它能促进员工之间的沟通，提高不同管理层之间的透明度。

第一节　市场营销计划与组织

一、市场营销计划

（一）市场营销计划的概念

所谓市场营销计划，是指在对企业市场营销环境进行调研分析的基础上，制定企业及各业务单位的营销目标以及为实现这一目标所应采取的策略、措施和步骤的明确规定和详细说明。

市场营销计划与企业的战略计划之间的区别在于：市场营销计划属于企业的职能计划之一，是企业整体战略规划在营销领域的具体化；而企业战略计划仅仅是企划工作的始点，它引导制定更周密、更完整的计划以完成组织的目标。

市场营销计划在企业的计划体系中，处于极其重要的地位，企业内部的各种计划，如财务计划、生产计划、人力资源计划等都要围绕营销计划来开展。如生产计划要根据营销部提供的营销计划，来决定生产哪种产品、生产多少、何时完成；财务计划也要根据营销计划做好资金调拨和准备。

（二）市场营销计划的作用

市场营销计划是指导和协调市场营销活动的主要工具，是企业市场营销活动顺利进行并取得良好经济效益的前提。企业必须为每一次的市场营销活动精心地准备计划，并分析、预见实施中可能出现的各种问题，设置防范措施，这样才能使企业的市场营销活动取得预期的效果。市场营销计划的作用主要表现在以下 3 点：

第一，市场营销计划是企业对未来市场营销活动的规划和行动策略，有利于企业对整个营销活动的有效控制。

第二，市场营销计划可以减少企业市场营销活动的盲目性，使企业有明确的营销目标，并且使企业能够明确地知道应该通过何种营销手段来达到该营销目标。

第三，科学合理的市场营销计划可以使企业更好地协凋各部门、各环节的关系，使各部门的行动保持一致，从而促使企业营销目标的实现。

总之，市场营销计划是企业市场营销活动的基础和关键，企业只有制定出科学合理的市场营销计划，并且有效地执行市场营销计划，才能达到预期的营销目标。

（三）营销计划的类型

1. 按计划时期的长短划分

按计划时期的长短划分，可分为长期计划、中期计划和短期计划。长期计划的期限一般 5 年以上，主要是确定未来发展方向和奋斗目标的纲领性计划。中期计划的期限 1 ~ 5 年。短期计划的期限通常为 1 年，如年度计划。

2. 按计划涉及的范围划分

按计划涉及的范围划分，可将营销计划分为总体营销计划和专项营销计划。总体营销计划是企业营销活动全面、综合性的计划。专项营销计划是针对某一产品或特殊问题而制定的计划，如品牌计划、产品线计划、区域市场计划、促销计划、定价计划等。

3. 按计划的程度划分

按计划的程度划分，可分为战略计划、策略计划和作业计划。战略性计划需要考虑哪些因素会成为今后驱动市场的力量，可能发生的不同情境，企业希望在未来市场占有的地位及应当采取的措施。策略计划是对营销活动某一方面所做的策划。作业计划是各项营销活动的具体执行性计划，如某一次具体促销活动的计划，其特点是非常细致和具体，对活动的目的、时间、地点、活动方式、组织机构、费用预算等都有详细的说明。

营销战略计划仅仅是企业营销企划工作的始点，它引导制定更周密完整的具体计划以完成组织的目标。各部门、各业务单位、各项产品和目标市场都必须制定进一步的策略计划或业务计划。

（四）营销计划的内容

1. 计划概要

计划概要是对主要营销目标和措施的简短摘要，目的是使管理部门迅速了解该计划的核心内容和主要目标。

2. 目前营销状况

当前营销状况当前营销状况是计划正文的第一部分，主要提供该产品目前营销状况的有关背景资料，包括市场、产品、竞争、分销和宏观环境状况的分析。

第一，市场状况：列举目标市场的具体数据，包括该市场的总体规模与增长，过去几年总量、总额，不同地区或细分市场的销售，消费者或用户需求、观念及购买行为动态和趋势。

第二，产品状况：列出企业产品组合中每一个品种近年来的销售价格、市场占有率、成本、费用、利润率等方面的数据，主要采用定量分析方法。

第三，竞争状况：明确主要的竞争者，并列出主要竞争者的市场规模、目标、市场份额、产品质量、价格、营销战略和战术及其有关特征，以准确了解竞争者的意图和行为，判断竞争者的变化趋势。

第四，分销状况：描述公司产品所选择的分销渠道的类型和在各种分销渠道上的销售数量，主要经销商及经营能力变化，激励所需的费用和交易条件。如某产品在专业商店、百货商店、折扣店等各种不同渠道上的销售比例。

第五，宏观环境状况：主要对与该产品线相关的宏观环境的状况和主要发展趋势作出简要的介绍。一般仍以人口统计、经济、技术、政治、法律、社会文化等基本宏观环境因素进行描述与分析，

3. 机会与风险分析

机会与问题分析可利用市场营销状况资料，采用有关工具和方法（如 SWOT 分析法），对企业和产品线面对的内外部环境进行深度分析；明确产品的机会与威胁、优势与劣势，寻找到产品面临的问题，以便确定有针对性解决问题的营销战略和行动方案。在这项分析中，必须把风险与机会的分析与企业的优势与劣势分析结合起来进行，这样才能使这项分析真正

给企业带来盈利的机会，回避可能遇到的风险。

4. 制定营销目标

营销目标，是市场营销计划的目的与核心内容。在这里应主要建立两种目标，即财务目标和营销目标。这些目标要用数量化指标表达出来，要将目标定得实际、合理，并有一定的开拓性。目标中包含了对任务的数量和时间要求。比如，企业希望增加利润，就可能要求该产品实现25%的投资回报、若干纯利润或销售收入，因此该产品的销售利润必须达到20%，销售量完成多少，以什么价格销售，扩大化缩减多少销售网点，企业以及品牌的知名度由多少提高到多少等。

例如财务目标和营销目标。对于财务目标，确定每一个战略目标的财务报酬目标，主要包括投资回报率、利润率、利润额、年度现金流量等指标。营销目标：财务目标必须转化为营销目标．目标中包含了对任务的数量和时间要求。营销目标主要包括销售额、销售增长率、销售量、市场占有率、品牌知名度、分销网络、广告效果等。

5. 营销策略

营销计划的这一部分是表述企业将采用的营销策略，包括目标市场选择和市场定位、营销组合策略等。明确企业营销的目标市场，即企业准备服务于哪个或哪几个细分市场，如何进行市场定位，确定何种市场形象；企业在其目标市场上拟采用什么样的产品、渠道、定价和促销策略。

6. 行动方案

行动方案是对各种营销战略的具体实施制订具体的手段与途径，是实现营销战略与目标的根本保证。简单来说，营销计划中的行动方案所要解决的问题有将要做什么？何时开始去做？何时完成？由谁来做？成本是多少？行动方案的具体内容是什么？整个行动计划可以列表加以说明，为落实营销战略，要制定可实际操作的具体计划和行动方案。对于每个营销战略要素，应具体确定将由何人在何时何地花多少费用采用何种方法步骤，负责完成何项具体工作。

7. 营销预算

营销预算即开列一张实质性的预计损益表。在收益的一方要说明预计的销售量及平均实现价格，预计出销售收入总额；在支出的一方说明生产成本、实际分销成本和营销费用，以及再细分下去的明细支出，预计出支出总额。最后得出预计利润，即收入和支出的差额。企业的各业务单位编制出营销预算后，送上层主管审批，经批准后，该预算就是材料采购、生产调度、劳动人事以及各项营销活动的依据。

8. 营销控制

营销计划的最后一部分是检查和控制，用以监督计划的完成状况．通常的方法是将目标和预算按月或季度分解，上一级管理者定期检查计划完成情况，发现偏差及时采取修正行动，保证整个计划能井然有序、卓有成效地付诸实施。

二、市场营销组织

（一）市场营销组织

市场营销组织、执行与控制是市场营销管理过程的一个重要步骤。市场营销计划需要借助一定的组织系统来实施，需要执行部门将企业资源投入到市场营销活动中去，需要控制系统考察计划执行情况，诊断产生问题的原因，进而采取改正措施，或改善执行过程，或调整计划本身使之更切合实际。因此，在现代市场经济条件下，企业必须高度重视市场营销的组织、执行与控制。

（二）市场营销组织的演变

第一阶段，简单的销售部门。企业组织设置以生产部门为主，销售部门的职能也仅仅是在推销生产部门生产的产品，具体表现为“生产什么，就卖什么”，销售部门对产品生产没有发言权。但简单的销售部门只适合需求比较单一，选择性较小且同质性较高的产品的销售，其销售机构如图 11－1 所示。

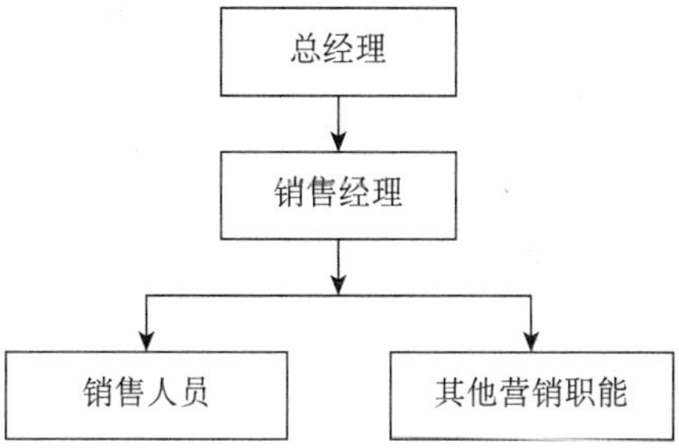

图 11－1　简单的销售部门

第二阶段，兼具营销职能的销售部门。20 世纪 30 年代以后，市场上产品数量得到了较大的增加，消费者在购买商品时有了更多的选择机会，且由于生活水平的改善和提高，消费者开始注意同类产品在质量上的差异，并对创新的产品表现出极大的兴趣，他们宁愿花高一点的价钱去购买质量较高和比较新型的产品。这样一来买卖双方的关系发生了一些微妙的变化，生产者对消费者在产品质量和类型上的要求，再也不能熟视无睹了，否则他们的产品就会滞销，甚至将卖不出去。随着企业业务的扩大以及外部市场竞争日趋激烈，往往需要企业增加某些新的营销职能，如开展市场调研，广告宣传等工作。为保证新营销职能的连续性、经常性和专业性，销售经理可聘用一位市场主管来专门负责这方面工作。这时，企业营销组织不仅承担着销售职能，同时还承担着某些营销功能，但是销售仍然是营销工作重点，其他营销职能的作用并不明显，如图 11－2 所示。

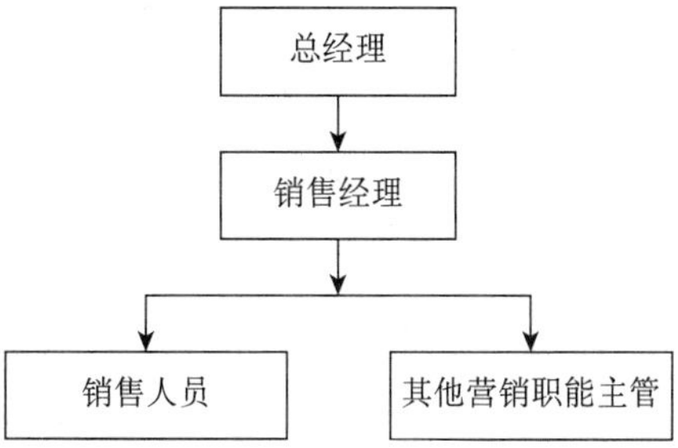

图 11－2　兼具营销职能的销售部门

第三阶段，独立的营销部门。随着工业化的迅速发展，大量产品充斥市场，出现了供大于求的现象。市场状态由原来的卖方市场转化成了买方市场。企业的工作重点是用尽一切手段去刺激消费者购买自己的产品，使用各种推销和促销手段，于是，企业经营管理观念由产品导向转变至推销导向。在这个阶段，总经理往往要把营销职能从销售部门中分离出来，建立单独的营销部门，给予营销部门更多的决策权和自主权。在这一阶段，营销与销售两个部门既是各自独立的但又联系十分紧密的部门，如图 11 –3 所示。

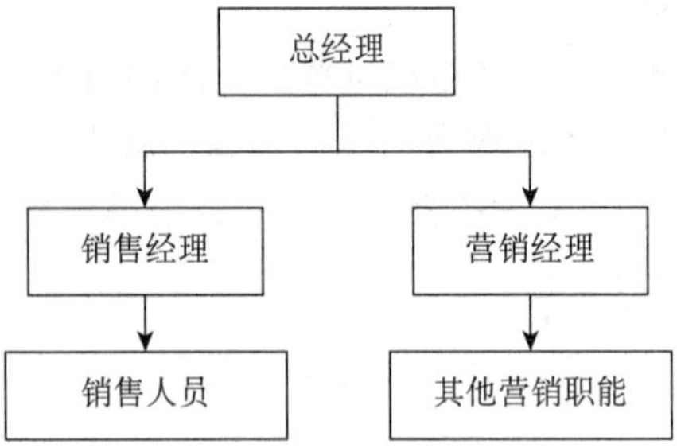

图 11 –3　独立的营销部门

第四阶段，现代营销部门。随着市场竞争变得日益激烈，消费者变得越来越挑剔。产品的卖方不仅必须使其商品具有竞争能力，而且更重要的是要真正认清消费者的需求，激起和满足顾客的欲望，把顾客作为整个市场活动的起点和中心，一切从顾客出发，经营企业的推销观念逐渐演变为市场营销观念。为了解决销售活动与营销活动之间日益扩大的冲突，将销售部门与营销部门合二为一，现代营销部门的雏形出现了。在总经理之下设营销副总经理，主管销售部门和营销部门工作，从而提高协调效率。同时，这种营销组织架构可以充分发挥两类人员和两种工作的各自优势，取长补短，从而有利于提高企业综合市场营销能力，如图 11 –4 所示。

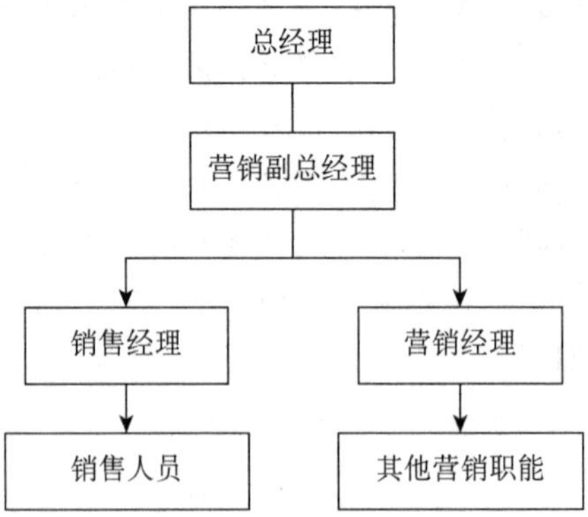

图 11 –4　现代营销部门

第五阶段，现代营销公司。一个公司营销的成败除了需要出色的营销部门外，还取决于公司其他部门对顾客的态度和它们的营销责任，真正的现代营销公司应当做到：一切部门都是“为顾客而工作”的，营销不只是一个部门的名称，不能把营销等同于销售，不能把营销部门仅仅视为市场运作部门。只有把营销作为贯穿公司运营始终的公司哲学，才能称得上真正意义的现代营销公司。所以，公司所有的管理人员都要认识到企业的一切工作是“为顾客服务”的。在观念及组织权责上，市场营销部门的功能并不大于其他部门的功能。其他部门听从及支持市场营销部门，是因为市场营销部门更能较好地传达消费者的需求和更直接地面对消费者，公司上下形成一致的营销理念，企业就可称为现代市场营销公司。

(三) 市场营销组织类型

1. 职能型营销组织

这是最常见的市场营销机构的组织形式。它由营销副总经理领导的各种营销职能专家构成。营销副总经理负责协调各营销职能专家的关系（图 11－5）。职能型组织模式的主要优点是行政管理简单。当企业只有一种或很少几种产品，或者企业产品的市场营销方式大体相同时，按照市场营销职能设置组织结构比较有效。不过，随着产品品种的增多和市场的扩大，这种组织模式就暴露出发展不平衡和难以协调的问题。由于无专人对产品和市场负责，而产生营销管理不细、规划不周以及部门间需要做过多的协调工作等问题。

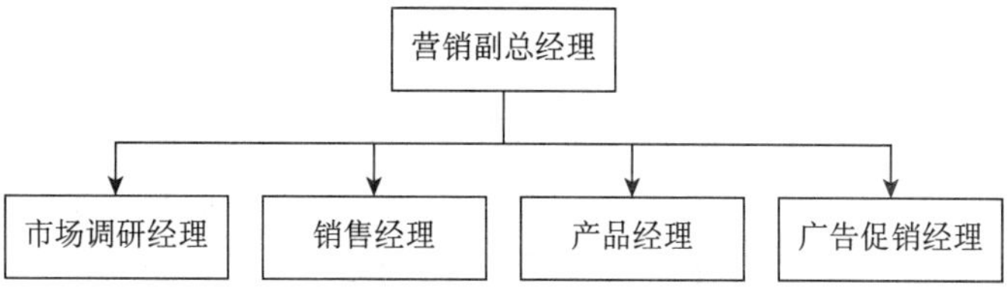

图 11－5　职能式营销组织

2. 地区型营销组织

业务涉及全国甚至更大范围的企业，可以按照地理区域组织、管理销售人员。如一个全国性市场经理下面，可设华东、华南、华北、西北等若干个大区市场经理，每个大区市场经理下面按省、直辖市、自治区设置区域市场经理，再往下还可以设置若干地区市场经理或销售代表（图 11－6）。从全国市场经理依次到地区市场经理，所辖下属人员的数目即“管理幅度”逐级增加。如果销售任务艰巨、复杂，销售人员的工资成本太高，他们的工作成效又对利润影响重大，管理幅度就可以适当缩小。

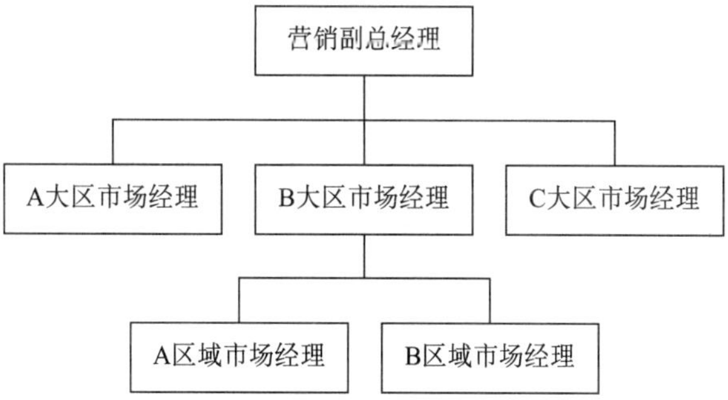

图 11－6　地区型营销组织

3. 产品管理型营销组织

产品管理型营销组织模式是指在企业内部建立产品经理组织制度，以协调职能型组织中的部门冲突。如果企业生产的产品间差异很大，产品品种繁多，按职能设置的市场营销组织无法应付和处理，建立产品经理组织制度是比较适宜的。其基本做法是，由一名产品市场营销经理负责，下设几个产品线经理，产品线经理之下再设几个具体产品经理去负责各具体的产品（图 11－7）。产品（品牌）管理型组织于 1927 年开始，首先为宝洁公司采用。以后有许多厂商，尤其食品、肥皂、化妆品和化工企业效仿。

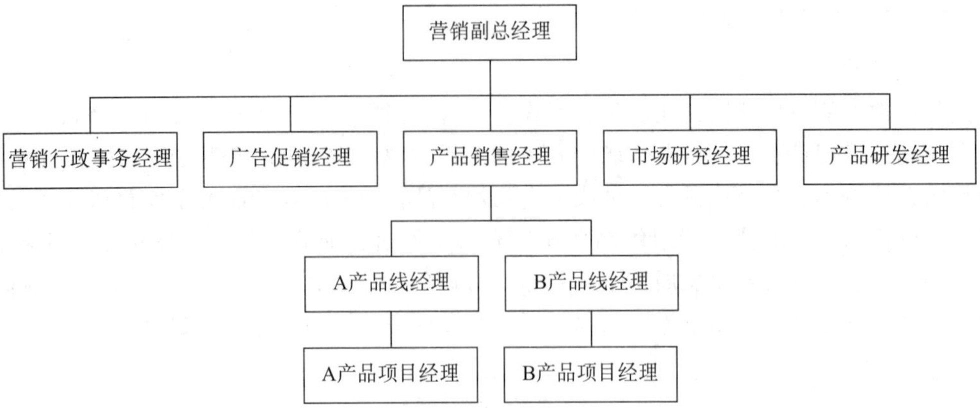

图 11 - 7　产品管理型营销组织

产品经理的职责是：制定产品的长期营销和竞争战略；编制年度市场营销计划和进行销售预测；与广告代理商和经销代理商一起研究广告和促销方案；激励推销人员和经销商经营该产品的积极性；搜集市场信息，改进产品，适应不断变化的市场需求；经常与其他部门沟通和协调。

产品管理型营销组织模式的优点如下：产品经理可协调产品的营销组合策略；能及时反映产品在市场上出现的问题，对市场变化做出积极反应；由于有专门的产品经理，那些较小品牌产品可能不会受到忽视。这种模式也存在一些问题，较为突出的有：缺乏整体观念，在产品型组织模式中，产品经理注重产品的技术方面，而忽视营销的其他功能；部门冲突，产品经理与其他营销部门经理协调困难，冲突、摩擦不断发生；多头领导，由于权责划分不清楚，下级可能会得到多方面的指令。例如，产品广告经理在制定广告战略时接受产品市场营销经理的指导，而在预算和媒体选择上则受制于广告经理，这就有可能产生不协调。

4. 市场管理型营销组织

在市场经济发达国家，许多企业按照市场型结构建立营销组织。当企业面临如下情况时，建立市场型组织是可行的：拥有单一的产品线；市场各种各样（不同偏好和消费群体）；不同的分销渠道。许多企业都在按照市场系统安排其市场营销机构，使市场成为企业各部门为之服务的中心。市场管理型营销组织的基本形态，如图 11 - 8 所示。

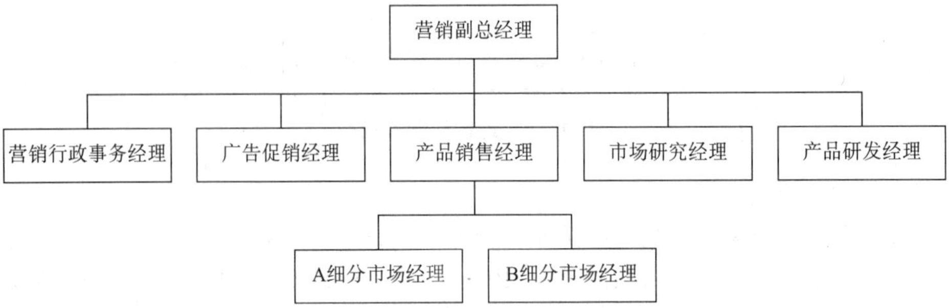

图 11 - 8　市场管理型营销组织

一名市场主管经理管理几名市场经理。市场经理开展工作所需要的职能性服务由其他职能性组织提供并保证。其职责是负责制定所辖市场的长期计划和年度计划，分析市场动向及企业应该为市场提供什么新产品等。他们的工作成绩常用市场占有率的增加情况来判定，而不是看其市场现有盈利情况。

市场管理型组织的优点在于，企业的市场营销活动是按照满足各类不同顾客的需求来组织和安排的，这有利于企业加强销售和市场开拓。有些学者甚至认为，以企业各个主要的目标市场为中心，建立相应的营销部门和分支机构，是确保实现“以顾客为中心”的现代营销观念的唯一办法。市场管理型组织的缺点是，存在权责不清和多头领导的矛盾，这和产品型组织类似。

5. 矩阵型营销组织

矩阵型营销组织是职能型组织与产品型组织相结合的产物，它是在原有的按直线指挥系统为职能部门组成的垂直领导系统的基础上，又建立一种横向的领导系统，两者结合起来就组成一个矩阵（见图 11－9）。在市场营销管理实践中，矩阵型组织的产生大体分两种情形：

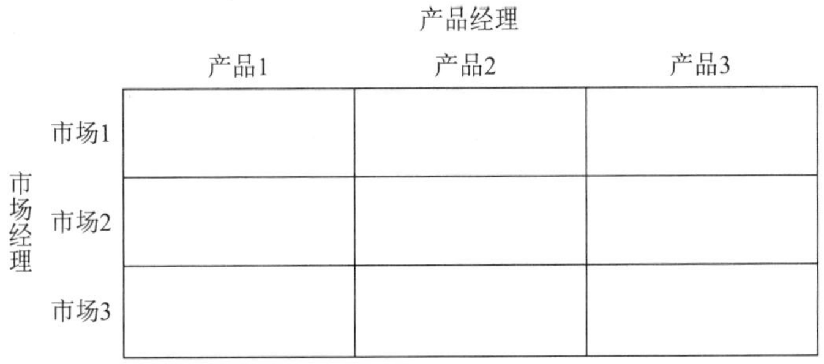

图 11－9　矩阵形营销组织

（1）企业为完成某个跨部门的一次性任务（如产品开发），就从各部门抽调人员组成由经理领导的工作组来执行该项任务，参加小组的有关人员一般受本部门和小组负责人的共同领导。任务完成后，小组撤销，其成员回到各自的岗位。这种临时性的矩阵型组织又叫小组制。

（2）企业要求个人对于维持某个产品或商标的利润负责，把产品经理的位置从职能部门中分离出来并固定化，同时，由于经济和技术因素的影响，产品经理还要借助于各职能部门执行管理，这就构成了矩阵。矩阵型组织能加强企业内部门间的协作，能集中各种专业人员的知识技能又不增加编制，组建方便，适应性强，有利于提高工作效率。但是，双重领导过于公权化，稳定性差和管理成本较高的缺陷又多少抵消了一部分效率。

（四）市场营销组织目标

在新的市场观念下，企业各个部门都必须以满足消费者需求为目标去安排自身的工作任务，建立一个以市场营销部门为核心部门的整体系统，市场营销部门担负各部门之间的协调工作，运用市场营销观念制定企业的经营计划。在这种结构中，一般从市场营销部门的人员中选取市场营销副总经理并由市场营销副总经理负责统一协调各部门之间的行动，实施整体营销。在这种结构中，市场营销副总经理必须在最高层决策中占有重要的位置，对企业决策有较大的发言权。

（五）市场营销组织设计

企业要科学地进行市场营销组织设计，就应考虑以下几方面因素。

1. 企业规模

企业规模越大，市场营销组织的规模也越大，结构也越复杂。一般来说，大型企业的市场营销组织具有如下“一化两多”的特点：

（1）专业化。对大型企业来说，各项具体的营销工作都由专门部门或专门人才来负责。比如，市场调研部门负责市场状况的调查和预测，市场企划部门负责营销工作的计划，分销部门负责与中间商的接洽等等，但对小企业来说，这些工作往往只由一个部门来承担。

（2）多层次。对大型企业来说，营销组织层次较多，不仅有高层管理机构、中层管理机构、基层管理机构，而且还有各地区的营销机构，甚至还有各品牌营销管理机构。对中小企业来说，层次就要少得多。

（3）人员多。对大型企业来说，营销工作人员较多，不仅基层工作人员数量众多，包括各种推销人员、营销人员、业务主管，而且中、高层的管理人员也不少，包括营销副总经理、营销经理、地区经理、品牌经理等等。但对小企业来说，人员上就要精简得多。

2. 市场特征

（1）市场的地理位置。企业应在购买者较为集中的地区建立企业的地区性销售组织。

（2）市场的细分程度。市场细分程度越高，企业相应的营销部门就越多，因为在大型企业中，每个细分市场都设立专门的营销部门来负责。

（3）市场的规模大小。市场规模越大，企业相应的营销工作也越大，需要设立的营销部门也应有适当的规模。

3. 产品类型

一般说，生产或销售日用消费品的企业需要规模较大的营销组织队伍。因为日用消费品的顾客是社会公众，这类消费者数量众多、分布较散、购买力流动性大，消费具有较强的差异性和多变性，营销工作复杂且工作量很大。对生产或销售工业品的企业来说，则需要规模相对较小的营销组织队伍。因为工业品的顾客是其他企业，这类客户交易次数少、每次交易的数量大，属专家购买类型，所以企业的营销组织中人员素质较高，人员业务要精，推销部门的比重较大，广告等非人员推销部门比重较小。

进入 21 世纪，企业营销环境发生了极其深刻的变化。在外界营销环境发生深刻变化的时候，企业应结合自身的条件和特点，动态地设计相应的营销组织结构形式，合理配置营销资源，也即进行企业营销组织再造，通过变革企业原有的营销组织结构和营销业务流程中的不适应的因素，进行营销组织的再造，实现营销主体和营销环境的动态平衡。再造后的营销组织应具有下列特性：真正以市场为导向、以顾客为营销组织的核心、有利于企业营销协调和信息沟通、具有弹性和快速反应能力、有利于扩大企业竞争优势。

第二节 市场营销控制

一、市场营销控制概念

所谓营销控制，就是市场营销管理者用以跟踪企业营销活动各个环节的一套工作程序，其目的是确保营销活动按计划运行。在执行市场营销计划的过程中，当出现意外情况和问题时，企业需要有一套反馈和控制程序，以确保营销目标的实现。所以，在实施企业营销计划过程中，不仅需要积极执行，而且还要有效控制，努力实现计划目标。营销控制是企业营销管理的一个重要职能，也是实施企业营销计划的一项必要措施。企业营销控制主要有年度计划控制、盈利能力控制、营销效率控制和市场营销审计。

市场营销控制一般要做四件事：第一，市场营销控制的中心是目标管理，营销控制就是监督任何偏离计划与目标的情况出现；第二，市场营销控制必须监视计划的实际执行情况；第三，通过营销控制过程，判断任何偏离计划的行为产生的原因；第四，市场营销控制者必须采取改正方案，甚至改变目标本身。市场营销控制过程（图 11－10）。

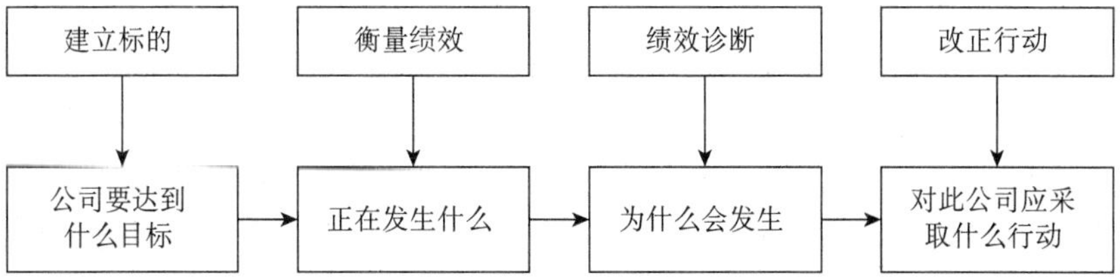

图 11－10　市场营销控制过程

二、市场营销控制的步骤

市场营销控制是营销管理的主要职能之一，是营销管理过程中不可缺少的一个环节，它具有动态性和系统性，具体包含 5 个步骤：

1. 确定控制对象，即确定对哪些营销活动进行控制

在决定控制对象时，应当权衡利弊，使控制成本小于控制活动所带来的效益。最常见的营销控制的对象包括销售收入、销售成本和销售利润三个方面。在确定控制对象的同时还应确定控制的量，即控制频率。一般来说，对于影响重大的、容易脱离控制、容易出现问题的对象应加大控制频率。

2. 确定衡量标准

评价工作要有一个总的尺度，借以衡量营销目标和计划的实施情况。当进行营销过程控制时，问题就比较复杂，需要建立一套相关的标准，例如将一个长期目标转化为各个时期的阶段目标，将战略目标分解为各个战术目标等。当然这些指标不是一成不变的，同一企业不同时期标准可能会不一样；不同的企业也有不同的标准。

3. 明确控制方法

基本的控制方法是建立并积累与营销活动相关的原始资料，如各种资料报告、报表和原始账单等，它们能及时、准确、全面、系统地记载并反映企业营销的绩效。另一种方法是直接观察法。选择哪一种方法，根据实际情况而定。

4. 按标准检查工作进度

对工作完成好的部门要给以总结经验，在以后的工作中推广；任务完成较差的要及时找出问题，下一步再针对问题提出解决方案。

5. 及时纠正偏差并提出改进建议

对工作绩效进行差异和对比分析，针对问题提出解决方案，及时纠正任务执行中的偏差。有的企业在制定计划的同时还提出了应急措施，这在实施过程中，一旦发生偏差可以及

时补救。很多企业事先没有预定措施，这就必须根据实际情况，迅速制定补救措施加以改进，以保证计划目标能顺利实现。

三、市场营销控制的内容与方法

（一）年度计划控制

任何企业都要制定年度计划，然而，年度市场营销计划的执行能否取得理想的成效，还需看控制工作进行得如何，年度计划的控制是市场营销控制的重点。所谓年度计划控制，是指企业在本年度内采取控制步骤，检查实际绩效与计划之间是否有偏差，并采取改进措施，以确保市场营销计划的实现与完成。许多企业每年都制定周密的计划，但执行的结果却往往与之有一定的差距。事实上，计划的结果不仅取决于计划制定得是否正确，还有赖于计划执行与控制的效率如何。可见，年度计划制定并付诸实施之后，搞好控制工作也是一项极其重要的任务。年度计划控制的主要目的在于：①促使年度计划产生连续不断的推动力；②控制的结果可以作为年终绩效评估的依据；③发现企业潜在问题并及时予以妥善解决；④高层管理人员可借此有效地监督各部门的工作。

一般而言，企业的年度计划控制包括销售分析、市场占有率分析、市场营销费用率分析、财务分析和顾客态度追踪等内容。

1. 销售分析

销售分析就是要衡量并评估企业的实际销售额与计划销售额之间的差异情况。这种关系的衡量和评估有两种主要方法：一种是总量差额分析方法，这种方法用于分析不同影响因素对销售业绩的不同作用；另外一种是个别销售分析方法，这种方法着眼于个别产品或地区销售额未能达到预期份额的分析，即从产品、销售地区等方面考察未能达到预期销售额的原因。

2. 市场占有率分析

企业的销售绩效并未反映出相对于其竞争者企业的经营状况如何。如果企业销售额增加了，可能是由于企业所处的整个经济环境的发展，或可能是因为其市场营销工作较之其竞争者有相对改善。市场占有率正是剔除了一般的环境影响来考察企业本身的经营工作状况。如果企业的市场占有率升高，表明它较其竞争者的情况更好；如果下降，则说明相对于竞争者其绩效较差。衡量市场占有率的第一个步骤是清楚地定义使用何种度量方法。一般来说，有以下四种不同的度量方法：

（1）整体市场占有率。以企业的销售额占全行业销售额的百分比来表示，它反映企业在本行业中的实力地位。使用这种测量方法必须作两项决策：一是要以单位销售量或以销售额来表示市场占有率；二是要正确认定行业范围，即明确本行业所应包括的产品、市场等。

（2）目标市场占有率。以企业销售额占其目标市场的百分比来表示。一个企业的目标市场份额总是大于其总的市场占有率，企业的首要任务是在其目标市场上占据有利位置，这个目标达到后，就应努力扩大其目标市场。

（3）相对市场占有率（相对于三个最大竞争者）。以企业销售额对最大的三个竞争者的销售额总和的百分比来表示。如某企业有30%的市场占有率，其最大的三个竞争者的市场占有率分别为20%、10%、10%，则该企业的相对市场占有率是30%÷（20%+10%+10%）=75%。一般情况下，相对市场占有率高于33%即被认为是强势的。

(4) 相对市场占有率（相对于最大竞争者）。以企业销售额相对最大竞争者的销售额的百分比来表示。相对市场占有率超过 100%，表明该企业是市场领导者；相对市场占有率等于 100%，表明企业与最大竞争者同为市场领导者；相对市场占有率的增加表明企业正接近市场领导者。

了解企业市场占有率之后，尚需正确解释市场占有率变动的原因。企业可从产品大类、顾客类型、地区以及其他方面来考察市场占有率的变动情况。一种有效的分析方法，是从顾客渗透率 A、顾客忠诚度 B、顾客选择性 C 以及价格选择性 D 四大因素去分析，我们简称为 $ABCD$ 法。所谓顾客渗透率，是指从本企业购买某产品的顾客占该产品所有顾客的百分比。所谓顾客忠诚度，是指顾客从本企业所购产品与其所购同种产品总量的百分比。所谓顾客选择性，是指本企业一般顾客的购买量相对于其他企业一般顾客的购买量的百分比。所谓价格选择性，是指本企业平均价格同所有其他企业平均价格的百分比。这样，全部市场占有率 V 就可表述为：

$$V = A \times B \times C \times D$$

3. 市场营销费用率分析

年度计划控制的任务之一，就是在保证实现销售目标的前提下，控制销售费用开支和营销费用的比率。在我国商业系统，营销费用被称为商品流通费用，营销费用率被称为商品流通费用率。在生产企业中，营销费用率（如营销费用占销售额 30%）主要包括五项细分指标：推销人员费用占销售额之比（15%），广告费用占销售额之比（5%），其他促销费用占销售额之比（6%），营销调研费用占销售额之比（1%），销售管理费用占销售额之比（3%）。对于以上各项费用率，往往规定一个控制幅度，超过限度，就要查找、分析具体原因了。

4. 财务分析

财务分析主要是通过一年来的销售利润率、资产收益率、资本报酬率和资产周转率等指标了解企业的财务情况。市场营销管理人员应就不同的费用对销售额的比率和其他的比率进行全面的财务分析，以决定企业如何以及在何处展开活动，获得赢利。尤其是利用财务分析来判断影响企业资本净值收益率的各种因素。

5. 顾客态度追踪

顾客态度追踪指企业通过设置顾客抱怨和建议系统、建立固定的顾客样本或者通过顾客调查等方式，了解顾客对本企业及其产品的态度变化情况。企业主要利用顾客投诉和建议制度、典型客户调查以及定期的用户随机调查来追踪顾客的态度。

（二）盈利能力控制

除了年度计划控制之外，企业还需要衡量不同产品、不同销售区域、不同顾客群体、不同渠道以及不同订货规模的获利能力。获利能力的大小，对市场营销组合决策有着直接关系。

1. 市场营销成本分析

市场营销成本是指与市场营销活动有关的各项费用支出。市场营销成本直接影响企业营销的利润。因此，企业不仅要控制销售额和市场占有率，亦要控制营销成本。市场营销成本包括的主要内容如下：

(1) 直接推销费用，包括直销人员的工资、奖金、差旅费、培训费、交际费等。

（2）促销费用，包括广告媒体成本、产品说明书、印刷费用、赠奖费用、展览会费用、促销人员工资等。

（3）仓储费用，包括租金、维护费、折旧、保险、包装费、存货成本等。

（4）运输费用（包括托运费用等），如果是自有运输工具，则要计算折旧、维护费、燃料费、牌照税、保险费、司机工资等。

（5）其他市场营销费用，包括市场营销管理人员工资、办公费用等。上述成本连同企业的生产成本构成了企业的总成本，直接影响企业经济效益。其中有些与销售额直接相关，称为直接费用；有些与销售额无直接关系，称为间接费用。有时两者也很难划分。

2. 盈利能力分析获得利润是企业的最重要的目标之一

企业盈利能力历来为市场营销管理人员所高度重视，因而盈利能力控制在市场营销管理中占有十分重要的地位。在对市场营销成本进行分析之后，就应考察如下盈利能力指标：

（1）销售利润率：

$$销售利润率 = 本期利润/销售额 \times 100\%$$

（2）资产收益率：

$$资产收益率 = 本期利润/资产平均总额 \times 100\%$$

（3）净资产收益率：

$$净资产收益率 = 税后利润/净资产平均余额 \times 100\%$$

（4）资产管理效率

资产管理效率要考察两个指标：资产周转率和存货周转率。

$$资产周转率 = 产品销售收入净额/资产平均占用额$$

$$存货周转率 = 产品销售成本/存货平均余额$$

3. 效率控制

如果盈利能力分析显示出企业某一产品或地区所得的利润很差，那么企业就应该考虑该产品或地区在销售人员、广告、分销等环节的管理效率问题。效率控制的任务是提高人员推销、广告、促销、分销等工作的效率。

（1）销售人员效率。企业各地区的销售经理要记录本地区内销售人员效率的几项主要指标，这些主要指标包括每个销售人员每天平均的销售访问次数；每次会晤的平均访问时间；每次销售访问的平均收益；每次销售访问的平均成本；每次访问的招待成本；每百次销售访问而订购的百分比；每时期的新顾客数；每时期流失的顾客数；销售成本对总销售额的百分比。

（2）广告效率。企业应该做好如下统计：每一媒体类型、每一媒体工具接触每千名购买者所花费的广告成本；顾客对每一媒体工具注意、联想和阅读的百分比；顾客对广告内容和效果的意见；广告前后对产品态度的衡量；受广告刺激而引起的询问次数。企业高层管理者可以采取若干步骤来改进广告效率，包括进行更加有效的产品定位；确定广告目标；利用电脑来指导广告媒体的选择；寻找较佳的媒体以及进行广告后效果测定等。

（3）促销效率。为了改善销售促进的效率，企业管理者应该对每一促销的成本和销售影响作记录，做好如下统计：由于优惠而销售的百分比；每一销售额的陈列成本；赠券收回的百分比；因示范而引起询问的次数。同时企业应观察不同促销手段的效果，并使用最有效果的促销手段。

(4) 分销效率。分销效率主要是对企业存货水平、仓库位置及运输方式进行分析和改进，以达到最佳配置并寻找最佳运输方式和途径。效率控制的目的在于提高人员推销、广告、促销和分销等市场营销活动的效率，市场营销经理必须关注若干关键比率，这些比率表明上述市场营销职能执行的有效性，是企业应该如何采取措施改进执行情况的依据。

（三）市场营销审计

所谓市场营销审计，是对一个企业市场营销环境、目标、战略、组织、方法、程序和业务等作综合的、系统的、独立的和定期性的核查，以便确定问题的范围和各项机会，提出行动计划，提高公司营销业绩。

1. 市场营销审计的特点

(1) 全面性。市场营销审计实际上是在一定时期对企业全部市场营销业务进行总的效果评价，其主要特点是，不限于评价某一些问题，而是对全部活动进行评价。如果它仅涉及销售队伍，或者定价，或其他营销活动，那么它便是一种功能性的审计。功能性的审计虽然有用，但它会使管理者迷失方向，以致看不到问题的真实原因。

(2) 系统性。市场营销审计包括一系列有秩序的步骤，如营销环境审计、营销战略审计、营销组织审计和其他具体营销活动审计。在审计结果基础上制定调整行动计划，包括长期和短期计划，以提高组织的整体营销效益。

(3) 独立性。营销审计可以通过六种途径：自我审计、交叉审计、上级审计、公司审计处审计、公司任务小组审计和局外人审计。一般而言最好的审计来自外界经验丰富的顾问，这些人通常具有必要的客观性和独立性，又有丰富的经验，对本行业颇为熟悉。

(4) 定期性。典型的营销审计都是在销售量下降，或其他公司问题发生之后才开始进行。然而，公司之所以陷入困境，部分原因正是没有在顺利时检查营销活动。所以，营销审计应定期进行，它既有利于业务发展正常的公司，也有利于那些处境不佳的公司。

2. 市场营销审计的基本步骤和主要内容

一次完整的营销审计活动主要由6个部分组成：营销环境审计、营销战略审计、营销组织审计、营销系统审计、营销效率审计及营销职能审计。

(1) 营销环境审计。市场营销必须审时度势，必须对市场营销环境进行分析，并在分析人口、经济、生态、技术、政治、文化等环境因素的基础上，制定企业的市场营销战略。

(2) 营销战略审计。企业是否能按照市场导向确定自己的任务、目标并设计企业形象，是否能选择与企业任务、目标相一致的竞争地位，是否能制定与产品生命周期、竞争者战略相适应的市场营销战略，是否能进行科学的市场细分并选择最佳的目标市场，是否能合理地配置市场营销资源并确定合适的市场营销组合，企业在市场定位、企业形象、公共关系等方面的战略是否卓有成效，所有这些都需要经过市场营销战略审计的检验。

(3) 营销组织审计。市场营销组织审计，主要是评价企业的市场营销组织在执行市场营销战略方面的组织保证程度和对市场营销环境的应变能力。

(4) 营销系统审计。企业市场营销系统包括对市场营销信息系统、市场营销计划系统、市场营销控制系统和新产品开发系统等的全面审计。

(5) 营销效率审计。它是对企业各个营销单位的获利能力和各项营销活动的成本效率进行分析，也就是获利性分析和成本效益分析。

（6）营销职能审计。市场营销职能审计是对企业的市场营销组合策略因素（即产品、价格、分销、促销）效率的审计。

本章小结

市场营销管理就是对企业已经确定的市场营销战略和市场营销策略组织实施的过程，以确保已制定的市场营销战略和各项策略的实现。市场营销管理的内容主要有：市场营销组织、市场营销计划和市场营销控制。

市场营销计划，是指在对企业市场营销环境进行调研分析的基础上，制定企业及各业务单位对营销目标以及为实现这一目标所应采取的策略、措施和步骤的明确规定和详细说明。

市场营销组织的演变经历了简单的销售部门、兼具营销职能的销售部门、独立的营销部门、现代营销部门与现代营销公司5个阶段。包括职能型营销组织、地区型营销组织、产品管理型营销组织、市场管理型营销组织与矩阵型营销组织等5种基本类型。

营销控制，就是市场营销管理者用以跟踪企业营销活动各个环节的一套工作程序，其目的是确保营销活动按计划运行。企业营销控制主要有年度计划控制、盈利能力控制、营销效率控制和市场营销审计。营销控制包含5个步骤：①确定控制对象；②确定衡量标准；③明确控制方法；④按标准检查工作进度；⑤及时纠正偏差并提出改进建议。

市场营销审计，是对一个企业市场营销环境、目标、战略、组织、方法、程序和业务等作综合的、系统的、独立的和定期性的核查，以便确定问题的范围和各项机会，提出行动计划，提高公司营销业绩。一次完整的营销审计活动主要由6个部分组成：营销环境审计、营销战略审计、营销组织审计、营销系统审计、营销效率审计及营销职能审计。

思考题

1. 市场营销计划主要包括哪些内容？
2. 市场营销组织的类型有哪些？
3. 市场营销执行中存在的问题是什么？
4. 市场营销控制的步骤是什么？

营销实训

实训一：拜访一家企业，为该企业制定一个营销计划。

实训二：针对营销计划的实施设计他需要的营销组织。

实训三：在计划实施的过程中你选用哪些控制方法。

案例分析

从“雕牌”的营销控制说起

全新的“互联网+”时代，日化市场竞争更呈白热化趋势之时，雕牌仍在销量和品牌力指数方面屡得佳绩，原因何在？显然，这与雕牌一贯坚持与消费者进行与时俱进的走心沟通不无关系——秉持“除菌不伤衣”的理念。而除菌有氧洗衣液则是雕牌的新款产品，新一代除菌配方，研发过程中增加了显微生物培养实验、皮肤刺激测试、眼部刺激测试等多项测试，最终实现了低刺激低敏感的除菌效果。

一、营销计划的诉求符合顾客需求

1. 强调产品与众不同之处

针对市场竞争情况，需要充分展现雕牌除菌有氧洗衣液的特点：不仅可以有效去除污渍，更具有除菌效果，且洗后不伤衣。这一点是其他品牌无法媲美的。

2. 突出产品的除菌效果

与其他品牌的除菌液相比，雕牌除菌有氧洗衣液使用时更加省心、省力，对比试验中，在相同的用量情况下，雕牌除菌有氧洗衣液的除菌效果更强，对各种细菌的清洗能力达到了99.9%。

3. 倡导温和洁净的家居环境

在生活中，我们的衣物、床品等需要经常洗涤，而雕牌除菌有氧洗衣液不仅能有效清洗，还带来温和舒适的感觉，每次洗涤都能在家中创造出一个更健康、更舒适的家居环境。

二、推广途径控制到位

1. 线上推广：结合电商平台、社交媒体等进行推广，通过星评、好评等方式提高品牌和产品的知名度。

2. 线下推广：利用明星代言、主题展示等方式在商场、超市等地推广品牌和产品，吸引更多的消费者进入店内。

纳爱斯集团在雕牌皂粉的分销中，采取了相当有效的铺市措施，并给予经销商以足够的优惠。如在与经销商签订合同时，都会向经销商许诺年底给予一定的返利，从经销商的角度，保证了他们在年底得到相应的回报，这在很大的程度上提高了经销商的积极性，而大力度的广告宣传也让经销商对产品的大众接收程度高枕无忧。另外，促销也是雕牌给经销商的额外安慰。在低价的基础上，100 箱加赠 14 箱是足以让经销商足够的惊喜了。

纳爱斯也将市场经营工作重心放在超市、卖场上，开创城市辐射农村的新局面上。因为有了多年流通网络建设的基础和经验，又实行了保证金制度，使得雕牌在市场的开拓上有足够的优势，也让雕牌皂粉走进广大的农村市场走得游刃有余。于是雕牌开始转变市场战略，走了一如中国革命取得胜利的道路——农村包围城市，它在全国各地实行分公司建制，直做超市、商场，最终形成城市辐射农村的格局。推行网络扁平化管理，减少中转环节，降低经营成本。同时，继续推行经销商保证金制度。这是对品牌经营和品牌忠诚度的“试金石”。

3. 与其他品牌合作：通过与其他品牌合作，扩大产品流量和知名度。

（资料来源：除菌不止，洁净无碍，百度文库，2023.3）

问题： 1. 从“雕牌”的案例中可以学到什么？

2. 你认为为什么“雕牌”渠道控制比较到位？

3. 雕牌在互联网时代占得先机的重要原因？

在线测评

第十一章　自测题

参考文献

［1］菲利普·科特勒．市场营销学（第 14 版）［M］．北京：中国人民大学出版社，2023，1.

［2］郭国庆．市场营销学通论（第 8 版）［M］．北京：中国人民大学出版社，2020，1.

［3］周玉泉．市场营销学［M］．北京：清华大学出版社，2007，5.

［4］元名洁．市场营销学（第 13 版）［M］．北京：机械工业出版社，2019，4.

［5］孟昭礼．新编市场营销［M］．大连：大连理工大学出版社，2008. 8.

［6］加利·阿姆斯特朗．营销学导论（第 7 版）［M］．北京：中国人民大学出版社，2006. 2.

［7］兰苓．市场营销学［M］．北京：机械工业出版社，2008，7.